탈분단의 길

: 생활 속 민주주의와 인권

통일인문학 연구총서 028

탈분단의 길 : 생활 속 민주주의와 인권

초판 인쇄 2018년 10월 10일
초판 발행 2018년 10월 15일

지은이 도지인 · 정진아 · 전영선 · 조은 · 권금상 · 김엘리 · 방지원 · 임경화 · 김동춘 · 류은숙
펴낸이 박찬익 ┃ **편집장** 황인옥 ┃ **책임편집** 강지영
펴낸곳 패러다임북 ┃ **주소** 서울시 동대문구 천호대로 16가길 4
전화 02) 922-1192~3 ┃ **팩스** 02) 928-4683 ┃ **홈페이지** www.pjbook.com
이메일 pijbook@naver.com ┃ **등록** 2015년 2월 2일 제305-2015-000007호.

ISBN 979-11-963465-6-0 (93340)

* 책값은 뒤표지에 있습니다.

* 이 책은 2009년 정부(교육부)의 재원으로 한국연구재단의 지원(NRF-2009-361-A00008)을
  받아 제작되었음.

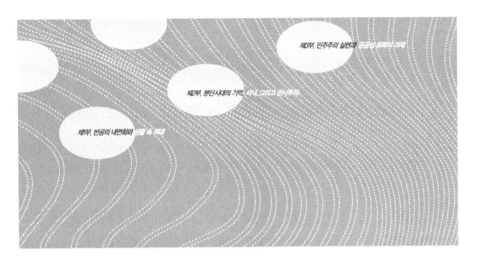

제3부. 민주주의 실현과 공공성 회복의 과제

제2부. 분단시대의 기억, 서사, 그리고 공사주의

제1부. 반공의 내면화와 생활 속 혐대

탈분단의 길

생활 속 민주주의와 인권

건국대학교 통일인문학연구단 기획

도지인 · 정진아 · 전영선 · 조 은
권금상 · 김엘리 · 방지원 · 임경화
김동춘 · 류은숙 지음

028
통일인문학
연 구 총 서

패러다임북

'통일인문학'은 분단된 한반도의 현실에 뿌리를 내린 인문학, 통일에 대한 새로운 패러다임을 모색하는 데에서 시작되었습니다. 기존의 통일담론은 체제 문제나 정치·경제적 통합에 중점을 두거나 그것을 전제로 했기 때문에 남북관계의 변화나 국내정세의 변화에 따라 부침을 거듭해왔습니다.

하지만 통일은 정파적 대립이나 정국의 변화를 벗어나 있어야 합니다. 통일은 특정 정치적 집단들이 다루어야 할 문제가 아니라 한반도에 살고 있는 모든 사람의 삶과 직간접적으로 연루되어 있는, 바로 그들이 다루어야 할 문제입니다. '사람의 통일'이라는 통일인문학의 모토는 바로 이와 같은 정신을 표현하고 있습니다.

통일은, 여기에 살고 있는 사람들의 삶 그 자체와 관련된 문제이자 그들이 해결해 가야 하는 문제로서, 남북이라는 서로 다른 체제에 살면서 서로 다른 가치와 정서, 문화를 가진 사람들 사이에서 소통과 치유를 통해서 새로운 삶의 체계와 양식들을 만들어가는 문제입니다.

통일인문학은 이와 같은 '사람의 통일'을 인문정신 위에 구축하고자 합니다. 통일인문학은 '사람의 통일'을 만들어가는 방법론으로 '소통·치유·통합의 패러다임'을 제안하고 이를 중심으로 한 연구를 진행하고 있습니다.

첫째, '소통의 패러다임'은 남북 사이의 차이의 소통과 공통성의 확장을 모색하는 것입니다. 이것은 '동질성 대 이질성'이라는 판단 기준에 따라 상대를 부정적으로 규정하는 것이 아닙니다. 그것은 차이의 인정을 넘어서, 오히려 '소통'을 통해서 차이를 나누고 배우며 그 속에서 민족적 연대와 공통성을 만들어가는 긍정적 패러다임입니다.

둘째, '치유의 패러다임'은 분단의 역사가 만들어낸 대립과 마음의 상처를 치유하는 패러다임입니다. 이것은 통일된 민족국가를 건설하지 못한 한민족의 분단이 만들어내는 다양한 트라우마들을 분석하고, 이런 마음의 상처를 치유하는 과정에서 상호 분단된 서사를 하나의 통합적 서사로 만들어가는 패러다임입니다.

셋째, '통합의 패러다임'은 분단체제가 만들어내는 분단된 국가의 사회적 신체들을 통일의 사회적 신체로, 분단의 아비투스를 연대와 우애의 아비투스로 전환시키는 것입니다. 이것은 남과 북의 적대적 공생구조가 만들어 낸 내면화된 믿음체계인 분단 아비투스를 극복하고 사회문화적 통합을 만들어내는 패러다임입니다.

이러한 방법론으로부터 통일인문학은 철학을 기반으로 한 '사상이념', 문학을 기반으로 한 '정서문예', 역사와 문화콘텐츠를 기반으로 한 '생활문화' 등 세 가지 축을 기준으로 사람의 통일에 바탕을 둔 사회문화적 통합을 실현하는 데 연구 역량을 집중하고 있습니다. 통일이 남북의 진정한 사회통합의 길이 되기 위해서는 정치·경제적인 체제 통합뿐만 아니라 가치·정서·생활상의 공통성을 창출하는 작업, 다시 말해 '머리(사상이념)', '가슴(정서문예), '팔다리(생활문화)'의 통합을 필요로 하기 때문입니다.

그동안 통일인문학연구단은 이와 같은 새로운 패러다임 위에 새로운 연구 방법론과 연구 대상을 정립하는 한편, 다른 한편으로 이와 같은 연구를 통해 생산된 소중한 성과들을 사회적으로 확산하기 위해 노력해왔습니다.

통일인문학연구단은 1단계 3년 동안 인문학적인 통일담론을 학문적으로 체계화하고 정립하기 위해 '통일인문학의 인식론적 틀과 가치론 정립'을 단계 목표로 삼고 이론적 탐색에 주력하였습니다. 이를 구체화하기 위한 방안으로 재중, 재러, 재일 코리언 및 탈북자와 한국인들 사이에 존재하는 가치·정서·문화적 차이를 규명하는 '민족공통성 프로젝트'를 추진하여 국내외에서 주목하는 성과를 산출하였습니다.

나아가 2단계 3년 동안에는 전 단계에 정립한 통일인문학 이론을 사회적으로 확산하는 한편, 다른 한편으로 민족공통성 프로젝트를 기반으로 하여 통일의 인문적 가치와 비전을 정립하는 데 주력하였습니다. 게다가 더 나아가 '통일인문학 세계포럼' 등, '통일인문학의 적용과 확산'을 단계 목표로 삼아 교내외는 물론이고 해외에까지 통일인문학 개념을 확산하고자 하였습니다.

마지막으로 지난 6년간 쉼 없이 달려온 통일인문학연구단의 성과를 3단계 4년간에는 1차적으로 갈무리하는 방향으로 목표를 설정하였습니다. '포스트—통일과 인문적 통일비전의 사회적 실천'을 단계 목표로 설정하고, 통일을 대비하여 통일 이후의 '사람의 통합', '사회의 통합', '문화의 통합'을 위한 인문적 비전을 제시하고자 합니다.

앞으로 통일인문학연구단은 '민족적 연대', '생명·평화', '민주주의와 인권', '통일국가의 이념' 등과 같은 통일 비전을 연구하는 한편, 이러한 비전을 사회적으로 실현할 수 있는 방안들을 모색하고 그 실천에 나서고자 합니다.

그동안 통일인문학연구단은 통일인문학이란 아젠다의 사회적 구현과 실천을 위해 출간기획에 주력해 왔습니다. 특히 통일인문학 아젠다에 대한 단계별·연차별 연구성과가 집약되어 있는 것이 바로『통일인문학 총서』시리즈입니다. 현재 『통일인문학 총서』 시리즈는 모두 다섯 개의 영역으로 분류되어 출간 중입니다.

　본 연구단의 학술연구 성과를 주제별로 묶은 『통일인문학 연구총서』, 분단과 통일 관련 구술조사 내용을 정리한 『통일인문학 구술총서』, 북한 연구 관련 자료와 콘텐츠들을 정리하고 해제·주해한 『통일인문학 아카이브총서』, 남북한 연구에 도움을 줄 수 있는 희귀 자료들을 현대어로 풀어낸 『통일인문학 번역총서』, 코리언의 역사적 트라우마와 그것에 대한 인문학적 치유를 모색하는 『통일인문학 치유총서』 등이 그것입니다. 오랜 시간 많은 연구진들이 밤낮을 가리지 않고 만들어 낸 연구서들이 많은 독자들께 읽혀지길 소망합니다. 바로 그것이 통일인문학의 사회적 확산이 아닐까 생각해봅니다.

　마지막으로 통일인문학의 정립과 발전을 사명으로 알고 열의를 다하는 연구단의 교수와 연구교수, 연구원들께 고마움을 전합니다. 아울러 본 총서에 기꺼이 참여해주신 통일 관련 국내외 석학·전문가·학자들께도 심심한 감사를 드립니다. 또한 통일인문학의 취지를 백분 이해하시고 흔쾌히 출판을 맡아주신 출판사 관계자분들께도 감사드립니다.

사람의 통일, 인문정신을 통한 통일을 지향하며
건국대학교 통일인문학연구단장 김성민

탈분단의 길을 묻다

　건국대학교 통일인문학연구단은 2009년부터 10년간 3단계에 걸친 연구사업을 진행하고 있습니다. 1단계의 연구목표는 '통일인문학의 인식론적 틀과 가치론 정립'이고, 2단계의 연구목표는 '통일인문학의 적용과 확산'이며, 3단계의 연구목표는 '포스트−통일과 인문적 통일비전의 사회적 실천'입니다. 현재 3단계에 접어든 통일인문학연구단은 '포스트−통일', 즉, 남북의 정치경제적 체제 통일 '이후'를 가정하는 가운데 '사람의 통일'이라는 관점에서 통일 과정과 통일 이후에 발생할 수 있는 다양한 사회문화적 갈등을 예측하고 지금부터 이를 예방할 수 있는 통일의 새로운 비전과 정책을 만들어가고 있습니다. 통일인문학연구단이 '포스트−통일'을 염두에 둔 연구사업을 진행하는 이유는 통일이 어느 시점의 통일 선언이 아니라 '통일 만들기'라는 지난한 과정을 거쳐야 한다는 문제의식을 갖고 있기 때문입니다. 그리고 통일이 남북의 주민, 코리언디아스포라 모두에게 희망의 미래비전이 되기 위해서는 통일의 장소인 바로 이곳, 한반도의 사회개혁을 전제로 해야 하기 때문입니다.

　이러한 문제의식 아래 작년 건국대학교 통일인문학연구단 생활문화팀에서는 한반도를 '분단생태계'라는 개념으로 재사유하고자 하였습니다. 우리가 '분단생태계'라는 개념을 통해 문제제기하고자 한 내용은 다음과 같습니다. 첫째, 남북이 분단과 전쟁의 영향을 받아 대립과 적대를 재생산하는 상호관계 시스템, 이른바 '분단생태계' 속에 살고 있고, 이를 극복하지 않고는 통일로 나아갈 수 없다. 둘째, '분단생태계'는 저절로 균열되거나 해체되지 않고, 이를 뒤흔드는 주체들의 활동 속에서 분단 극복의 방안이 도출된다. 셋째,

'분단생태계'는 분단을 극복할 수 있는 적극적인 내용을 담보해나가는 것을 통해 '통일생태계'로 나아갈 수 있다.

건국대학교 통일인문학연구단 생활문화팀에서는 작년의 문제의식을 이어받아 올해에는 분단을 극복할 수 있는 내용을 담보해나가고자 하였습니다. 그것은 분단으로 인해 찢기고 뒤틀린 한국 사회의 내면을 깊이 들여다보는 작업이었습니다. 휴전선에 둘러쳐진 철조망은 전선뿐 아니라 남북 주민들의 일상에까지 파고들었기 때문입니다. 적대적인 경쟁관계를 끊임없이 재생산하면서 한국사회를 경직시키는 분단국가주의와 반공이데올로기가 강력하게 작동하는 한 우리는 민주주의와 인권을 온전히 향유할 수 없을 뿐 아니라 민주주의와 인권국가로서 통일의 미래를 전망할 수도 없을 것입니다. 따라서 우리는 지난 1년 동안 남북 대결구도와 착종되면서 남북 주민, 코리언디아스포라의 일상에까지 파고든 적대의식과 반공, 비민주성과 인권 유린의 문제를 깊이 있게 분석해보고자 하였습니다. 또한 이를 극복하고 통일문화를 형성할 수 있는 방안을 모색하고 민주주의 실현과 공공성의 회복이라는 차원에서 대안을 제시해보고자 하였습니다.

건국대학교 통일인문학연구단의 생활문화팀은 지난 1년 동안 위의 문제의식을 녹여내기 위한 연구를 수행해왔습니다. 이 책은 이러한 연구성과를 담은 것이자, 동일한 문제의식을 가진 연구자들의 글을 함께 모은 것입니다. 이책은 전체 3부 10개의 장으로 구성되어 있습니다. 제1부는 "반공의 내면화와 생활 속 시대"라는 주제 아래 3개의 장으로 구성되었고, 제2부는 "분단시대의 기억, 서사, 그리고 군사주의"라는 주제 아래 3개의 장으로, 제3부는 "민주주의 실현과 공공성 회복의 과제"라는 주제 아래 4개의 장으로 구성되었습니다.

이 책의 제1부 "반공의 내면화와 생활 속 적대"에서는 분단 이후 반공이 남한 주민들의 심상지리에 안착되는 일련의 과정에 주목하고자 하였습니다. 반공은 분단과 전쟁의 경험으로 인해 자연스럽게 남한 주민의 마음에 자리 잡은 것 같지만, 실제로는 정치적인 이유로 기획되고 조장되며 증폭되어왔습니다. 그 구체적인 양상을 주민의 심상지리에 가장 큰 영향을 미치는 언론, 교육, 공공기억을 통해 살펴보고자 했습니다.

우선 도지인은 「전후 이승만정부의 북한 인권문제 제기와 반공주의 1953-1959」에서 1950년대 북진통일론이 한국전쟁의 종결로 실효성을 갖지 못하게 되고 북한 계획경제가 남한을 앞지르기 시작하면서 이승만정권이 북한의 정통성을 훼손시킬 수 있는 유력한 방안으로서 인권문제를 제기하였음을 밝혔습니다. 자본주의진영과 사회주의진영의 체제 대결 구도 속에서 자본주의진영은 평등을 내세운 사회주의에 대응하기 위해서 평등하지만 궁핍한 사회주의와 자유롭고 물질적으로 풍요로운 자본주의의 이미지를 대비시키고자 했습니다. 이승만정권 역시 공산 치하의 북한이 공포정치와 강제노동, 생활수준의 저하 등으로 주민들의 기본적인 인권을 보장해줄 수 없는 체제라는 점을 강조하였습니다. 도지인은 인권 문제가 보편적인 인권의 문제를 제기하는 것 같지만, 북한의 정치적, 종교적 자유의 문제와 인민들의 물질적 빈곤 문제를 비판할 수 있는 유력한 도구로 사용되었다는 점에서 가장 날카로운 체제대결의 쟁점이었음을 지적하였습니다.

도지인이 1950년대부터 반공이 인권의 문제로서 제기되기 시작했다는 점을 밝혔다면, 정진아는 반공이 유신체제 하에서 교육을 통해 남한 주민의 심상을 장악해 들어가는 과정에 천착했습니다. 정진아는 「유신체제 국가주의, 반공주의 교육의 내면: 국민학교 사회·도덕·국사 교과서를 중심으로」에서 생애 첫 사회화 교육이자 의무교육이며, 모든 국민에게 보편적으로 적용된 기초 국민교육을 통해 박정희정권이 남한 주민에게 애국주의, 국가주의적 민족주의, 반북주의를 주입시켰음에 주목했습니다. 그는 경험에 의존한 반공이 전쟁의 상흔이 잦아들수록 희석될 수밖에 없는 운명을 가진 것이라면, 교육에 의한 반공은 국가주의와 결합하면서 정권 연장과 체제 대결의 중요한 인식적 기반으로 작용해왔다는 점을 지적했습니다. 정진아는 그것이 북한과의 대결구도를 통해 나와 사회, 국가(대한민국)의 일체성을 정서적으로 내면화했다는 점에서 문제적이며, 통일의 과정에서 이를 극복하는 것이 우리의 과제라는 점을 강조했습니다.

한편 전영선은 「적대 이미지와 기억의 공공화」를 통해 남북이 어떻게 서로에 대해 적대적인 이미지를 만들고, 그것을 공적 공간을 통해 구체화했는지를 살펴보았습니다. 그는 남북이 적대의 이미지를 극대화하기 위해 상대를 악마, 해골, 뱀으로 형상화했고, 이를 통해 상대방에 대한 공포를 조장하고 상대방을 인간성이 소멸된 동물과 같은 존재로 이미지 메이킹 했음을 밝혔습니다. 전영선은 남북이 박물관을 통한 공적 기억의 전유라는 방식으로 이러한 적대의식을 재생산하고 있음을 보여주었습니다. 북의 신천박물관은 주적으로 상정된 미군의 악을 드러내는 반미교육의 산실로 기능하고 있으며, 남의 이승복기념관은 북한 괴뢰도당의 야만화과 잔인함을 보여주는 한편 반공의 화신으로서 이승복 소년을 기념하고 있다는 것입니다. 그는 이제 남북이 가해자와 피해자의 프레임을 넘어 민족문제의 해결 주체로서 상호이해와 화해를 통해 민족공동체의 평화를 회복해가야 한다고 역설하였습니다.

제2부 "분단시대의 기억, 서사, 그리고 군사주의"에서는 분단시대를 사는 우리의 기억과 서사가 과연 발화 주체가 경험한 있는 그대로의 '사실'을 담보하고 있는가 하는 문제를 제기합니다. 그럴 때 우리가 주목해야 하는 지점은 우리의 기억과 서사가 갖는 진실성 여부가 아니라 우리의 기억과 서사 역시 선택적이며 왜 선택적일 수밖에 없는가 하는 것입니다. 필자들은 이를 통해 우리의 기억과 서사를 옭아매고 있는 사회구조와 군사주의의 문제를 드러내고자 하였습니다.

조은은 「전쟁과 분단의 일상화와 기억의 정치: '월남'가족과 '월북'가족 자녀들의 구술을 중심으로」를 통해 월남자와 월북자 가족의 자녀들이 분단과 전쟁의 경험, 월남과 월북을 어떻게 기억하고 해석하는가를 그들의 생생한 목소리로 들려주었습니다. 월남가족과 월북가족의 기억은 분단과 관련된 기억만들기에서 심각한 불균형 상태에 있는 이들의 존재조건을 고스란히 반영합니다. 월남가족 자녀들이 전쟁을 일상적으로 말한다면, 월북가족은 침묵하기를 선택했습니다. 월남가족이 이북5도민회 등에 소속되면 집단기억 만들기를 통해 반공과 반북이데올로기를 확대재생산한다면 월북가족은 개별적으로 움직이면서 이념과는 일정하게 거리를 두었습니다. 월남가족은 정치적이며 그 행보가 다양한 스펙트럼을 보이는데 반해 월북가족의 이념적 행보는 매우 제한적이고 탈정치적이었습니다. 따라서 혈육의 정과 이념의 간극과 길항 사이에서 월남가족이 좀 더 유동적인 선택을 한다면 월북가족은 침묵하거나 정치색을 탈색시키면서 혈육으로서만 가족정체성을 유지했습니다. 조은은 이러한 양상을 통해 월북가족에게는 가족이라는 공간조차 국가의 지배담론에 포획된 공간이었음을 상기시켰습니다.

다음으로 권금상은 「남북한 미디어의 탈북인/탈북탈남인 서사」에서 탈북인/탈북탈남인에 대한 남북의 담론을 분석하고자 하였습니다. 앞서 조은이 월남가족과 월북가족의 기억만들기를 통해 분단의 현재성을 드러냈다면, 권금상은 탈북인과 탈북탈남인에 대한 남북 미디어의 서사를 통해 분단의 현재성을 드러내고자 하였습니다. 그에 따르면 남한의 미디어는 탈북인의 증가를 체제승리의 표상으로 선전하면서도 이들에게 평등한 시민권을 부여하지는 않았습니다. 따라서 탈북탈남인에 대해서는 탈북인 정착을 어렵게 하는 남한 사회의 문제를 도외시한 채, 강제납북 문제로 이슈화했습니다. 한편, 북한의 미디어는 탈북인을 남한이 강제 납치한 북의 공민으로 규정하고 탈북탈남인을 남한을 탈출해 조국의 품에 다시 안긴 주체로 선전하면서 남한을 비난하는 도구로 삼았습니다. 권금상은 남북의 미디어가 이들을 체제의 고발자로 활용하지 말고 남북의 삶과 사회를 온전히 이야기하는 존재로 대우함으로써 남북 주민들의 마음을 잇는 가교로서 역할을 할 것을 제안하였습니다.

한편, 김엘리는 「불완전한 삶에서 움트는 신군사주의」에서 한국의 군사주의가 식민, 분단, 한국전쟁, 한미동맹, 남북의 군사적 대치 속에서 생성되고 지속되는 역사적인 과정을 거쳤음을 지적했습니다. 그는 특히 군사주의가 시대의 변화에 따라 기민하게 조응해왔음에 주목했습니다. 그에 따르면 1960~

80년대의 군사주의는 국가가 국민을 총동원하는 방식을 취했습니다. 반면 2000년대 이후의 군사주의는 자기계발이라는 신자유주의적 통치성 안에서 군대이야기를 즐거움과 추억거리로 소비하거나 유사군사훈련을 극기체험으로 차용하는 방식으로 개인의 삶에 깊숙이 파고들고 있습니다. 김엘리는 이처럼 군사주의가 자기계발의 개인적 성취와 만나 교묘하게 작동하는 현재의 군사주의를 '신군사주의'라고 명명했습니다. 그는 이원화된 사유와 체제로부터 탈주를 기획함으로써 탈군사주의를 상상하자고 제안합니다. 그리고 그 길은 적과 아로 이분화된 거리를 다양한 개인들의 이야기가 오가는 공론장으로 바꾸는 행위, 곧 주체를 재구성하는 행위를 통해 시작될 수 있다고 말합니다.

　제2부가 기억과 서사, 군사주의를 통해 분단시대 한국사회가 안고 있는 문제에 천착했다면 제3부에서는 "민주주의 실현과 공공성의 회복의 과제"라는 주제 아래 역사교육, 언어적 공공성, 시민권, 인권의 문제를 다룸으로써 탈분단의 길을 만들어갈 수 있는 방안을 제시해보고자 하였습니다. 이는 통일을 염두에 두고 식민과 분단과 전쟁으로 점철된 우리사회의 문제를 하나씩 해결해가는 과정이 될 것입니다. 제3부에서는 주제가 갖는 실천적인 의미가 있으므로 연구자의 글과 활동가의 글을 함께 실어 우리가 나아갈 바를 함께 탐색해보고자 하였습니다.

　먼저 방지원은 「공감과 연대의 역사교육과 '과거사'문제: 성찰적 역사교육을 위한 시론」에서 과거사를 적극적으로 역사교실로 끌어들임으로써 국가주의적 서사를 상대화시켜 기억의 민주화를 도모하자고 주장합니다. 또한 과거사를 나와 먼 과거의 일이 아니라 현재의 일로 논의함으로써 학생들의 앎과 삶을 연계할 수 있는 역사교육을 만들어나가야 한다고 주장합니다. 그가 말하는 과거사 교육의 핵심은 시민의 자율적 책임감을 기르는 문제와 직결되어 있습니다. 학생들은 부담스러운 과거사를 가해자, 피해자, 방관자의 입장에서 봄으로써 사건의 실체를 기억하고, 목격자이자 역사적 판단의 주체로 서게 됩니다. 피해자에 공감하고 화해와 치유를 위해 할 수 있는 일을 찾음으로써 과거사에 책임을 진 주체가 될 수 있기 때문입니다. 방지원은 이를 위해서 역사교육이 과거사 현장에 있었던 사람들의 감정을 공유하고 입장을 전환해보며, 관심을 증폭시킴으로써 공감적 이해를 추구한 후, 공감적 이해를 바탕으로 현실 참여와 연대를 통해 문제를 해결해나가도록 하는 최전선에 서야한다고 주장합니다.

임경화는 언어 민주주의라는 색다른 소재를 다루고 있습니다. 그는 「국내 비한국계 코리언들의 언어현실과 언어적 공공성: 국내 중국 조선족의 사례를 중심으로」를 통해 조선족이 겪는 언어차별의 문제를 제기하였습니다. 그는 중국 조선족 동포들의 이중적이고 경계적인 위치에 그들이 사용하는 언어가 놓여있다는 점을 포착하였습니다. 조선족들이 구사하는 언어는 한국의 언어 민족주의에 호소하며 '한 동포'라는 의식을 발동시키기도 하지만, 한국의 표준어와 다른 '연변말'은 그들을 식별하고 차별하는 표징이 되기도 한다는 것입니다. 탈냉전 이후 한국사회에 동포들이 유입되면서 중국 조선족의 연변말, 북한의 문화어, 구소련 고려인들의 고려말 등 비한국적 조선어들이 모이고 충돌하는 상황이 빚어졌습니다. 한국사회는 이러한 다양한 '조선어'의 고유한 역사성을 인정하는 것이 아니라 한국어 중심으로 언어의 위계를 세워왔습니다. 임경화는 비한국적 '조선어들'의 다양성을 인정하고 평등하게 바라

보는 '조선어' 해방의 언어인식이 필요하며 이것이야말로 한국에서 언어적 민주주의를 실현하는 길이라고 갈파하였습니다.

　다음으로 김동춘은 「시민권과 시민성: 국가, 민족, 가족을 넘어서」에서 먼저 '시민권'을 국가 내에서 법적 지위를 갖고 있는 개인들의 권리로, '시민성'을 개인의 자율성을 주창함과 동시에 정치공동체의 구성원으로서 책임의식과 공공성을 견지하고, 사회의 약자나 다수자들이 최저의 경제생활을 누리면서 안전하게 살 수 있는 사회를 만드는 일에 참여하려는 의지로 규정했습니다. 따라서 시민성은 곧 시민권 쟁취를 위한 투쟁과정에서 만들어진다는 것입니다. 그는 한국사회에서는 70년간 지속된 분단체제가 1차적인 조건으로, 신자유주의 경제질서가 현재적인 조건으로 작용하면서 시민권의 성격과 질을 규정해왔다고 주장합니다. 즉, 분단과 전쟁을 경험한 한국사회에서는 국민/시민의 범위에 포함되는 집단 혹은 개인과 배제된 사람의 구분이 존재했고, 그들에 대한 폭력적 배제의 방식이 신자유주의 시기에도 지속되고 있다는 것입니다. 김동춘은 오늘날 국가주의와 민족주의가 개인적 이해 및 자유주의와 결합하는 상황에서 시민권의 문제가 가족과 국가의 틀을 넘어서고 시민성 역시 보편적인 인민주권의 사상으로 발전되어야 함을 강조했습니다.

　마지막으로 류은숙은 「국'권을 넘어 '인'권으로」를 통해 분단 상황에 놓여 있는 한국에서는 경계짓기와 보편적 인권의 문제가 심화된다는 점을 지적했습니다. 그는 순혈주의에 매이고 자원의 배분에만 몰두하는 정치체가 아니라 공통 운명에 대한 자각 속에서 정치적 목적과 실현을 공유하는 공동체, 다양한 약자를 포함하는 정치공동체를 지향할 때 인권을 누릴 수 있는 공동체가 실현될 것이라는 점을 강조합니다. 류은숙은 대한민국이라는 국가에 소속된 시민권, 즉 소속 중심적인 권리관에서 벗어나 "사람이면 누구나"라는 보편성에 근거하여 아무런 단서로 달지 않는 인권을 획득하고 확장하는 것으로 나아가야 한다고 주장합니다. 그는 민족을 향해 뜨거워지는 것이 아니라 오히려 차가워지는 것, 혈연민족주의를 벗어나 보편적 인권 실천이 묶어내는 연대가 오히려 탈분단을 가능하게 할 것이라고 주장합니다. 끼리끼리가 아니라 우리와 같은 고통을 겪는 모든 이의 권리에 관심을 갖고 보편적인 인권으로 나아갈 때 '국가'의 경계가 사라지고 인권의 본령인 사람과 사람 사이에 맺는 관계로서 인권이 구축될 수 있다는 것입니다.

이 책이 나오기까지 많은 분들의 도움이 있었습니다. 건국대학교 통일인문학연구단 생활문화팀의 문제의식에 동의하고 귀중한 옥고를 선뜻 내어주신 조은, 권금상, 김엘리, 방지원, 임경화, 김동춘, 류은숙 선생님께 두 손 모아 감사의 인사를 드립니다. 책의 저자로 드러나지는 않았지만 이 책이 나오기까지 통일인문학연구단 생활문화팀 연구원들의 숨은 노고가 있었습니다. 연구가 결실을 맺을 수 있도록 세미나와 심포지엄의 실무를 전담해준 신호명, 신대인 연구원, 이 책의 교정교열과 필자들과의 연락 등을 도맡아준 김정아 연구원의 노고에 깊이 감사드립니다. 마지막으로 이 책이 맵시 있게 나오도록 수고해주신 패러다임북의 편집진께도 감사의 말씀을 전하고 싶습니다.

2018. 10

건국대학교 통일인문학연구단 생활문화팀장 정진아

| 차례 |

제3부 민주주의 실현과 공공성 회복의 과제

제1부

반공의 내면화와
생활 속 적대

전후 이승만정부의
북한 인권문제 제기와 반공주의,
1953-1959

The Problem of North Korean Human Rights in
Postwar South Korean Anti-Communist
Discourse, 1953-1959

도지인

1. 서론

북한 인권문제는 핵개발과 더불어 남북관계의 가장 논쟁적인 쟁점이며, 한국인들의 입장에서 북한체제에 대해 가지는 반감과 적대감의 근본적인 요인이다. 소련체제 붕괴 이후 1990년대 초반부터 정도의 차이는 있지만 한국 정부는 당파를 초월해서 북한 인권문제에 대한 관심과 우려를 표명해왔다. 1993년 김영삼은 대통령 당선 직후부터 "우리 부모 형제들의 인권 상황에 대해 더 이상 침묵할 수 없다"며 남북한 고위급회담 등에서 내부의 인권 문제를 중요한 협상 조건으로 내세울 뜻을 분명히 하였다.[1] 이에 1995년 공로명 당시 외무부장관은 유엔총회연설에서 "우리는 북한 주민이 보편적 인권을 향유

해야 한다고 절실히 느끼고 있다"며 처음으로 이 문제를 공식 제기한바 있다.[2] 최초의 평화적 정권교체로 탄생한 국민의 정부 출범 이후에는 인권 문제에 대한 국내적 자신감이 생기면서 북한 내 인권 상황을 직접 거론하는데 더욱 적극적일 수 있었다.[3]

그러나 적대 관계에 있는 체제에 대해 인권문제를 제기 하는 것은 인도적/윤리적 필요성과 정당성이 자명하다고 하더라도 정치적/이념적 공격, 비난, 그리고 적대와 명확하게 구분하기 어렵다. 이러한 모호함이 정치적으로 얼마나 깊은 갈등을 가져올 수 있는지에 대한 가장 직접적이고 대표적인 사례로 2005년 17대 국회에서 처음 발의된 후 2016년에 가서야 통과된 북한인권법을 들 수 있다. 더 넓은 냉전사적 관점에서 볼 때, 서방 자유민주주의 국가들은 인권유린을 공산주의 독재정치의 가장 대표적인 결함으로 간주하였다. 한국전쟁 중 취임한 아이젠하워(Dwight Eisenhower)는 공산주의는 소련에 의한 노예상태를 의미할 뿐이라고 생각했고, 소련의 독재체제는 경제적으로 또는 군사적으로 아무리 발전하더라도 도덕적/정신적으로 파산한 체제이기 때문에 장기적으로는 자유가 승리할 것이라고 확신하였다.[4] 이러한 상황에서 1953년 스탈린(Josif Stalin) 사망한 이후 소련 위성국 일부에서 반소 · 반공 민중봉기가 일어나면서 서방세계는 더욱 적극적이고 노골적으로 소련의 독재체제를 비판하고 특히 이를 인권 침해의 문제로 삼고자 했다. 대표적으로 1953년 6월

---

1   「북한인권 제기할 것-김 차기 대통령」, 『한겨레신문』 1993년 1월 9일.
2   「북한인권 첫 공식 거론」, 『동아일보』 1995년 9월 29일.
3   「북한내 인권 상황도 직접거론」, 『한겨레신문』 1999년 3월 26일.
4   John Lewis Gaddis, *Strategies of Containment: A Critical Appraisal of American National Security Policy during the Cold War* Oxford: Oxford University Press, 2005, pp. 125–161; Kenneth Osgood, "Form before Substance: Eisenhower's Committment to Psychological Warfare and Negotiations with the Enemy," *Diplomatic History*, Vol. 24, No. 3, Summer 2000, p. 413.

동독에서 일어났던 노동자들의 반소궐기운동과 1956년 제 20차 소련공산당 당 대회에서 흐르시초프(Nikita Khrushchev)가 탈스탈린화를 제기한 것을 배경으로 일어난 폴란드와 헝가리에서의 소요사태는 아이젠하워 행정부가 공식적으로 공산주의에 대한 군사해방을 뜻하는 롤백정책(Rollback)을 천명하는데 중요한 요인으로 작용하였다.

물론 아이젠하워 대통령은 비록 공개석상에서는 공산주의권의 군사적 제거를 뜻하는 "해방"의 수사학을 구사했으나, 실제로는 1953년 동독사태, 1956년 헝가리, 폴란드 어떠한 곳에서도 군사적으로 개입하지 않았는데 이는 소련과의 직접적인 군사대결을 피하기 위함이었다. 따라서 직접적 군사대결을 하지 않고 소련 및 위성국의 체제를 위성국에서 공산당 통치를 훼손시키는데 반공선전이나 라디오 방송과 같은 심리전 수단을 활용하는 장기적인 전략에 중점을 두었다. 한국전쟁의 결과로 1953년 휴전 이후 미소는 양자관계의 기본전제로 직접군사충돌은 피하고자 하였기 때문에 군사적 해방을 제외한 대결과 경쟁의 수단으로써 심리전은 더욱 그 유용성이 커졌다.[5] 비록 소련의 위성국에 대한 영향력은 1990년대 초반까지 지속되었으나 스탈린 사후 1950년대 나타난 동구유럽에서의 반소반공 소요사태는 이들 체제를 서방의 인권 문제 제기에 취약한 것을 보여주었다.[6]

---

5   아이젠하워 대통령은 소련에 대한 무력 향상 뿐만 아니라 심리전에 상당한 비중을 두고 국가 안보전략을 수립하였다. 심리전의 정의는 "comprehensively defined as planned use of propaganda and other actions designed to influence the opinions, emotions, attitudes, and behaviors of the enemy, neutral, and friendly groups in such a way as to support the accomplishment of national aims and objectives." Kenneth Osgood, *Ibid.*, p.406.

6   1953년부터 일어난 동유럽 위성국들 사이에서의 반소봉기는 공산주의가 노동자들에게 해택을 주고 균등한 삶의 기회를 제시한다는 기본전제의 정당성을 결정적으로 약화시켰다고 볼 수 있으나, 소련의 위성국에 대한 영향력을 근본적으로 제한하는 데는 한계가 있었다. 그럼에도 불구하고 아이젠하워 정부 하에서 공산주의 위성국 및 아시아 사회주의 국가들의 "반소 저항 잠재력(Anti-Soviet resistance potential in the Sino-Soviet bloc)"에 대한 관심을

1950년대 중반 동구권의 반소반공 소요사태는 한국의 반공주의 전략과 담론에도 중대한 영향을 미쳤으나, 기존연구에서는 현재까지도 이에 대한 자세한 연구가 이루어지지 않았다.[7] 본 연구는 정치적 도구로서의 북한 인권문제 제기가 반공주의와 어떻게 결합되어 나타났는지 한국전쟁 이후 1950년대 이승만 정부의 사례를 바탕으로 다룬다. 한국전쟁 중 1952년 대선에서 제2대 대한민국 대통령으로 당선된 이승만은 전쟁이 끝난 이후에도 공식적으로는 북진통일론을 계속 주장하였다. 그러나 휴전협정에 대한 협력을 댓가로 미국과 체결한 한미상호방위조약으로 인해 실제로 이제는 군사적 방법을 통한 북한지역의 해방이라는 통일 방안은 한국 전쟁 발발 이전보다도 더욱 더 실효성을 가지 못한 상태였다. 더욱이 한국전쟁의 결과로 분단이 영구화되면서 남북한은 각각 정치, 경제, 외교적 공고화에 박차를 가하며 체제 대결이 가속화 되고 있었다. 특히 북한의 1950년대 전후 복구와 계획경제 개발에서의 성과는 북한체제의 선진성과 우월성에 대한 일종의 신화를 낳고 있는 상황이었다. 이러한 가운데 전후 이승만 정권 역시 아이젠하워 행정부와 마찬가지로 장기적인 관점에서 북한의 정통성을 훼손시킬 수 있는 전략을 모색할 수 밖에 없었다. 이 전략으로부터 부각된 체제 대결의 새로운 쟁점은 바로 북한

불러일으켰고, 중앙정보부(Central Intelligence Agency)는 이에 대한 면밀한 분석을 제시하였다. 미국 정보계의 분석에 따르면, 소련의 지배, 정치적·종교적 자유의 결여, 경제적 곤란으로 인해 광범위하게 대중의 불만이 만연해있음에도 불구하고, 궁극적으로 공산당 또는 소련의 통치가 결정적으로 훼손될 가능성은 거의 없다고 결론지었다. Jim Marchio, "Resistance Potential and Rollback: US Intelligence and the Eisenhower Administration's Policies toward Eastern Europe, 1953-1956," *Intelligence and National Security*, Vol. 10, No. 2, April 1995, p.221.

7 예외적으로 최근의 한 연구가 출발점을 제시하였다. 김도민, 「1956년 헝가리 사태에 대한 남한의 인식과 대응」, 『역사비평』 119호, 역사비평사, 2017, 302-333쪽. 김도민은 동유럽사의 일부로 헝가리 혁명 자체를 다룬 연구는 있으나 당시 남한에 어떤 영향을 주었는지에 대한 본격적인 연구는 없었다고 지적하였다. Hakjoon Kim(2010)은 소련의 탈스탈린화 운동이 한국의 보수주의자들에게 미친 영향을 언론 보도를 중심으로 해서 간략하게 언급하였다. Hakjoon Kim, *The Domestic Politics of Korean Unification: Debates on the North in the South, 1948-2008*, Seoul: Jinmoondang, 2010, p. 56.

공산주의 독재의 한 측면으로서 인권 문제였다. 인권은 공산주의의 정치적, 종교적 자유의 결여 및 물질적 빈곤의 문제를 모두 포괄하여 비판할 수 있는 주제로서 당시 북한이 정치, 경제, 군사적으로 이루어온 체제공고화의 표면적인 성과를 비판하기에 유용한 개념이었다.

북한체제에 대한 경계와 비판은 특히 1956년 이승만이 직면한 정치적 위기를 감안하면 더욱 긴요한 것이었다. 1956년 5월 치러진 제3대 대통령 선거에서 통일론을 제시한 진보당의 조봉암으로부터 예상치 못했던 수준의 정치적 도전에 직면한 이승만은 다시 북진통일론을 주장하였다.[8] 이 가운데 같은 해 폴란드와 헝가리에서 일어났던 반소 소요사태는 이승만 정부가 북한체제의 인권문제를 제시하면서 북한동포에게 반소 궐기 운동을 촉구할 수 있도록 하는 주요한 배경이 되었다. 이때부터 공산주의 체제의 인권유린 대 자유민주주의의 인권 옹호라는 대립 구도가 형성되었으며, 북한을 비판하는 데 있어서 인권 문제를 부각시키는 방식으로 북한 체제의 정통성을 저해하고자 하는 반공주의와 불가분의 관계를 갖게 되었다. 궁극적으로 자유의 제한과 인권 탄압으로 인해 대중의 지지를 잃게 되는 소련체제는 붕괴할 수밖에 없다는 북한 붕괴론의 출발점도 여기에 있다고 볼 수 있다.

그러나 북한에 대해 반소 봉기를 촉구하는 것은 그 전제와 기대효과에서 여러 결함이 있었다. 북한은 동구 유럽 위성국가들과 다르게 한국전쟁을 경험하면서 소련의 역할이 점차 축소되어가고 있는 상황이었다. 즉 한국이 인정하던 인정하지 않던 김일성의 유일체제와 주체가 뿌리를 내리고 있는 시점이었고, 소련 공산당 지도부는 이를 적어도 묵인하고 있는 상황이었다.[9] 심

8   박대근, 「1950년대 무력통일론과 평화통일론」, 『민족21』 제49호, 2005, 114쪽.
9   Charles Armstrong, "'Fraternal Socialism': The International Reconstruction of North Korea, 1953-62," *Cold War History*, No. 5, Vol. 2, 2005, pp. 161-187; Andrei

지어 남한에 대한 북한체제의 우월성 또는 장점을 부각시키기 위해서 소련은 북한에 어느 정도의 "자주성(independence)"를 허용할 가능성도 존재한다고 보았다("The USSR may consider it desirable to give the North Korean regime an appearance of greater independence, in part to enhance the North Korean appeal in the South").[10] 반공주의 냉전적 시각으로 북한 독재정권 하의 인권 문제를 제기하는 것은 그 의도와는 상관없이 윤리적인 문제제기의 성격 보다는 북한 체제를 비방하고 북한붕괴론으로 귀결되면서 이승만의 북진통일론과 정치적 입지를 정당화하고 제고하는 목적과 떨어져서는 생각할 수 없다. 북한에 대한 인권 문제제기는 이렇게 정치적인 목적이 더 컸기 때문에 남북간의 차이를 완화하는 공통의 관심 사안이 아니라 가장 날카로운 체제대결의 쟁점으로 자리잡게 되었다.

이렇듯 당시 이승만 정부의 반공주의와 대북인식은 부분적으로는 아이젠하워 정부의 반응과 상응하였지만, 한국(또는 남북관계)의 예외적이고 특수한 측면도 있었다. 따라서 이 시기를 자세히 살펴보는 것은 남북관계 또는 한반도 냉전사연구의 "일국사적 시각"을 넘어 "세계적 또는 지역적인 냉전사"의 맥락을 접목시켜 한반도에서 벌어진 냉전의 양상과 특성을 구체적으로 드러낼 수 있는 방법을 제시한다.[11] 본 연구는 1950년대 전후 남북관계사 연구에서 북한인권 문제가 한국의 반공주의와 어떻게 결합하였는지 한국, 미국, 북한의 사료를 바탕으로 재구성하고자 한다. 기존의 1950년대 북한사와

Lankov, "Kim Takes Control: The 'Great Purge' in North Korea, 1956–1960," *Korean Studies*, Vol. 26, No. 1, 2002, pp. 87–119; Balazs Szalontai, *Kim Il Sung during the Khrushchev Era*, Washington D.C.: Woodrow Wilson Center Press, 2005.

10 National Intelligence Estimate (NIE) 42.2–56, "Probable Developments in North Korea over the Next Few Years, 3 July 1956," p. 11.

11 홍석률, 「냉전의 예외와 규칙: 냉전사를 통해 본 한국 현대사」, 『역사비평』 제100호, 역사문제연구소, 2015, 130–132쪽.

한국 현대사의 연구는 각 체제의 공고화 과정을 분리해서 다루고 있는 특징이 있는데, 이는 당시에 남북 간의 교류가 아예 전무했기 때문이다. 그러나 양 체제는 결국 상대방에 대한 절대적 우월성 확보를 바탕으로 한 통일을 목표로 하고 있었기 때문에 정치, 경제, 군사, 외교적 공고화의 모든 면은 서로 분명히 상호작용의 관계에 있었다. 따라서 어떠한 특수한 상황에서 한국의 반공주의와 북한 공산주의 독재의 인권문제가 결합하게 되었는지, 그리고 특수한 조건때문에 그 의도된 효과가 실현되지 못했는지 검토함으로써 반공주의가 한국의 인권과 민주주의 개념에 미친 영향을 이해할 수 있다.

남북간 상호적대의식이 증폭되는데 인권문제의 제기가 어떤 역할을 했는지 그 시발점으로서 해당 시기를 주목하는 것이 필요하다. 사회주의 계획 경제의 전반적 낙후성과 관련된 대중 불만, 집단주의 생활 양식의 확산, 정치적 반대의 숙청, 종교 자유의 제한 등의 모든 문제를 공산주의 독재의 인권문제로 포괄적으로 비판함으로써 이제 남북간의 대결은 군사적 차원의 대결을 넘어 생활양식의 경제적 대결의 단계로 그 성격이 전환되고 있었다. 흔히 이 시기에 북한이 앞서있었다는 주장을 전면 부인하기는 어렵지만, 그렇다고 해서 북한 내부에서 어떤 불만세력이나 결핍이 존재 하지 않았다고 단언하기도 어렵다. 그렇다면 당시의 체제 대결에서 진정한 승자는 어떤 쪽인지 단정지어서 결론짓기 어렵다고도 볼 수 있다.

다음 장에서는 1956년 폴란드와 헝가리에서의 반소 소요사태와 제 2대 대통령 선거를 배경으로 한국에서 북한 공산당 독재의 인권문제와 반공주의가 결합하는 구체적 사례로써 제기된 반소반공궐기운동의 구체적 진개를 다룬다. 3장에서는 북한의 5개년경제개발계획과 천리마운동이 한국에서 반공주의 시각으로 어떻게 해석되었는지 역사적으로 재구성한다. 결론에서는 1950년대 형성된 공산당 독재의 인권유린 대 자유민주주의의 인권 옹호라는 대립

구도가 북한 붕괴론의 시발점이 되었으며 이러한 인식의 틀은 오래 동안 한국에서 바뀌지 않았음을 보여준다.

2. 북한 인권문제 제기와 반공주의: 반소반공궐기운동, 1956

이승만은 휴전 이후에도 "북진통일이 대한민국의 변함없는 지상명령이며 정의와 자유의 대의에 입각한 민족적 숙원은 마침내 승리를 거두고야 말것"이라는 식의 언명을 공개적으로 지속했다.[12] 한국 전쟁이 휴전으로 일단락되면서 전후 남한의 체제대결은 군사적 대결에서 경제적 대결, 생활수준의 대결로 전환되었다. 스탈린 사후 소련공산당 지도부가 제3세계에 대한 경제 원조를 늘이는 경제적 냉전으로 공세의 성격을 전환하고 미국이 이에 대응하고자 한 것와 맥락을 같이 한다. 1956년 6.25를 기념하는 동아일보 사설 "생활수준향상으로 이기자"는 당시의 새로운 경쟁 양상을 보여준다.

우리는 지금까지 "민주주의가 좋다" "공산주의가 나쁘다"고 구호에 의해서만 싸웠다. 그러나 이제는 그러한 구호전으로써만 승패를 결말지을 수 없는 단계에 이르렀다. 민주주의가 공산주의보다 더 잘살게할 수 있는 것이라는 것을 민주주의적행동과 민주주의적정책으로써 결과한 국민생활수준의 향상을 사실에 의하여 증명하는데 실패해서는 안될 것이다.[13]

이승만대통령 역시 북진통일을 주장하면서도 민주주의의 우월한 생활수준 향상에 대한 자신감을 피력하였다. 즉 통일이 반드시 군사적으로 이루어 진다기 보다는 민주주의체제가 북한주민들에 대해서 가지는 호소력이 장기적으로는 커질 것이라는 점을 지적하였다. 통일 한국의 전망에 대해 이승만에

---

12 「북진통일은 지상명령」, 『경향신문』 1955년 3월 27일.
13 「생활수준향상으로 이기자」, 『동아일보』 1956년 6월 25일.

따르면, "우리는 표면에는 나타나 있지 않으나 보다 더 커다란 의의를 가진 일들을 본다. 우리가 보는 것은 자유와 민주주의적 생활양식의 대의다....이들 대원칙은 변하지 아니하고 점차 승리한다. 통일을 성취하려는 우리의 희망은 명확한 기초를 가지고 있는 것이며 정의와 정당성의 대의는 마침내 승리할 것이라는데 우리는 커다란 자신을 가진다."[14] 공산체제의 파탄의 요인 중 가장 큰 약점은 경제체제에 있다는 점은 당시에도 새로운 사실이 아니었다. 특히 북한이 몰두하고 있었던 중공업 위주의 발전전략은 경공업을 등안시 함으로써 일반 국민의 생활을 항구적인 궁핍으로 떨어트릴 수밖에 없다는 점은 자명했다.

바로 이 생활수준의 문제는 외형적으로 성장하고 있는 북한 체제가 가지는 아킬레스건과 같은 것으로, 이 문제 때문에 통일에서의 주도권이나 한국의 대다수 반공의식으로 무장한 대중에게 매력을 가질 수 없었다. 북한의 역사에서 1950년대는 전후복구건설화 사회주의적 개조가 이루어지던 매우 중요한 시기로 사회주의 공간의 원형이 형성되었다. 북한은 3개년 계획(1954-1956)으로 전쟁 전 수준의 경제를 회복했으며 5개년계획(1957-1960)년으로 인민대중의 기본적인 의식주 문제 해결과 공업화 기초 구축의 과제를 달성하고자 하였다. 양적지표 정책의 성과만을 볼 때, 전후복구건설시기 북한 지도부는 인민 대중의 최소 생계 보장, 혁명의 공고화, 초기 공업화의 과제를 성공적으로 완수하였다. 그러나 당시의 고속성장은 절약제도 등 내부원천을 착취하는 속에서 가능한 것이며 대외관계가 악화되면서 사회주의 국제 분업체계의 단절과 자립적 민족경제의 주창은 문제를 드러내기 시작하였다. 즉 스탈린식 강행적 축적과 외연적 성장전략의 한계는 이미 나타나기 시작하고 있었다.[15]

---

14 「북진통일은 시상망성」, 『경향신문』 1955년 3월 27일.

1956년 7월 작성된 미국 CIA의 정보평가서(National Intelligence Estimate) 향후 몇 년간 북한의 동향(Probable Developments in North Korea over the Next Few Years) "심각한 노동력 부족, 농업생산의 부족, 그리고 소비재 산업의 결핍은 1956년 이후에도 지속될 것이며 이로 인해서 생활수준은 향상시키고 대한민국에 대해서 북한체제의 매력을 증가하려는 노력은 방해받을 것이다"라고 결론내렸다.[16] 동 보고서는, "북한에서는 선언적으로 주택 건설과 소비재 생산에 대한 강조를 하고 있으나, 이 분야에서 실제 성과와 투자는 필요 수준 보다 훨씬 밑돌고 있다."[17] 이에 따라 북한의 일반 노동자는 "apathetic(냉담한)"하며 인민들이 "광범위한 불만(extensive grievances)"을 가지고 있을 것이라고 보았다.[18] 당시 북한의 생활상을 다룬 언론 보도의 예는 다음과 같다.

> 북한 인민들은 그들의 생활수준이 일본 통치 시대보다도 공산통치하에서 훨씬 저하되어 있다고 불평해왔으며 한국전쟁을 겪고 난 뒤에는 세계 어느나라 인민 보다도 궁핍하다고 비난하고 있다....최근 북한공산치하를 탈출하여 남하한 피난민들은 북한 인민들이 극도의 생활고에서 허덕이고 있으며 군인외에 구두를 신은 사람이란 매우 보기 힘들고 대개는 고무신 아니면 중공제 정구화 같은 것을 신고 다닌다고 증언하였다....북한 인민들이 고무신이나 운동화를 면하고 백화점에서 구두를 구입할 날은 전도요원하다.[19]

비슷한 맥락에서 1955년 7월 북한에서 6월 21일 "야크" 18형 비행기를 몰

---

15 박순성 · 선동명, 「1950−60년대 북한의 사회주의공간 정책화 생활체계」, 『현대북한연구』 제9권 1호, 북한대학원대학교, 2006, 175쪽.

16 National Intelligence Estimate (NIE) 42.2−56, "Probable Developments in North Korea over the Next Few Years, 3 July 1956," p. 2.

17 National Intelligence Estimate, *Ibid.*, p. 6.

18 National Intelligence Estimate, *Ibid.*, p. 8, p. 10.

19 「불안에 떠는 북한괴뢰」, 『동아일보』 1956년 12월 7일.

고 여의도비행장에 귀순해온 비행사 이운용과 이은성 소위는 기자회견을 통해서 북한의 실상을 "폭로" 했다. 이들은 수일전 서울 시가를 지나면서 거리에서 쌀과 고기를 파는 것을 보고 "저것이 참말로 파는 것입니까?"하고 질문하며 "북한에서는 이런 것은 볼 수 없습니다"라고 말했다.[20] 북한에서는 "통먹을 것이 없어서 일반 사람들은 그야말로 가죽과 뼈만 남아있습니다. 일반 사람들이 군대 식당 근처에 모여들어 먹고 남은 것을 빌어 먹으려고 서로 난리들입니다. 돼지밥을 주면 굶주린 사람들이 돼지 우리에 들어가 돼지하고 싸웁니다. 이런 소리는 보지 않은 사람들은 곧이 못들을 것입니다"라며 극심한 식량난을 강조했다.[21] 또한 이들은 "공산괴뢰집단은 개성에서 반란이 일어날까 몹시 두려워하고 있으며 따라서 개성에서만은 다른 곳에서 하는 거와 같은 압박을 민중에 가하지 못하고 있다"고 주장했다.[22] 식량 배급량이 터무니 없이 부족함으로 암시장에서 보충하고 있으며, 미곡의 암시장 가격은 법정가격의 7배에 달했다.[23] 농민들은 현물세로 전수확물의 오십퍼센트를 공출하고 있는 형편이었다.[24] 강화도 앞바다에서 고기잡이를 나갔다가 풍랑으로 표류, 북한군에 납치되어 124일간의 억류생활 끝에 송환된 선원 조만석 등 세명의 어부의 증언에 따르면 "지방에 있는 부녀자들을 보면 고무신을 신은 여인은 찾아볼 수 없고 모두가 맨발 아니면 짚신을 신고 있을 정도"라고 했다.[25] 해주시를 통과할 때 내다보니 하얀 "콩크리트" 도로만이 눈에 띠울 뿐 건물이라고는 하나 찾아볼 수 없었으며, 학교 건물 같은 것은 흙벽으로 지어 있었다. "주민들은 의복이 남루하고 토굴생활을 하고 있어 처음 보기에는 거

20 「폭로된 북한의 실정 귀순한 비행사 제2차회견기」, 『동아일보』 1955년 7월 6일.
21 Ibid., p. 1.
22 「폭로된 북한의 실정 귀순비행사의 진술내용」, 『동아일보』 1955년 6월 29일.
23 「공산진영의 죄」 변천상」, 『경향신문』 1954년 12월 9일.
24 Ibid., p. 1.
25 「죄」 괴뢰 지하의 북한실정 납치된 어부의 귀환보고」, 『동아일보』 1954년 11월 20일.

지집단수용소 같은 인상을 주었다"고도 했다.[26]

물론 이는 북한에만 특수한 사정은 아니었다. 사회주의권 전체가 중공업 위주의 발전전략과 그에 따른 소비재 부족, 생활수준 저하와 강제노동의 문제로 인해 대중적 지지와 정당성을 확보하는데 어려움을 겪고 있었다. 1953년 동독, 1956년 폴란드와 헝가리에서의 소요사태는 모두 이러한 문제들이 탈스탈린화로 인해서 가시적으로 드러난 사례였다. 사회주의 계획경제의 생활수준의 저하는 체제 불만과 서양 물건에 대한 동경을 이미 1950년대부터 유발했다. 이것이 마침내 체제 붕괴로 이어지기까지는 25년 이상의 시간이 더 걸렸지만, 이미 1950년대부터 중공업 위주의 사회주의 계획경제의 결함이 대중적 지지에 미친 부정적인 영향은 분명했다. 예를 들어서 1953년 체코의 당시 미국 대표(공식 외교관계 수립전으로 대사는 아니지만 미국의 공관을 대표하는 직위는 존재함) 라브달(Christian Ravndal)은 헝가리 사람들이 자신의 아내가 타고다니는 뷰익(Buick)자동차를 따라다녔는데, 가끔은 너무 많은 사람들이 몰려다녀서 경찰이 교통정리까지 하고는 했다는 것이다. 라브달은 미국산 자동차가 가질수 있는 선전적 가치가 크다고 본국에 보고했다.[27] 이미 1955년부터 헝가리 당국자들은 서방세계의 심리전에서 패배하고 있다고 보았고 당의 공식 입장에 대한 대중적 지지를 얻는 것이 첨차 어려워 지고 있다고 인정할 수밖에 없었다. 이때부터 이미 이념으로써의 공산주의는 헝가리에서 호소력과 영향력을 잃고 있었음을 부인 할 수 없다.[28]

---

26 *Ibid.*, p. 1.
27 Laszlo Borhi, "Rollback, Liberation, Containment or Inaction: US Policy and Eastern Europe in the 1950s," *Journal of Cold War Studies*, Vol. 1, No. 3, Fall 1999, pp. 79–80.
28 *Ibid.*, pp. 88–89.

동유럽에서 미국의 심리전이 거둔 효과를 염두에 두고 1950년대 북한에서의 상황과 이승만이 전개한 심리전의 효과를 비교하자면 어떠한가? 1958년부터 북한이 드디어 트랙터, 오토바이, 대형트럭, 굴착기, 기계식 직기, 자동차, 발전기를 생산하기 시작했는데, 이중 대다수는 한국에서 아직 자체적으로 생산되지 않고 있었다.[29] 이러한 점에서 본다면 당시 한국은 북한에 대해서 선전적 가치를 가질만한 가시적으로 우월한 생산품은 없었을지 모른다. 1950년대 당시 북한에서 자본주의 국가의 물건이 얼마만큼 인기가 있었는지, 유통되었는지, 알기가 쉽지 않다. 1954년 한 CIA의 정보 보고에 따르면 이때도 중고 일제 라디오가 시장에서 팔리고 있었는데, 청진에서는 일본이나 한국의 주파수가 잡혀서 라디오 방송을 듣는 것이 가능했고, 주민들은 일본의 가요 방송 같은 것들을 특히 즐겨 들었다고 한다.[30]

그러나 어쨌든 북한경제의 외연적 성장과 김일성 체제의 정치적 공고화는 점증하는 반대에 직면한 이승만 정부에게 중대한 위협으로 간주되었다. 따라서 군사적 해방과 통일이 더 이상 가능하지 않은 조건에서 북한 체제의 정당성을 훼손시킬수 있는 새로운 논리가 필요하게 되었다. 당시 공산권내부의 정세변화는 이러한 논리의 형성에 발판을 마련해주었다. 앞서 1956년 2월 소련공산당 제 20차 당대회에서 흐루시초프가 탈스탈린화를 제기한 이래 동유럽 위성국가들 사이에서 자유화 운동이 전개되면서 반소련 색채를 띠게 되는 의도하지 않은 사태가 벌어졌다.[31] 1956년 6월 28-29일 폴란드의 포즈난

29 Balazs Szalontai, op.cit., p. 124.

30 Central Intelligence Agency Information Report, "Living Conditions in North Korea /Installations in Chongjin, 5 October 1964," CIA-RDP80-00810A005000190006-3, p. 2.

31 Vladislav Zubok and Constantine Pleshakov, Inside the Kremlin's Cold War: From Stalin to Khrushchev, Cambridge, MA: Harvard University Press, 1996; Vladislav Zubok, A Failed Empire: the Soviet Union in the Cold War from Stalin to Gorbachev, Chapel Hill: University of North Carolina Press, 2007.

에서는 임금 인상을 요구하는 노동자들의 파업이 공산당 독재 철폐, 신정부 수립을 위한 자유 선거의 실시, 폴란드에 주둔한 소련 군대의 철수 등의 요구로 이어진 반소 반공 사태가 발생하였다. 같은 해 10월 23일부터 11월 10일 사이에 헝가리의 정치개혁과 자유화를 요구하는 부다페스트 시민들의 대규모 시위가 확대되었는데, 시위대는 개혁 성향의 정치인 나지(Imre Nagy)가 헝가리 국정을 이끌어 줄 것을 요구하였으나, 소련군의 무력침공으로 인해 바르샤바 조약으로부터 탈퇴와 헝가리의 중립국 지위를 주장하던 나지 정권은 붕괴하였다.

이러한 동구유럽 내부의 분열은 표면적으로는 서방자본주의 세계와 한국을 비롯한 그 동맹국에 정치적 선전효과를 극대화 시킬 수 있는 호기로 보였다. 비록 공개적인 수사와 비공개적 정세판단은 차이가 있었지만, 아이젠하워 대통령은 동구권 "해방" 또는 "롤백"을 지지하는 발언을 계속 했다.[32] 특히 노동자들에게 우선적인 혜택을 보장한다는 공산주의 체제에서 노동자들이 시위와 반란을 촉발했다는 점은 미국에게 고무적이었다. 그럼에도 불구하고 미국의 직접적인 개입은, 반란측에 대한 위험, 소련과의 전쟁 위험성 및 반소운동 실제 성공의 낮은 가능성 때문에 결과적으로 늘 배제되었다.[33] 이는 1953년 동독의 케이스에서도 1956년 폴란드 헝가리에서도 마찬가지였다.

한국에서의 대응도 큰 틀에서는 선언적인 의미에서 미국에서의 전개와 비슷했다. 헝가리에서 10월 23일 시위가 시작되었다. 한국에서 처음 이 사태가 보도된 것은 10월 25일인데 이후 4일 만에 회원 수백 명이 참여한 전국문화

---

32 Christopher J. Tudda, "Reenacting the Story of Tantalus: Eisenhower, Dulles, and the Failed Rhetoric of Liberation," *Journal of Cold War Studies*, Vol. 7, No. 4, Fall 2005, pp. 3-6.

33 David G. Coleman, "Eisenhower and the Berlin Problem, 1953-1954," *Journal of Cold War Studies*, Vol. 2, No. 1, Winter 2000, p. 13.

단체 총연합회 주도의 '이북동포 반공촉성궐기대회'를 시작으로 11월까지 전국적으로 헝가리 인민 궐기를 지지하는 대회 뿐만 아니라 북한 동포의 반소반공을 촉진하는 데모가 연일 전개되었다.[34] 헝가리의 시위는 11월 10일 진압되었는데, 11월 11일자 동아일보 기사에 따르면 전국에서 약 구십만명에 달하는 남한동포들이 북한 동포의 「반소반공」을 촉구하는 궐기대회를 229회에 걸쳐 전개하였다.[35] 치안국의 집회에 따르면 참여 인원은 총 88만 1,060명 이었다.[36] 1956년 10월 10일자 경향신문 사설 "북한자유동포들은 주저말고 궐기하라"는 당시의 인식을 보여준다.

　　공산치하의 북한에서도 일찍이 신의주학생사건, 함흥학생사건을 비롯한 수많은 의거가 있지 아니하던가. 지금 그대들이 인간의 생지옥에서 신음하고 있음은 그대들 자신이 너무나 잘 알고 있다. 암흑정치 속에서 강제노역 피의 숙청 그리고 기아에 의해서 끝없는 자학을 강제당하고 있지 않은가. 이번 동구라파에서의 반공봉기의 기점이던 지난 8월 포즈난 폭동에서는 "자유와 빵을 달라"고 절규하였거니와 그대들도 마땅히 억압된 인간으로서의 자유를 지금은 다시 찾아야만 할 것이다.

　　공산치하에 있어서 민중의 기본인권을 몰각하고 자유를 박탈하고 있음으로써 민중이 기회만 있으면 노예상태로부터 탈각하려고 추구하고 있음은 그 본능이거니와 지금 일부 공산권의 인민들이 바로 그 기회를 포착하고 있다고 볼 수 있다. 공포정치를 떠나서는 공산권내 인민에 대한 억압이란 원래 있을 수 없는 일이다. 이번 폭동으로 당황한 파란공산정권은 생활조건의

34　김도민, 앞의 글, 316쪽.

35　「90만 돌파 북한궐기촉구대회」, 『동아일보』 1956년 11월 11일.

36　김도민이 언급한대로 주한미국대사관에 따르면 헝가리 사태에 대한 남한 내 시위는 일반 대중이 아니라 지식인들이 참여한 것에 불과하며, 그마저 초기에 비해 숫자가 상당히 줄어들었다. 심지어 동아일보는 1960년 4.19이후인 5월 논평에서 이승만 정권 시기 민의를 왜곡하고 독재정권을 유지하기 위한 관제데모의 사례로 헝가리 사태 당시 시위를 들기도 했다. 김도민, 앞의 글, 316쪽.

개선을 새삼스러이 약속함으로써 무마를 시도하고 있으니 그와 같은 미봉책은 길게 유지될리 없다. 공산정치 체제는 이미 무너지기 시작했고 그 운명도 멀지 않을 것을 느끼게 하고 있다.[37]

이승만은 동구유럽의 사태를 계기로 북진 통일을 다시 적극적으로 선언하기 시작했다. "구라파의 파탄과 항가리는 다 위성국가로서 다시는 자유를 찾을 생각도 못하게 된 줄 알았던 것인데...이 풍조를 따라서 미국 안에서도 공론이 비등하고 있는 중이니 이와 같이 점차로 일어나게 되면 우리가 단독으로라도 일어나서 북진통일을 기회하기를 희망할 수 있을 것이므로 작년 이맘때와 비교하면 우리는 비로서 서광을 보게 되는 것입니다."[38] 당연히 북한은 극도로 반발하였다. 부수상 최용건은 공산정권을 타도하고 대한민국의 기치아래 통일하자는 남한으로부터의 호소를 거부하였다. "전과 다름없이 프로레타리아 국제주의에 충성을 다할 것"이라고 말하고, 남한의 봉기요청은 "부당한 소동이며 결코 우리 인민을 놀라게 하지 않을 것"이라고 말하였다.[39]

1956년 이승만 대통령은 북진통일론과 반소반공궐기운동을 내세우면서 한 해를 보냈지만, 1956년 이후 북진통일론은 퇴조하게 된다. 왜냐하면 전쟁이 지긋지긋한 국민들에게 북진통일론이 더 이상 먹여 들어가지 않는다는 점을 1956년 선거를 통해 경험했기 때문이다.[40] 그러나 이승만 대통령의 가장 대표적인 상징인 북진통일론에 대한 대중적 지지가 낮아졌다는 것은 김일성의 성취를 반영하는 것은 아니었다. 외형적인 성장에도 불구하고 공산주의 독재체제의 계획경제는 이미 생활수준의 전쟁에서는 승리를 담보하고 있지 못했

---

37 「자유에의 절규」, 『경향신문』 1956년 7월 1일.
38 「이북동포에게 보내는 신년사 (1957년 1월 1일)」, 『대통령이승만박사담화집』 3, 공보실, 1959.
39 「소(蘇)와의 우의지속─괴뢰 최용건, 궐기를 거부」, 『동아일보』 1956년 11월.
40 박태균, 앞의 글, 114쪽.

기 때문이다. 대다수 한국인들은 북한과의 전쟁을 통해서 이미 극단적인 반공인식을 갖고 있었다. 따라서 아무리 이승만의 대중적인 지지도가 떨어지고 있다고 하더라도, 공산독재는 인간의 가장 기본적인 자유를 억압하는 체제였기 때문에 반공이 실현되어야 비로소 자유가 현실화 된다는 인식이 뿌리내리고 있었다.

3. 반공주의 담론으로 본 5개년경제개발계획(1957–1960)과 재일교포북송사업

1957년부터 시작된 북한의 5개년 경제개발계획과 이를 추동한 천리마 운동은 북한으로써는 사회주의 건설의 역사에서 자기 체제에 대한 자부심과 남한에 대한 우월성의 원천이다. 반대로 이러한 북한의 성과들은 환율, 인플레이션, 원조, 신무기도입, 주한미군감축 등의 문제를 둘러싸고 미국과 갈등을 겪고 있었고 국내적으로 독재정치에 대한 반발이 더욱 고조되어 있었던 이승만 정부에게 초조함과 불안을 더하는 요인이었다. 1954–1956년 3개년경제개발계획으로 전쟁전의 경제수준을 회복한 북한은 1957년부터 국가의 전반적인 산업화 발달을 추진하였으며, 곡물, 섬유, 전기, 석탄, 철강, 시멘트, 화학비료 등의 주요 생산품에 대한 획기적인 증산과 사적 기업의 완전한 소멸을 기획하였다. 아울러 1957년은 소련의 위성발사와 1958년 중국의 대약진운동도 사회주의의 자본주의에 대한 군사적, 경제적 승리를 선전할 수 있는 조건을 제공하였다.

그러나 이때부터 소련으로부터의 원조가 줄어들기 시작하였음으로 중국에 대한 의존이 심화되었으나 이것만으로는 보완이 어려웠다.[41] 결국은 점차 제

---

41 Zhihun Shen and Yafeng Xia, "China and the Postwar Reconstruction of North Korea, 1953 1961," North Korea International Documentation Project (NKIDP),

한되고 있는 자원 하에서 계획목표를 달성하기 위해 천리마운동이라는 더욱 격렬한 증산경쟁을 5개년경제개발계획의 달성을 위해서 인민들에게 강요하였다.[42] 증산운동의 강요로 계획목표를 초과하는 성과를 달성하였다. 1958년의 산업 생산은 전년도에 비해 40% 증가하였다. 1957년-1959년 공업총생산액은 1957년 44%, 1958년 42%, 1959년 53%으로 성장하여, 1958년 5월 8일 노동당은 5개년개발계획이 2년 앞당겨 1959년 6월에 완료되었다. 북한의 지도자들은 1956년에 북한의 1인당 산업/농업 생산량이 일본의 수준을 따라잡을 것이라고 선전했다.[43] 이것은 마치 모택동이 대약진운동을 통해서 산업생산량에 있어서 15년 안에 영국을 넘어서고 미국을 따라잡겠다고 한 것과 비슷한 맥락이었다.

그러나 중공업 위주의 발전계획은 경공업과 농업 부문의 희생 위에서 이루어 진 것이며, 소비재 생산의 만성적인 양적부족과 질적 결함으로 인해 대중

No. 12, May 2012, pp. 17-25. 북한의 국가예산 중 외부원조의 비중은 1954년 34%, 1957년 12.2%, 1958년 4.5%, 1959년에는 2.7%로 점차적으로 감소하였다. 중소분쟁이 1957년부터 격화되면서 모택동은 북한에 대한 영향력을 확대시키려는 차원에서 북한의 5개년개발계획에 대한 지원을 늘였다. 중국은 지난 1954-1956년 전후복구 계획 기간에는 주로 소비재를 위주로 지원하였으나 5개년개발계획에서는 산업 기구와 재료에 대한 지원을 대폭 늘였다. 여기에는 석탄, 면, 타이어, 압축철강, 고무, 황(黃)과 같은 원료에 대한 북한의 수요를 만족시키고자 최선을 다했다. 이에 1957년 북중 전체 무역은 미화로 56 million정도로 추정되었으나 1959년 2배 가까이 증가해 115.84 million으로 나타났다. 아울러 1957년 12월 모스코바 회의에서 김일성을 만난 모택동은 1956년 8월 종파사건 당시 중국의 개입에 대해 사과를 표명했으며, 중국인민지원군에 대한 철군 요청도 받아들여 북중관계를 긴밀하게 다졌다. 17-25.

42 1957년 계획과제가 성, 관리국, 기업소 지도 간부들에 의해 비현실적이라고 비판받자, 노동당 지도부는 그 대안으로 생산자 대중을 동원하는 광범위한 군중노선을 전개하여 위기를 극복하겠다는 전략을 세웠다. 천리마운동의 군중노선은 이전 1946년 건국사상총동원운동, 1952년 반관료주의투쟁, 1955년 반탐오반낭비 투쟁의 맥을 이어가는 것으로 1956년 12월 28일 김일성의 강선제강소 현지지도를 계기로 적극적으로 추진되었다. 이세영, 「1950년대 북한 노동자층의 형성과 의식변화」, 『한국사연구』 제163호, 한국사연구회, 2013, 420-422쪽.

43 Balazs Szalontai, op.cit., p. 121; Shen and Xia, op.cit., p. 27.

의 불만은 팽배해있었다. 물질적인 조건의 부족을 노동자의 자발성과 열의를 통해 극복해보겠다는 당국의 취지는 충분한 물질적인 인센티브가 결여된 상태에서는 강제노동, 절약과 규율, 감시와 통제의 의미가 더 컸다. 따라서 1958년을 기점으로 파벌정치가 사실상 소멸되고 중국인민지원군의 철군으로 자율성이 더 높아졌으나 김일성의 정치적 권력 강화는 대중성 지지의 확대를 의미한다고 보기가 어려운 측면이 있다.[44] 왜냐하면 아무리 노동자 개인이 열심히 노력해도 기본적인 의식주 요건도 충족시킬 수 없을 만큼 경제발전이 일반 대중의 생활수준을 향상시키는데 부족했기 때문이다.

5개년경제개발계획 착수 이후에도 이승만 정부는 북한의 생활수준의 미비, 강제노동과 독재정치의 잔인함 등을 민주주의와 자본주의체제의 자유, 풍족함, 우월함 등과 대비시켜 대북한/대내 심리전을 이어갔다. 특히 1957년부터 북한이 5개년경제개발계획에 착수하고 1959년 재일교포북송사업을 추진하게 되면서 이승만 정권이 상대적으로 열세에 몰리는 모양새가 되자 더욱 적극적으로 전개되었다. 1957년 2월 24일자 동아일보에는 헝가리 혁명에 참여 했다가 비엔나로 탈출한 북한 유학생의 수기가 보도되었다. 정이홍이라는 가명으로 수기를 쓴 함경북도 출신의 북한유학생은 헝가리 학생들과의 여러 가지 문제에 대한 토론을 통해서 헝가리 학생들이 "서방세계의 생활이 공산국가의 생활보다 훨씬 낫다는 것을 잘 알고 있다"고 인정했다.[45] 동년 북한의 문화선전성 기관지 부주필을 지낸 이철주라는 인물이 월남하여 검거되었는데, 육군 특무대본부에서 열린 기자회견에서 다음과 같이 월남 동기를 진술하였다: "내가 자수한 동기는 인권의 보장을 받는 귀한 삶을 영위하기 위한 것이며 한국의 경제 실정을 볼 때 공산주의가 발달하면 자본주의가 멸망한다

44 Robert Scalapino and Chong-sik Lee, *Communism in Korea* (Berkeley: University of California Press, 1972), p. 218.

45 「헝가리 혁명에 참가했던 북한출신 유학생의 수기」, 『동아일보』 1957년 2월 24일.

는 공산 이론의 모순성을 발견했기 때문이다."[46] 소련식 독재 정치하에서 정치적 자유와 기본인권의 부정은 공산정권에 큰 난경을 가져왔으며, 이를 돌파할 수 있는 유일한 길은 중공업편주의 계획을 포기하고 소비물자의 생산으로 전향해야 한다는 논조가 당시 언론에 많이 부각되었다.[47]

물론 북한 경제 개발 계획의 한계와 모순, 이에 따른 주민들의 불만 확산은 이념적 비판이 아니라 실제로 존재했던 것이다. 1957년 5월 작성된 CIA의 보고서에 따르면 북한 당국이 일반 주민의 생활수준 향상에는 관심이 없었기 때문에, 아울러 천리마 운동으로 인한 강제노동과 노동 강도 등에 대해서 불만이 많았다고 한다.[48] 주요 내용은 아래와 같다.

(1) 일반 대중은 단순한 규제나 통제 그 자체를 반대하지는 않는다. 그러나 체제 자체를 반대한다. 왜냐하면 식량 부족에 대해서 어떠한 대책도 세우지 않았으며 사람들이 굶어 죽도록 그냥 두었기 때문이다. 국가는 인민 없이는 존재 할 수 없는 것이고, 인민들은 생활을 향상시키지 않는 국가는 지지할 수 없다. 따라서 일반 대중은 현 체제를 전복시키는 것이 필요하다고 생각한다.

(2) 인민들은 경제 복구계획에 환멸을 느끼고 있었다. 왜냐하면 그것은 생활 수준 향상과는 전혀 관계가 없었기 때문이다... 일반적인 생활 수준에 대해서 불만이 팽배해있다. 농민은 아무리 열심히 일해도 세금 부담과 기아에 시달렸고, 거의 거지 수준의 삶을 살았다.

---

46 「공산주의는 호열자같은 세균」, 『경향신문』 1957년 8월 3일.

47 「봄과 더불이 재동요하는 공산내부」, 『동아일보』 1957년 5월 8일.

48 Central Intelligence Agency Information Report, "Conditions in North Korea, Prices of Commodities, Clothing, Consumer Goods, Mode of Dress, General Living Conditions (7 May 1957)," CIA-RDP80T00246A034400330001-3.

(3) 노동자들은 무임금 강제 노동에 환멸을 느꼈다. 청진제철소에서는 복구 계획을 완성한다는 미명하에 법정 8시간 노동보다 더 많은 무임금 노동 시간을 강요했다.

(4) 천리마 작업반에 대한 일반 노동자에 대한 태도는 무관심이다. 다만 작업반 일원 중 열성적인 노동자 한 두명이 천리마작업반 지명을 확보하거나 유지하기 위해 열심히 노력한다면, 나머지 일원들은 이를 반대할 특별한 이유는 없다. 더 정확하게는 반동이라고 지칭되거나 처벌될 것이 두려워서 이를 피할 수 있는 수준에서 협력한다고 볼 수 있다.[49]

이승만 정부 말기에 들어서서 북한체제에 대한 비판은 재일교포 북송을 위한 일본과 북한의 협상을 중심으로 전개되었다. 1959년부터 재일교포 북송사업이 가시화 되자 한국에서는 김일성 체제의 독재정치, 강제노동, 생활수준 저하 등을 근거로 일본의 재일교포 북송은 이념적, 정치적, 경제적인 문제를 떠나서 인도주의적으로 용납될 수 없다는 논리를 펼쳤다. 당시 자유당과 민주당은 반대 성명을 발표했는데, 양쪽 모두 북한은 인간 지옥으로 인식하고 있음을 드러낸다. 자유당 성명에 따르면, "일본이 함부로 이들 교포를 강제 노예적인 노동을 강요하고 생의 본능을 거부시키는 북한괴뢰에 강송하려하고 있으니 이러한 인도주의가 지구상 어느 곳에 그 유례를 볼 수 있다는 것인가,"라고 반문하였다.[50] 민주당 담화 역시 "일본은 북한송환을 원한다는 재일교포 십일만명을 인도주의적 견지에서 북송하려는 계획을 결정했다는바 소위 북송 희망자라 함은 공산당의 위계와 강압에 의한 것이므로 자진진영은

49 Central Intelligence Agency Information Report, "Sociological, Political, and Military Information on North Korea, 28 February 1964," CIA RDP80T00246A072100330001-4.

50 「한교북송음모 중지 철회하라」, 『경향신문』 1959년 2월 11일.

허다한 경험에 의하여 알고 있으며 이들을 공산포악정치하에 보내서 강제노동에 취역케 하려 함이야 말로 인도주의적 견지에서 용납할 수 없는 것이다.”[51] 성명서는 북한이 기본적 인권이 박탈된 인간 지옥이며, 교포들은 자신의 의사에 반해서 북한에 강제소환된다는 점, 이들이 북에 돌아가면 노동력 강화에 기여하며 강제노동에 동원될 것이라는 점, 그리고 일본 정부가 친공산주의적인 행태를 취하고 있다는 점을 공통적으로 비판했다.[52]

때마침 북한에서 문화 언론 부문의 최고 간부로 지낸 한재덕이라는 인물이 일본으로부터 입국해 그가 한 북한의 참혹한 실상에 대한 여러 차례의 증언이 대대적으로 보도되었다. 평남정치인민위원회위원으로 그 기관지인 평양민보 편집국장, 민주조선 주필, 조선중앙통신사 주필을 역임한 한재덕은 “공산주의의 비민주성 반자유성 개성 부정 인권 무시를 규탄한다”며 다음과 같은 한국에 대한 소감을 표명했다.[53]

나는 공장산업시설과 교육문화시설과 사회사업시설 등을 구경하고 여러 각도로 사회 실정에 접촉할 수 있었다. 수천대의 **방직기**는 우렁차게 돌아가고 시장에는 **우수한 국산품**이 산적해 있었다. **신문**은 몇 가지나 되는지 나는 그 수를 채 다 모르며 **서점**은 신간서적들로 가득 차 있었다. 그 많은 각급학교에는 학생들이 차고 넘고 있으며 극장에는 **국산영화**를 보려는 사람들이 몰려들고 있었다. 많은 **음식점**들에서는 가족들이 단합하고 있었고 다정한 사람들끼리 음악을 즐기고 있었다. 거리거리에 가득 찬 사람들의 **옷은 깨끗**하고 얼굴은 명랑하였다. 물론 나의 관찰한 시간은 짧았고 본 부면은 좁았다. 이런 것이 전부가 아니요 어두운 면도 없지 않으리라는 것은 신문지면을 통하여도 짐작할 수 있는 일이다. 특히 근로자의 생활부면은 자세히는 알

51 「일본의 교포 북송은 비인도적」, 『경향신문』 1959년 2월 7일.

52 Hakjoon Kim, *op. cit.*, p. 68.

53 「나는 공산주의를 고발한다」, 『동아일보』 1959년 4월 15일.

수 없으나 오늘 한국에 있어 점차로 산업 토대가 잡히고 건설이 전진하고 있으며 물가가 떨어지고 경제가 안정되고 있으며 사회가 명랑하여 가는 것만 은 의심할 여지가 없다고 나는 보는 것이다....오늘 한국이 민주주의 토대 위에서 **민주주의** 방향으로 나가고 있는 것은 의심할 여지가 없다. 그것은 공산북한과 대비하여 볼 때 뚜렷하다. 그것은 비교가 안되는 것이다(강조는 추가됨).[54]

아마도 이러한 인상의 많은 부분은 과장되었을 가능성이 있다. 이 기자회 견은 당국의 기획의도가 반영될 수 밖에 없기 때문에 당시 한재덕이 공산독 재에 비해 자유대한민국의 우월성을 위와 같이 동조한 사실 자체는 놀라운 것이 아니다. 여기서 중요한 것은 한재덕이 한국의 발전실상을 드러내기 위 해서 언급한 방직기, 국산품, 신문, 서점, 음식점, 옷과 같은 소비재들, 즉 북한에서 그렇게 부족하다는 이러한 물질적 상징들이다. 그러나 이에 대해 당시 언론에서는 두 가지가 지적되었다. 첫째, 한국 정부가 민주주의를 위해 서 충분히 노력하고 있지 않다는 비판으로, 당시 야당의 입장을 대변하던 동 아일보에 이런 논조가 두드러졌다. "군사적이 아닌 남침도 막자"는 1957년 6월 25일 사설은 다음과 같은 문제를 제기했다.[55]

민주정치를 강화하고 국민경제를 번영시키고 문화를 향상시켜서 민주주의 가 공산주의보다 낫다는 것을 말로가 아니라 현실로써 증명하는 것 이외에 공도들의 군사적이 아닌 남침방략을 분쇄할수 있는 방략은 없다는 것을 깊이 깊이 명념하여야 할 것이다. 그런데 우리는 과연 민주정치의 강화에 노력하고 있는 것일까? 국민경제를 건설하는데 있어서도 노력을 아끼고 있는 점이 없을까? 그리고 정치가 문화를 악용하려하여 문화의 건전한 발전을 왜곡시키 는 짓을 하지 않았을까?

---

54 「나는 공산주의를 고발한다 살기 괴로운 곳 북한」, 『동아일보』 1959년 4월 12일.
55 「군사적이 아닌 남침도 막자」, 『동아일보』 1957년 6월 25일.

두 번째, 현재로서는 사회주의 계획 경제는 본질적으로 효율성의 측면에서 한계를 갖고 있고 생활 수준이 훨씬 뒤떨어져있는 것이 사실이지만, 절대 방심해서는 안 된다는 것이다. 그 예는 다음과 같다.[56]

> 평양에서 그들의 경제성장에 관해 울리고 있는 북소리를 액면 그대로 믿는 것은 어리석은 일이다. 그리고 그들의 부흥이란 희생에 비해서 성과가 지나치게 적은 공산주의 그 자체의 **숙명적인 비능률성**에 기인될 것이나, **또 그리고 기간산업건설에 지나친 치중으로 인해 북한동포의 생활수준이 남한보다 훨씬 뒤떨어져있는 것도 사실**이나, 그렇다고 해서 한미쌍방의 지도자들이 방심하는 것은 대단히 위험한 일이라고 본다. 왜 그런고하니 북한도 이때까지 경시해온 **소비재생산부문으로 이제부터는 차츰차츰 중점**으로 이동하고 있는 까닭이다. 그런고로 지금 **남한의 생활수준이 높다**는 것만 가지고 구두끈을 풀었다가는 다시 걷잡을 수 없는 사태가 일어날지도 모르기 때문이다(강조는 추가됨).

한 북송교포가 지적한대로 당시 북한의 지도부는 정치력(statemanship)이 부족했다. 노동당 지도부는 메달과 호칭과 같은 인센티브로 노동자들을 유인하려고 했지만, 이것은 전혀 시대와 맞지 않는 방식이고 노동에 대한 의지를 불러일으키기 역부족이었다. 그리고 노동당 지도부가 무조건적인 개인숭배에 인민들을 동원하고 강제하는 것은 완전히 원시적인(primitive) 방법이었다.[57] 그러나 미국의 정보당국은 정권의 통제나 지도부 자체에 대한 어떤 근본적인 변화도 없을 것으로 보았다. 아울러 북한 주민들 사이에 체제에 대한 반대가 만연해 있더라도 이를 상쇄하는 여러 요인들 때문에 적극적인 반항이 일어날 가능성은 없다고 보았다. 아울러 한국이 전개하고 있는 반소

---

56 「남북간 경제전에 이기기 위하여」, 『동아일보』 1959년 2월 10일.

57 Central Intelligence Agency Information Report, "Sociological, Political, and Military Information on North Korea, 28 February 1964," CIA-RDP80T00246A0721 00330001-4, p. 26.

반공운동이나 이를 위한 어떤 지원도 효과가 없다고 보았다. 1955년 4월 작성된 CIA의 정보평가서 "중소블록의 반공저항 잠재력(Anti-Communist Resistance Potential in the Sino-Soviet Bloc"에 따르면 한국전쟁 기간에 쌓인 불만과 전후 복구 과정에서 과도한 세금 부담, 강제 노동, 농업종사자들의 도시 산업 노동자로의 강제 전환, 강제징집 등은 확실히 체제에 대한 일반 대중의 불만을 초래하고 있었다.[58] 북한 당국의 한국에 대한 비방과 이승만 정부의 지지도 하락에도 불구하고, 북한에는 한국의 생활 조건이 더 만족스럽다는 믿음이 있다는 것이 거의 확실하다 ("almost certainly a belief that conditions in South Korea are more satisfactory than in North korea").[59] 당시에 잔여 하는 기독교인과 중산층, 산업 노동자에 비해 차별받는다고 느끼는 농민, 그리고 노동자들의 체제에 대한 실망이 존재했지만, 그럼에도 불구하고 이는 실제 저항으로 이어지지는 않았다. 여러 가지 이유가 있겠지만, 일반 대중이 이미 정치에 대해 무심하고 냉담하며, 정치적 통제와 강력한 처벌을 두려워하며, 무엇보다도 북한 정권이 **반제국주의/민족주의**를 통해서 효과적으로 어떠한 저항이나 체제 불만도 저지한다고 보았기 때문이다.[60] 따라서 한국이 북한에서 저항운동을 지원하기 위해 하는 어떤 활동도 사실상 효과가 없다고 보았다.

---

58 National Intelligence Estimate (NIE) 10-15, "Anti-Communist Resistance Potential in the Sino-Soviet Bloc, April 12, 1955," pp. 30-31.

59 *Ibid.*, pp. 30-31.

60 *Ibid.*, pp. 30-31.

4. 결론

인권 문제는 1990년대 이후 사회주의권 붕괴에 따라 본격적으로 제기 된 것이지만, 북한이 상대적으로 체제 대결에서 우위에 있었다고 선전했던 1950년대부터 제기된 것이었다. 공산주의 독재체제의 인권 유린과 자유민주주의의 인권 옹호라는 대립구도는 냉전 초기부터 성립되었는데, 여기서 공산주의 붕괴론, 북한붕괴론의 시원을 볼 수 있다. 그런데 소련체제는 붕괴하고 북한은 생존하고 있다는 점에서, 1950년대 이승만 정권의 북한 인권문제 제기와 반공주의담론으로부터 한반도 냉전의 특수성을 찾아 볼 수 있다.

한국전쟁 이후 세계적으로, 또 한반도에서도 냉전 대결의 본질은 군사경쟁에서 생활수준의 경쟁으로 전환되었다. 즉 어떤 체제에서 기본적인 정치적, 경제적, 사회적 인권을 향유할 수 있느냐, 상대 체제에 대해 얼마만큼 정치적, 경제적, 사회적 매력 또는 호소력(appeal)을 가질 수 있느냐의 대결을 하게 되었다. 본 연구에서 다룬 전후 이승만 대통령의 언명이나 당시의 언론 보도, 탈북자들의 증언, 그리고 미국의 정보 보고 등을 종합한다면 1950년대 중후반 당시에도 한국이 북한에 비해 생활수준이 높았으며, 북한 대중은 체제에 반감이 높았음을 알 수 있다.

그러나 북한대중이 가졌던 체제에 대한 반감이 왜 동유럽국가들과 같이 노골적인 서구 물질에 대한 동경, 나아가서 체제 붕괴로 까지 이어지지 않았는가를 비교한다면 한반도 냉전의 특수성이 드러난다. 1950년대 중반부터 헝가리에서는 공산주의 이념이 사실상 그 영향력을 상실하기 시작했다. 그러나 헝가리는 분단국가가 아니었고, 헝가리에 반소반공 세력을 지원하고 있는 미국의 정치, 경제, 문화적 파워는 이승만 시대의 한국과는 비교할 수 없을 정도였다. 같은 시기부터 북한에서는 주체가 공개적으로 제기되기 시작했고 김일성에 대한 권력집중화가 더욱 격화되었다. 이를 가능하게 한 것은, CIA보고서에서도 언급되었듯이 북한에 특수한 반제국주의/민족주의의 영향력이었다. 김일성의 항일지도자로써의 정체성과 이를 바탕으로 한반도 전체를 통일하는 것이 정당하며, 아울러 군사적 방법만이 유일한 통일방안이라고 생각했다. 이것이 1950년 한국전쟁으로 이어졌고 전쟁은 그전까지 임시적이고 불완전한 성격을 갖고 있었던 분단을 봉인하는 결과를 낳았다.

따라서 전후 김일성과 이승만의 대결은 부정적으로 본다면 독재의 경쟁이었다. 두 지도자는 모두 서로에 대한 적대를 근거로 독재를 정당화하고 상대를 제거하고 "해방"시키기 위해 불가피한 것으로 주장했다. 누가 더 진정한 또는 강력한 독재자이냐의 싸움에서 어떤 편이 이기고 졌느냐를 가르는 것은 얼핏 명확한 것 같아도 실제는 그렇게 단순하지 않다. 이승만이 주장했던 대로, 그리고 한국인의 대다수가 믿고 있는 대로, 사회주의 계획경제는 기본적으로 결함을 가지고 있었다. 게다가 한국전쟁을 겪으면서 김일성의 개인숭배에 대해 극도로 적대감을 가지고 있었음으로 아무리 이승만의 독재와 무능에 대해 문제제기가 국내적으로 높아지고 있더라도 이것이 친북, 친김일성 운동으로 이어질 수는 없는 것이 한국의 군건한 반공주의의 현실이었다. 그러나 북한이 아무리 기본적인 인권도 지켜지지 않는 "인간지옥"이라고 하더라도 일반대중은 저항하지 않고, 북한체제는 붕괴하지 않았다. 이러한 상대를 대상으로 체제공고화를 하는 과정에서 한국인들은 오직 반공주의의 틀 안에서만 인정받을 수 있는 자유, 민주주의, 인권의 개념을 체득하게 되었다. 이를 결과로 대한민국을 동경해서 넘어온 탈북자들이 지금 현재의 한국의 정치, 경제, 사회적 발전 모델로는 북한주민들의 마음을 얻을 수 없을 것을 우려하는 상황이 되었다. 전후 한국의 상황에서는 충분히 실행하기 어려운 일이었을지 모르지만, 가장 좋은 통일정책은 반공주의가 아니라 민주주의의 힘과 호소력이라는 것을 소련체제의 붕괴의 역사로부터 알 수 있다.

참고문헌

김도민, 「1956년 헝가리 사태에 대한 남한의 인식과 대응」, 『역사비평』 제119호, 역사비평사, 2017.

박순성·선동명, 「1950-60년대 북한의 사회주의공간 정책화 생활체계」, 『현대북한연구』 제9권 1호, 북한대학원대학교, 2006.

박태균, 「1950년대 무력통일론과 평화통일론」, 『민족21』 제49호, 민족21, 2005.

이세영, 「1950년대 북한 노동자층의 형성과 의식변화」, 『한국사연구』 제163호, 한국사연구회, 2013.

홍석률, 「냉전의 예외와 규칙: 냉전사를 통해 본 한국 현대사」, 『역사비평』 제100호, 역사비평사, 2015.

Armstrong, Charles, "'Fraternal Socialism': The International Reconstruction of North Korea, 1953-62," *Cold War History*, No. 5, Vol. 2, 2005.

Central Intelligence Agency Information Report, "Conditions in North Korea, Prices of Commodities, Clothing, Consumer Goods, Mode of Dress, General Living Conditions, 7 May 1959," CIA-RDP80T00246A034400330001-3.

Central Intelligence Agency Information Report, "Living Conditions in North Korea/Installations in Chongjin, 5 October 1964," CIA-RDP80-00810A005000190006-3.

Central Intelligence Agency Information Report, "Sociological, Political, and Military Information on North Korea, 28 February 1964," CIA-RDP80T0246A072100330001-4.

Coleman, David G., "Eisenhower and the Berlin Problem, 1953-1954," *Journal of Cold War Studies*, Vol. 2, No. 1, 2000.

Gaddis, John Lewis, *Strategies of Containment: A Critical Appraisal of American National Security Policy during the Cold War*, Oxford University Press, 2005.

Hong, Yong-pyo, *State Security and Regime Security: President Syngman Rhee and the Insecurity Dilemma in South Korea, 1953-1960*, St. Martin's Press, 2000.

Kim, Hakjoon, *The Domestic Politics of Korean Unification: Debates on the North in the South, 1948–2008*, Jinmoondang, 2010.

Lankov, Andre, "Kim Takes Control: The 'Great Purge' in North Korea, 1956–1960," *Korean Studies*, Vol. 26, No. 1, 2002.

Laszlo, Borhi, "Rollback, Liberation, Containment or Inaction: US Policy and Eastern Europe in the 1950s," *Journal of Cold War Studies*, Vol. 1, No. 3, 1999.

Marchio, Jim, "Resistance Potential and Rollback: US Intelligence and the Eisenhower Administration's Policies toward Eastern Europe, 1953–1956," *Intelligence and National Security*, Vol. 10, No. 2, 1995.

Osgood, Kenneth, "Form before Substance: Eisenhower's Committment to Psychological Warfare and Negotiations with the Enemy," *Diplomatic History*, Vol. 24, No.3, 2000.

National Intelligence Estimate (NIE) 10–15, "Anti-Communist Resistance Potential in the Sino-Soviet Bloc,", 1955.

National Intelligence Estimate (NIE) 42.2–56, "Probable Developments in North Korea over the Next Few Years,", 1956.

Shen, Zhihua and Yafeng Xia, "China and the Postwar Reconstruction of North Korea, 1953–1961," North Korea International Documentation Project (NKIDP), No. 12, 2012.

Szalontai, Balazs, *Kim Il Sung during the Khrushchev Era*, Woodrow Wilson Center Press, 2005.

Tudda, Christopher J., "Reenacting the Story of Tantalus: Eisenhower, Dulles, and the Failed Rhetoric of Liberation," *Journal of Cold War Studies*, Vol. 7, No. 4, 2005.

Zubok, Vladislav and Constantine Pleshakov, *Inside the Kremlin's Cold War: From Stalin to Khrushchev*, Cambridge, MA: Harvard University Press, 1996.

Zubok, Vladislav, *A Failed Empire: the Soviet Union in the Cold War from Stalin to Gorbachev*, Chapel Hill, University of North Carolina Press, 2007.

유신체제 국가주의, 반공주의 교육의 내면
: 국민학교 사회·국사·도덕 교과서를 중심으로

정진아

1. 머리말

1948년 8월 한반도에 수립된 대한민국과 조선민주주의인민공화국, 두 개의 분단국가는 상대방에 대해 우위를 점하는 한편, 주민을 통제하기 위해 분단국가주의[1]를 강화해나갔다. 그러나 분단국가주의를 구성하는 이데올로기는 분단국가가 수립되는 순간 주어진 것이 아니라, 국내외적인 상황에 적응하면서 창안되고 끊임없이 주조되는 역사적인 과정을 거쳤다. 대한민국의 경우, 공산주의에 대항하는 한편 좌익까지 포섭하는 이데올로기로 구상되었던 일민주의는 민족의 일체성을 강조하는 이념으로 식민지에서 갓 벗어난 한국인들의 심성에 파고들었지만, 전쟁기의 학살을 거치면서 그 힘을 상실했다.[2]

1 　분단국가주의라는 개념은 강만길에 의해 처음으로 제창되었다(강만길, 『21세기사의 서론을 어떻게 쓸 것인가』, 삼인, 2002, 215쪽). 국가주의가 민족국가를 가장 우월한 조직체로 인정하고 국가권력에 사회생활의 전 영역에 걸친 광범한 통제력을 부여하는 사상이라면(철학사전 편찬위원회 편, 「국가주의」, 『철학사전』, 중원문화, 2009 참조), 분단국가주의는 분단국가에게 그러한 의미를 부여하는 사상이라고 정의할 수 있다.

전후 반공주의와 자유민주주의가 그 자리를 대체하였지만, 그 역시 공고한 것은 아니었다.

1961년 5월 16일 오전 5시, 쿠데타를 일으킨 군부세력은 입법, 사법, 행정을 완전히 장악한 후 군사혁명위원회 명의로 다음과 같은 '혁명공약'을 발표했다. "1. 지금까지 구호에만 그쳤던 반공체제를 재정비한다. 2. 유엔헌장을 준수하고 국제협약을 성실히 이행하며 미국을 비롯한 자유우방과의 유대를 한층 더 공고히 한다. 3. 현 정권의 부패와 구악을 일소하고 퇴폐된 국민도의와 민족정기를 진작시킨다. 4. 절망과 기아 속에서 허덕이는 민생고를 시급히 해결하고 국가자주경제체제를 완성한다. 5. 국민의 숙원인 국토통일을 위하여 반공실력을 배양한다. 6. 이와 같은 우리의 과업이 성취되면 새롭고 양심적인 정치인들에게 정권을 이양하고 우리들 본연의 임무에 복귀할 것이다."[3] 6항을 제외한 1항부터 5항까지의 내용은 5.16군사쿠데타와 박정희 종신집권의 명분으로서 지속적으로 강조되었다.

4.19혁명의 반동으로 등장한 5.16쿠데타 세력은 '혁명공약'을 완수한다는 미명 하에 법률 제643호로 반공법을 공포하고, 1962년부터 경제개발 5개년 계획을 추진했으며, '민족적 민주주의'를 표방했다. 그러나 이러한 것들이 주민들의 심상에 확고하게 뿌리내리기 위해서는 법과 정책만으로는 부족했다. 일상적으로 주민들의 심리를 장악해가는 작업이 필요했다.[4] 유신체제를 구축하는 과정에서 박정희정권은 국민교육헌장을 제정하는 한편, 국민교육헌장을 지표로 삼아 국민교육을 단행하고자 했다. 이는 단순히 민족과 반공을 부르짖는 것이 아니라, 어떠한 민족주의와 반공주의를 표방할 것인가 하는 분

---

2   후지이 다케시, 「제1공화국의 지배 이데올로기-반공주의와 그 변용들」, 『역사비평』 통권 83권, 역사문제연구소, 2008, 119–125쪽.

3   「오늘 미명 군부서 반공혁명」, 『동아일보』 1961년 5월 16일자 호외.

4   1950년대 이후 군부를 중심으로 한 심리전 작업과 그것이 냉전사에서 갖는 의미에 대해서는 후지이 다케시, 위의 글, 142–145쪽 ; 후지이 다케시, 「한국 현대사를 바라보는 관점의 재검토를 위하여」, 『사회와 역사』 제98집, 한국사회사학회, 2013, 276–280쪽 참조.

명한 목표와 방향을 설정하고, 교육이라는 이데올로기적 통로를 통해 전 국민에게 유포하는 행위였다. 그런 의미에서 유신체제 하의 분단국가주의는 그 이전의 것과는 질적인 차이를 갖는다.

유신체제를 연구한 기존 연구는 주로 유신체제의 구조와 특성을 밝히는데 초점을 맞추었다. 따라서 유신체제 하의 이데올로기가 당시를 살았던 사람들의 일상을 어떻게 장악해 들어갔는지 그 전모를 파악하기 어려웠다. 이 문제를 밝히기 위해서는 먼저 당시의 국민교육에 대한 연구가 이루어져야 하고, 다음으로는 이러한 국민교육이 어떻게 사람들의 내면을 장악해 들어갔는지를 미시적으로 분석하는 작업이 이루어져야 한다.

1990년대 후반 이후 사회, 국사, 도덕 교육 등 유신체제 교육의 문제점을 분석한 연구가 등장하면서 유신체제 하의 국민교육이 국가주의, 반공주의를 기반으로 하고 있다는 점과 그 실상이 드러나기 시작했다.[5] 최근에는 농민과 학생의 일기를 통해 그들의 일상에 투영된 유신체제의 모습을 밝히려는 연구도 시도되고 있다.[6]

그러나 이들 연구는 유신체제 하에서 국가주의와 반공주의가 한층 강화되었다는 점을 밝혔음에도 불구하고 그 내면을 구성하는 요소에 천착하지 못함으로써 그 이전의 국가주의, 반공주의와 유신체제 하의 그것과의 차별성을

5 한만길, 「유신체제 반공교육의 실상과 영향」, 『역사비평』 통권 36권, 역사문제연구소, 1997 ; 권혁범, 「반공주의 회로판 읽기: 한국 반공주의의 의미체계와 정치사회적 기능」, 『통일연구』 제2권 제2호, 연세대학교 통일연구소, 1998 ; 김한종, 「학교교육을 통한 국민교육헌장 이념의 보급」, 『역사문제연구』 제15호, 역사문제연구소, 2005 ; 송현정, 「〈국민교육헌장〉 반포 이후(1969~1979) 학교 통일교육의 성격」, 성균관대학교 교육학과 석사학위논문, 2005 ; 이하나, 「유신체제 성립기 '반공' 논리의 변화와 냉전의 감각」, 『역사문제연구』 제32호, 역사문제연구소, 2014 ; 구경남, 「1970년대 국정 〈국사〉 교과서에 나타난 애국심 교육과 국가주의」, 『역사교육연구』 Vol.19, 한국역사교육학회, 2014 ; 방지원, 「초등 역사교육에서 국가주의와 애국심 교육―제3차~제5차 교육과정기 〈국사〉, 〈사회〉 교과서를 중심으로」, 『역사교육연구』 vol.26, 한국역사교육학회, 2016.
6 김영미, 「어느 농민의 생활세계와 유신체제」, 『한국근현대사연구』 제63집, 한국근현대사연구회, 2012 ; 김슬아, 「1970년대 학교행사 사료를 활용한 현대사 학습」, 한국교원대학교 교육대학원 석사학위논문, 2015.

부각시키지 못하였다. 또한 사회와 국사, 도덕 교육을 별개로 분석함으로써 당시를 살았던 사람들이 어떠한 사회교육을 거쳐 국가주의와 반공주의를 체현해갔는지 종합적으로 이해할 수 없었다. 또한 분석이 중등교육을 중심으로 이루어짐으로써 생애 첫 사회화 교육이자, 의무교육이며, 모든 국민에게 보편적으로 적용되었던 기초 국민교육의 실체 역시 제대로 규명되지 못하였다.

따라서 이 글에서는 유신체제 하의 국민학교 사회, 국사, 도덕 교과서를 함께 분석함으로써 당시 기초 국민교육이 어떻게 이루어졌는지를 밝히고자 한다. 이를 통해 당시의 국가주의, 반공주의 교육의 내면을 구성하는 요소와 구체적인 내용을 파악하고자 한다. 이를 위해 2장에서는 먼저 '유신형' 국민 만들기 기획의 배경에 대해서 고찰하고, 국민교육헌장에 준해서 개편된 3차 교육과정의 특징을 1, 2차 교육과정과 비교해서 살펴볼 것이다. 3장에서는 국가주의, 반공주의 교육의 핵심 구성요소들을 살펴보되, 특히 서사구조에 주목할 것이다.

2. '유신형' 국민 만들기 기획

1) 기획의 배경

1960년대 후반 남북관계는 악화일로에 있었고, 팽팽한 군사적 긴장상태가 유지되었다.[7] 1968년, 남북 대결구도는 최정점에 달했다. 1월 21일에는 박정희를 암살하기 위해 김신조를 비롯한 31명의 무장게릴라가 서울에 침투했고, 1월 23일에는 동해를 시찰하던 미국의 푸에블로호가 북한에 나포되었다. 11월 울진 삼척지구에는 대규모 무장게릴라가 침투했다.[8]이에 박정희정권은

7 　1965년 한일협정이 체결되고, 이를 계기로 한미일 삼각방위체제가 구축되었다. 뒤이어 일어난 베트남전쟁은 북한의 위기의식을 증폭시켰다. 북한은 베트남 다음으로 북한이 공격대상이 될 것이라는 위기의식을 가지고 베트남전쟁을 지원하는 한편, 미국의 전선 교란을 위해 남한에 대대적인 군사공세를 퍼부었다.

1968년 4월에는 향토예비군을 설치했고, 1969년 3월에는 고등학생과 대학생을 대상으로 교련과목을 설치하여 군사훈련을 실시했다.[9]

남북관계 악화와는 달리 미중관계는 급속도로 가까워지고 있었다. 박정희는 1968년 북한의 군사도발에 미국 군사원조 증원을 역설했지만,[10] 1969년 7월 26일 미국은 닉슨독트린을 발표하여 직접적인 군사지원에서 경제지원으로 대아시아정책을 전환했다. 1971년에는 주한미군 1사단을 감축했고, 중국의 안보리상임이사국 진출을 승인했으며, 대만을 유엔에서 축출했다. 1972년 미중수교가 극적으로 단행되면서 미국과 중국은 남북한에게도 긴장완화와 대화를 요구했다. 박정희정권은 적십자회담을 통해 7.4공동성명을 발표하는 것으로 화답하는 듯 했지만, 유신을 선포함으로써 미중 데탕트에 역행했다.[11]

1970년을 전후한 시기는 세계사적으로 전환기였고, 전환기의 논리들이 대두되고 있었다. 한국도 그러했다. 박정희는 1967년의 재선에서 윤보선에게 압승을 거둔 것과는 달리 1971년 대통령 선거에서는 김대중에게 고전을 면치 못했다. 김대중은 데탕트와 안보문제, 경제문제, 통일문제 등에 대해서 박정희와는 전혀 다른 시각과 비전을 제시하였다. 박정희가 안보위기론, 한국적민주주의론, 조국근대화론, 승공통일론을 내세웠다면, 김대중은 긴장완화론, 대중민주주의론, 대중경제론, 남북교류론을 제시했다.[12]

---

8 「서울에 북괴무장간첩단, 어젯밤 청운동서 31명과 교전, 종로서장 전사 5명 피살」, 『동아일보』 1968년 1월 22일자; 「미함 푸에블로호 납북 어제 하오 동해상 40키로 공해서, 북괴정 미그기의 위협받고 장병등 83명 원산으로」, 『경향신문』 1968년 1월 24일자; 「침투공비 규모약 60명, 이달 초 해상으로 삼척 울진에, 28명 사살 포위망 압축」, 『동아일보』 1968년 11월 13일자.

9 한만길, 앞의 논문, 336쪽. 향토예비군 창설 과정에 관해서는 강민철, 「1968년 안보위기론 조성과 향토예비군 창설」, 가톨릭대학교 국사학과 석사학위논문, 2010 참조.

10 「미증원 필요 역설, 박대통령 미의회시찰단 맞아」, 『동아일보』 1968년 11월 19일자.

11 이종석, 「유신체제의 형성과 분단구조」, 『개발독재와 박정희시대』, 창비, 2003, 254~283쪽.

12 박정희와 김대중의 정책론과 71 대선 시점에 대해서는 김일영, 「조국근대화론 대 대중경제론」, 『명지대학교 국제한국학연구소 제6회 학술대회 자료집』, 2005; 이병천, 「민족경제론과 대중경제론: 민족경제론의 현실적 변용으로서 대중경제론에 대하여(1960년대 말~70년대 초)」,

한편, 박정희정권이 추진하고 있는 경제개발계획과 그로 인한 경제성장은 의도치 않게 자본주의의 발달과 자유주의, 개인주의의 확대라는 결과를 낳았다. 외채에 의존한 외형적 경제성장, 농업과 공업의 불균등 발전과 저곡가 저임금 구조에 대한 문제의식, 민주주의의 제약에 따른 저항의식도 성장하고 있었다. 박정희는 이를 개인주의와 자기밖에 모르는 이기주의, 퇴폐풍조의 만연, 대책 없는 비판의식이라고 신랄하게 비판했지만 김대중은 이러한 한국 사회의 변화를 감지하고 있었다.

결국 당시가 위기였다면 그것은 경제근대화와 한국적 민주주의를 내세우며 분단체제로 인한 남북 대결구도를 적극 활용해서 정권을 유지하고 있던 박정희정권의 위기였다. 이에 박정희는 1972년 국가안보 위기를 전면에 내세우며 10월 유신을 선포하는 한편,[13] 정권에 비판과 저항을 원천 봉쇄하기 위해 '유신형' 국민 만들기에 돌입했다.

'유신형 국민'은 멸공통일과 경제성장을 뒷받침하기 위해 부지런히 공부하고 일하는 '근로의 의무'와 국가와 민족의 안전을 위해 적의 침략을 무찌르는 '반공의 의무'를 부여받은 존재였다. 만일 국민으로서 마땅히 지켜야 할 의무를 충실히 이행하지 못한다면 국가의 보호를 받을 수도, 국민의 기본권도 누릴 수 없었다. 박정희정권은 이 점에 있어서 중립이나 방관을 허용하지 않았다. '근로'와 '반공'은 대한민국 국민의 조건이었다.[14]

특히 국민학교 교육은 "일하면서 싸우는" '유신형' 국민을 국가적으로 양성하는 과정이었다. 1968년 12월 공포된 국민교육헌장은 그 가이드라인이었

『사회경제평론』 제29권 2호, 한국사회경제학회, 2007; 마상윤, 「데탕트의 위험과 기회 −1970년대 초 박정희와 김대중의 안보인식과 논리」, 『세계정치』 제14권, 서울대학교 국제문제연구소, 2011 참조.

13 박정희, 「국가비상사태선언」, 《박정희대통령연설문집 제8집 : 자 1971년 1월∼ 지 1971년 12월》, 대통령비서실, 1972, 498쪽.

14 정진아, 「경제성장지상주의와 "일하면서 싸우는 국민"의 탄생」, 『朝鮮大學校學報』 Vol.25, 朝鮮大學校(日本), 2015, 15쪽.

다. 매주 월요일 아침 애국조회로부터 시작해서 국기강하식으로 마무리되는 하루, 매월 15일 시행되는 민방위훈련, 문화교실과 운동회, 사회생활 교육은 모두 국민교육헌장의 내용을 수행하는 것으로 수렴되었다.[15] 자라나는 세대 인 학생들의 일상은 투철한 민족의식과 국가관, 반공의식을 체득하기 위한 교육과 활동으로 촘촘하게 짜여갔다.

2) 교육과정 개편과정

박정희정권은 위기에 맞서 경제성장을 제1경제, 그를 뒷받침할 정신교육을 제2경제로 명명하는 제2경제론을 펼치고,[16] 전 국민을 대상으로 한 정신교육 방안을 마련하기 위해 부심했다. 1968년 국민교육헌장 반포와 1973년 3차 교육과정 개편은 이에 대한 대응으로 나온 것이었다. 이는 해방후 교육과정, 특히 1차, 2차 교육과정에 대한 치밀한 검토 속에서 나온 것이었다.

한국의 교육내용의 체계가 잡힌 것은 1차 교육과정(1954~1963)을 통해서 였다.[17] 이승만정권은 '교육과정 전체위원회'를 구성하여 교과과정과 시간배 정을 완료했다. 사회생활 과목에서는 학교생활의 예절과 습관에서부터 시작 해서 우리 집, 우리 이웃, 우리 고장, 우리나라, 세계로 확장되는 사회관계를

---

15 송현정, 앞의 글 참조.

16 박태균, 「1960년대 중반 안보위기와 제2경제론」, 『역사비평』 통권 72권, 역사문제연구소, 2005.

17 해방후 1945년 9월 17일 미군정청 학무국은 '일반명령 4호'를 발포하여 9월 24일부터 공립초 학교의 개학을 지시했다. 교수용어를 일본어에서 한국어로 교체하고, 교육내용에서 일본 제 국주의의 잔재를 걷어낼 것을 시달하는 한편, 일본어, 일본역사, 수신 과목을 폐지하고, 국어, 지리·역사, 공민 과목을 신설했다. 한국어와 한국 지리·역사를 통해 한국인 본위의 교육을 시행하고, 공민 과목을 통해 민주시민 교육을 수행하도록 한 것이다. 1년 후인 1946년 9월 1일부터는 교수요목을 제정하고, 지리·역사, 공민 과목을 사회생활 과목으로 통합했다. 3차 교육과정 개편 때까지 기본적으로 이 체제가 유지되었다. 그러나 교수요목은 가르칠 기본적 인 내용만을 제시한 것으로서 교과내용과 시간배당 등에 대한 체계적인 기준은 제1차 교육과 정을 통해 마련되었다(문교부, 『초등학교 교육과정 해설』, 1988, 13~16쪽).

이해하도록 했다. 개인과 가족에서 시작해서 이웃으로, 이웃에서 지역으로, 지역에서 국가로, 국가에서 세계로 자연스럽게 이어지는 구도였다.

〈그림 1〉 1차 교육과정 『사회생활』 교과서

4학년부터는 각 지역의 지리와 물산, 민족의 유래와 타국과의 관계를 이해하도록 했다. 5학년에서는 지구의 탄생과 세계문명에 대한 이해를 넓히도록 했다. 특히 한국과 밀접한 관계가 있는 강대국 미국, 영국, 소련에 대해서는 자원과 산업, 발전상을 단원을 나누어 자세히 설명하도록 했다.[18]

6학년에서는 원시시대부터 6.25전쟁까지의 역사를 다루고, 전쟁에도 불구하고 외국의 원조를 받아 경제재건에 힘쓰고 있는 현재의 모습을 담는 한편, 정치생활편을 넣어 민주정치와 3권 분립의 원칙, 참정권과 자유, 자치 등 국민의 권리에 대해서 강조하였다. 이를 볼 때 1차 교육과정은 미국의 영향을

18　문교부, 『사회생활』 5-1/5-2, 대한문교서적주식회사, 1955 참조. 현실 세계의 힘의 역관계를 그대로 담아냈지만, 소련을 서술할 때에도 "이 나라의 공업은 공산혁명 이후 누차에 걸친 강제적인 5개년계획으로 놀랄 만큼 발달되었습니다.", "반면에 너무나도 일반 국민의 자유와 생활을 돌보아 주지 않기 때문에 교육수준은 아주 낮고 비참한 생활을 하고 있는 사람이 많습니다." 정도로만 언급할 뿐 반공적인 색채는 그리 강하지 않았다(『다른 나라의 생활(사회생활)』 5-2, 대한문교서적주식회사, 1955, 35-37쪽 참조).

받아 파시즘에 대한 대응이라는 측면에서 국가주의, 민족주의의 발호를 억제하고 미약하나마 민주주의와 인권 교육, 생활과 경험교육에 치중했음을 알 수 있다.

5.16쿠데타 이후의 2차 교육과정(1963~1973) 개편에서 문교부는 교육과정을 "학생들이 학교의 지도하에 경험하는 모든 학습 활동의 총화"로 정의했다. 학생들의 경험 여하에 따라 그들이 어떤 인간으로 성장하게 되느냐가 결정된다는 것이다. 이에 교육과정의 목표로서 민주적 신념이 투철하고 반공정신이 투철하며 경제적 효율성에 직결되는 학습활동을 국민학교 교육에 포함하고, 계획적 지도와 학생들의 능동적 참여로 형식적 추상적 반공·도덕교육을 쇄신할 것을 제시했다.[19]

2차 교육과정에서 두드러진 변화는 『사회』 교과서의 수정과 『바른생활』 독본의 편찬에 있었다. 3학년과 4학년 사회 교과서에서는 이웃과 고장의 생활을 설명할 때 관공서나 농촌지도소, 협동조합의 역할이 강조되고 모둠살이가 개인주의를 극복할 한국인의 미풍양속으로 강조되었다.[20] 5학년에서 배우던 『다른나라의 생활』은 완전히 삭제되고, 세계문명과 각 나라에 대한 이해를 넓히는 대신 근로의 힘과 산업과 교통·통신의 발달, 상업과 무역을 확대해야 하는 이유, 경제개발 5개년계획의 필요성과 국가경제 발전을 위한 국민의 역할 등을 익히도록 했다. 6학년 교과서에서는 민주주의를 삼권분립만으로 서술하되 북한의 공산독재와 대비함으로써 우월하다고 느끼도록 했다. 독립과 고유한 문화에 대한 자긍심도 강조했다.[21] 개인과 사회, 국가, 세계의 관계를 이해하는 것보다 대한민국의 국가정책에 대한 숙지가 우선이었다.

---

19 문교부, 앞의 책, 18-22쪽.

20 문교부, 『사회』 3-1/4-2, 국정교과서주식회사, 1966 참조.

21 문교부, 『사회』 5-1/5-2/6-1/6-2, 국정교과서주식회사, 1966 참조.

〈그림 2〉『사회생활』1-1(1955)　　　〈그림 3〉『바른생활』1-1(1964)

　　그럼에도 불구하고 사회 과목이 사회생활 전반을 다루어야 하므로 부족한 국가주의 교육과 반공·도덕교육은 반공·도덕활동의 강화로 보완하도록 했다. 『바른생활』독본에서는 사회 과목에서 옮겨온 기본적인 예절과 생활습관 교육과 더불어 반공·도덕교육의 지침서로서 북한 공산당에 대한 적개심과 국가에 대한 충성심을 기르도록 하였다. 하지만 반공·도덕교육은 교육활동의 최우선의 목표로까지 격상되면서 강조되었음에도 불구하고, 교과 외 활동이었기 때문에 학교 교육현장에서의 실효성은 떨어지고 있었다.

　　이에 박정희정권은 1968년 국민교육헌장을 반포하여 국민교육의 지표를 마련하는 한편, 국민교육의 일대 전환을 위한 계획을 마련했다. 그 계획의 방향은 다음과 같았다. 첫째, 국민교육헌장이념을 교육과정에 충실히 반영한다.[22] 둘째, 국적 있는 교육을 통해 경제개발계획에 맞는 한국인 상(像)을 적절히 제시한다. 셋째, 경험과 생활 교육 중심이었던 국민학교 교육을 지식과 개념 위주의 학문 중심 교육으로 전환한다. 넷째, 교과 편제를 조정하여 반공·도덕생활을 도덕으로 하고 교과목에 넣는다.[23]

22　문교부는 국민교육헌장을 반포할 뿐 아니라 헌장의 정신을 올바로 이해하고 이를 가정교육, 학교교육, 사회교육의 기준으로 삼아 생활해나갈 수 있도록 헌장에 대한 상세한 해설서인 『국민교육헌장독본』을 발행하여 학교와 직장, 지역에 배포했다(문교부, 『국민교육헌장독본』, 동아출판사, 1968 참조).

이 계획에 따라 유신 직후인 1973년부터 개편된 3차 교육과정(1973~1981)에서는 도덕을 필수과목으로 편입하여 반공교육을 일상화했다. 또한 사회과 전체를 통해 국민교육헌장을 숙지하고 달성하는 것을 교육의 목표로 삼았다. 5~6학년 사회 교과목에서 국사 과목을 독립시켜 민족적, 국가적 자긍심을 한층 강화하도록 하였다. 도덕의 신설과 국사의 독립으로 초등학교 교육과정 시간 배당 기준에서 사회과 교육과정이 차지하는 비율도 증가했다.[24] "일하면서 싸우는" '유신형' 국민은 이러한 과정에서 주조되어갔다.

3. 국가주의, 반공주의 교육의 구성요소와 서사구조

유신체제 하의 사회, 국사, 도덕 각 과목은 유기적인 관련 속에서 국가주의, 반공주의 교육에서 일정한 역할을 수행했다. 이 장에서는 각 과목이 어떠한 방식으로 국가주의, 반공주의 교육을 강화하는데 기여하고 있는지, 각 과목에서 강조되고 있는 내용과 서사구조는 어떠한 것인지 구체적으로 살펴보고자 한다.

1) 애국주의

사회는 개인, 사회, 국가, 세계의 관계를 통해 사회생활의 기본운영 원리를 이해하는 과목이다. 사회 교과서는 국가를 중심으로 사회생활의 운영원리를 이해하도록 하는데 주안점을 두었다. 1학년 때는 국가의 상징, 2학년 때는 국가의 구성원들과 그들의 역할, 3학년 때는 고장생활을 서술했다. 4학년

---

23 문교부, 『국민학교 교육과정 해설』 1988, 23~27쪽.

24 1차 교육과정에서는 전체 교육시간에서 사회과가 차지하는 비율이 10~15%였다면, 2차 교육과정에서는 반공도덕활동이 추가되면서 14~17%로, 3차 교육과정에서는 도덕이 추가되고 국사가 분리되면서 18~19%로 증가했다(문교부, 위의 책, 17, 21, 26쪽의 국민학교 교육과정 시간 배당 기준표 참조).

때는 산업과 국토 발전의 중요성을 설파했고, 5학년 때는 경제개발계획에 대해 설명했다. 6학년 때는 '한국적 민주주의'를 강조했다.

1학년 때는 추상적인 존재인 국가에 대해 이해하기 힘든 국민학생들에게 국가의 상징으로서 절대화된 것은 태극기였다[25]. 어린이들에게 국민학교에 입학하는 시점에서부터 국기에 대한 예의를 갖출 것을 기본소양으로서 요구하고 이를 일상생활화 할 것을 강조하였다. 따라서 국민학교에서 가장 먼저 배우는 사회교육은 경건한 마음으로 가슴에 손을 얹고 국기에 대한 경례를 하는 법이었다.[26]

그 뿐만이 아니었다. 태극기와 애국가 등 국가를 상징하는 상징물에 대한 예의와 충성의 정점에는 대통령이 있었다. 그런 점에서 국기-국가-대통령은 국가의 3대 상징이었다. 교과서는 국가의 숭고한 상징인 태극기를 게양하고 애국가를 제창한 다음 경건한 마음가짐 그대로 자연스럽게 대통령을 국가의 지도자로서 받들도록 서술되었다.

> 태극기는 우리나라의 국기, 국기에 경례를 합니다. 오늘은 국기를 다는 날입니다. 국기는 바르게 답니다. 국기는 깨끗이 잘 둡니다. 애국가를 부릅니

---

25 태극기는 조선의 외교관계가 사대교린에서 만국공법질서로 변환되는 가운데 수호통상조약 체결과정에서 만들어졌다. 태극기가 제정, 반포된 것은 1883년 1월 27일이었다. 처음에 태극기를 국가상징으로서 내면화하도록 유도한 것은 대한제국이었으나, 국권침탈이라는 상황 속에서 태극기는 애국심의 상징으로 강하게 작동하기 시작한다(목수현, 「근대국가의 '국기'라는 시각문화-개항과 대한제국기 태극기를 중심으로」, 『미술사학보』 제27집, 미술사학연구, 2006).

26 전우용에 의하면 민간인이 가슴에 손을 얹고 국기에 경례를 하는 방식은 미국과 한국에서만 볼 수 있는 현상이라고 한다. 러일전쟁 이후 국가존망의 상황에서 계몽주의 지식인들은 국기를 국가 자체에 대한 사랑을 표현하는 방식으로 만들었고, 3.1운동을 거치면서 이러한 계몽은 사람들에게 자발적으로 수용되었다(전우용, 「한국인의 국기관과 '국기에 대한 경례'」, 『동아시아문화연구』 제56집, 한양대학교 동아시아문화연구소, 2014). 해방 직후 태극기는 좌익과 우익 모두에게 민족의 상징으로 사용되었으나, 좌익이 국가주의의 상징으로 태극기를 비판하면서 태극기는 점차 우익의 상징, 대한민국의 상징으로 전유되어갔다(천정환, 「해방기 거리의 정치와 표상의 생산」, 『상허학보』 제26집, 상허학회, 2009).

다. 모두 차렷을 하였습니다. 애국가가 들려옵니다. 모두 일어섰습니다. 대통령은 나라의 어른, 나라 위해 일하시는 우리 대통령[27]

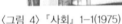
〈그림 4〉『사회』 1-1(1975)

〈그림 5〉『사회』 1-1(1975)

다음으로 2학년 때에는 국가의 주요 구성원들을 소개하고, 그들의 역할을 설명하는데 초점을 맞추었다. 3.1절과 시장구경을 앞부분에 배치하여 대한민국이 독립운동 과정 속에서 탄생한 자본주의 국가임을 느끼도록 했으며, 각 분야에서 일하는 사람들, 우리를 지켜주는 사람들을 배치함으로써 근로와 국방의 의무를 강조했다.[28] 3학년 때는 각 지역의 특성과 고장생활을 소개하면서 새마을운동을 등장시키고, 관공서의 역할을 부각시켰다. 협동과 규칙 준수, 근면과 책임이 고장생활의 기본정신이라는 점도 강조했다.

국민학교 저학년의 국가에 대한 애착이나 국가 상징에 대한 감정이 다분히 감정적이며, 지적내용이 부족한 종교적 감정과 유사하다면 국민학교 고학년이 되면 정치적으로 추상적인 아이디어나 관계를 파악할 수 있게 된다.[29] 정치사회화가 진행되는 4학년 때부터는 국민교육헌장을 교과서에 수록하여 암송하도록 지도하는 한편, 한국의 산업발전과 국토개발 상황을 이해하도록 했

27 문교부, 『사회』 1-1, 국정교과서주식회사, 1975, 36-42쪽.
28 문교부, 『사회』 2-1/2-1, 국정교과서주식회사, 1976 참조.
29 설세구 외, 『초·중·고등학교 도덕과·국민윤리과 지도법』, 1984, 교육과학사, 17-18쪽.

다. 특히 공업을 국가발전의 핵심적인 산업으로 강조하고 각 분야별 공업의 발전상을 자세히 소개하는 한편, 주요 공업지역과 특성화된 공업단지들도 소개하였다.[30]

5학년 때는 경제개발계획과 그것을 통해 늘어나는 국민소득을 구체적인 수치를 들어 설명함으로써 경제성장의 효과를 체감하도록 했다. "나라의 융성이 나의 발전의 근본"이라는 국민교육헌장의 문구가 단지 수사가 아니라 '실체'라는 점을 강조함으로써 개인의 경제적인 욕망과 국가경제 발전의 이해를 일치시키고자 한 것이다. 이에 동의한다면 국민은 국가와 경제적 이익을 공유하는 운명공동체가 된다.[31] 6학년 때는 모든 사회생활에서 가장 중요한 것이 국가이고, 국토통일과 경제발전을 앞둔 한국인들에게는 '한국적 민주주의'와 유신이 필요하다는 점을 강조하였다.[32]

사회 교과서가 저학년에서 국기와 국가, 대통령을 통해 국가를 절대화하도록 했다면 고학년에서는 나와 국가의 일체감 속에서 국가의 작동원리를 이해하도록 하는데 주력했고, 보조적으로 도덕 교과서는 감정적인 차원에서 국가에 대한 감사와 존경, 협력하려는 마음과 자긍심을 불어넣는데 주안점을 두었다. 서술방식도 개념과 같은 딱딱한 내용을 설명하는 것이 아니라 가족과 이웃, 친구의 이야기를 사례로 듦으로써 수월하게 감정이입을 할 수 있도록 유도했다. 대표적인 사례가 5학년 교과서에 실린 「우리 대통령」과 6학년 교과서에 수록된 「나라와 나」였다.

30　문교부, 『사회』 4-1/4-2, 국정교과서주식회사, 1976 참조.
31　단, 개인과 사회는 근로와 반공의 대가로 국가의 보호와 경제적 수혜를 받는 존재였다. 근로와 반공의 의무를 소홀히 하는 개인과 사회는 국가의 보호와 그 어떤 혜택도 받을 수 없을 뿐 아니라 철저히 배제될 수 있는 존재였다. 그런 의미에서 '유신형' 국민은 경제적 이익을 담보로 정치적 시민권을 저당잡힌 불구적 존재였다(정진아, 「1950~60년대 남한의 개인·사회·국가」, 『문화분단』, 선인, 2012 참조).
32　문교부, 『사회』 5/6, 국정교과서주식회사, 1977 참조.

영길이네 반에서는, 복도에 있는 게시판에 대통령이 우리 국민을 위해 애쓰시는 일에 대한 사진을 모아 붙였습니다. (…) 대통령께서는 공업의 발달이나 건설사업에 못지않게 농사일에 관심을 가지십니다. 또, 어떻게 하면 농민이 더 잘 살 수 있게 될까 하고 여러 가지로 힘쓰고 계십니다. 은영이는 새마을 사업에 대한 사진을 붙였습니다. 대통령께서 새마을 사업장을 돌아보시고 일하는 사람들과 악수하시는 모습을 보니 여간 감사하지 않았습니다.[33]

영수네 학교에서는 어제부터 닷새 동안, '어린이들에게 들려주는 이야기'라는 선생님들의 글을 전시합니다. 모두가 재미나고 공부에 도움이 되는 글입니다. 그중에서도, 영수가 가장 감명 깊게 읽은 글은 6학년 담임선생님이 쓰신 '올바른 국민'입니다. (…) '나'는 이 나라와 뗄레야 뗄 수 없는 관계에 있으며, 나아가서는 대한민국이 '나'를 낳아준 어머니라고도 생각할 수 있습니다. (…) 나라를 자기 어머니로 생각하고 자기 자신이 나라를 구성하는 국민의 한 사람이라고 생각한다면, 나라와 나는 한 몸과 같은 것이라고 깨닫게 될 것입니다. 애국심의 근본도 바로 여기에 있는 것입니다. (…) 영수는 이 글을 몇 번이고 되새겨 읽는 동안에 나라와 나와의 관계를 잘 알 수 있게 되었고, 나라의 소중함을 절실히 느끼게 되었습니다. 나라를 사랑하는 것이 곧 나를 사랑하는 것이요, 나라가 잘 되는 것이 곧 내가 잘 사는 길이라는 것도 알게 되었습니다.[34]

도덕 교과서 말미에는 지도의 핵심과 가르쳐야 할 덕목, 요소까지 덧붙여 교사들이 학생들에게 어떠한 점을 숙지시켜야 하는지 구체적으로 명시했다. 「우리 대통령」의 지도핵심은 "대통령은 항상 국민을 위해 노력하고 있음을 알고, 국가의 웃어른에 대한 존경과 감사하는 마음을 지니게 한다"였고, 덕목과 요소는 "경애, 감은"이었다. 「나라와 나」의 지도핵심은 "나와 국가의 관계를 알고 국가의 발전에 협력하는 마음을 가진다"이고, 덕목, 요소는 "국가

33 문교부, 『바른생활』 5-1, 국정교과서주식회사, 1977, 11-12쪽.
34 문교부, 『바른생활』 6-1, 국정교과서주식회사, 1977, 137-142쪽.

발전 협력"이었다.

국기, 국가, 대통령이라는 상징을 통해 국가를 절대적인 존재로 받아들인 후, 나와 국가의 일체감 속에서 국가의 경제적 성장과 작동원리를 이해하는 것. 박정희정권은 사회 과목을 중심으로 국가의 절대성과 경제성장 및 운영원리를 숙지하는 한편, 바른생활(도덕) 과목을 통해 보조적으로 국가에 대한 감사와 사랑의 마음을 접목하는 방식을 통해 애국주의 교육을 다져나가고 있었다.[35]

2) 국가주의적 민족주의

박정희정권은 쿠데타 당시부터 반공을 '국시'의 제1로 삼고 지금까지 형식적이고 구호에만 그친 반공태세를 정비하겠다고 선언했다. 반공은 부정적 이데올로기에 불과했으므로 그것이 대중적으로 관철되기 위해서는 긍정적이고 능동적인 이데올로기와 결합되어야 했다.[36] '혁명공약'의 네 번째와 다섯째 항목이 민족정기를 바로잡고, 국가자주경제 재건에 총력을 기울이는 것으로 상정된 이유는 반공이 갖는 퇴행적 효과만으로는 쿠데타의 명분을 찾기 어렵기 때문이었다.

다음은 국민학교 4학년 때부터 모든 교과서에 수록된 국민교육헌장의 처음과 끝의 문구다.

우리는 민족중흥의 역사적 사명을 띠고 이 땅에 태어났다. 조상의 빛난

---

35 박정희는 정권 초기부터 '민족'보다 '겨레', '국가'보다는 '나라'라는 혈연적이고 공동체적인 용어를 자주 사용했다. 이는 개인의 문제가 곧 민족과 국가의 문제라는 밀착감과 책임의식을 강하게 느끼도록 하기 위한 언술이었다(이행선, 「대중과 민족개조: 박정희, 『우리 민족의 나갈 길』을 중심으로」, 『한국문화연구』 제21권, 이화여자대학교 한국문화연구원, 2011, 114쪽).

36 황병주, 「국민교육헌장과 박정희 체제의 지배담론」, 『역사문제연구』 제15호, 역사문제연구소, 2005, 130쪽.

얼을 오늘에 되살려 안으로 자주 독립의 자세를 확립하고 밖으로 인류공영에 이바지할 때다. (…) 반공 민주 정신에 투철한 애국 애족이 우리 삶의 길이며, 자유세계의 이상을 실현하는 기반이다. 길이 후손에 물려줄 영광된 통일조국을 내다보며, 신념과 긍지를 지닌 근면한 국민으로서 민족의 슬기를 모아 줄기찬 노력으로 새 역사를 창조하자.

『국민교육헌장독본』에 의하면 여기서 '우리'란 "단일민족으로 된 국가의 국민이자, 민족"이다. 우리는 고조선, 고구려-백제-신라, 고려, 조선, 대한민국의 순서로 이름은 바뀌었으나 국민이 같은 배달민족의 후손으로서, 민족주체성을 확립하고 근대화를 달성하여 공산도당의 시달림에 허덕이고 있는 북한동포를 구출하는 사명을 가지고 있다. 우리는 바로 이러한 사명을 가지고 이 땅에 태어났기 때문에 조상의 빛나는 얼을 오늘에 되살려 근대화를 달성하는 한편, 반공민주주의를 이 땅에 실현하고 멸공통일을 완수해야만 한다는 것이다.[37]

따라서 역사를 이해하는 것은 대한민국의 조국근대화와 반공민주주의, 멸공통일이라는 사명을 맥락적으로 이해하는 바탕이 된다. 그런 의미에서 국가에 의한 일관된 역사교육은 박정희정권이 양보할 수 없는 사안이었다. 유신 직후 국민학교 뿐 아니라 중고등학교 국사까지 국정화하고자 했던 이유 역시 국가가 민족주의 담론을 장악해서 경제근대화와 멸공통일의 정당성을 국민의 뇌리에 각인시키고자 한 데 있었다.[38]

---

37 문교부, 『국민교육헌장독본』, 1968, 동아출판사, 71–74쪽. 참고로 『국민교육헌장독본』이 제시한 '조상의 빛난 얼'의 일개는 다음과 같다. 우리 시조는 홍익인간으로 민족정신의 원천을 이루었다. 삼국시대에 고구려는 백절불굴의 군세 정신으로 최대 판도의 국토를 이룩했고, 백제의 슬기는 일본에까지 빛나는 문화를 전파했으며, 신라의 화랑정신은 삼국통일의 원동력이 되었다. 고려는 끊임없는 침략 속에서도 민족의 순수성과 강렬한 국가의식을 고수했다. 조선 세종 때 문화민족의 삶이 완성되었고, 임진왜란 당시 이충무공은 민족의 가슴에 영원한 민족심기를 심어주었다. 조선후기 실학은 민족문화 발전과 경세발전의 기틀을 마련했다. 동히 3.1운동에서 선양된 독립정신은 조국광복의 갈파이가 되었다(문교부, 『국민교육헌장독본』, 1968, 동아출판사, 74–76쪽).

그렇다면 실제로 교과서는 어떠한 서술방식으로 이를 뒷받침하고 있을까? 먼저 『바른생활』교과서에서는 역사적 위인들을 등장시켜 국가의식을 고취하고 국가발전에 협력하는 태도를 기르며, 국가에 대한 충성심을 고무하는데 일조했다. 2학년 교과서에 나오는 이순신, 3학년 교과서에 나오는 유관순과 을지문덕, 4학년 교과서에 나오는 원술과 홍의장군, 5학년 교과서의 송상현, 조현과 7백 의사는 모두 죽음을 두려워하지 않고 나라를 위해 싸운 인물들로 묘사되었다.[39] 역사적 소재를 통해 국가에 대한 충성심과 애국심을 불어넣은 것이다.

본격적인 역사교육이 시작되는 것은 국민학교 4학년 2학기 사회과 교육을 통해서였다. 2차 교육과정과 마찬가지로 세계문명이나 다른 나라의 역사에 대한 이해 없이 한국사만 가르치는 한국사 몰입교육이었다. 「우리 민족의 생활자취」라는 제목에서 드러나듯이 '우리 민족'은 선험적으로 전제되었고, 대부분의 기간 동안 하나의 국가를 이루며 살아왔다는 점이 강조되었다. 또한 우리 민족이 세운 나라 중 널리 알려진 나라는 "고조선, 고구려, 백제, 신라, 고려, 조선, 대한민국"이라고 정리하여 대한민국이 민족사의 계보를 잇는 국가임을 부각시켰다.[40] 민족주의에 분단국가주의가 강하게 투영되었던 것이다.

---

38 교과서 국정화 논의는 대한민국 정부 수립 직후부터 대두되었다. 처음에는 교과서로 폭리를 취하는 악덕 출판업자를 축출하여 학부모의 부담을 줄이고, 민족반역자의 교과서 저술을 금지하기 위한 논리로 제기되었다(「악질 출판업자를 축출, 교과서는 국정으로」, 『경향신문』 1949년 7월 29일자). 1차 교육과정부터 국민학교 전 교과서와 중고등학교 교과목 중 국어 교과서가 국정으로 발행되었다. 4.19혁명 이후에는 중고등학교 국어 교과서까지도 검인정으로 바꾸어 획일적인 교육에서 탈피하고 학계의 다양한 의견을 수렴해야 한다는 주장이 힘을 얻었다(이병도 외, 「국정교과서 진단, 검인정 방향으로」, 『동아일보』 1962년 10월 9일자). 그러나 박정희정권은 3차 교육과정에서 국어뿐 아니라 국사교과서에 대한 국정화를 단행했다. 뿐만 아니라 1977년 검인정교과서파동 일어나자 중학교 교과서와 실업계 고등학교 교과서 전 과목, 인문계 고등학교의 국어, 국사, 국민윤리, 세계사, 정치경제, 사회문화, 지리, 실업기술, 가사, 교련 교과서도 국정화 했다(「국사교과서 개편, 초중고 주체적 민족사상 확립」, 『경향신문』 1974년 2월 23일자 ; 「초·중·고 교과서 모두 국정으로」, 『경향신문』 1977년 9월 29일자).

39 문교부, 『바른생활』 2-1/3-1/4-1/5-1, 국정교과서주식회사, 1976-1979 참조.

5학년이 되면 국민학생들은 별도의 교과목으로서 국사를 배우게 된다. 그 내용은 농업의 발달, 자원의 개발과 산업, 교통과 통신, 여러 가지 제도, 학문과 기술, 종교와 예술 생활이었다. 문교부는 전쟁사에서 생활사 중심으로 개편했다고 했지만, 실제로는 경제사 중심이었다. 또한 문교부는 분야별 서술체계를 통해 각 분야의 역사적 발전과정을 강조하고자 했다고 편수방침을 밝혔지만,[41] 부각된 것은 기술과 무역의 중요성, 농업과 교통, 통신 발달에 있어서 국가의 역할이었고, 현재의 공업 발전과 수출, 경부고속도로 건설의 성과와 직결되었다.[42] 이는 결국 박정희정권의 경제근대화 정책을 염두에 둔 서술체계였다.

6학년 교과서는 고대부터 현재까지 시계열적인 국사 이해를 도모하되, 우리 민족과 역사의 시작, 삼국과 민족의 통일, 민족국가의 형성, 민족국가의 발전, 조선후기의 사회와 문화, 근대화에의 길, 대한민국의 발전 등 '민족의 국가사'를 서술하고자 한 의도를 분명히 드러냈다. 또한 조선후기로 단절된 민족의 국가사는 일제의 침략에도 불구하고 근대화의 길을 따라 대한민국으로 연결된다는 서술구조를 갖고 있었다.[43] 대한민국의 정통성과 조국근대화가 맞물리도록 얼개를 짜놓은 것이다.

혈연과 언어의 동질성에 근거한 통일 민족국가에의 열망도 강조되었다. 즉, 우리 민족은 다른 민족과 달리 순수한 핏줄과 단일한 언어를 써왔기 때문에 통일국가를 세우려는 염원이 간절하다는 것이다. 그런 점에서 신라의 삼국통일, 고려의 후삼국 통일은 민족사적 중요성을 가지는 사건으로서 서술되

---

40 문교부, 『사회』 4-2, 국정교과서주식회사, 1978, 72-78쪽.

41 「초중고교 국정 국사교과서의 문제점, 생활사 중심의 주체의식 강조」, 『동아일보』 1974년 2월 27일자.

42 문교부, 『국사』 5, 국정교과서주식회사, 1978 참조. 방지원은 이러한 서술방식이 학생들이 역사발전의 개념을 이해할 수 있다는 점, 자신들이 일상생활에서 경험하는 여러 국면들을 역사적 맥락에서 이해할 수 있다는 점에서 장점을 가질 수 있지만, 당시의 모습을 오랜 발전의 결실로서 '최선의 상태'로 인정하는 맹점을 피할 수 없다고 지적하였다(방지원, 앞의 글, 55쪽).

43 문교부, 『국사』 6, 국정교과서주식회사, 1979 참조.

었다. 반면, 분단으로 인한 국토분단과 북한 공산화는 민족사적 고통으로 부각되었다. 이는 공산침략세력이 우리를 넘겨보지 못하도록 국가를 중심으로 뭉쳐서 평화통일을 이룩하고 영광된 통일조국을 우리자손에게 물려주어야 한다는 멸공통일의 주장으로 귀결되었다.

결국 국사 교육은 민족의 발전사를 철저히 민족의 국가사 중심으로 이해하고, 고조선, 고구려-백제-신라, 고려, 조선이라는 민족국가의 계보를 잇는 존재로서 대한민국을 배치함으로써 대한민국의 정당성을 설파하기 위한 교육이었다. 이 논리에 의하면 근대화와 경제성장을 이룬 대한민국은 민족의 국가사의 계보를 잇는 자랑스러운 국가가 되고, 조선민주주의인민공화국은 반민족적, 비정상적 국가로서 멸(滅)해야 할 존재가 된다. 따라서 유신체제 하의 민족주의는 남북을 통합하는 논리가 아니라 분단국가주의를 강화하는 국가주의적 민족주의였다.[44]

3) 반북주의

유신체제 하에서 바른생활(도덕)이 필수과목으로 들어오면서 반공교육이 크게 강화되었다. 도덕 과목은 매 학년 당 70시간을 배당받았지만, 도덕 교육은 각 교과 활동과 특별 활동, 기타 학교 교육 전반을 통해서 이루어지도록 했기 때문에 활동반경은 보다 광범위했다. 반공글짓기, 반공웅변대회, 반공

---

44 박정희정권이 강조한 민족주체사관의 확립은 한편으로는 시대적 여망과 국사학계의 문제의식을 담은 것이었다. 한일협정은 일본과의 관계회복이 재식민으로 귀결될 수 있다는 위기의식을 고조시켰고, 국사학계는 식민청산과 민족주체사관의 확립을 목표로 연구성과를 축적했다. 학자들은 다양한 국사교과서로 국사교육을 활성화하고자 했으나, 박정희정권은 국사교과서를 국정화하여 유신의 정당성을 교육, 보급하는 도구로 이용했다(이신철, 「국사 교과서 정치도구화의 역사」, 『역사교육』 제97권, 역사교육연구회, 2006). 당시 국사학계의 문제의식과 연구의 수준, 그것이 갖는 의미와 한계에 대해서는 차미희, 「3차 교육과정기 (1974~1981) 중등 국사과의 독립 배경과 국사교육 내용의 특성」, 『한국사학보』 제25호, 고려사학회, 2006 참조.

표어, 반공포스터 그리기, 학도호국단, 반공반 조직 등이 그 예였다.[45]

사실 도덕 교육의 목표는 인간으로서 마땅히 지켜야 할 도리 및 그에 준한 행동규범과 옳고 그름, 선함과 악함 등의 판단 기준을 마련하고 동시에 그 원칙을 행동화할 수 있는 능력을 기르는데 있다.[46] 하지만 일반적인 도덕 교육의 목표와 한국의 국민학교 도덕 교육의 목표 사이에는 상당한 괴리가 있었다. 도덕 과목이 필수화되기 이전에 그 명목이 반공·도덕생활이었던 것에서 알 수 있듯이 도덕 교육이 반공교육과 밀접하게 연결되었기 때문이다. 이러한 괴리를 해결하고, 도덕 교육을 반공을 중심으로 실재화 하는 일은 여간 어려운 일이 아니었다.

반공교육 중심의 도덕을 필수과목으로 정착시키기 위해서는 많은 연구와 교사에 대한 지도가 필요했다. 이것은 학교 현장의 요구이기도 했다. 1974년 경북지역에서 시행된 한 설문조사에 의하면 70% 이상의 교사들이 자신의 공산주의 비판능력이 부족하다고 생각하고 있었다.[47] 근무연한 5년 미만의 고학력소지자일수록 그런 생각이 강한 것으로 드러났다. 고학력이지만 전쟁을 경험하지 않은 세대들이 반공 교육을 진행하는데 한층 어려움을 겪고 있었다.

이에 교사들을 위한 보조교재가 적극적으로 편찬되었다. 1970년대 가장 많이 활용되었던 교재는 『승공교양독본』과 『멸공 10분 강좌 235일』이었다. 전자는 국토통일원에서 제작했는데 북한의 실상을 전하는 '실화편'을 두어 북한의 실상에 대한 정보를 제공하는 한편, '질문편', '해답편'에서는 질문을 받았을 때 쉽게 대답할 수 있도록 예상질문과 모범답안을 제시했다. 말미에는 북한용어해설도 첨부했다.[48] 후자는 전라남도교육연구원에서 발행했다. 이

45 송현질, 앞의 글, 76~92쪽.

46 정세구 외, 『초·중·고등학교 도덕과·국민윤리과 지도법』, 교육과학사, 1984, 12쪽.

47 이들은 매스컴의 효율화, 순회강연 및 영화상영, 잡지 발간, 반공강연 녹음테이프의 배포 등을 통해 재교육을 받기를 원하고 있었으며, 반공교육기관 및 재교육 기관의 설치에 대해서도 적극 찬성했다(박대인, 「초등교사의 정치의식에 관한 일 조사 연구」, 『대구교대논문집』 Vol. 10, 대구교육대학, 1974 참조).

는 전라남도교육원이 고흥군 도양북국민학교 교사 유아행이 수집한 반공채증자료 100여 편을 반공담당 윤리주임들을 모아 실제 교육현장에서 10분 강좌로 쓰일 수 있는 235편의 설화모음집으로 만든 것이었다.[49] 1권의 설화는 북괴 생활의 참상, 공산당의 잔악상, 재일동포 모국방문, 남북대화, 인도네시아 사태, 북송동포의 생활, 6.25사변, 김일성의 우상화, 우리의 기본자세로, 2권의 설화는 6.25잔악상, 여순반란사건, 간첩색출, 공산당과의 투쟁 기록으로 구성되었다. 이해하기 어려운 내용을 옛날이야기 방식의 설화로 재구성하여 학생들이 쉽게 내용을 흡수할 수 있도록 만든 것이다.

뿐만 아니라 『바른생활』 교과서는 다른 교과서와 달리 교과서의 맨 마지막 페이지에 주제에 따른 지도핵심과 덕목, 요소, 교재의 유형을 표로 만들어 작성해두었다. 교사들은 이를 통해 학생들에게 각 주제별로 무엇을 지도하고 어떠한 요소를 강조해야 하는지 알 수 있었다. 또한 교사용 지도서를 배포하여 각 주제별로 제재의 핵심을 지도의 핵심과 지도요소 해설로 나누어 상세

〈그림 6〉 『바른생활』 1-1(1975)

〈그림 7〉 『바른생활』 1-1(1975)

---

48 국토통일원, 『승공교양독본』, 대한공론사, 1971 참조.

49 전라남도교육연구원, 『멸공 10분 강좌 235일-반공설화교재(Ⅰ)』, 1976. 1권 발행 이후 전라남도교육원은 생생한 반공체험담이 설화로 만들어졌을 때 교육현장에서 유력한 교육자료로 쓰일 수 있다는 사실을 깨닫고 전라남도 초중고등학교 교사들을 대상으로 6.25전쟁을 중심으로 일어났던 실증사례를 모집하도록 하였다. 이에 총 550편의 사례가 모집되었고 그중 우수한 서사 313편을 선정, 설화로 다듬어 2, 3권을 발행했다(전라남도교육연구원, 『멸공 10분 강좌 235일-반공실증설화교재(Ⅱ)』, 1977, 3쪽, 머리말).

하게 안내했다. 수업계획을 목표와 차시계획, 지도상의 유의점, 전개과정으로 나누어 설명했으며, 참고자료를 수록하여 주제를 풍부하게 이해할 수 있도록 하는 한편, 평가의 관점과 문제예시까지 제공했다.[50]

『바른생활』교과서는 다른 사회과 교과서와 달리 그림과 시, 글, (역사·사실)기록, 편지글, 동화, 생활작문, 방송문, 해설, 전기 등 다양한 형식의 이야기모음집의 형태로 구성되었다. 2차 교육과정까지의 반공·도덕교육이 북한의 참상을 보여주거나 일방적으로 북한을 비판하는데 주력했다면, 3차 교육과정에서는 풍요로운 남한과 가난하고 억압받는 북한을 대비시킴으로써 남한에 대한 자부심과 북한에 대한 우월의식을 갖도록 하였다.

〈그림 8〉『바른생활』1-1(1975)

이는 또한 〈그림 6〉의 "북한에서 고생하는 사람들을 구해냅시다. 북한에도 고속도로를 만들어 백두산에 가보고 싶습니다."라는 서술에서도 나타나듯이 조국근대화를 이룬 풍요로운 남한이 멸공통일을 달성하여 북한 주민을 공산당의 압제에서 해방시켜야 한다는 서사구조를 행간에 담아내고 있었다.

뿐만 아니라 다양한 형식의 글들에서는 가족과 주변인의 체험을 통해 반북을 내면화하는 서술체계가 적극 도입되었다. 특히 어린이들과 가장 친밀한

50 문교부, 『도덕(국민학교 교사용 지도서)』, 5 2/6 1, 국정교과서주식회사, 1985 참조.

관계에 있는 어머니의 입을 통해 북한 공산당의 만행과 잔인함, 침략성을 폭로하고, 그에 감정이입하는 어린이를 통해 반북을 간접 체험하도록 했다.

어머니의 이야기를 들으니, 정말 공산군은 강도나 다를 바가 없었습니다. 서울에 남아있던 젊은 사람들은, 공산군에게 붙잡히기만 하면, 강제로 군대에 끌려갔으며, 여자들은 폭격을 맞아 부서진 곳을 고치는 데에 밤중에도 끌려갔었다고 합니다. 그뿐만이 아닙니다. 나중에 국군과 유우엔군에게 쫓기어 서울에서 달아날 때는, 집집에 휘발유를 끼얹고 불을 질렀다고 하며, 또 그들이 앞잡이들을 시켜 눈여겨 보아왔던 사람들을, 갑자기 밤중에 끌어내어 모조리 총으로 쏘아 죽였다고 합니다. 그리고, 공산군이 달아날 때에는 미리 붙잡아 두었던 유명한 학자나 기술자, 그밖의 많은 사람들을 북한으로 끌고 갔다고 하며, 지금까지도 돌려보내주지 않고 있다고 합니다.
"어머니, 우리들이 빨리 커서 그 나쁜 공산군을 우리나라에서 한 사람도 없게 만들겠어요. 그리고, 북한에서 공산당에게 시달림을 받으며 고생하고 지내는 사람들을 구해 내겠어요."
하며, 준구는 두 주먹을 힘 있게 쥐어 보였습니다.[51]

따라서 유신체제 하의 도덕 교육을 경험한 사람들은 직접 전쟁을 경험하지 않았음에도 불구하고, 강렬한 반북의식을 갖게 되었다. 반북을 이념화한 체제교육을 통해 분단트라우마가 전이되었기 때문이다.[52] 당시의 도덕 교육이 문제적인 것은 반공교육이 이처럼 철저히 '반북' 교육에 초점이 맞추어져 있다는 점에 있었다.

---

51 문교부, 『바른생활』 3–1, 국정교과서주식회사, 1977, 78–80쪽.
52 분단트라우마에 대해서는 이병수, 「분단트라우마의 유형과 치유방향」, 『통일인문학』 제52집, 건국대학교 통일인문학연구단, 2011 참조. 이병수에 의하면 무엇보다 해방 후 좌우대립의 정점을 이룬 한국전쟁은 오늘날 남북의 적대와 증오를 내면화시킨 역사적 원천이었다. 남북의 적대성이 오늘날에 이르기 까지 일상적인 삶에서 끊임없이 환기되고 반복되며, 위로부터의 강제가 아니라 대중들의 자발적 동의에 의해 강고한 영향력을 발휘하고 있는 사회심리적 배경에는 한국전쟁이라는 근원적 트라우마가 놓여있기 때문이다(이병수, 위의 글, 55쪽).

소련과 사회주의권 국가에 대한 내용은 거의 전무했다. 북한에 대한 적개심을 유발하는 내용이 절대 다수였고, 베트남전쟁 파병이라는 현실을 반영하여 베트남전쟁에 대한 내용이 부분적으로 가미되었을 뿐이었다. 이것이 탈냉전 이후에 반공주의가 반북주의와 '종북몰이'로 쉽게 전환할 수 있었던 이유였다.

4. 맺음말

전쟁이 발발한 지 20년이 지난 1970년을 전후한 시기는 세계사적인 전환기였다. 유럽에서는 68혁명이 일어났으며, 동아시아에서는 닉슨독트린이 발표되고 미중 데탕트가 급물살을 타고 있었다. 1971년 대통령 선거에서는 분단과 전쟁을 통해 과대 성장한 군부를 기반으로 한 박정희정권의 한국적 민주주의론, 조국근대화론, 승공통일론보다 김대중의 긴장완화론, 대중민주주의론, 대중경제론, 남북교류론이 대중들에게 주목을 받았다.

대한민국은 6.25전쟁을 거치면서 적과 아를 분명히 구분하고, 국민과 비국민의 경계를 명확히 했다. 공산주의자들은 모두 배제와 척결의 대상이었다. 그러나 1950~60년대까지만 해도 반공은 한국전쟁기의 동존상잔의 비극에 의존한 경험적인 영역에 머물렀다. 경험에 의존한 반공은 전쟁의 상흔이 잦아들수록 희석될 수밖에 없는 것이었다.

전쟁을 경험하지 않은 사람들에게까지 반공이 힘을 발휘하기 위해서는 조선민주주의인민공화국에 비해 대한민국이 얼마나 우월한 존재인지, 그러한 대한민국을 호시탐탐 노리는 공산주의자들이 얼마나 위험한 존재인지를 실재적인 것으로 강조할 필요가 있었다. 그리고 사람들이 손쉽게 이해할 수 있는 이미지와 서사구조를 통해 그것을 교육할 필요가 있었다.

박정희정권은 1972년 국가안보의 위기를 전면에 내세우며 10월 유신을 선포하는 한편, 1973년부터 개편된 3차 교육과정(1973~1971)에서 도덕을 필수과목으로 편입하여 반공교육을 일상화했다. 또한 사회과 전체를 통해 국민 교육헌장을 숙지하고 달성하는 것을 교육의 목표로 삼았다. 5~6학년 사회 교과목에서 국사 과목을 독립시켜 민족적, 국가적 자긍심을 한층 강화하도록 하였다.

사회 교육은 저학년에서 국기와 국가, 대통령이라는 국가상징을 통해 국가를 절대화하고, 고학년에서는 나와 국가의 일체감 속에서 국가의 작동원리를 이해하도록 함으로써 '애국주의'를 내면화하도록 했다. 국사 교육은 '민족의 국가사'라는 서술방식을 통해 민족과 국가를 동일시하고, 대한민국을 민족국가의 후계자로 설정함으로써 국가주의적 민족주의를 강화했다. 유신체제 하도덕 교육을 경험한 사람들은 직접 전쟁을 경험하지 않았음에도 불구하고, 강렬한 반북의식을 갖고 있었다. 당시의 도덕 교육이 철저히 '반북' 교육에 기초하고 있었기 때문이었다.

이처럼 유신체제 하의 국가주의와 반공주의는 애국주의, 국가주의적 민족주의, 반북주의라는 특징을 가지고 있었다. 특히 반북 서사는 학생들이 이해하기 쉬운 설화의 형태를 띠거나 감정이입을 하기 쉬운 가족과 친지의 체험담으로 구성되었다. 잘 살고 자유로운 남한과 못 살고 감시와 통제를 받는 북한의 모습, 급속한 경제성장을 하고 있는 남한의 발전상과 이를 교란시키려는 북한의 침략야욕을 대비시킴으로써 대한민국에 대한 충성심과 북한에 대한 적개심 또한 고조시키고 있었다. 이는 북한과의 대결구도를 통해서 나와 사회, 국가(대한민국)의 일체성을 정서적으로 내면화한다는 점에서 문제적이다. 통일의 과정에서 이를 극복하는 것이 우리의 과제가 될 것이다.

이 논문은 유신체제 국가주의와 반공주의 교육의 내면을 국민학교 사회과 교과서를 통해 분석하고자 하였다. 그러나 유신체제 하의 국가주의, 반공주의 교육이 학생들에게 어떻게 신체화 되었는지를 밝히기 위해서는 사회과 교과서의 분석만으로는 부족하다. 매일 수행되는 국기강하식과 국기에 대한 맹세, 매월 15일 시행되는 민방위훈련, 학기별로 수행되는 문화교실과 반공글

짓기, 반공표어 및 반공포스터 그리기, 반공웅변대회 등의 활동이 교과서에서 주입하고자 한 애국주의, 국가주의적 민족주의, 반북주의를 뒷받침하고 한층 고양시키고 있었기 때문이다. 따라서 유신체제 하의 국가주의와 반공주의 교육의 전체상을 밝히기 위해서는 교과활동과 특별활동이 어떻게 수행되고, 학생들의 일상에 구체적으로 어떠한 영향을 미쳤는지를 면밀히 추적하는 작업이 이루어져야 한다. 이 작업은 추후의 연구과제로 삼고자 한다.

참고문헌

1. 자료

『동아일보』, 『경향신문』, 『매일경제』

국토통일원, 『승공교양독본』, 대한공론사, 1971.

문교부, 『사회생활』 1-1/1-2/2-1/2-2/3-1/3-2/4-1/4-2/5-1/5-2/6-1/6-2, 대한문교서적주식회사, 1955~1959.

문교부, 『사회』 1-1/1-2/2-1/2-2/3-1/3-2/4-1/4-2/5-1/5-2/6-1/6-2, 국정 교과서주식회사, 1964~1967.

문교부, 『사회』 5/6, 1979~1980.

문교부, 『바른생활』 1-1/1-2/2-1/2-2/3-1/3-2/4-1/4-2/5-1/5-2/6-1/6-2, 문교부 국정교과서주식회사, 1974~1978.

문교부, 『도덕』 5-1/5-2/6-1/6-2, 국정교과서주식회사, 1979~1980.

문교부, 『국사』 5/6, 국정교과서주식회사, 1978~1979.

문교부, 『국민교육헌장독본』, 1968.

문교부, 『도덕(국민학교 교사용 지도서)』, 5-2/6-1, 국정교과서주식회사, 1985.

문교부, 『국민학교 교육과정 해설』, 1988.

박정희, 『박정희대통령연설문집』 제8집, 대통령비서실, 1972.

박정희, 『한국 국민에게 고함』, 동서문화사, 2005

전라남도교육연구원, 『멸공 10분 강좌 235일-반공설화교재』, (Ⅰ)·(Ⅱ), 1976·1977

2. 논저

강만길, 『21세기사의 서론을 어떻게 쓸 것인가』, 삼인, 2002.

강민철, 「1968년 안보위기론 조성과 향토예비군 창설」, 가톨릭대학교 국사학과 석사학 위논문, 2010.

통일인문학연구단, 『문화분단』, 선인, 2012.

구경남, 「1970년대 국정 〈국사〉교과서에 나타난 애국심 교육과 국가주의」, 『역사교육 연구』 Vol.19, 한국역사교육학회, 2014.

권혁범, 「반공주의 회로판 읽기: 한국 반공주의의 의미체계와 정치사회적 기능」, 『통일 연구』 제2권 제2호, 연세대학교 통일연구소, 1998.

김수아, 「1970년대 학교행사 자료를 활용한 현대사 학습」, 한국교원대학교 교육대학원 석사학위논문, 2015.

김영미, 「어느 농민의 생활세계와 유신체제」, 『한국근현대사연구』 제63집, 한국근현대사연구회, 2012.

김일영, 「조국근대화론 대 대중경제론」, 『명지대학교 국제한국학연구소 제5회 학술대회 자료집』, 2005.

김한종, 「학교교육을 통한 국민교육헌장 이념의 보급」, 『역사문제연구』 제15호, 2005.

마상윤, 「데탕트의 위험과 기회-1970년대 초 박정희와 김대중의 안보인식과 논리」, 『세계정치』 제14권, 서울대학교 국제문제연구소, 2011.

목수현, 「근대국가의 '국기(國旗)'라는 시각문화-개항과 대한제국기 태극기를 중심으로」, 『미술사학보』 제27집, 미술사학연구회, 2006.

박태균, 「1960년대 중반 안보위기와 제2경제론」, 『역사비평』 통권 72권, 역사문제연구소, 2005.

박태안, 「초등교사의 정치의식에 관한 일 조사 연구」, 『대구교대논문집』 Vol. 10, 대구교육대학교, 1974.

방지원, 「초등 역사교육에서 국가주의와 애국심 교육-제3차~제5차 교육과정기 〈국사〉, 〈사회〉 교과서를 중심으로」, 『역사교육연구』 Vol 26, 한국역사교육학회, 2016.

송현정, 「〈국민교육헌장〉 반포 이후(1969~1979) 학교 통일교육의 성격-초·중등학교를 중심으로」, 성균관대학교 교육학과 석사학위논문, 2005.

이병수, 「분단트라우마의 유형과 치유방향」, 『통일인문학』 제52집, 건국대학교 통일인문학연구단, 2011.

이신철, 「국사 교과서 정치도구화의 역사」, 『역사교육』 제97권, 역사교육연구회, 2006.

이종석, 「유신체제의 형성과 분단구조」, 『개발독재와 박정희시대』, 창비, 2003.

이하나, 「유신체제 성립기 '반공' 논리의 변화와 냉전의 감각」, 『역사문제연구』 제32호, 역사문제연구소, 2014.

이행선, 「대중과 민족개조: 박정희, 『우리 민족의 나갈 길』을 중심으로」, 『한국문화연구』 제21권, 이화여자대학교 한국문화연구원, 2011.

진우용, 「한국인의 국기관과 '국기에 대한 경례'」, 『동아시아문화연구』 제56집, 한양대학교 동아시아문화연구소, 2014.

정세구 외, 『초·중·고등학교 도덕과·국민윤리과 지도법』, 교육과학사, 1984.

정진아, 「1950~60년대 남한의 개인·사회·국가」, 『문화분단』, 선인, 2012.

정진아, 「경제성장지상주의와 "일하면서 싸우는 국민"의 탄생」, 『朝鮮大學校學報』 Vol.25, 朝鮮大學校(일본), 2015.

철학사전편찬위원회 편, 「국가주의」, 『철학사전』, 중원문화, 2009.

차미희, 「3차 교육과정기(1974~1981) 중등 국사과의 독립 배경과 국사교육 내용의 특성」, 『한국사학보』 제25호, 고려사학회, 2006.

천정환, 「해방기 거리의 정치와 표상의 생산」, 『상허학보』 26집, 상허학회, 2009.

한만길, 「유신체제 반공교육의 실상과 영향」, 『역사비평』 통권 36권, 역사문제연구소, 1997.

황병주, 「국민교육헌장과 박정희 체제의 지배담론」, 『역사문제연구』 제15호, 역사문제연구소, 2005.

후지이 다케시, 「한국 현대사를 바라보는 관점의 재검토를 위하여」, 『사회와 역사』 제98집, 한국사회사학회, 2013.

후지이 다케시, 「제1공화국의 지배 이데올로기-반공주의와 그 변용들」, 『역사비평』 통권 83권, 역사문제연구소, 2008.

적대 이미지와 기억의 공공화

전영선

1. 문제제기

　제2차 세계대전의 종식과 함께 맞이한 광복은 온전한 독립이 아니었다. 새롭게 재편되는 세계 열강의 치열한 세력 갈등의 틈바구니 속에서 맞이한 광복과 동시에 한반도는 세계 어느 곳보다 치열한 이데올로기의 대립전선으로 분할되었다. 광복의 기쁨도 잠시 온전한 통일국가를 이루고자 하는 열망은 새로운 시련을 맞이하였다. 대한민국은 국제 사회의 치열한 냉전의 영향으로 반공주의를 숙명처럼 받아들여야 하는 상황이 되었다. '좌절된 통일', '공산화에 대한 불안감'은 38선 이북의 적을 막는 것과 함께 국민으로부터 '좌익'을 분리해야 한다는 강박으로 나타났다. 국민의 자격을 갖기 위해서는 '빨갱이'가 아님을 스스로 증명해야했다.

　38선을 넘나들면서 벌어진 크고 작은 충돌은 마침내 전쟁으로 이어졌다. 전쟁은 서로에 대한 극단적 혐오와 거부를 당연시하게 만들었다. 한반도에 일어난 전쟁은 남북 만의 충돌이 아니었다. 한반도의 남쪽에는 제2차 세계대전을 통해 새롭게 세계질서를 주도하게 된 세계 최강 미국이 들어왔다. 그리고 그 북쪽에는 역시 제2차 세계대전으로 강대국의 반열에 오르게 된 사회주의 소련이 들어왔다. 자본주의와 사회주의를 대표하는 두 강대국이 마주한

38선은 한반도의 남북을 임시로 가르는 경계를 넘어 동서냉전의 치열한 대결장이 되었다. 한반도의 남과 북은 이데올로기의 방패막이이자 최전선의 전진기지였다.[1]

남북 이데올로기 대결 끝에 일어난 전쟁은 남북 사이에 뿌리 깊은 불안과 상호 적대적 불신을 낳았다. 전쟁이 끝나고 65년을 넘어가지만 전쟁의 상처는 여전히 분단 현실에서 가장 강력한 영향력을 발휘하고 있다. 전쟁은 '자기 영혼의 반쪽을 잃은 충격적 휴지기'[2]였다. 전쟁의 충격은 개인적 차원의 트라우마를 넘어 분단 트라우마가 되었다. '불구대천(不俱戴天)'의 원수로서 서로를 적대시하게 된 전쟁 이후 남북은 가장 악랄한 이미지를 부여하는 방식으로 적대적 기억을 지속하고 있다. 전쟁의 기억과 적대감은 그렇게 공공의 기억으로 자리매김하였다.

전쟁의 고통과 적대감은 전쟁 이후에도 한반도를 지배하는 분단 체제로 작동하고 있다.[3] 도시 건설, 농촌 개발, 경제건설의 현장, 국제스포츠 무대 등

---

1   정영철 · 정창현, 『평화의 시선으로 분단을 보다』, 유니스토리, 2017, 24-25쪽 : "사실, 한국 전쟁 이전부터 38선을 사이에 두고 남과 북은 무력으로 충돌하고 있었다. 마치, 한국전쟁의 전야제라도 치르듯이 국군과 인민군은 38선을 부지런히 오가면서 상대방을 공격하였고, 때로는 상대방 지역을 일정 기간 동안 점령하기도 하였다. 작은 소규모 부대에서부터 때로는 대대급, 연대급 이상의 전투가 벌어지기도 하였다. 38선은 이미 적과 아를 가르는 선이었고, 꼭 지켜야 할 선이자 동시에 또 꼭 없애야할 선이 되었다."

2   전기철, 「한국 전후 문예비평의 전개양상에 대한 고찰」, 서울대학교 박사학위논문, 1992, 9쪽.

3   모춘흥, 「영화 〈그물〉을 통해서 본 분단체제론에 대한 비판적 고찰」, 『문화와정치』 제4권 3호, 한양대학교 평화연구소, 2017, 150쪽 : "남한과 북한의 (적대적) 타자에 대한 규정이 자아를 규정하는 것을 의미하는 분단체제론은 분단이 유지되고 작동되는 방식을 설명하는 대표적인 이론이다. 분단체제론에 따르면 군사분계선 내의 자아의 정치적 선택은 군사분계선 넘어 분리된 타자에게 지대한 영향을 미치게 된다고 본다(박명림 2004, 238). 특히 이 이론에 따르면 분단은 한편으로 관계적 동학으로서 남과 북 사이에서 작용하지만, 다른 한편으로 분단은 남북한 내부 차원의 존재논리로 작용한다. 말하자면 분단체제하에서 남북한은 물리적 차원의 '휴전선'과 별개로 두 한국 내부에 심리적인 차원의 '휴전선'을 갖고 있는 것이다. 한편 분단체제론은 분단이 유지되는 과정에는 필연적으로 분단폭력이 존재했으며, 이러한 폭력은 구조적 폭력의 형태를 띠어서 직접적인 가해자를 밝히기 매우 어렵다고 본다. 분단의 폭력성을 설명하는 분단체제론은 분단이 유지되는 방식과 분단체제가 유지되는 메커니즘의 이면에

장소가 어디가 되었든 간에 남북의 대립은 지속적이고 끈질기게 되풀이 되고 있다. 분단체제에서 남북의 정치는 상호 적대감으로 분단 폭력을 정당화하는 방식으로 진행되어왔다. 적대감은 정치적 차원을 넘어 문화적 상징과 함께 간접적이고 심리적인 형태로 지속되면서 분단체제를 구조화하고 있다.[4]

이 글은 '6 · 25'를 전후하여 공고화된 남북의 적대감 원인과 전쟁의 기억을 호명하고, 공공화하는 과정에서 문화현상에 대한 분석을 하고 있다. 광복 이후 지속된 분단의 과정을 그리는 것은 지난하고 복잡한 과정이다. 이 글에서는 남북 사이에 형성된 적대의식을 이미지 분석으로 밝히고자 한다. 이미지는 다른 무엇보다 강한 메시지를 전달한다. 동시에 상대에 대한 인식을 보여주는 분명한 징표가 되기에 분단과 적대의 인식을 분석하는 텍스트가 될 수 있다. 이 글을 통해 남북이 어떻게 서로에 대해 적대적 이미지를 만들어왔으며, 그 적대적 기억을 어떤 방식으로 공적 공간을 통해 구체화하였는지에 대한 문제를 제기하고자 한다.

2. 적대의 잉태, 빨갱이(악마)의 탄생

1) 좌절된 통일국가와 적대의 잉태

1945년 일제강점기를 끝내고 광복을 맞이하였지만 불안한 광복이었다. 제2차 세계대전 막바지에 참전한 소련이 관할한 38선 이북 지역과 미군이 관할한 38선 이남은 한반도 분단의 시작이었다. 제2차 세계대전이 끝난 뒤 소련은 엄청나게 커진 국력으로 미국에 대항할 수 있는 유일한 국가가 되었다.

존재하는 분단폭력에 대한 이해를 진전시킨 이론으로 평가되지만, 이 이론은 많은 한계를 갖고 있다."

4 모춘홍, 위의 글, 158쪽 : "분단을 명분 혹은 구실로 행해지는 문화적 폭력은 매우 은밀하게, 그리고 조직적 · 집단적으로 행해지고 사회적으로 확산 및 강화되어 국가에 의해 행해지는 직접적 · 물리적 폭력을 정당화하고 있는 것이다. 특히 남북 내부에서 이데올로기라는 문화적 상징과 함께 분단폭력은 최근까지도 간접적이고 심리적인 형태로 이루어지고 있는 것이다."

미국과 소련의 경쟁은 통상적인 경쟁관계를 넘어섰다. 미국과 소련 사이의 충돌은 불가피 했으며, 타협이 불가능하였다. 한쪽 또는 다른 쪽 체제의 완전한 소멸만이 목표가 되었다. 국제 질서를 주도하려는 이념 대결이 한반도에서 벌어졌다.[5]

한반도는 동서냉전의 거대한 첨예한 이데올로기의 대립 공간이 되었다. 소련과 미국은 동서 양진영의 이데올로기 수호자였다.[6] 광복의 기쁨을 뒤로한 채 좌절된 통일의 열망과 정치적 무능력과 맞물려 미국의 광기적인 공산주의 혐오는 빨갱이의 탄생으로 이어졌다. 제임스 캐럴은 '외부의 적에 대한 두려움은 내부의 적에 대한 두려움'으로 나타났다고 규정한다. 즉 소련 공산당에 대한 두려움은 내부의 공산당에 대한 두려움으로 이어졌고, 이것이 미국에서 반공 열풍으로 이어졌다는 것이다.[7]

---

5 제임스 캐럴, 전일휘 · 추미란 옮김, 『전쟁의 집(House of War) : 펜타곤과 미국 패권의 비극』, 동녘, 2009, 200쪽 : "제2차 세계대전이 끝난 뒤에 미국 이외의 엄청나게 커진 국력으로 떠오른 유일한 국가로서 소련은 통상적인 정치적 우위를 차지하려고 미국과 전술적으로 겨루기만 했던 것은 아니었다. 그것보다 소련은 존재론적으로 그리고 종교적으로 자본주의 서방 세계의 수도에 대항했다. 이 두 권력 중심 사이의 충돌은 불가피했으며 타협 또한 불가능했다. 이 갈등의 궁극적인 결말은 한쪽 또는 다른 쪽 체제의 완전한 소멸이었을 것이다."

6 제2차세계 대전을 통해 강대국으로 부상한 소련의 존재는 미국의 입장에서 볼 때 불안감 그 자체였다. 불안감을 해소하기 위해서는 강력한 정보와 통제가 필요하였다. 이러한 불안감 속에 탄생한 것이 국가안보장회의(NSC)와 중앙정보국(CIA)였다. 제임스 캐럴, 전일휘 · 추미란 옮김, 위의 책, 170쪽 : "1947년 7월에 의회는 '국가안전법'을 통과시켰다. 제2차 세계대전이 끝난 뒤에 동서 양 진영의 불안감이 확산되었는데, 국가안전법의 제정은 그러한 상황에 대한 반응의 정점이었다. … 국가안전법은 미국의 육군, 해군 및 공군을 이론상의 단일 조직으로 통합한 법률이었다는 점이 가장 중요했다. 또한 이 법률에 따라 국가안보장회의(NSC)와 중앙정보국(CIA)가 탄생했다."

7 제임스 캐럴, 전일휘 · 추미란 옮김, 앞의 책, 215쪽 : "공산주의에 맞선 전 세계적인 반대는 이제 미국 정책의 핵심이 되어 버린 것이다. 이러한 경향은 곧바로 미국 내에서의 편집증으로 이어졌다. 트루먼 독트린 연설이 끝나고 9일이 지난 뒤에 트루먼은 미국에서 공산주의를 척결하기 위해 '년방공무원 충성 프로그램', 즉 행정명령 9835호를 발표했다. 전문에 이어 등장한 첫 조항은 다음과 같았다. "연방 정부의 모든 행정부서에서 근무하는 민간인에 대해서 예외 없이 충성심 조사를 실시하도록 한다. … 이제 공산당을 악마로 낙인찍는 것에 반대하는 사람은 거의 없었다. 미국 내에서의 공산주의자 색출은 외부의 공산주의들에 대한 반대 못지않게 격렬한 양상을 띠게 된다. 이제 편집증적인 사고방식이 맹위를 떨치게 된 것이다."

1940년대 후반 미국에서 진행된 반공주의의 광풍은 한반도에도 영향을 미쳤다. 미국의 강력한 영향력 아래에 있던 한반도가 예외가 될 수 없었다. 반공이 국시가 되면서 반공을 핵심으로 타자의 개념을 동원했다. 반공을 가치로 하는 집단과 그렇지 않은 집단으로 철저히 구분했고, 그렇게 구분된 내부와 외부는 죽임마저 용납되도록 하였다.[8] 남한 주민들은 대한민국의 국민, 양민으로 자격을 인정받기 위해 공산주의자가 아님을 증명해야 했다.

미국과 소련에 의해 나누어진 38선은 넘을 수 없는 이념의 경계가 되어갔다. 38선을 경계로 민족을 대신하여, 국민으로서의 정체성과 자격을 이데올로기적 지향을 통해 증명해야 했다. 남북에서 이념은 곧 체제의 생존과 직결되는 문제가 되었다.

여순사건과 4·3사건은 대한민국의 국민이 될 수 있는 기준이 무엇이 되어야 하는지를 규정하는 계기가 되었다. 이념은 정치적 선택의 문제가 아닌 생존이 되었다. 국민들은 양민과 비양민으로 구분하는 것 자체가 배제에 의한 구분이었지만 이의를 제기할 수 있는 상황이 아니었다.[9] 공산주의자는 정치적 지향이 아닌 비인간적인 존재, 악마, 인간이 아닌 죽어 없애야 하는 존재로서 빨갱이로 전환되었다. 정치적 이념을 의미하는 공산주의자와 달리 빨갱이는 인간적인 동정조차 필요 없는 살인마, 비인간, 악마로 간주되었다.[10]

---

8 로버트 베번, 나현영 옮김, 『집단 기억의 파괴』, 알마, 2012, 17-18쪽 : "민족이든 팽창주의적이든 모든 갈등은 민족, 인종, 계급, 종교, 이데올로기, 가치를 통해 타자의 개념을 불러낸다. 집단 내부와 외부의 차이를 강조하다 보면, 외부인과 그들의 물질적 유산은 평가절하한다. 이런 인간성 말살은 적의 유산을 파괴하고 그들을 학대하고 결국에는 죽이는 일이 용납되기 전에 거치는 필수 단계이다."

9 김득중, 『'빨갱이'의 탄생 – 여순사건과 반공 국가의 형성』, 선인, 2010, 53쪽 : "한쪽 편에 순진한 국민인 '양민(良民)'을 상정한다는 것은 다른 한편에 '좌익분자', '빨갱이', '통비분자(通匪分子)' 등의 불순한 국민을 상정하는 것이다. 이러한 구분은 사상적으로 순결한 인민은 보호받아야 하지만, 그렇지 않은 불순분자 또는 좌익은 '죽어(어)도 좋다'라는 점을 전제하고 있다. 이는 국민을 '보호받아야 할 대상'과 '척결되어야 하는 대상'으로 구분하여 국민 외부의 존재를 인정하지 않는 반공주의 논리를 재생산한다."

10 김득중, 위의 책, 46-47쪽 : "결론부터 말하자면, 경멸적이고 죽어도 될 존재로서의 '빨갱이'

나아가 '빨갱이'를 죽이는 것 자체가 애국하는 일이고 민족을 위하는 일이었다. 이념은 죽음의 가치뿐만 아니라 죽음을 맞이하는 방식에서도 차이로 나타났다. 우익으로의 죽음은 조국을 위한 희생, 값 있는 죽음이었지만 반면 좌익으로의 죽음은 드러내놓고 말할 수도 없는 것으로 인식되었다. 빨갱이는 죽어서도 여전히 법적으로나 도덕적으로나 인격적 주체가 될 수 없었다. 죽어도 슬퍼할 수도 없었다.[11] "설령 후손이 있더라도 이념적 갈등 때문에 '빨갱이'라는 천형의 낙인이 찍힌 집안은 마음 편히 제사지내기도 어려웠던 상황"이었다.[12]

여순사건은 대한민국 국민으로서 자격이 '반공'이어야 한다는 것을 명시한 사건이었다.[13] 순수한 민간인을 보호해야 한다는 것보다 우선한 것은 '우리

는 여순사건을 통해 탄생했다. '빨갱이'는 여순사건이라는 기념비적이고 유혈적인 사건 속에서 태어났다. 여순사건을 거치면서 공산주의자는 양민을 학살하는 살인마, 비인간, 악마로 간주되었고, 같은 하늘 아래에서 살지 못하는 존재가 되었다."

11 정진아, 「한국전쟁기 좌익피해담의 재구성」, 『통일인문학논총』 제56집, 건국대학교 인문학연구원, 2013, 18쪽 : "현기영의 소설 『지상에의 숟가락 하나』에는 두 누나가 남편을 잃고 오열하는 장면이 나온다. 경찰 남편을 둔 누나는 마당에서 머리를 풀어헤치고 발버둥을 치며 목청 높여 우는 반면, 좌익 남편을 둔 누나는 골방에서 두꺼운 이불을 머리에 쓰고 숨을 죽여 통곡한다. 이는 남한에서 좌익과 우익의 피해가 갖는 사회적인 의미차를 극명하게 드러내준다."

12 이영진, 「근대성과 유령 : 근현대 동아시아의 죽음의 정치를 넘어서기」, 이영진 외 지음, 『애도의 정치학 – 근현대 동아시아의 죽음과 기억』, 도서출판길, 2017, 24쪽.

13 李惠鈴, 「빨치산과 친일파 – 어떤 역사 형상의 종언과 미래에 대하여」, 『대동문화연구』 제100집, 대동문화연구원, 2017, 461쪽 : "여순사건의 진입과정은 총을 누가 들어서는 안 되는가를 결정하고 그에게서 총을 빼앗고 총을 들리지 않는 실천을 영속화하는 제도로서의 국민국가의 군대 형성과정, 즉 폭력의 독점과정이기도 했으며 그것을 정당화하는 과정이기도 했다. 다른 한편 진압의 주체가 경찰에서 군대로 중심이 이동해가면서 정치적 살해는 집단화, 대량화 곧 비인격화되어갔다. 군대가 한 덩어리인 채로 집단화되고 비인격화된 덕택에, 총을 든 존재는 총을 들어서는 안 되는 존재, 즉 빨치산으로 초점화되면서 그들은 총을 든 살인마라는 형상을 얻게 되었다. 이 형상은 곧 처참하고 무자비한 살육으로 되갚기위한 전제가 되었다. 요컨대, 총을 들게 되었으나 빼앗겨야 했던 빨치산들은 그들의 정치적 신념과 정치적 상상력에 따라 국민국가 형성에 이바지하고자 했으나, 그들은 결코 정사에 기입될 수 없는, 근대 국민국가 형성의 어두운 추문을 쥔 집단이었기에 오히려 회고와 야사, 영화와 소설 등과 같은 문학적 서사의 인물이 되었던 것이다."

편'을 죽게 내 버려두어서는 안 된다는 것이었다. 우리 편을 지키기 위해 최소한의 위협도 뿌리까지 제거해야 했다. 생존의 공포로부터 야기된 폭력이었다. 생존적 차원의 이데올로기 갈등은 '6·25'를 통해서 전면적이고 폭력적인 방식으로 확산되었다.

2) 전쟁, 심리전의 이미지

이데올로기를 통한 적대적 의식이 구체적인 이미지로 각인된 것은 '6·25'였다. 광복과 함께 시작된 이데올로기 갈등은 비단 '6·25'에만 국한되는 문제는 아니었다. 통일에 대한 열망이 좌절되면서, 단독정부에 반대하거나 이승만정부를 비판하는 움직임이 '6·25' 이전부터 있었다. 그러나 구체적이고 본격적으로 이미지와 결합되어 국민들에게 각인된 계기는 '6·25'였다.[14]

한반도에서 벌어진 전쟁은 심리전이라는 새로운 방식으로 전개되었고, 적대적 이미지를 간단하고도 분명한 방식으로 각인시켜 나갔다. 구체적인 이미지는 '삐라'를 통해 현현(顯現)되었다. 삐라는 가장 단순하면서도 가장 적대적인 방식으로 적대적 이미지를 각인시켰다. 1950년 6월 28일, '6·25'전쟁이 발발한 지 3일 만에 1,200만장의 삐라가 살포되었다. 기습적으로 이루어진 북한의 남침에도 사흘 만에 엄청난 양의 삐라가 뿌려질 수 있었던 것은 미군 극동사령부 심리전 부대가 있었기에 가능했다. 제2차 세계대전과 일본, 필리핀 전투에서 심리전을 담당했던 조직이 있었기에 삐라의 대량살포가 가

14　Tim Beal, 정영철 옮김, 『북한과 미국 : 대결의 역사』, 도서출판 선인, 2010, 79쪽 : "1948년 4월 제주도에서 항쟁이 발발했고 한국전쟁 전날까지도 진압되지 못했다. 인구의 20%에 가까운 수가 죽거나, 일본으로 도망쳤으며, 섬 거주가구의 절반 이상이 파괴되었다. 군대조작 반란에서 예외는 아니었다. 제주로 떠나기로 된 14연대는 1948년 10월 여수에서 반란을 일으켰다. 여수반란은 곧 진압되었으나 저항은 계속되었고, 북한군이 '부산 진성' 이전까지 대부분의 국토를 휩쓸게 된 한국전쟁으로 저항은 다시 점화되었다. 이러한 저항은 정전협정 이후로도 10년 이상 지속되었다. 마지막 게릴라인 여성농민 정순덕은 1963년까지 붙잡히지 않았으며, 이후 23년 동안 옥중에서 비참하게 살았다."

능했던 것이다.[15]

　미국이 6·25전쟁 기간 중 뿌린 삐라는 25억~40억장에 이르렀다. 미극동
사령부 자료는 25억장이라 했고, 한국군 심리전감실과 국방부 자료는 40억
장이라 했다. 최고 절정기 때의 제작량은 매주 2,000만장 이상이었다. 1950
년 10월 말에 이미 1억장을 돌파하고, 다음해인 1월 26일엔 2억장, 11월 16
일에는 8억장을 기록했다. 25억장이라 쳐도 그것을 펼치면 한반도를 스무번
뒤덮고 지구를 열바퀴 돌고도 남는 양이다. '적을 종이(삐라)로 묻어라.' 미
육군장관 프랭크 페이스의 지시는 효과를 거뒀다. 북한이나 중공군 포로들이
항복한 이유의 33.1%가 삐라를 포함한 심리전의 영향으로 나타났다.[16]

　삐라는 전쟁이라는 극한의 상황 속에서 불안한 인간 심리를 자극하고, 적
대감을 직관적으로 보여준다. 전쟁으로 민족과 개인은 한 치를 알 수 없는
불완전한 상황이 되었다. 생존이라는 최소한의 욕구마저도 채워질 수 없는
상황이었다. 비인간적인 살육의 현장에서 문학이니 지식이니 하는 것은 사치
에 불과하였다.[17] 공군력과 기계화 장비를 보유한 미군은 심리전의 일환으로
포탄을 이용하여 삐라를 대량 살포하였다.[18]

15　이기환, 「삐라, 적의 마음을 겨냥한 종이폭탄」, 『경향신문』 2016년 2월 16일 : "창졸간에
　　기습을 당해 경황이 없었는데도 딱 3일 후에, 그것도 1200만장에 달하는 삐라를 제작했다는
　　것이다. 미군 극동사령부에 2차대전과 그 이후 일본과 필리핀, 남태평양에서 심리전을 담당했
　　던 조직이 존재했기 때문에 가능했다. 전쟁이 일어나자 미 육군장관인 프랭크 페이스가 던진
　　한마디가 의미심장했다. "적을 삐라로 묻어라."

16　이임하, 『적을 삐라로 묻어라 : 한국전쟁기 미국의 심리전』, 철수와영희, 2012 참고.

17　전기철, 「한국 전후 문예비평의 전개양상에 대한 고찰」, 서울대학교 박사학위논문, 1992,
　　47쪽.

18　「敵宣傳「삐라」砲彈」, 『경향신문』 1952년 3월 1일 : "한편 「유엔」軍側은 北韓全域에 걸쳐서
　　中共軍과 傀儡軍에게 近千萬張의 宣傳「삐라」를 撒布하여왔으며 八軍司令部代辯人이 말한
　　바에 依하면 今番에 「유엔」軍側에서 行한 宣傳「삐라」砲彈은 數字에 있어서는 分明치 않으나
　　自走銃과 大砲를 合한 三百五十三門에 依하여 行해졌다고 한다."(띄어쓰기 필자)

DMZ박물관의 삐라 포탄　　　　　　삐라 신고 포스터

포탄을 이용하여 삐라를 살포하던 방식은 나중에 중공군에서도 사용하였
다. '6 · 25' 전쟁이 한창 중이던 1952년 3월 1일자 『경향신문』에는 서부전선
에서 유엔군 진지에 선전 삐라 포탄을 보내왔다는 기사가 실렸다. "共産軍에
如斯한 方法의 宣傳은 今番이 처음"이라고 소개하였다. 선전 포탄을 이용한
삐라 살포는 미군을 중심으로 한 유엔의 방식이었다.[19]

3) 적대의 형식 – 비인간화

전쟁을 통해 체험된 경험은 기존의 사유와 표현으로는 담을 수 없는 것이었
다. 전쟁으로 체험된 경험은 인간적 존재를 벗어난 새로운 존재였다. 같은 '인
종'의 범주에 있기에 더는 타자화시킬 수 없는 북한인에게 동물성(animality)
을 부여하였다. 인간으로서는 이해할 수 없는 존재, 이러한 존재는 '뱀'으로

---

19 「敵宣傳「삐라」砲彈」, 『경향신문』 1952년 3월 1일 : "二十七日 二百五十五哩横朝戰線을 輕
微한 戰鬪가 있을뿐이었는데 西部戰線에서 共産軍大砲는 「유엔」軍 陣地에 宣傳「삐라」
砲彈를 보내왔으며 共産軍에 如斯한 方法의 宣傳은 今番이 처음인 바 그 內容과 여기에 使用
된 器品에 關하여서는 알려지지 않고 있다 한다. 그러나 今番「삐라는 共産軍이 종前에
飛行機나 探素戰 같은 것에서 撒布하던 것과 같은 內容인 것으로 보인다고 한다."(띄어쓰기
필자)

구체화 되었다. 전쟁을 통해 인간이 아닌 동물적 존재, 악의 화신으로 뱀의 이미지가 활용된 것이다. '뱀'과 '해골', '악마'의 이미지가 만들어졌다. '뱀'과 '해골', '악마'의 이미지는 전쟁을 통해 공유하게 된 만들어진 이미지였다.

전쟁에서 삐라는 상대의 전투 의지를 약화시키는 심리전의 무기이다. 삐라의 가장 많은 내용은 김일성에 대한 것이었다. 김일성에 대한 비난을 목적으로 소련의 앞잡이, 소련의 심부름꾼, 민족의 배신자, 소련의 꼭두각시, 괴뢰 집단, 민족반역자, 가짜, 마귀, 악당의 이미지와 용어가 동원되었다. 스탈린의 사주를 받은 허수아비이거나 스탈린, 모택동과 함께 사회주의 혁명을 빙자하여, 인민들을 착취하는 독재자로 그려졌다. 사회주의 혁명을 의미하는 횃불은 인민을 태워 죽이는 횃불로 차용되었다. 북한이나 사회주의에서 의미하는 횃불의 이미지를 부정적으로 사용함으로써 '횃불'의 상징을 부정하였다.

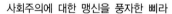
사회주의에 대한 맹신을 풍자한 삐라   횃불의 이미지를 이용한 삐라

최고 지도자에 대한 공격은 상대의 심리를 자극하는 효과적인 공격방법이다. 김일성이 가짜라는 것을 주제로 한 만화 형식의 삐라도 있었다. 전쟁을 일으킨 김일성은 가짜로 진짜 김일성의 흉내를 내고 있다는 내용이다. 진짜 김일성은 1885년에 태어나 만주에서 죽었는데, 가짜가 나타나 진짜 흉내를 낸다는 것이다. "우리들은 평화를 갈망합니다"라고 말하는 주변 사람들에 맞서, "전쟁을 하여야 한다"고 주장하는 '가짜 김일성'은 얼굴이 없다. 얼굴이

없다는 것은 명예가 없다는 것이며, 존재가 없다는 상징이다.[20]

가짜 김일성을 주제로 한 삐라

　얼굴 없는 인간은 비인간성, 몰인간성을 상징한다. 북한군을 그릴 때도 얼굴을 제대로 그리지 않는다. 아래 그림은 오두산 통일전망대에 전시되었던 '그림으로 보는 6·25전쟁'의 전시 작품이다. 그림에서 묘사된 북한군의 얼굴에는 눈동자가 없다. 모자를 깊이 눌러쓴 인민군의 모습에서는 눈동자를 찾을 수 없다. 눈동자는 감정을 드러낸다. 눈동자가 없음은 곧 감정이 없음을 의미한다.

오두산 통일전망대의 '그림으로 보는 6.25전쟁' 전시 작품 중에서

20　김현실, 『사람, 장소, 환대』, 문학과지성사, 2016, 80쪽 ; "얼굴이 있다는 것은 명예가 있다는 말과 같다. 체면을 잃다(lose one's face)거나 체면을 살리다(save one's face)는 표현에서 보듯이, 일상에서 얼굴은 명예와 같은 뜻으로 쓰이곤 한다."

인간적 얼굴을 하고 있어야 인간으로 인식할 수 있다. 하지만 눈이 없으니 인간이 아니었다. 눌러 쓴 모자 속의 북한군은 이미 인간이 아니었다. 감정 없는 전쟁기계, 전쟁광의 이미지가 투영된 것이다. 전투장면을 그림에서도 눈동자는 가려 있다. 전쟁 중이라고 해도 적군을 칼로 찌르는 장면에서 인간의 눈을 그릴 수는 없었던 것이다.

얼굴 없음의 극단적인 형상은 해골이다. 삐라에서는 영혼 없음, 죽음을 의미하는 해골(骸骨)도 소재의 하나였다. 해골은 인간일 수 없는 존재를 상징한다. 인간다움의 핵심이라고 할 수 있는 영혼이 없다. "영혼이 있다는 말은 신성하다는 뜻이며, 함부로 범할 수 없다는 뜻이다."[21] 해골은 영혼이 없는 죽은 사람, 혹은 죽음을 의미한다. 영혼 없는 해골에 의해 인간이 조정당하는 북한군이나 중공군, 죽음으로 내몰리는 것을 알면서 전선에 나서야 하는 상

---

21 김현경, 앞의 책, 246쪽.

황을 해골의 이미지를 통해 구현한다. 북한의 대남전단에는 미군이 한국인의 해골을 밟고 서 있는 것으로 그리기도 하였다.[22]

3. 적대 이미지로서 뱀

1) 적대와 뱀 이미지

삐라에서 특이한 것은 뱀의 이미지를 이용한 것이다. 인민군과 중공군을 향해 뿌려진 삐라 중에서는 악마의 이미지로 뱀과 연결된 것이 있었다. 북한 주민을 타깃으로 한 삐라에서는 공산당 모자를 쓴 뱀이 농민의 고혈을 짜고 있고, 중공군을 대상으로 한 삐라에서는 해골 얼굴에 뱀의 몸을 한 괴물이 중공군을 감싸고 있다. 뱀 이미지는 서양의 선악인식이 반영된 것이다. '뱀'은 서양에서 흔히 볼 수 있는 악마의 이미지이다. 기독교적 관점에서 본다면 뱀은 모든 범죄의 출발이자 원흉이다. 미국은 소련을 뱀으로 폄훼했고, '6·25'를 통해 중공군과 북한군에게 뱀의 이미지를 사용한 삐라를 만든 것이다.

뱀의 이미지를 차용한 것은 공포의 효과를 극대화하기 위해서이다. 공산치하의 상황은 독사에게 모든 것을 빼앗기는 공포의 과정이라는 것을 제시한다. "독사에 물려 본 사람만이 독사의 무서움을 알 수 있"듯이 '공산주의=독사'로 강력하게 각인한다.[23]

---

22 해골의 이미지는 전통적인 이미지로서는 매우 이례적인 것이다. 동양에서 해골이나 유골이 악마나 무서움을 상징하는 경우는 드물기 때문이다. 대중문화에서 적의 이미지로 얼굴없는 존재로 각인된 것은 〈마루치 아라치〉가 있다. 태권동자 마루치와 아라치와 거북은 상대 '파란 해골 13호'는 얼굴 없는 적의 상징이었다. 이 외에는 문화적으로 해골이 곧 악마라는 이미지를 찾기란 쉽지 않다.

23 김동춘, 『(개정판)전쟁과 사회』, 돌베개, 2011, 79쪽 : "김일성 연구가인 이기봉은 "독사에 물려 본 사람만이 독사의 무서움을 알 수 있다. [⋯] 따라서 전쟁의 마음을 겪어 본 사람만이 전쟁의 공포와 비참함을 알 수 있다"라고 체험의 중요성을 지적하면서 "6·25는 살육과 파괴의 공포의 도가니였다"고 강조한다. 한편 그는 "냉전의 기원을 미국에서 찾고 있는 시각에서 [⋯] 이른바 수정주의 학파의 침투와 민주화에 편승한 좌경용공세력의 공공연한 발호로 말미암아, 이 땅에 다수의 국민들 가운데 일부의 6·25와 현대사 인식체계가 흔들리고 있다"는

공산당을 뱀에 비유한 삐라

중공군을 대상으로 한 삐라

　이러한 뱀의 이미지 차용은 서구적인 문화관습에서 비롯된 것이다. 한국에서 '뱀'은 악마의 이미지가 아니다. '뱀'은 용과 함께 신앙적 숭배의 동물이었다. 한국인의 출생과 관련한 12간지 동물 가운데 6번째에 해당한다. '뱀'은 왕실을 수호하는 상징이며, 지혜의 상징이다.

민화 속의 뱀상

개성 왕건왕릉에 새겨진 뱀상

결론을 내렸다. 그는 개인적 고통을 "대한민국이 말살될 뻔한 체험"으로 공식화하고 있으며 그러한 해석에 대한 도전을 "침투"와 "음모"로 본다."

2) 북한 문화에서 뱀 이미지

악(惡)의 화신으로 뱀의 이미지를 설정한 것은 남북에서 일반적인 현상은 아니다. 북한 문화예술에서 미군은 주로 '승냥이', '늑대'로 이미지화 되어 있다.

미군(미국)을 뱀에 비유한 영화로는 〈최학신의 일가〉가 유일하다. 〈최학신의 일가〉에서는 미군이 한반도를 지배하는 상황을 라오콘을 감싸고 있는 뱀에 비유한 장면이 있다. 〈최학신의 일가〉는 원래 백인준의 희곡으로 1955년 연극 무대에 올랐던 작품으로 처음에는 좋은 평가를 받지 못하였다.[24] 하지만 김정일이 적극 옹호하고 나서면서 재평가 된 작품이다. 김정일은 백인준의 입장을 지지하면서 반미교양에 이바지하는 영화로 창작할 것을 지시하면서 〈최학신의 일가〉는 영화로 제작되었다.[25]

영화 〈최학신의 일가〉는 평양에 살면서, 목회활동을 동네 사람들의 신뢰와 주목을 받던 목사 최학신 일가의 파멸 과정을 줄거리로 한다.

전쟁이 한창이던 시기 평양이 함락될 때였다. 주민들로부터 신임이 두터운 목사 최학신은 후퇴하자는 주민들의 권유를 마다하고 미국의 자유주의 이념과 종교에 대한 신념을 믿고 평양에 남는다. 가족과 함께 남아있던 최학신은 뜻밖에 두 사람을 만난다. 한 사람은 최학신의 맏아들 성근이었다. 서울로 미술 공부하러 간 다음 소식이 끊어졌던 최학신의 아들 성근은 국군 대위가 되어 고향으로 돌아온 것이었다. 다른 한 사람은 미국인 리차드 목사였다. 리차드 목사는 해방전 평양에서 선교활동으로 하다 미국으로 돌아간 최학신의 오랜 친구이자 동생이나 다름없는 인물이었다. 최학신은 리차드 목사를 통해 미국이 선진국이며, 민주주의 제도가 발달된 지상낙원으로 생각하였지만

---

24 미국과 기독교에 대한 비판적인 내용을 담았지만 계급성이 약하다는 평가를 받았다. 리영은 〈최학신의 일가〉가 '부르죠아 사상' 잔재가 남아 있는 작품이므로 사상투쟁의 대상이 되어야 한다고 비판하기도 했다.

25 김정일, 「예술영화 《최학신의 일가》를 반미교양에 이바지하는 명작으로 완성할데 대하여─문화예술부문 일군 및 창작가들과 한 담화, 1966년 12월 27일」, 『김정일선집(1)』, 조선로동당출판사, 1992 참고.

리차드의 생각은 달랐다. 미 정보국 요원인 리차드는 주민들의 존경을 받는 최학신을 이용하여 공산주의자들을 회유하려 하였다. 최학신은 리차드 목사의 말을 듣고 주민들을 설득해보지만 주민들은 최학신의 말을 믿지 않는다. 미군들은 공산주의자를 잡는다면서 주민들을 잡아들이고, 미군 장교인 '킹그스터'는 최학신의 딸 성희를 욕보이려 실패하자 죽여 바다에 버린다. 국군 장교가 된 성근은 어릴적 자신을 돌보아 주었던 종지기 노인을 처형하라는 명령을 듣고는 고민하다 결국 리차드를 죽이고 죽음을 맞는다. 집안이 풍비박산(風飛雹散)된 최학신은 공산당 지하조직 책임자를 찾아가 "악마같은 미국놈들을 소멸해 달라"고 울부짖는다.

〈최학신의 일가〉의 가장 큰 갈등은 최학신 목사와 큰 아들 성근이다. 미술공부를 하러 서울로 갔다가 국군 대위가 되어 고향으로 돌아온 성근은 미국의 자유를 신봉하는 아버지의 모습을 보면서 답답해 한다. 최학신의 아들 성근은 물정 모르고 미국의 자유주의와 종교정책을 따르는 아버지를 향해 '미국의 환상에 속고 있다'고 외친다.

"아버지. 만일 아버지가 어린 내 머리 속에 미국에 대한 환상만 심어주지 않았어도 지금 이 아들은 이렇게 독사의 손아귀에는 쥐어지지 않았을 겁니다."고 고백하듯이 토로한다. 성근의 외침을 통해 아들이 처한 현실이 드러난다. 성근을 통해 한반도의 상황이 은유된다. '미국에 대한 환상'을 갖고 있었지만 결국 알고 보면 독사의 손아귀에 있다는 것이다. 성근은 자신의 처리를 뱀에 휘감겨 있는 라오콘의 처지에 비유한다.

"내 몸에는 지금 라오콘의 배암이 징징 휘감겨 있다. 나도 그 결박에서 벗어나 보려고 필사의 몸부림을 치고 있다. 그러나 대한민국을 통째로 휘감고 있는 그 힘에서 어떻게 벗어난단 말이냐"(영화, 「최학신의 일가」 중에서)

어릴 때 자신을 키워준 종치기 노인을 죽여서 공산당이 아니라는 것을 증명하라는 요구를
받은 성근은 고뇌하다가 결국 미군 상사를 죽이고 죽음을 택한다.

　라오콘은 아폴로를 섬기는 트로이의 제관(祭官)이었다. 트로이 전쟁 때 그
리스군의 목마를 끌어들이는 것을 반대하다가 포세이돈이 보낸 두 마리의 큰
뱀에게 두 자식과 함께 죽는다. 라오콘상은 뱀에게 칭칭 감겨 죽기 직전의
라오콘과 두 아들의 모습을 조각한 것이다.

　뱀이 감고 있는 라오콘은 최하신의 아들 성근을 옥죄고 있는 미군, 한반도
를 감싸고 있는 미국을 상징한다. 평생 교회의 종지기로 살아 온 노인을 공산
당으로 잡아들이고, 총살을 명령해도 어쩔 수 없는 성근을 상징한다. 나아가
라오콘은 최하신, 스스로를 의미한다. 부인과 큰 딸, 그리고 큰 아들 마저
죽음으로 몰아간 미군에 대해 어찌지 못하는 성근의 처지를 상징적으로 '뱀'
에 몸을 휘감긴 라오콘에 비유한 것이다.

라오콘 조각상　　　　　　　　예술영화 〈최학신의 일가〉. 산산히 부서진 라오콘상

　　최학신 목사의 아들인 최성근이 그리스로마 신화에 나오는 라오콘과 자신의 처지를 비유할 수 있었던 것은 직업과도 연관된다. 최성근은 서울에서 미술공부를 한 미술학도였다. 그렇기에 일반인에게는 익숙치 않은 라오콘을 자신의 처지에 비유할 수 있었던 것이다.

　　영화에서 최학신은 부인과 큰 딸, 큰 아들을 잃고, 미군의 폭격으로 불타버린 교회를 보면서, "미국의 악마들을 이 땅 우에서 섬멸해 주십시오. 저 미국 침략자들을 최후의 한 놈까지 섬멸해 주십시오. 모조리. 모조리"(영화, 「최학신의 일가」 중에서)라고 외친다. 최학신의 외침에 이어 비행기의 폭격이 이어진다. 미군의 폭격 속에 라오콘 상이 산산히 부서진다. 산산히 부서진 라오콘상은 최학신이 마침내 미국의 손아귀에서 벗어났음을 상징한다. 최학신에게 미제는 곧 야수, "오직 무자비한 복수로 짓뭉개버려야" 할 대상이 되었고, 마지막으로 의지할 인민군대를 찾아가 복수를 부탁하는 것으로 끝난다.

　　영화 〈최학신의 일가〉는 북한 영화사에 매우 특이한 영화이다. 목사가 주인공인 유일무이한 영화이다. 처음 연극으로 공연되었을 때, 비판을 받았던 것도 같은 맥락이었다. 그럼에도 최학신을 주인공으로 한 것은 역설적으로도 가장 반 사회적인 인물의 체험을 공론화하기 위한 전략이었다. 즉 최학신과 같이 종교인이면서, 미국의 가치를 신뢰하였던 친미적인 지도층 인사가 '미군 치하'에서 겪었던 체험을 보편적인 종교인이 겪었던 체험으로 공론화 하는 과정인 것이다. 영화 속의 이야기는 실제 최학신이 겪어야 했던 기억으로서 일반화되는 이데올로기 효과가 있었던 것이다.

3) 전쟁 기억과 부정의 이미지

뱀은 전쟁에 대한 기억의 방식으로도 차용된다. 김종군은 전쟁체험담 구술에서 "제3자의 입장으로 전쟁 시기에 자신들이 보거나 들은 남의 이야기를 전하는 상황임에도 군경이나 우익에 의한 학살, 폭행을 재구성하는 방식은 매우 조심스럽고 주저하는 입장을 취하고 있음을 확인"하였다면서, 전쟁을 기억하는 과정에서 빨치산을 구렁이로 기억했던 체험담을 보고한다.[26] 윤흥길의 소설 〈장마〉에서도 구렁이는 '좌익 삼촌'을 상징한다.[27]

좌익에 대한 이러한 기억의 방식은 공고화된 기억의 정치가 작동되는 지점이다. 기억의 정치란 과거에 대한 기억을 조작하고, 재구성함으로써 현재의

---

26 김종군, 「전쟁 체험 재구성 방식과 구술 치유 문제」, 『통일인문학논총』 제56집, 건국대학교 인문학연구원, 2013, 49쪽 : "빨치산들이 마을로 보급투쟁을 나오는 과정에서 경찰 가족이라서 지서로 피난을 가면서 집에 키우던 황소를 데려가지 못했는데, 그날 밤 황소가 거센 뿔로 소를 끌고 가려던 빨치산 일곱 명을 떠받아서 죽였다는 내용이었다. 이 이야기를 주섬주섬 반복하다가 조심스럽게 내뱉은 말이 아무도 살지 않던 이웃집에 뱀 떼가 나타났다고 하였다. 구술자의 기억의 재구성은 빨치산 일원들이 악행의 화신인 구렁이로 설정되고 있다. 온 가족이 죽고 빈집으로 있던 이웃 빨치산의 집에서 한 해 여름에 뱀들이 부엌 살강에 한 떼 나타나 또아리를 틀고 지나다니는 것이다. 뱀 앞의 한 마리가 움직이면 뒤에 있던 뱀들도 모두 움직이는데, 그 맨 앞의 뱀이 그 빨치산 우두머리라고 마을 사람들은 단정했다는 것이다. 죽은 빨치산의 혼신이 뱀으로 환생하여 나타났고, 이를 보고 기겁을 한 마을 사람들은 그것을 쫓기 위해 고칫불(누에고치 태운 불)을 피우고 했다는 것이다."

27 김종군, 위의 글, 53쪽 : "장마의 결말구조는 집으로 찾아든 구렁이를 잘 대접하고 타일러서 내빌으로 화송한 외할머니의 공력을 친할머니를 비롯한 친가 식구들이 모두 고맙게 받아들이는 과정에서 화해가 이루어지는 것으로 보고 있다. 그러나 이러한 화해의 모습도 결국은 좌익의 악행은 죽어서도 구렁이로 태어날 정도로 벌을 받는다는 인식을 바탕에 깐 상태에서 이루어지고 있어 여전히 편향적임을 확인할 수 있다."

정치 질서를 정당한 것으로 수용하도록 한다. 특정한 사건에 대해 누가, 어떻게 기억할 것인가에 대한 문제에서 정치가 밀접하게 관여한다.[28] 정치인들이 불러오는 기억의 호명은 현재와 관련되어 있다. 과거의 기억과 이미지는 현재에 의해 만들어지는 것이다. 우리에게 빨갱이는 반공을 국시로 하는 정권의 현재적 필요에 의해 재구성되고 구조화되었다.

북한과 관련한 이미지는 인간 이하의 동물로 고착되었다. 북한을 상징하는 동물은 붉은 대지, 늑대, 이리 등이었다. "특히 한국의 국방부 정훈국이 제작한 포스터와 글은 김일성을 머리에 뿔이 달려있고, 몸에 털이 감싸고 있는 짐승으로 그려졌다. 구렁이나 쥐새끼, 승냥이, 털달린 짐승의 손과 해골 등의 이미지도 많았다. 전쟁 후에도 김일성과 북한군은 뱀, 늑대, 여우, 이리, 돼지의 이미지로 그려졌다."[29]

적대의 이미지가 만들어지는 일차적인 원인은 공포에 있다. 북한이란 존재에 대한 공포가 있었다. 국민적 통일 열망을 수용하지 못하고 설립된 단독정부의 위기감은 외부의 적인 북한과 함께 내부의 적에 대한 극단적 공포심이 작동한 것이다. 그리고 북한에 대한 이미지는 논리 체계를 해체한 감정적 이미지로 감정적 신체화로 이어졌다. 타자에 대한 적대적 이미지는 적대적 감성의 인과성을 해체하고, 즉시적이고 감정적인 반응을 일으키게 만든다. 감정은 타자에 대한 다양한 반응을 일으키는데, '악'감정을 형성하는데도 기여한다. 상대에 대해 부당한 대우나 불의한 일을 보게 되면 타자를 악으로 규정하게 한다. 이미지로 각인된 타자는 악감정을 일으키는 이유나 상황에 대한

---

28 이신재, 「북한의 기억의 정치와 푸에블로호 호명」, 『현대북한연구』 17권 1호, 북한대학원대학교 북한미시연구소, 2014, 160-161쪽 : "기억의 정치란 무엇인가? 학자들에 따라 이에 대한 개념 정의는 다양하다. 기억의 정치를 기억의 조작, 정치적 신화의 창조와 같은 것으로 설명하기도 하고, 특정한 사건에 대해 누가, 어떻게, 기억할 것인가에 대한 갈등과 투쟁의 양상을 기억의 정치라 하기도 한다. 그러나 이들의 기억의 정치에 대한 개념에서 주요하게 포함되는 공통적인 특징이 있다. 그것은 과거에 대한 기억과 현재의 지배자들의 관여와 조작, 그리고 활용 등이 포함된다는 점이다. 즉, 기억과 정치의 밀접성에 주목하고 있다는 점이다."
29 이기환, 「삐라, 적의 마음을 겨냥한 종이폭탄」, 『경향신문』 2016년 2월 16일.

접근을 원천적으로 제한하게 만든다.[30]

우리 사회에서 대북 인식은 공포와 적대적 이미지로 구체화되었고, 교과서, 대중문화, 박물관 등의 매체를 통해 반복적으로 재생되고 있다.[31] 전쟁은 그것이 어떻게 기억되고, 어떻게 해석할 것인가에 대한 문제는 권력과 연결되어 있었다. "'6·25'라는 전쟁에 대한 남한 지배층의 독점적 해석과 공식적인 낙인은 단지 역사해석에서의 독점을 떠나 그 자체가 중요한 '지식권력', 권력 재생산의 정신적 자원이다. '괴뢰집단', '공산폭도'라는 개념과 이들이 '기습'하여 전쟁이 일어났다는 공식 해석은 남한의 지배층에게는 마르지 않는 샘이었다."[32]

4. 전쟁의 호명과 기억의 공감각화

1) 만화영화 속의 이미지

(1) 만화영화 〈똘이장군〉과 북한 이미지

전쟁 시기에 형성된 악마 내지 절대 악으로서 '뱀'의 이미지는 점차적으로 '늑대', '이리', '붉은 돼지' 등으로 전환되었다. 북한에 대한 이미지가 정착하

---

30 박형신·정수남, 『감정은 사회를 어떻게 움직이는가』, 한길사, 2016, 52쪽 ; "감정은 타자에 대한 '악'감정을 형성하는 데에도 기여한다. 타자로부터 부당한 대우를 받거나 불의한 일을 당했을 때, 그에 대한 분노, 배신감, 적대감, 원한은 타자를 '악'으로 규정하는 데 기여한다. 물론 그러다가도 상대방이 그렇게밖에 할 수 없었던 이유나 상황을 알게 되면 곧바로 분을 삭이고 차분히 이해하려고 애쓴다. 이와 같이 사회적 관계가 어떻게 설정되는가에 따라 인간의 감정은 다양한 모습으로 출몰했다가 다른 감정을 대체된다."

31 모리스 알박스의 '집단기억'이론을 19~20세기 프랑스사 연구에 적용한 노라는 '기억의 터' 개념을 제시한다. 기억의 터는 단순한 기념장소들이 아니라 진실한 기억의 부재를 나타내는 상징화된 이미지로 집단기억이 더 이상 생생하게 불러일으켜지지 못하는 시점에 그것을 대체하는 새로운 (유사)기억 형식이 등장한다. '기억의 터'란 단지 기억의 흔적, 또는 잉여물에 지나지 않는 것으로 오로지 해석에 의해서만 의미를 획득한다. 전진성, 『역사가 기억을 말하다』, 휴머니스트, 2009, 57쪽.

32 김동춘, 『(개정판)전쟁과 사회』, 돌베개, 2011, 79·80쪽.

는 데 역할을 한 것은 대중문화였다. 대중문화를 통해 각인된 기억은 대중성과 시각적 강렬함, 예술적 감화력에 의해 재구성되고, 확대된다. 감정의 측면에서 볼 때 대중문화는 "사람들의 마음속에 자리하고 있는 이러한 공포감정을 더욱 증폭시킨다. 왜냐하면 대중매체의 관심은 우리가 위험과 불안을 최소화하기 위한 장치를 얼마나 갖고 있느냐가 아니라 우리가 얼마나 큰 위험과 불안에 빠져 있느냐에 초점을 맞추기 때문이다.", 즉 "영화, 드라마, 시사 프로그램도 그 내용의 상당 부분을 일상에서 흔하게 겪을 수 있는 위험을 강조하는 데 할애"하고 있다.[33] 막연했던 감정이 대중매체를 통해 구체적인 사건과 이미지로 마주하면서, 보다 구체화되고 증강되는 것이다.[34] 이러한 감정은 느낌에 불과하지만 현실 그 자체를 판단하는 토대가 된다.

분명한 반공을 목적으로 제작된 만화영화 〈똘이장군〉는 북한 사회에 대한 당대의 시선을 보여주는 만화영화이다.[35] 〈똘이장군〉에서 김일성은 '인간의

---

33 박형신·정수남, 『감정은 사회를 어떻게 움직이는가』, 한길사, 2016, 107쪽.

34 박형신·정수남, 위의 책, 92-93쪽 : "거시 구조를 인간의 감정적 능력의 산물로 파악하는 해몬드(Hammond, 1990, 1996)는 '감정의 최대화'(affective maximization) 원리를 통해 사회의 형성과 변화를 설명한다. 해몬드는 인간은 긍정적인 감정적 각성을 추구하고 부정적인 감정은 피하려는 속성을 지니고 있다는 전제에서 출발한다. 그에 따르면, 인간은 긍정적인 감정적 발흥과 연관된 보상을 얻으려고 노력할 뿐만 아니라 긍정적인 감정을 최대화하려고 노력한다. 그러나 해몬드는 이 과정에서 '습관화'(habitution)의 딜레마가 제기된다고 본다. 습관화란 어떤 종류의 자극에 익숙하게 되면 더 이상 반응하지 않은 현상으로, 자극이 반복적으로 제시되면 반응의 강도가 점진적으로 감소하는 것을 의미한다. 해몬드에 따르면, 감정을 최대화하도록 동기화된 행위자들에게서 감정 각성 관계가 지속될수록, 사람은 더욱더 그러한 감정의 수준과 유형으로 습관화되고, 시간이 지남에 따라 그러한 감정적 각성은 덜 보상적이게 된다. 따라서 습관화는 개인들이 반습관화(antihabituation) 전략을 찾도록 유도한다. 해몬드가 볼 때, 사회구조와 문화의 분화는 하나의 반습관화 전략의 산물이다."

35 이용우, 「전후 남한의 미디어 풍경과 불경스런 징후들」, 『art in culture』, 2012년 6월호 : "학교 단체관람에서 본 촌스러운 〈똘이장군〉의 오프닝 시퀀스 속에 그려진 굶주리고 핍박받는 사람들에게 서서히 다가가는 섬뜩한 손목과 핏빛 제목과 공포스러운 사운드를. 마침내 똘이장군이 검은 악마 돼지수령과 늑대들을 무찔렀을 때 느꼈던 환희에 찬 감격을. 무심결에 주제곡을 따라 부르며 '북괴'를 쳐부숴야 하는 생경한 사명감에 휩싸인 자기 자신을. "똘이장군 나가신다 길을 비켜라. 똘이장군 앞으로 간다. 겁낼 것 없다. 덤벼라 덤벼라 붉은 무리 악한 자들아. 무쇠 같은 주먹이 용서 못 한다. 용서 못 한다." 우리는 목적어로도 부재한 타자들을 이유 없이 미워해야만 했다. 왜냐하면 "몸과 마음을 바쳐 충성을 다할 것을 굳게" 맹세했기

가면을 쓴 붉은 돼지'로 구체화 되었고, 북한군은 '따발총'을 든 늑대와 이리로 그려졌다. 엄청난 인기 속에서 북한군이나 김일성에 대한 이미지를 각인하게 하는 결정적인 계기가 되었다. 만화영화 〈똘이장군〉의 이미지는 당시 전 세계적으로 엄청난 인기를 모았던 〈타잔〉과 〈드라큘라〉의 가장 흥미로운 부분만 모아 재조립한 일종의 '아상블라쥬(assemliage)'였다.[36]

만화영화 〈똘이장군〉

똘이의 복장이며, 숲 사이를 덩굴을 이용하여 오가며, 한복을 입은 소녀를 구하는 모습은 〈타잔〉의 한국 버전이었다. 인간의 가면을 쓴 돼지는 붉은 옷을 입고, 붉은 불이 타오르는 성에 살면서 흡혈박쥐를 부리며, 드라큘라에서 볼 수 있는 날카로운 두 이빨을 드러내고 있다. 붉은 돼지가 살고 있는 음침한 성, 흡혈박쥐, 붉은 옷은 피의 이미지를 차용한 것이며, 날카로운 두 어금니는 드라큘라를 상징한다.

때문이다.

36 한혜원, 『뱀파이어 연대기』, 살림출판사, 2004, 43쪽 : "한편 매력적인 캐릭터인 드라큘라 백작은 유럽의 설화와 역사에서 찾아볼 수 있는 악령과 귀신들 중에서 가장 흥미로운 부분만 모아 재조립한 일종의 '아상블라쥬(assemliage)'이다. 늑대인간(Werewolf)의 설화에서 송곳니의 흔적을 빌려오고, 그림자나 상은 영혼의 상징이기에 드라큘라는 거울에 비치지 않는다는 설정을 했으며, 하루에 최대 10cc의 피를 빨아 먹는 중남미 흡혈박쥐의 식량을 얻는데 두고 박쥐로의 변신을 설정했다."

김일성의 이미지를 드라큘라와 연관시키는 것은 몇 가지 공통성 때문이었다. 악명높은 드라큘라로 알려진 블라드 쩨뻬쉬는 루마니아 남부에 위치한 고대 왈라키아(Wallachia) 왕국의 왕자였다. 〈드라큘라〉 소설의 배경이 된 트란실바니아 지역은 '유럽에서 가장 황량하고 후미진 곳'이었다. 그리고 매우 잔인한 방법으로 포로들을 죽이는 잔인한 왕이었다.

음산하고, 외진 곳, 잔인한 왕이라는 이미지는 김일성을 이미지화하는 최상의 조건이었다. 북한의 최고지도자와 북한 체제에 대한 노골적인 경멸과 모욕을 통해 '굴욕'을 주고자 악마적이고 기괴한 이미지를 결합한 이미지를 창출한 것이다.[37] '살아있는 사람의 피를 통해 영생을 유지하는 모순적인 피조물로 창조된 뱀파이어의 이미지'[38]는 '인민의 고혈을 쥐어짜서' 살을 찌운 김일성을 비유하기에 더 없이 유용하였다. 이러한 이미지의 창출은 북한 최고지도자에 대한 '모욕'으로 최고지도자의 존엄을 공격하고 무너뜨리기 위한 전략으로 손쉽게 활용되었다.

김일성에 대한 이미지는 교과서와 운동회 등의 학교 활동을 통해서 신체화되었다. 1960년대와 1970년대 박정희 정권에서 진행된 운동회는 국민통합과 새로운 국민 양성을 목적으로 하였지만 실제로는 정부의 정책을 실현하기 위한 선전의 장이었다. 개회식에서는 '혁명공약'을 낭독했고, 본 운동회에서는 '반공행진'을 진행하였다. '적진 폭파', '자라나는 무궁화', '혁명 과업 완수',

---

37 한혜원, 앞의 책, 63-64쪽 : "악명 높은 '드라큘라'로 알려진 블라드 쩨뻬쉬는 사람의 피를 빨아먹는 악마로 알려지기 전에, 루마니아 역사에서는 오스만 제국의 군대를 물리친 왕으로 기록되어 있다. 블라드는 루마니아 남부에 위치한 고대 왈라키아(Wallachia) 왕국의 왕자였다. … 위엄 있고 용맹스러운 그가 포로들을 처리하는 과정에서는 광기에 가까울 만큼 잔인무도한 면모를 드러냈기 때문이다. 그는 수천 수만의 포로들을 꼬챙이나 말뚝에 꽂아서 서서히 죽이는 방법을 택했다. 포로들은 몸의 무게에 의해서 서서히 말뚝에 박혀 피를 흘리면서 고통스럽게 죽어갔는데, 이 모습을 당시 블라드 쩨뻬쉬는 처음부터 끝까지 목도했다고 한다."

38 한혜원, 위의 책, 92쪽 : "산 자도 죽은 자도 아닌 뱀파이어는 영생의 주제에 있어서 가장 두렵고도 매력적인 캐릭터라 할 만하다. 산 자의 피를 통해서 영생을 유지하는 모순적 피조물인 뱀파이어는 그 자체로 '공포'이기 때문에 단죄되어야 할 대상이다."

'재건 가장 행렬', '잡았다 간첩'과 같은 종목이 초등학교 운동회 종목이었다.[39] '김일성잡기달리기', '땅굴폭파', '안보경기', '때려잡자 김일성' 등의 종목이 초등학교 운동회 종목이 될 수 있었던 것도 신체화된 이미지가 있었기에 가능한 일이었다.

2) 북한 아동영화 속의 남한 이미지

아동영화는 상대적으로 남북의 대립적인 이미지가 두드러지지는 않는다. 독자층인 아동의 지적 능력이 낮기 때문에 정치문제보다는 과학교양에 몰두하기 때문이다. 스토리가 매우 단순하며, 교훈적인 내용으로 일관한다. 특히 계급교양이나 반제교양과 같은 주제를 담지 않는다.

북한에서 청소년은 '혁명의 후비대'로 규정한다. 청소년 영화는 '주체형의 도덕적 공산주의자'로서 교양을 목적으로 제작한다. 따라서 내용에서도 반계급 교양과 반제국주의 교양이 분명하게 드러난다. 그러나 아동영화는 〈달나라만리경〉이나 〈황새박사가 보낸 편지〉 등 예외적인 일부 작품을 제외한 대부분의 작품에서는 직접적인 선동이나 선전의 내용이 없이 수학이나 과학상식, 인성교양을 주제로 한다.[40]

남한 사회에 대한 비판을 주제로 한 아동영화로는 〈달나라 만리경〉, 〈연필포탄〉 등이 있다. 〈달나라 만리경〉은 달나라에 사는 토끼 형제 중에가 몸이 아파서 맑은 아침의 나라 남쪽과 북쪽으로 내려와서 겪는 이야기이다.[41] 처음

39 박인희, 「농촌지역 초등학교 운동회의 축제성: 1970년대 안동시 금소초등학교의 사례를 중심으로」, 안동대학교 석사학위논문, 2010, 41쪽.

40 조달원, 「아동영화의 특성에 맞는 구성조직 몇가지」, 『조선예술』2002년 제9호, 문학예술출판사, 2002 : "오늘 우리의 아동영화는 위대한 령도자 김일동지의 현명한 령도밑에 일대 전성기를 맞이하고 있으며 그 내용의 과학성과 참신성, 예술적 흥미로 하여 어린이들의 훌륭한 감동물로, 참된 교과서로 되고 있다."

41 〈달나라 만리경〉은 조선과학교육영화촬영소 아동영화창작단에서 1996년에 제작한 19분 길이의 아동영화로 조선철의 영화문학에 유봉운이 연출하였다.

맑은 아침의 나라 남쪽으로 내려왔다가 지옥같은 환경을 경험하였고, 다시 북쪽에 가서 낙원을 경험한다는 줄거리이다.

> 달나라에 살고 있는 토끼들은 '월계향'이라는 명약을 갖고 있었다. 그런데 어느 날 토끼 형제 중에서 동생 토끼가 '월계향'을 먹어도 낫지 않는 병에 걸렸다. 달나라에서는 긴급 회의가 열렸고, 박사 토끼가 맑은 아침의 나라에 가면 동생 토끼를 고칠 약초가 많을 것이라고 알려 주었다. 형 토끼가 약초를 구하기 위하여 대왕 토끼가 준 귀한 구슬을 갖고 구름을 타고 맑은 아침의 나라로 내려왔다.
> 맑은 아침의 나라는 박사 토끼가 알려준 것과는 많이 달랐다. 숲은 황폐하고, 많은 동물들도 굶주려 있었고, 승냥이들에게 쫓겨 다니고 있었다. 공장 연기로 오염되어 숨도 제대로 쉴 수 없었다. 물도 오염되어 마실 수도 없었다. 동물들은 제대로 살지 못하고 죽어나갔다.
> 달나라로 돌아 온 형 토끼는 토끼박사에게서 맑은 아침의 나라가 남북으로 나뉘어졌다는 사실을 알게 되었다. 형 토끼가 맑은 아침의 나라 북쪽으로 내려갔다. 맑은 아침의 나라 북쪽에는 맑은 물이 흐르고, 푸르고 아름다운 숲이 있었다. 이곳에서 남쪽 땅에서 자기를 구해주었던 잿빛토끼를 만났다. 잿빛토끼는 맑은 아침의 남쪽 땅에서 견디지 못하고 북쪽 땅으로 건너왔는데, 북쪽 땅 짐승들이 자신을 잘 맞이하여 행복하게 살고 있었다.
> 맑은 아침의 나라 북쪽 땅 친구들이 약초를 구해 주었다. 형 토끼가 구슬을 답례로 주려고 하였지만 '이곳에서는 약값을 받지 않는다'면서 받지 않았다. 약초를 가득 싣고 달나라로 돌아온 형 토끼는 맑은 아침의 나라 남쪽은 지옥이고, 북쪽은 천국이라고 하였다.

아동영화 〈달나라 만리경〉에서 '맑은 아침의 나라'는 곧 '한반도의 남북'을 의미한다. '원래는 하나의 나라였는데, 남과 북으로 나누어졌다'는 표현을 통해서 영화의 대상인 아동들에게 남한과 북한이라는 것을 알려준다. 그리고 '황폐화된 숲과 굶주리는 동물', '공장 연기로 오염된 공기와 물'은 북한 교과서에 소개된 남한의 모습이다. 반면 '맑고 깨끗한 곳에서 행복하게 동물들이 살고 있는 곳', '약값을 받지 않는 무료의료체계'는 곧 북한이 선전하는 내용이다. 이러한 대비를 통해 남북의 체제 차이를 보여준다.

아동영화 〈연필포탄〉은 1972년에 어린이 잡지에 실린 동화를 바탕으로 1983년에 조선과학교육영화촬영소 아동영화창작단에서 제작한 9분짜리 만화영화이다.

석팔이라는 학생이 학습반에도 빠지고 혼자서 놀기를 좋아했다. 친구는 학습 시간에도 "미국놈 대가리만 그리"면서 딴 짓을 하는 친구를 위해서 오늘 배운 분도기 재는 공부를 하자고 하였다. 하지만 석팔이는 "아 참. 걱정도 많다. 아! 분도기에 10도 20도 다 써 있는데, 보면 뻔 한 걸 가지고 뭘 그래" 하면서 친구의 충고를 듣지 않았다. 집으로 돌아온 석팔이는 책상에 앉아서 숙제 준비를 하다가 그만 깜빡 들었다.

석팔이가 잠이 들자 과제노트에 있던 미군 헬멧은 바다로 날아가 미국 군함이 되어 해안선으로 쳐들어 왔다. 석팔이의 컴파스와 연필이 포대와 포탄이 되었고, 필통은 포차가 되었다. 석팔이와 친구들은 미국 군함이 쳐들어오는 해안가로 포차를 몰고 달려갔다. 준비를 마치자 지휘부에서는 사격 명령이 떨어졌다. 각 포대에서는 연필포탄이 발사되기 시작하였다. 석팔이도 신이 나서 환호하는데, 지휘부에서는 1포가 '헛발'이라면서 재차 사격 명령이 떨어졌다. 석팔이는 지휘부에서 불러주는 각도에 맞추어 사격을 하였지만 맞지 않았다. 석팔이의 포탄이 빗나가는 사이에 군함에서 반격이 시작되었다. 상륙함도 해안 가까이 왔고 사격을 하였다. 석팔이는 미군의 포탄에 맞아 쓰러졌다. 석팔이를 구하기 위해 달려온 친구들이 석팔이를 불렀다. 친구들이 부르는 소리에 놀라 깨어보니 꿈이었다.

아동영화 〈연필포탄〉

　아동영화 〈연필포탄〉은 북한의 대미관과 교육의식을 확인할 수 있는 작품
이다. 북한 아동영화에서 정치적인 주제는 많지 않다. 대부분의 주제는 교육
과 지식이다. 선군정치를 내세우면서, 아동영화에서도 정치성이 강화되기는
하였지만 이 역시 상무(尙武)를 강조하는 차원이다. 〈황새박사〉시리즈처럼
북한 체제를 선전하거나 〈다람이와 고슴도치〉를 선군시대 상무정신을 강조
한 것으로 평가하는 등의 정치성이 강화되고 있다. 선군정신을 강조하면서,
선군원호를 강조하거나 지주계급에 대한 교양사업의 일환으로 아동영화를
제작하기도 한다. 하지만 남과 북을 직접적으로 대비하는 아동영화는 거의
없다. 아동영화에서 적군은 남한이 아니라 미군이다. 미군을 적으로 설정한
것은 심리적 대응 적으로서 설정한 것은 미국이다. 제국주의와의 대결로 국
가적 정체성을 규정하면서, 아동영화에서도 심리적 대응적으로 미국을 설
정하고 있는 것이다.

2) 기억의 공공화 – 박물관

역사를 기록하는 가장 일반적인 방법의 하나는 기억을 보존하는 것이다. 남북의 적대감은 기록과 박물관을 통해 기억의 공감각(共感覺)을 지향한다. 이런 것을 통해 목적하는 것은 정치의 종교화이다. 인간 삶의 모든 영역에서 정치적인 것, 보다 정확히 말하자면 국가적인 것의 전체적 지배를 의미하는 정치의 종교화이다.[42] 뇌는 반복적으로 일어나는 한 종류의 일화를 기호를 통해 표상되는 개념으로 집약하는 강한 경향을 가지고 있다. 따라서 반복적인 학습을 통해 개념으로 연결할 수 있다.[43]

전쟁은 남북이 경험한 공적 기록이었기에 분단 문제와 통일문제를 연계하는 국가주의 기획과 민족주의의 틀거리가 필요했다. 박물관을 통한 기억의 재구성이었다. 박물관이라는 공적으로 인정된 공간 안에서 모든 것은 합리화된다. 박물관은 공공의 기록이다. 기획 의도와 목적에 맞추어 재구성되고, 공인된 기억으로 과거를 저장하게 된다. 개인의 기억이 소멸되고, 공공의 기억으로 재구성된 역사기억으로 확대 재생산 된다. 북한의 신천박물관과 남한의 이승복기념관은 남북의 적대적 감정을 교육하고, 환기하는 공간이었다. 이러한 기억 방식은 역사를 목적에 맞추어 재구성하는 데 가장 효과적인 방식이다.[44]

---

42 나인호, 「나치 독재의 정치종교와 전체주의적 대중 만들기」, 임지현·김용우 엮음, 비교역사문화연구소 기획, 『대중독재1 강제와 동의 사이에서』, 책세상, 2005, 214–215쪽 ; "'정치종교'적인 정치의 신성화 과정은 기독교와 같은 전통적인 종교와 경쟁하고, 나아가 이에 대해 투쟁한다는 점에서 '반(反)종교'적인 속성을 갖는다. 그러나 동시에 전통적인 종교의 신앙 내용, 상징, 의례 등을 채용한다는 점에서, 내용상으로나 기능상으로 전통 종교와 친밀하게 결합된 대체적인 종교, 혹은 '대체 종교'적 성격을 지닌다. 따라서 실제로는 '정치화된 종교'와 '정치종교' 사이의 구별이 어렵다. 그러나 '정치종교'는 개념적으로 전통 종교의 '정치화'와는 구별되어 파악되어야 한다. '정치종교'의 최종 목표는 인간 삶의 모든 영역에 대한 정치적인 것, 보다 정확히 말해 국가적인 것의 전체적 지배다."

43 최재천·장대익, 『통섭』, 사이언스북스, 2005, 245쪽.

44 서보혁·정욱식, 『평화학과 평화운동』, 모시는 사람들, 2016, 199–200쪽 ; "분단에 관여한 후 분단을 지속시키고 있는 두 분단 관련은 통일이 민족의 하나됨이라는 민족주의 정서를

전쟁 과정에서 생겨난 악마의 이미지는 전후에는 지도자 집단에 대한 이미지로 전이 되었다. 남한 정권과 북한 정권이 바라보는 상대방에 대한 인식은 이중적이다. 한편으로는 '통일을 해야 하는 대상으로서 같은 민족'이며, 다른 한편으로는 '총을 겨누고 제거해야 하는 적군'이다. 이런 이중적인 시각은 일반 주민과 지도층을 분리시켜 보게 하였다. 남한에서 보는 북한은 두 종류이다. 다수의 선량한 북한 주민과 극소수의 악랄한 지배자다. 다수의 북한 인민은 반드시 보호하고, 구해주어야 할 대상이고, 극소수의 지배자는 악마의 화신, 독재자이다.

북한에서는 남한을 '미제와 앞잡이'를 한 부류로, 해방시켜야 할 인민을 다른 한 부류로 보게 하였다. 통일이 되지 못하는 것이나 한반도에서 전쟁의 위험을 부추키는 원인을 미국때문이라고 하면서, 악마의 이미지는 미국(미군)에게 집중되었다. 특히 여성에 대한 폭력, 강간은 제국주의자의 비인간성과 무자비함을 드러내는 핵심적인 소재였다.[45]

(1) '신천박물관'과 반제교양

북한에서 미군의 이미지를 확인할 수 있는 공간의 하나가 신천박물관이다. 황해남도 신천군 신천읍에 위치한 신천박물관은 "인민들이 미제국주의자에 대한 불타는 증오심과 비타협적 투쟁정신을 가지도록 교양하여야 한다"는 목적에 따라 "백수십 년 전부터 우리나라를 침략해 온 미제의 죄행과 지난 조국해방전쟁 시기 일시적으로 신천땅을 침략해 온 미제의 죄행과 대중적 학술 만행과 황해남북도를 비롯한 전국각지에서 미제가 감행한 야수적 학살 만행

불어넣어 왔다. 그리고 그 위에 통일을 자기 정치체제에 의해 실현해 선진통일국가를 완성하자는 국가주의 담론을 덧칠한다. 이런 식의 위로부터의 지배적 통일 담론은 분단에 대한 이해와 통일의 필요성을 민족, 국가, 권력의 틀에 가두고 분단의 의미, 통일의 주체와 목표를 진취적으로 사고하는 걸 억제한다."

45 이기환, 「삐라, 적의 마음을 겨냥한 종이폭탄」, 『경향신문』 2016년 2월 16일.

자료"를 모아 설립된 북한의 대표적인 반미교양 거점이다.[46]

신천박물관은 1958년 3월 26일 김일성의 현지교시에 따라서 착공하여, 1960년 6월 25일에 개관하였다. 북한은 〈잊지말자 신천땅의 피의 원한을〉이라는 기록영화까지 제작하여 선전하는 곳이다.

북한에서 교양 사업은 인간으로서 교양을 쌓는 것이 아니다. 북한에서 교양사업이란 개인을 공적 영역으로 귀속시켜 공적 체계의 질서와 명분을 따르도록 하는 것이다. 신천에 대한 남북의 기록은 다르다. 북한에서는 '미군이 52일 동안 무고한 주민 3만 5천여명을 학살하였다'고 주장한다. 반면 당시 목격자들은 미군이 아닌 좌우파의 대립 산물이라고 주장한다.

미국 국립문서보존소의 한국전쟁 자료에 따르면, 당시 미군은 신천에 주둔하지도 않았다는 것이다. "진군할 때 약 2시간 정도 신천을 거친 것이 전부"라는 것이다. 미국 국립문서보존소에도 미군이 신천에 주둔한 기록은 없다고 한다. 당시 미군은 1950년 10월 13일 황해도에서 좌우로 나누어진 주민들이 비참한 살육전을 벌였다고 상부에 보고한 내용이 있다. 전문가들과 당시 증인들 역시 공산당에 반대하는 반공청년단이 공산당의 잔인한 살해에 보복하며 충돌해 학살이 자행됐다고 지적한다.[47]

신천박물관에 전시된 이미지는 미군에 의한 민간인 학살로 집중되어 있다. 마을로 간 전쟁이라고 할 수 있지만 외세인 미국에 초점을 맞추었다.[48] 북한

---

46 한국문화관광연구원, 『북한 문화·체육시설 총람』, 2010, 209쪽 : "본관(16개호), 2관(3개호실)과 전 신천군당 방공호를 비롯하여 미군에 의하여 학살되었다고 주장하는 인민들의 묘를 비롯한 외부 참관시로 구성되어 있다."

47 김영권, 「김정은 신천박물관 방문... 신천대학살 어떤 사건?」, 2014.11.22.

48 박찬승 지음, 『마을로 간 한국전쟁』, 돌베개, 2011, 6쪽 : "한국전쟁기 민간인의 희생, 특히 북한에서의 민간인 희생은 폭격으로 인한 경우가 많았다. 하지만 후방에서의 민간인들의 피해는 남과 북의 국가권력, 그리고 그들의 수족 역할을 했던 좌우익에 의한 학살에서 비롯된 사례가 더 많았다. 한국전쟁 당시 엄청난 규모의 민간인 학살이 알려지면서 전 세계 사람들을 경악했다. 1951년 피카소는 이를 주제로 〈한국에서의 학살〉massacre in Korea이라는 그림을 그렸다. 1937년 그가 그린 〈게르니카〉Guernica는 스페인의 게르니카라는 마을에서 벌어진 나치의 학살 등을 비판하기 위한 것이었다. 당시 게르니카에서의 희생자는 1,500명이었다.

정권의 정통성과 관련되는 문제이다. 북한 정권의 수립이 일본 제국주의에 대한 대항이었다면 이후의 정권은 새로운 적으로서 미제에 대한 대항담론을 설정한 것이다. 신천박물관의 전시물은 미제의 폭행, 악날함을 드러내는 방식으로 구성되었다.

기록영화 〈잊지말자 신천땅의 피의 원한을〉

신천박물관은 북한에서 반제교양의 중요한 거점이자 핵심 기지이다. 2010년에는 반제 교양을 위한 목적으로 기록영화 〈대를 이어 복수하리라〉를 제작

그 희생의 규모는 한국에서 벌어진 숱한 학살 사례의 한 두 건 정도에 불과했다." 마을에서의 충돌은 여러 유형이 있다. 그 중에서도 종교와 이념 간의 갈등도 중요한 한 요소였다. 박찬승 지음, 위의 책, 2011, 36-37쪽 "여기서 종교는 주로 기독교(개신교와 천주교)였고, 이념은 공산주의였다. 인민군과 토착공산주의자들은 종교는 아편이라는 관점, 그리고 기독교는 우익 편이라는 관점에서 기독교들을 숙청의 대상으로 간주했고, 이것이 마을 주민들 간의 충돌을 불러온 또 하나의 요인이 되었다."

하기도 하였다.[49] 교양기지로서 신천박물관은 북한 주민이라면 누구나 참관해야 하는 성소(聖所)가 되었다. 의례로서 신천박물관을 견학하고, 신천의 기억을 공유하고, 반제의식을 학습한다. 이를 통해 북한이 국시로 하는 반미, 반제교양이 일상의 모든 영역에서 작동하도록 하는 것이다.[50] 그리고 이러한 교양 아래서 평등한 권리와 자격을 획득하는 것이다.

(2) 백인준 풍자시와 반제교양

북한이 공적으로 기록하는 전쟁의 이미지, 미군의 이미지는 전쟁소재 풍자시에서도 확인된다. 영화 〈최학신의 일가〉 시나리오를 쓴 작가 백인준은 풍자시를 쓴 작가로 한국전쟁시기에 쓰여진 〈얼굴을 붉히라 아메리카여〉를 통해 '풍자시의 개척자'라는 평가를 받기도 하였다. 언어가 인간 정신의 구체화된 산물이고, 표현이라고 한다면 백인준의 풍자시를 통해 미국에 대한 적대의 이미지가 어떻게 구체화되었는지를 확인할 수 있다.

---

49 『로동신문』「기록영화 〈대를 이어 복수하리라〉가 나왔다」, 2010. 01. 05 : "영화는 조국해방전쟁의 전략적 임시적 후퇴시기 황해남도 신천군과 남포시 강서구역 수산리를 비롯한 여러 지역에서 감행한 미제침략자들의 귀축 같은 만행에 대한 자료와 피해자, 목격자들의 증언을 통하여 살인귀들의 야수성과 악랄성, 잔인성을 폭로하고 있다. 오늘도 미제가 반공화국압살 책동과 심리 모략전을 악랄하게 벌리고 있는데 대한 사실자료들과 새 세대들의 가슴속에 계급적 사각을 높여주고 있는 전쟁 모범들, 부침한 반미계급의식을 지니고 조선혁명의 백전백승의 력사를 빛내어 갈 불타는 결의에 넘친 청소년학생들의 모습도 영화에 반영 되였다. 세월이 흐르고 세대가 바뀌여도 절대로 변하지 않는 것이 미제의 침략적 본성이며 원쑤와는 끝까지 맞서 싸워야 한다는 것을 실증해주는 영화는 당원들과 근로자들, 청소년 학생들에 대한 교양에 적극 기여하게 될 것이다."

50 이런 점에서 북한 체제는 감성과 문화를 통한 전체주의식 통제 사회라고 할 수 있다. 알렉산드르 겔로배프, 이종훈 옮김, 『스탈린주의의 소비에트 사회』, 『대중독재 강제와 동의 사이에서』, 임지현·김용우 엮음, 비교역사문화연구소 기획, 책세상, 2005, 380쪽. : "전체주의 체제를 특징짓는 것은 정치 생활과 개인 생활에서 전 주민의 행동뿐만 아니라 그 감정과 생각까지도 통제하려는 권력의 욕망이다. 모든 정치 체제는 이러한 기능의 확충을 추구한다. 차이가 있다면 욕망을 통제의 '수준'과 이를 달성하기 위해 동원하는 '수준'이다."

......

그러나 당신들은 아는가
오늘 아메리카 땅에서는
식인종이 나오고 있다
......

달러로 빚어진 월가의 네거리에
넥타이를 맨 식인종
실크 햇을 쓴 사람 버러지
자동차에 올라앉은 인간 부스러기
성경을 든 도적놈
......

    - 백인준, 〈얼굴을 붉히라 아메리카여〉 부분 -

전쟁 이후에 미국에 대한 풍자시를 발표하였다. 백인준은 미국에 대한 극
단적인 분노의 감정을 쏟아낸 작품 18편으로 1961년 조선작가동맹출판사에
서 시집 『벌거벗은 아메리카』를 출판한다.[51]

백인준의 풍자시는 극단적이고 경멸적인 언어를 동원하여 미국에 대한 극
단적인 감정으로 일관하고 있다. 백인준이 "내가 하고 싶은 소감의 일단을
말하였다"는 〈저주의 노래〉는 극단의 면모를 보여준다.

......

내 차라리 제국주의의 배때기에
저주의 단도를 석 자나 박아
호박 속 우벼 내듯 왁왁 우벼 낸다면,
또는 나의 이 증오의 주먹으로
양키들의 턱주가리를 밥새워

---

51 『벌거벗은 아메리카』는 〈저주의 노래〉, 〈게걸든 아메리카〉, 〈물러가라! 아메리카〉, 〈결산하
라! 아메리카〉, 「하느님」과 아메리카〉, 〈벌거벗은 아메리카〉, 〈저주〉, 〈거지떼〉, 〈속지
말라, 남조선의 형제들이여!〉 등의 풍자시 18편으로 이루어져 있다. 시집으로는 드물게
15,000부가 발행되었다.

단매에 차뭇개 쩌개듯 쩌개 버린다면
나의 이 만신의 증오 풀릴 수도 있으리.
그러나 나는
칼과 주먹으로써가 아니라
나의 시행들로써
놈들의 턱주가리를 쳐야 할 사람,
그렇다면 너무도 온순하고 부드럽구나
내가 알고 있는 모든 어휘들은.
......

— 백인준, 〈저주의 노래〉 부분 —

출판 후기에서 백인준은 "돌이켜 보건대 나는 본래 풍자 전문가도 아니며 문학 수업에서 별로 풍자에 관심한 것도 아니다. 생활이 나를 풍자적시편들을 쓰게 하였다. 특히 조국 해방 전쟁의 불길 속에서 미제에 대한 참을 수 없는 증오와 저주를 느끼면서 나도 모르게 미제를 규탄하는 풍자—정론적 시를 쓰기 시작하였다"고 고백하였다.[52]

백인준의 풍자시는 반미의 적대의식을 적나라하게 드러낸다. 풍자시의 전통은 비록 백인준에 그치는 것이 아니다. 남과 북에서 풍자시는 개념과 의미가 판이하게 다르다고 할 수 있다. 풍자시는 현실정치에 대한 풍자를 넘어 체제에 대한 섬뜩한 언어와 표현을 통해 적의(敵意)를 드러내는 것으로 귀결된다. 유신체제에서 반공표어나 반공 포스터의 형식 속에 무감각해진 '때려잡자'는 표현 역시 크게 다르다고 할 수 있을지 모르겠다. 극단적인 이미지로 경험을 부각하는 것은 불안감 때문이다. 일반적으로 사람들은 고통스러운 기억을 회피한다. "다른 사람이 겪은 끔찍한 경험을 나누는 것은 자신도 같은 피해에 노출될 수 있으며 이를 회피할 수 없을 것이라는 불안 또는 자기가 아무것도 해 줄

52 백인준, 『벌거벗은 아메리카』, 조선 작가동맹출판사, 1961, 후기.

수 없다는 무력감을 느끼게 하기 때문이다."[53]

(3) 적대 기억의 공공화

박물관과 교과서, 문학작품을 통해 재현되는 전쟁의 기억은 개인적 무력감
을 집단적 분노로 공유하기 위한 공공화의 과정이라고 할 수 있다. 이러한
환경 속에서 개인은 개별적 주체로서 자아를 형성하기 어렵다. 남북의 체제
와 사회가 유지하고자 하는 사회와의 관계 속에서 자의식을 형성한다. 남북
의 국민과 인민은 반공과 반제의 기획 속에서 정체성을 규정해왔다.[54]

기록영화 〈잊지말자 신천땅의 피의 원한을〉

북한에 보낸 삐라

---

53 장규원, 『피해자학 강의』, 살림출판사, 2011, 33쪽.

54 박소연, 「문화번역 및 번역된 젠더에서 바라 본 식민 여성 −1938년 작 조선영화 「어화」를
    중심으로」, 『여성문학연구』 제35권, 한국여성문학학회, 2015, 286쪽 : "모두 개별적 주체가
    이미 처음부터 존재해 있었던 타자와의 관계로부터 자유로울 수 없음을 말해준다. 다시 말해
    이미 국가(사회 · 문화)의 구성원으로서 실존하는 '타자', 즉 기존의 국가 권력 및 사회 규범,
    관습, 문화로부터 불가분의 관계에 놓여 있는 타자와 지속적인 상응관계를 유지하며 각각의
    개인은 자의식을 형성하게 되는 것이다.

기록영화 〈잊지말자 신천땅의 피의 원한을〉 차명철, 김학림, 선전화 〈잊지말라 승냥이
미제를〉(『조선문학』, 2016년 6호 뒷표지)

이미지는 다른 어떤 매체보다 강력하게 의미를 전달한다. 남북의 분단이
정치를 넘어 감정으로 자리 잡게 되는 데는 적대 속에 창조된 이미지가 결정
적인 역할을 하였다. 어떤 이미지를 만들고 전시하는가에 따라서 같은 사건
사진으로도 전혀 다른 의미를 전달할 수 있기 때문이다.[55] 어떤 이미지를 선
택하고 보여줄 것인가는 남북의 정체성과 관련된 문제였다.

남한에서는 국시였던 반공으로 초점화 되었고, 북한에서는 반제의 정체성
에 따라 제국주의에 대한 분노로 규정되었다. 그리고 이러한 기억의 대부분
은 역사적 사실에 근거하기보다는 선택된 기억으로 재구성된 것이다. 기억하
도록 하는 자의 의도가 관철된 기억이다. 국가 차원에서 역사적으로 기억할

55 김득중, 『'빨갱이'의 탄생 – 여순사건과 반공 국가의 형성』, 선인, 2010, 382~384쪽 ; "당시
사진들을 살펴보면 여순사건 관련 사진 중에 가장 많은 분량을 차지하고 있는 것은 봉기군이
자행한 학살의 참상을 알리는 사진과 진압군의 용맹한 활동을 잘 드러내는 사진들이라는
것을 알 수 있다. 좌익이 경찰과 민간인을 학살한 사진이 다량으로 보도됨으로써 일반인들은
문서와 말이나 아니라 사진을 봉기군의 잔악한 살해 행위를 시각적으로 다시금 확인할 수
있었다. '살해'같은 잔악 행위는 수많은 말을 통해서보다 단 한 장의 사진이 더 많은 것을
전달해준다. 신문에 실린 사진들은 긴 설명 없이도 봉기군이 어떤 행위를 했는가를 여순사건
을 직접 경험하지 못한 외부 사람들에게 충분히 전달해 주고 있었다."

것을 선택하고, 기억하도록 요구하는 과정은 곧 분단의 적대가 일상으로 신체화되는 과정이었던 것이다.

(4) 이승복기념관과 반공주의 교양

한반도 분단과 동족상잔의 비극은 한민족 전체에게 씻을 수 없는 상처, 트라우마가 되었다. 한반도 분단으로 인해 발생한 분단 트라우마는 개인 차원을 넘어, 남북 주민에게 엄청난 갈등과 대립, 분노와 공포를 유발하고 있는 집단적 심리 이상으로 이어졌다. 분단 트라우마는 개인적 차원의 문제가 아니라 트라우마의 원인이 되는 역사적 사건을 직접 경험하지 않은 집단의 구성원들도 공유하게 되는 사회적 병리현상이었다.[56]

치명적 상처는 한반도 유일의 정통성을 대표하는 것으로 자임하면서, 민족적 가치를 훼손하는 상대 체제와 이념을 용인할 수 없었다. 반공을 국시로 하였던 남한에서 공산주의는 용납될 수 없었다.

이승복기념관은 분단 트라우마를 확인하는 공간이다. 이승복은 반공소년의 상징이었다. 한때 전국의 모든 '초등학교'에 이승복 동상이 세워질 정도였다. 반공을 국시로 하는 박정희 정권에서 이승복은 당당히 '나는 공산당이 싫어요'를 외친 신념의 화신으로 표상되었다. 이승복의 이야기는 교과서에 기록되었고, 교양도서로 읽혔다. 이승복이 살았던 집과 이승복이 다니던 학교는 교과서의 이야기가 사실이라는 것을 구체적으로 보여주는 그대로의 기념관이 되었다.

이승복의 이야기는 유연기 반공의 정체성을 구성하는 핵심 요소의 하나였

---

56 이병수, 「남북관계에서의 소통과 치유의 문제」, 『한민족문화연구』 제43집, 한민족문화학회, 347쪽 : "분단 트라우마는 감당할 수 없는 한 개인의 실존적 상처를 의미한다기보다, 남북 주민에게 엄청난 갈등과 대립, 분노와 공포를 유발하고 있는 집단적 사회 심리를 의미한다. 다시 말해 분단 트라우마는 생명을 위협당하는 충격적인 사건들에 의해 형성된 개인적 차원의 빅 트라우마가 아니라, 트라우마의 원인이 되는 역사적 사건을 직접 경험하지 않은 집단의 구성원들도 공유하고 있는 집단 전체가 가지고 트라우마의 성격을 지닌다."

다. 어떤 사회이건 사회구성원으로서 개인의 정체성은 독립된 상태에서 이루어질 수 없다. 사회의 주체로서 개인은 국가나 사회, 문화의 환경에 노출될 수밖에 없다. 당연하게 그러한 환경으로부터 의식적이든 무의식적이든 영향을 받게 된다.[57] 국가주의로서 반공이 곧 국시였던 상황에서 반공은 다양한

이승복기념관의 전시물

57 박소연, 「문화번역 및 번역된 젠더에서 바라 본 식민 여성 —1938년 작 조선영화 「어화」를 중심으로」, 『여성문학연구』 제35권, 한국여성문학학회, 2015, 286쪽 ; "모두 개별적 주체가 이미 처음부터 존재해 있었던 타자와의 관계로부터 자유로울 수 없음을 말해준다. 다시 말해 이미 국가(사회·문화)의 구성원으로서 실존하는 '타자', 즉 기존의 국가 권력 및 사회 규범,

형태로 사회구성원의 정체성 형성에 관여하였다. 이승복 기념관은 '반공 시민'이 되기 위한 첫 출발이었다.

이승복기념관이 지향하는 이승복의 이미지는 평화이다. 공산당에 맞서 평화를 지키는 소년으로 이미지를 만들었다. 지금은 전시관으로 바뀐 이승복이 다니던 학교에 세워진 동상 부조(浮彫)에는 한 손에 비둘기를 들고, 총칼에 맞서고 있는 소년으로 그려졌다. 비둘기 한 쌍을 들고 있는 소년에게 겨눈 총칼을 잡고 있는 것은 당연히 '북괴'이다. 총칼로 어린 이승복의 목을 겨누고 있는 병사의 수통에 그려진 오각별은 곧 북한의 국기(國旗)인 홍람오각별기를 선명하게 상징한다.

이승복기념관의 이승복 동상 부조(浮彫)

전쟁기념관의 북한도발실에
전시된 이승복 동상(2010)

평화를 상징하는 소녀의 가슴에 겨누어진 날카로운 총검은 공산당의 잔인성을 부각하는 소도구이다. 비둘기를 손에 든 소년과 대비된 총칼을 목에 겨눈 인민군은 선과 악의 구도를 그대로 재현한다. 동상으로서 재현된 이승복

관습, 문화로부터 불가분의 관계에 놓여 있는 타자와 지속적인 상응관계를 유지하며 각각의 개인은 자의식을 형성하게 되는 것이다."

의 이미지는 이승복이 우리의 삶 속에 살아 있음을 상기한다. 이승복은 개인
으로서가 아닌 대한민국 국민의 누구로서 희생된 것이다. "모든 희생 담론은
개인이 죽은 후에도 어떤 방식으로든 공동체 안에서 계속 살아간다는 믿음을
전제한다. 그의 육신이 소멸한 후에도 성원권은 소멸되지 않는다는 것, 달리
말해서 그의 자리가 공동체 안에 계속 남아 있다는 것(무덤, 기념비, 동상,
위패 등은 바로 이 자리를 표시한다) — 이는 그가 죽은 후에도 사람 자격을
유지한다는 말도 된다. 사람이 된다는 것, 사람자격을 얻는다는 것은 곧 공동
체 안에서 자리를 갖는다는 말과 같기 때문이다."[58] 즉 반공을 국시로 한 지
배에 대한 강압과 동의의 기제로서 공공화가 진행된 것이다.[59]

5. 체험, 기억, 이데올로기

남북에서 생성된 '적대'는 구체적인 경험과 연결되면서 각인되었고, 문학
작품을 통해 감성적으로 자리 잡는 과정을 거쳤다. 박물관이 보여주고자 하
는 것은 경험의 공공화이다. 구체적인 사례로 기억되는 경험, 몸으로 경험한
체험은 어떤 이론이나 논리를 넘어서는 진실이다. 문제는 이러한 체험을 해
석하고, 수용하는 방식이다. 전쟁은 현장 그 자체에만 있는 것이 아니라 역사
의 한 과정 속에 있다. 다시 말해 전쟁은 구체적인 원인과 과정, 결과를 동반
하는 역사적 산물이다. 따라서 전쟁을 어떻게 해석하고 볼 것인가에 대한 다
양한 해석의 여지가 있다. 문제는 박물관이 기억하고 전시하는 전쟁은 기성

58 김현경, 『사람, 장소, 환대』, 문학과지성사, 2016, 269쪽.
59 조희연, 「박정희 시대의 강압과 동의－지배 · 전통 · 강압과 동의의 관계를 다시 생각한다」,
    임지현 · 김용우 엮음, 비교역사문화연구소 기획, 『대중독재 2: 정치 종교와 헤게모니』, 책세
    상, 2005, 415쪽 : "모든 지배에서는 강압과 동의가 복합되어 있다고 했을 때 현실의 지배는
    동의적 강압consentient coercion과 강압적 동의coercive coercion 두 가지 유형으로 나눌
    수 있다. 이처럼 지배를 동의적 강압과 강압적 동의로 대별할 때, 동의적 강압은 강압을 지배
    적으로 하면서 동의적 요소가 복합된 유형이라고 한다면, 강압적 동의는 상대적으로 동의를
    지배적으로 하면서 강압적 요소가 복합된 유형이라고 할 수 있다."

의 권력구조와 지배담론의 틀 내에서 이루어진 체험으로 일관한다는 점이다. 남북에서 '전쟁체험'은 곧 전쟁을 읽는 유일한 방식이 되었다.

체제 정체성과 연결된 전쟁체험은 '반공', '반제'를 구체적으로 보여주는 방식으로 구체화되었다.[60] 이러한 적대의 과잉은 체제 정체성과 결합된 도덕으로서 생체권력, 사상권력적인 의미를 갖는다. 자유롭게 생각하고, 당연하게 생각하는 것처럼 표출되도록 하였다. 학교 교육, 생활일반, 대중문화 속에서 우리 사회에 적대의 위험에 노출되어 있다고 반복적으로 경고하면서, 공포의 커뮤니케이션을 적절하게 활용한다. 반공과 반제의식을 최대한 표출해야 한다는 도덕과 당위를 생체적으로 요구받았다고 할 수 있다. 이렇게 되면 역사는 그 자체로서 역사가 되지 못하고, 권력자의 이해관계를 대변하는 이데올로기가 된다. 이럴 때 기억은 억압되고, 잊혀진 진실이 된다.[61]

한반도 남북의 적대는 과거의 역사가 아니라 공공의 기억과 기억을 확인하는 의례를 통해서 세대를 거듭해서 반복되고 있다. 반공이 '강압'이 아닌 '의례'가 되는 것은 '동의'가 있기 때문이다. 적대의 의례화는 국가에 의한 의식화뿐만 아니라 국가 의식화에 대한 동의가 수반된다. 국가 기획으로 적대의 작품과 수업이 교양과 윤리의 이름으로 시행되었던 것은 적대에 대한 동의를 위한 과정, 정체성을 확신하는 과정이었다고 할 수 있다.[62]

이런 이유로 우리 사회에서 분단체제로 인한 폭력은 시간이 지났음에도 불

---

60 김동춘, 『(개정판)전쟁과 사회』, 돌베개, 2011, 79쪽 : "체험에 기초한 그들의 인식은 '건드릴 수 없는' 진실로 자리 잡고 있다. 그러나 체험이 해석되는 과정은 그리 단순하지 않다는 점을 분명히 해야 한다. 전쟁이 비참한 것임은 누구나 공감하는 바이지만, "왜 그러한 비참함이 초래되었는가"라는 논리적 해석의 과정은 기성의 권력구조와 지배담론의 틀 내에서 이루어지기 때문이다. 바로 체험이 공식적인 해석, 나아가 정치세력의 지배이데올로기로 구체화하는 과정에서 과장 및 왜곡이 이루어지고 신화가 만들어진다."

61 전진성, 『역사가 기억을 말하다』, 휴머니스트, 2009, 15쪽.

62 전진성, 위의 책, 50쪽 : "기억이란 본래 '집단기억'으로 존재하며 의사소통을 통해 구성원들에게 분배된다. 이때 항상 특정한 상상적 공간의 이미지가 의사소통을 중재하는 공통의 기호로 작용한다. '집단기억'은 공간의식에 의해 매개된 '생생한 기억'으로서 그 집단 구성원들에게 '구체적' 정체성을 제공하는 역할을 한다."

구하고, 온전히 해소되었다고 보기 어렵다. 오히려 국가로부터 개인으로 향하는 일방적 차원에서 다양한 주체와 객체의 문제로 확대되고 있으며, 직접적인 방식에서 간접적이고 문화적인 방식으로 작동하고 있다.[63] 비록 현장에서 경험하지 않았어도, 트라우마의 전이와 정서적 감염에 의해 '나의 과거', '우리의 역사'가 된 것이다. 한반도 분단과 그로 인해 발생한 분단트라우는 그 자체의 사실을 확인하고, 관계를 밝히는 것만으로는 해결할 수 없다. 이데올로기의 대립은 객관적 사실판단을 떠나 감정의 문제가 되었다. 사실을 찾아내고, 밝히는 것과 함께 이러한 분단 트라우마를 반복적으로 생산하고 있는 근원적인 구조를 드러내야 한다. 이렇게 될 때, 반복되는 적대 의식의 전이와 감염의 악순환을 막을 수 있다.[64]

6. 맺음말

한반도에서 갈등은 일상의 영역이 되었다. 남북의 갈등, 남남의 갈등은 대

---

63 대표적인 것이 방송언론의 북한과 관련한 보도이다. 특히 북한과 관련한 보도는 선정성과 폭력성을 최대한 노출하는 방식으로 오보에 대한 정정 없이 잘못된 정보를 검증없이 보도하는 오보 사례가 많다. 모란봉악단 단장인 현송월과 김정은의 부인 리설주와 관련한 보도가 대표적인 사례다. 정아름·김성해, 「공공의 적 북한은 만들어진다: 주요 정보원(Cue-givers) 분석을 통해서 본 북한뉴스의 실체와 문제점」, 『문화와정치』 제4권 3호, 한양대학교 평화연구소, 2017, 132쪽 : "2013년 8월 29일 『조선일보』는 "김정은 옛 애인(보천보 전자악단 소속 가수 현송월) 등 10여 명, 음란물 찍어 총살돼"라고 단독 보도했다. 정보원은 '중국 내 복수의 대북 소식통'이다." 정아름·김성해, 「공공의 적 북한은 만들어진다: 주요 정보원(Cue-givers) 분석을 통해서 본 북한뉴스의 실체와 문제점」, 『문화와정치』 제4권 3호, 한양대학교 평화연구소, 2017, 136쪽 : "일본 아사히신문은 북한 고위 간부의 말을 인용하면서 '리설주가 포르노 촬영을 했으며, 그 사실이 밝혀짐에 따라 공개처형 당했다'고 보도했다(조선일보 2013/09/21)."

64 서보혁·정욱식, 『평화학과 평화운동』, 모시는사람들, 2016, 199~200쪽 : "외세에 의해 분단되고 동족상잔의 전쟁을 치른 후 코리안은 분단 정전체제 아래서 살아왔다. 70년이 흐르는 동안 수많은 사람들이 죽었고 사람들끼리 미워하고 의심하면서 삶을 이어왔다. 전쟁을 겪은 할아버지·할머니 세대는 물론 독재와 가난을 겪은 아버지·할머니 세대에 이어 불확실한 미래를 개척해 가야 할 오늘날의 청년세대에게도 장기 분단과 적대의 멍에는 가시지 않고 있다."

한민국이 치뤄야 할 가장 큰 문제가 되었다. 광복 이후 한반도 남북 분단을 가로지른 것은 '적대'였다. 동서 이데올로기의 광풍 속에 치열한 이념의 대결장이 되어 버린 한반도 분단의 역사는 적대감의 생산과 소비가 반복되는 과정이었다. 남북 사이에 적대적 인식이 구체적으로 생겨난 가장 근본적인 원인은 6·25였다. '6·25'를 치루면서, 남북은 극한의 불안과 공포를 경험하였다.

인간으로서는 도저히 견딜 수 없는 극한의 공포는 서로를 인간으로 볼 수 없게 하였다. 인간 아닌 방식으로 상대를 표현하는 방식으로 동원된 것이 '악마'의 개념과 이미지였다. '악마'의 이미지나 '악'의 이미지는 전통적 동양관에서는 볼 수 없었던 방식이었다. 전쟁이란 상대의 명예를 굴복하는 것이었던 동양에서, 적대는 불구대천지 원수로서 서로를 마주보게 하였다. 상대에 대해 살육 그 자체를 즐기는 존재, 영혼도 없는 해골의 이미지를 부여하였다. 악마의 개념과 이미지가 등장한 것이다. 삐라를 통해 구체적인 이미지가 확산되었다. 삐라는 전쟁 기간은 물론 전쟁 이후에도 상당한 위력을 발휘하였다. 전쟁이 아닌 기간에도 삐라는 남북 정치에 간여하고 있다. 대량의 삐라는 종이폭탄으로서 위력을 발휘했고, 적대의 새로운 개념과 이미지를 만들었다. 바로 '악마'의 출현이었다. 기독교적 가치관이 반영된 악마의 화신으로서 뱀이 동원되었다. 뱀으로 구체화된 야수, 마귀, 악마의 이미지는 전쟁을 통해 확신되었다.

분단의 트라우마를 경험한 남북은 각자의 방식으로 경험했던 전쟁을 적대적으로 기억하였다. 북한의 신천박물관과 이승복기념관은 적대적인 대타의식을 보여주는 대표적인 사례라고 할 수 있다. 북한에서 신천박물관은 전쟁 이후 주적으로 상정한 미군의 악(惡)을 드러내는 반미교육의 산실로 활용되고 있다. 남한에서 이승복기념관은 북한 괴뢰도당의 악랄함을 보여주는 동시에 반공소년의 화신으로 이승복을 기념하는 공간으로 활용되었다.

남북 분단의 시간이 70년을 넘었지만 여전히 분단은 일상 깊이 영향을 미치고 있다. 남북이 분단되었다는 것은 단순히 물리적 단절이 아니다. 남과 북이 물리적으로 접경을 멀리할 수 없듯이 분단 한반도의 상황은 일상적으로 지속하고 있다. 전쟁을 끝내지 못한 분단이 낳은 적대감은 전쟁을 넘어 지속적으로 생채기를 내고 있다. 물리적 전쟁은 휴전이지만 심리적 전쟁은 여전히 열전 중이다.

남북 분단의 역사 속에서 우리는 무엇을 기억하고, 무엇에 의미를 부여해야 하는가? "역사에 의미를 부여하는 것은 현재를 사는 사람들이다. 현재와 관계없는 역사는 지나간 시간을 단순히 기록하는 것에 지나지 않는다. 따라서 역사의 의미는 사소한 것이라 할지라도 사람들의 삶에 관한 의미이며, 때로는 이 사소한 것들이 역사를 만들어 갔다."[65] 우리의 머릿속에 각인된 분단과 대립의 민족사를 소통과 통합의 민족사로 기억하는 역사를 만들어 가야하는 이유이다. 남과 북이 가해자와 피해자의 프레임을 넘어 민족문제의 해결 주체로서 상호 이해와 화해 등을 통해 민족공동체의 평화를 회복해 나가야 한다.

---

65 박해용, 『역사에서 발견한 CEO 언어의 힘』, 삼성경제연구소, 2006, 66쪽.

참고문헌

김나영, 「환경변화에 따른 대북심리전 발전방향」, 경희대학교 공공대학원 석사논문, 2014.

김득중, 『'빨갱이'의 탄생 - 여순사건과 반공 국가의 형성』, 선인, 2010.

김선식 · 송호진, 「확성기는 살아 있다 : 대북 확성기 방송 중단…재개…중단…재개… 중단… 대북 심리전 65년 반복된 역사」, 『한겨레21』 1077호, 2015. 8.10.

김영희, 『한국전쟁기 미디어와 사회』, 커뮤니케이션북스, 2015.

김용삼, 『보수와 진보의 정신분석』, 살림, 2013.

김정일, 「예술영화 ≪최학신의 일가≫를 반미교양에 이바지하는 명작으로 완성할데 대하여-문학예술부문 일군 및 창작가들과 한 담화, 1966년 12월 27일」, 『김정일 선집(1)』, 조선로동당출판사, 1992.

김종군, 「전쟁 체험 재구성 방식과 구술 치유 문제」, 『통일인문학논총』 제56집, 건국대학교 인문학연구원, 2013.

나인호, 「나치 독재의 정치종교와 전체주의적 대중 만들기」, 임지현 · 김용우 엮음, 비교역사문화연구소 기획, 『대중독재1 강제와 동의 사이에서』, 책세상, 2005.

박기준 · 이윤규 · 장유정 · 권혁희 등, 『보이지 않는 전쟁, 삐라』, 청계천문화관, 2010.

박소연, 「문화번역 및 번역된 젠더에서 바라 본 식민 여성 -1938년 작 조선영화 「어화」를 중심으로」, 『여성문학연구』 제35권, 한국여성문학학회, 2015.

박해용, 『역사에서 발견한 CEO 언어의 힘』, 삼성경제연구소, 2006.

박형신 · 정수남, 『감정은 사회를 어떻게 움직이는가』, 한길사, 2017.

변영욱, 「파라다이스에 대한 강조, 북한의 인스타그램」, 『민족화해』 86호, 2017.

서보혁 · 정욱식, 『평화학과 평화운동』, 모시는사람들, 2016.

알렉산드르 골루베프, 이종훈 옮김, 「스탈린주의와 소비에트 사회」, 임지현 · 김용우 엮음, 비교역사문화연구소 기획, 『대중독재1 강제와 동의 사이에서』, 책세상, 2005.

이신재, 「북한의 기억의 정치와 푸에블로호 호명」, 『현대북한연구』 17권 1호, 북한대학원대학교 북한미시연구소, 2014.

이영진 외, 『애도의 정치학 - 근현대 동아시아의 죽음과 기억』, 도서출판길, 2017.

이용우, 「전후 남한의 미디어 풍경과 불경스런 징후들」, 『art in culture』, 2012년

6월호, 2012.

이윤규, 『들리지 않던 총성 종이폭탄!: 6·25전쟁과 심리전』, 지식더미, 2006.

이임하, 『적을 삐라로 묻어라: 한국전쟁기 미국의 심리전』, 철수와영희, 2012.

장규원, 『피해자학 강의』, 살림출판사, 2011.

전기철, 「한국 전후 문예비평의 전개양상에 대한 고찰」, 서울대학교 박사학위논문, 1992.

전진성, 『역사가 기억을 말하다』, 휴머니스트, 2009.

정용욱, 「미군의 삐라 심리전과 냉전 이데올로기」, 한국역사연구회 현대사분과(편), 『역사가의 시선으로 읽는 한국전쟁』, 휴머니스트, 2010.

조희연, 「박정희 시대의 강압과 동의-지배·전통·강압과 동의의 관계를 다시 생각한다」, 임지현·김용우 엮음, 비교역사문화연구소 기획, 『대중독재 2: 정치 종교와 헤게모니』, 책세상, 2005.

한림대학교 아시아문화연구소(편), 『한국전쟁기 삐라』, 한림대학교 아시아문화연구소, 2000.

한혜원, 『뱀파이어 연대기』, 살림출판, 2004.

Barton, Fred H. ORO-T-10(EUSAK): North Korean Propaganda to South Koreans (Civilian and Military). Operations Research Office, The Johns Hopkins University, Far East Command. 1951(한국학중앙연구원 편, 『심리전 자료집』, 선인, 2005.

Pettee, George S., ORO-T-3 (FEC): US Psywar Operations in the Korean War. ORO, JHU, FEC. 1951, 한국학중앙연구원 편, 『심리전 자료집』, 선인, 2005.

제2부

분단시대의 기억, 서사, 그리고 군사주의

전쟁과 분단의 일상화와 기억의 정치
: '월남'가족과 '월북'가족 자녀들의 구술을 중심으로

조 은

1. 들어가는 말

탈냉전 시대에 접어들면서 가족에 덧씌워진 이념적 기호를 해체하고자하는 연구들은 가족과 이데올로기 또는 '혈육의 정'과 이념의 길항관계가 내포하고 있는 한국사회의 근본적인 모순에 주목하기 시작했다.[1] 더 나아가 반공사상이나 냉전 이데올로기가 사회적 상황과 맥락에 따라 다르게 이해되고 해석되는 이념의 유동성에 주목하는 연구도 나오기 시작했다.[2] 남북 이산가족에 대한 주요 관심의 하나는 남북 이산가족이 바로 이러한 모순을 담보하고 있는 가족이면서 분단정치의 주체 형성과 연관되기 때문이다. 월남자 가족

---

1 김동춘, 「한국전쟁연구의 새로운 방법론 모색: 전쟁의 정치사회학적 재구성」, 『전쟁과 사람들: 아래로부터의 한국전쟁연구』, 2003 ; 김동춘, 『전쟁과 사회: 우리에게 한국전쟁은 무엇이었나?』, 돌베개, 2005.

2 Lee Soo-jung, "Making and Unmaking the Korean National Division: Separated families in the cold war and post-cold war eras", Unpublished doctoral dissertation, University of Illinois, Urbana-Champaign, 2006 ; 윤택림, 『인류학자의 과거 여행: 한 빨갱이 마을의 역사를 찾아서』, 역사비평사, 2003.

(이하 '월남'가족 약칭)과 월북자 가족(이하 '월북'가족 약칭)은 이점에서 특별한 주목을 받고 있다.[3] 특정 정치적 사건이 있을 때마다 월남 가족과 월북가족은 가족과 이념이 경합하는 장이다.[4] 이때 혈육과 이념의 경합 또는 길항 관계는 분단정치와 이산가족을 이해하는 핵심구조이며 기억의 정치가 발화하는 지점이다. 월남가족과 월북가족은 실제로는 '반공전사'도 '빨갱이'도 아닐 수 있지만 여전히 한국 사회에서는 특정의미가 부과된 사회적 기호다.[5] 월남가족과 월북가족은 분단정치에서 다르게 호명되었고 분단과 관련된 '기억만들기(re-membering)'에서 심한 불균형 상태에 있다.[6] 그러나 대척점에 위치 지워진 월남가족과 월북가족에 대한 비교 연구는 일천하다. 월남가족에 대해서는 어느 정도 자료와 연구 축적이 이루어진 상태지만 월북가족에 대한 자료는 공식적으로도 많지 않으며 이제 입을 열기 시작한 가족들의 구술사 정도가 주요 자료이다.[7]

이 연구는 탈냉전시대에 들어선 현시점에서 가족과 이념의 경합이 월남과

---

3 김재용, 「이산가족 문제의 정치성과 인도주의」, 『역사비평』, 통권 44호, 1998. 이용기, 「이산가족 연구 어디까지 왔나」, 『역사비평』, 통권 44호, 1998.

4 박용재, 「『黃海民報』에 나타난 실향민의 고향 표상과 자기정체성」, 『고향의 창조와 재발견』, (제25차 한국문학 국제학술회의), 동국대학교 한국문학연구소, 2006.

5 여기서 월남자는 해방 이후 분단되면서부터 휴전협정 때까지(1945년~1953년) 사이에 북쪽 고향을 떠나 이남으로 내려온 자, 월북자는 이 시기 동안 남쪽 고향을 떠나 이북으로 올라간 자를 칭하며, 여기서 월남자 가족은 월남자의 남한가족, 월북자 가족은 월북자의 남한에 남은 가족을 칭한다. '월남'가족과 '월북'가족은 '남쪽으로 온 자의 가족'과 '북쪽으로 간 자의 남쪽에 남은 가족'이라는 점에서 대척점에 있는 사회적 기호이며 사회적으로 구성된 개념이 라고 할 수 있다.

6 조은, 「분단사회의 '국민 되기'와 가족 : 월남가족과 월북가족의 구술 생애이야기를 중심으로」, 『경제와 사회』 제71호, 2006 ; 김귀옥, 『이산가족, '반공전사'도 '빨갱이'도 아닌: 이산가족 문제를 보는 새로운 시각』, 역사비평사, 2004.

7 Lee Soo-jung, "Making and Unmaking the Korean National Division: Separated families in the cold war and post-cold war eras", Unpublished doctoral dissertation, University of Illinois, Urbana-Champaign, 2006 ; 조은, 앞의 글 ; 조성미, 「월북자 가족의 생활경험과 '월북'의 의미체계」, 이화여자대학교 사회학과 석사논문, 2002.

월북가족의 자녀세대에서 어떤 방식으로 작동하는가를 드러내고자 했다. 특히 탈냉전 시대에 반공 이데올로기와 분단의 경험이 월남가족과 월북가족 자녀세대에서 어떻게 기억되고 '월남'과 '월북'이 어떻게 해석되는가에 주목했으며 이를 통해 월남가족과 월북가족의 이념적 지형과 재생산 과정을 조명하고자 했다.

2. 월남가족과 월북가족 : 말하기와 침묵하기

한국 사회에서 월남가족과 월북가족은 매우 다른 방식으로 호명되며 그들 가족이 '월남했음' 또는 '월북했음'은 다르게 기억되고 이야기된다.[8] 월남가족은 조직과 단체를 통해 가시화될 뿐 아니라 개인적으로도 '월남했음'은 숨길 일이 아니다. 반면 월북가족은 '월북한 가족'이 있다는 사실에 깊이 침묵한다. 국가도 이 사실에 오래동안 침묵했다. 월남가족에 대해서는 공식 통계도 있고 단체도 있다. 그러나 월북가족은 단체가 없음은 물론이고 공식 통계도 사실상 없다.[9] 그동안 이산가족 연구들은 실태 파악에 역점을 두었으며 월남 가족이 그 중심에 있었다.[10] 이산가족 연구에 월북가족이 포함된 것은 최근

---

8   유임하, 『분단현실과 서사적 상상력』, 태학사, 1998.
9   '월북이동'에 대해서는 정부 당국과 학자 간에 개략적 추산에서 차이가 있다. 정부 당국은 전쟁기의 납북요인 8만 4천여 명과 의용군 징병자 20여만 명 등 '강제 납북자'가 약 30만 명이라고 주장한 바 있으며 '자진 월북'에 대해서는 언급하지 않고 있다. 권태환(Kwon, 1977)은 전쟁 전의 '자진 월북자' 5만여 명과 전쟁기의 월북·납북자 30여만 명 등 모두 35만 명 정도가 자의 혹은 타의에 의해 월북하였다고 추산하고 있다. 이에 따르면 월북자의 가족 범위를 정의하기에 따라 다르지만 최소한 1백만 명 이상의 월북가족이 있다고 볼 수 있다. 월북가족 뿐 아니라 '강제로 북으로 끌려간 자'로 정의되는 납북자의 가족에 대한 통계도 불확실하다. 납북자가족 조직이 만들어진 것은 2005년인데 납북자가족협의회 측은 이토록 활동이 늦어진 것은 "지난 날 인화제 적용으로 피해가족에서 감시대상 가족으로 전락"했기 때문이라고 밝히고 있다. http://625.in/index.php(6.25 전쟁납북인사가족협의회) 참조.
10 임순희, 「남북이산가족 문제의 현황과 과제」, 『통일문제연구』 통권 제36호 ; 박명선, 「북한출신 월남인의 사회경제적 배경 및 사회이동에 관한 연구」, 이화여자대학교 사회학과 석사학위논문, 1983 ; 김귀옥, 「아래로부터의 반공이데올로기 허물기: 정착촌 월남인의 구

들어서이며 월북가족이 공개적으로 대거 일반에 알려진 것은 남북이산가족 상봉 시 언론보도를 통해서이다. 한국사회에서 월북가족이 집단적으로 커밍 아웃한 경우는 2001년 남북 이산가족 상봉 때 언론을 통해서였다. 그 외는 유명인이 되었을 때에 가족사를 '고백'하는 방식이거나 아니면 폭로하는 방식 으로 나타난다. 따라서 월남가족과 월북가족은 전쟁과 분단의 '기억만들기' 에서 전혀 다른 위치에 있다. 월남가족은 집단적으로 그리고 공식적으로 그 들의 경험을 가시화하고 기억을 만들어가는 방식도 가시화 할 수 있다. 월북 가족은 비가시화되어 있을 뿐 아니라 그들의 경험이나 기억을 만드는 방식도 다르다. 따라서 이들에 대한 접근이나 자료 또한 다를 수밖에 없다. 여기서 월남가족은 이북 5도민회라는 조직을 통해 그리고 월북가족은 언론에 커밍 아웃한 경우들을 통해 접근하는 매우 비대칭적 접근법을 사용했다. 월남가족 과 월북가족에 대한 자료의 비대칭적 접근 자체가 이들의 사회적 위치의 비 대칭성을 보여준다.

1) 월남가족 : 조직으로 말하기

월남가족은 이북 5도민회라는 공식적 조직과 사무실이 있으며 다양한 행 사와 모임도 가지고 있다. 이북5도민회 산하에 각 도별로 별도의 조직과 기 구가 있다. 이북5도민회는 각 도민회의 연합체 형태를 띠고 있고 각 도민회 는 중앙시군회, 지구도민회, 산하단체로 중앙 부녀회와 중앙청년회 등이 있 다.[11] 이들은 인터넷 사이트도 있고 한때는 북마루라는 포탈사이트도 있었

술을 중심으로」, 『경제와 사회』 제43권, 1999 ; 김귀옥, 『월남민의 생활 경험과 정체성 : 밑으로부터의 월남민 연구』, 서울대학교 출판부, 2002.

11 황해도는 이북 5도민회 중에 가장 조직이 잘 되어 있고 활동도 활발한 것으로 알려져 있다. 중앙도민회 산하에 지구도민회 28개, 시·군민회 20개, 읍·면민회 208개, 직능단체는 체육 회 21개, 새마을협의회, 부녀회 31개, 청년회 40개, 장학회 30개가 있는 것으로 나와 있다. 평안남도나 평안북도 등도 중앙도민회, 지구도민회, 시·군민회, 읍·면민회와 직능 단체와 장학회 등이 있다. 함경북도도 중앙도민회 산하에 시·군민회 14개, 시·도지방도민회 15개,

다.[12]

또한 이북 5도청이라는 공식기관이 있어 이들을 행정적으로 지원하고 있고 자체적으로 신문도 발행한다. 이북5도민회가 내는 연합신문 뿐 아니라 황해민보, 평남민보 등 도 단위의 신문이 있고 시나 군 단위의 소식지도 많다.[13] 가족 단위의 문집이나 수필집도 상당수 있다.[14] 그러나 월남민의 조직이 규모나 조직표에 나타난 만큼 활발한 것은 아니며 후세대 양성이 과제로 떠오르고 있다. 이북5도민회의 한 관계자에 따르면 월남민의 정확한 수는 파악이 어렵지만 "70세 이상 되는 분 만 꼽아도 약 125만 명 정도"라고 추산하고 있다. 그 중에서 약 30만 내지 40만 정도가 이북 5도민회에 오고 간다고 말한다. 이들 조직의 핵심은 단연 "실향민 1세들"이며 "2세들도 청년회를 조직해서 나오지만 이들이 청년회라고 부르는 조직이 사실상 60대들의 조직"이다.[15] 따라서 조직이 노후하고 젊은 세대의 호응도 높지 않은 편이다. "여기 이북도민 사회 최대 과제가 후계세대 육성"이라고 말할 정도다. 이 조직의 후배세대 육성은 장학금 사업으로 유지된다. 장학회를 통한 참여가 자연스럽게 청년회조직으로 연결되지만 최근 들어 장학금을 줄 해당자를 찾는 것도 쉽지 않다.

읍·면민회 75개가 있다(www.hwanghaedo.co.kr).

12 www.ibuk5do.go.kr 참조. 북마루는 월남가족의 자녀세대들이 모여 약 5년간 지속되다가 최근 폐쇄되었다.

13 이들은 향우회지 성격을 가지고 있으며 민보라는 형식으로 등록된 기관이다. 각 민보들의 발행연도는 평북민보가 1953년에 처음으로 간행되었고 한북민보(1977) 등이 모두 70년대에 발행되기 시작했으며 황해민보는 1948년에 시작되었다가 휴간된 후 1975년에 재간된 것으로 알려져 있다(박용채, 앞의 글, 2006).

14 가족단위의 문집이나 수필집은 고향이야기에서부터 자손들에게 남기고 싶은 가족사 등 다양하다. 한국 전쟁에 대한 경험이나 반공 이데올로기 확산을 목적으로 한 경우도 있다. 북마루 사이트가 폐쇄되기 전 그곳 사무실에서 만든 수십 권의 월남가족의 문집과 수필집 등이 보관되어 있었다.

15 이북5도민회에서 10년 이상 일한 K씨의 증언. K씨는 이곳 청년회에 대해 "65세 된 사람이 청년회 활동을 하는 긴 좀 말이 안 되는 조직"이라고 말한다. 또한 분위기가 가족적이어서 오히려 조직이 잘 굴러가지 않는다고 말한다.

후계 세대의 육성은 단순히 숫자의 문제만이 아니라 이데올로기 재생산의 문제와 연관된다.[16] "이북5도민회가 친목단체로 시작했지만 친목단체라 고만보기 힘들며 정치적 색깔을 가진 조직일 수밖에 없다."고 말한다.[17] 조직의 구심점이 '반공'이기 때문이다. 이들의 고향에 대한 생각은 "여기 1세분들 같은 경우에는 고향을 떠나왔다는 거 보다는, 고향에서 쫓겨났다는 의식이 있거든요. 그래서 담에 고향에 돌아가야지, 통일 되서 돌아가야 되는 것 보다는 적한테서 빼앗겼기 때문에 그 적을 물리치고서 내가 다시 고향에 가야겠다"는 생각이 강하고 여기서 자주 외치는 구호가 반공이 될 수밖에 없다."는 것이다.[18] 그들의 기억만들기 핵심에 '실향'과 '실지(失地)회복', 그리고 반공이 들어갈 수밖에 없는 이유다.

이북5도민회 멤버들은 남북이산가족 상봉에 소극적이다. 그 이유는 이들이 내려오게 된 게 "김정일, 그리고 김일성 주석 때문"이라고 생각하고 "내가 이 고생을 하는 것도 걔네들 때문인데 걔네들이 없어지면, 통일은 되고, 자연적으로 이산가족도 상봉 할 수가 있다. 그니까 먼저 '김일성네 부자세력'이 없어져야 그 다음이 상봉이지, 지금 아니다. 이런 식" 이라고 말한다. 이북5도민회 조직에서 오랫동안 활동해온 내부자들은 "그... 김일성, 김정일... 하고 관련된 부분에 있어서 엄청나게 강경 쪽"이다. 거의 대부분이, 아마 거짓말 조금 더 보태면 99.9% 정도라고 할 수 있을 정도로 엄청 강경파"라고 말할 정도다.[19] 따라서 이북 5도민회 사람들은 통일부가 주관한 남북이

---

16 『황해민보』의 경우 창간 초기부터 실향민 2세들에게 향토애를 불어 넣고자 고심했으며 그 일환으로 실향민 2세들의 수상이나 시, 논평 등을 간헐적으로 실어왔다. 특히 80년대 초, 중반에 이르면 〈청년논쟁〉란을 구성해 실향민 1세들의 입에서 발화되던 반공이데올로기와 망향지정을 청년들의 입을 통해 대치한다(박용재, 2006 에서 인용).

17 이북5도민회 관련 신문사에서 일하고 있는 Y씨의 구술 증언.

18 앞의 인용과 같음.

19 K씨와 Y씨는 이들 강경론자들이 대부분 "기독교 단체에서 핵심적으로 움직이는 실향민 출신"이라는 점도 실례를 들며 설명을 덧붙였다.

산가족 상봉에도 참여하지 않는다. 특히 국민의 정부와 참여정부 하에서는 이북 5도청과 이북5도민회에는 상당한 갈등관계에 놓였다.

> 반공이라는 하나의 구심점 역할을 하는 그 사상을 갖고 있는 상태에서 지금 도민회와 도청이 균열해 있는데— 도청은 아무래도 지금 현재, 참여정부가 들어와서 좀더 심해진 게, (잠시동안 침묵하고) 정부쪽이, 관여하다 보니까 — 아무래도 반대집회도 하고, "또 협조하지 말자", "좋은 쪽으로 가자", 이렇게 의견이 엇갈리고. 도민회 쪽에서 도민회 정서를 내세우고. 그러다보니까 마찰이 좀 있고. 그러다보니까... 박정희 정권 때라던가... 뭐 김영삼 정권, 그 때까지도... 그때까지는 코드가 맞았으니까. 오히려 더 좋았지만... 김대중 정부 들어오면서부터 어느 정도... 벌어졌죠. 그 담에 정치적인 문제로 또 갈리고... (입을 다시며) 도 내에서도 뭐 여당, 어느 쪽에서 또 야당, 뭐 이래 밀고 땡기고...[20]

도민회에서 여는 교육이나 강좌의 주제는 대체로 '안보 반공'이며 일 년에 한 두 번씩 '남북관계와 관련, 흡수통일'이라는 개념을 가지고서 진행을 한다. "그런데 지금은 반대로 흡수될 것 같다는 생각을 한다. 정부에선 아니라고 하겠지만 어쨌든 갖다 바치니까 핵무기 만들고, 민족 앞에나 쏠라고 준비해놨다. 이렇게 생각한다."는 것이다. 강연회 인사를 선정할 때도 "여기 어르신네들은, 여기는 우리 제 2의 고향이다— 신성한 지역이다— 감히 그런데가 어떻게 빨갱이 새끼를 델꼬 오느냐.' 이런 개념이어서 친북성향이라고 자기들이 판단한 강사는 절대 부르지 않는다. 이북 5도청에서 하는 세미나의 경우도 북한에 대해서 개방적이거나 약간이라도 좋게 표현하는 인사가 오면 "난리가 난다".

이북5도민회 부녀회에서 핵심간부로 일하고 있는 P씨의 구술은 이 조직의 멤버들이 가진 대북관이나 통일관을 잘 보여주는 텍스트다. 박씨는 어머니

---

20 이북5도민회에서 일한 K씨의 증언.

때부터 이 모임의 핵심 멤버다.

> 이북에서 나오신 분들은 이북에 대한 생활을 뻔히 겪다 나와서 거기의
> 생활을 굉장히 싫어하잖아요? 싫어하는 정도가 아니죠. 그러니까 이북에서
> 나오신 분들은 전부다 지금 좌파라는 것을 굉장히 싫어하시잖아요... 또 저희
> 세대는 반공교육을 엄청나게 중요시하는 시대에 공부를 했고 귀에 딱지가
> 앉도록 들어서 거기에 대한 교육이 엄청나게 잘되어 있는 거죠. 지금도 저희는
> 자유민주주의체제를 부르짖고 있죠. 지금 현재 이런 얘기 저는 떳떳하게
> 하는데 좌파정치, 좌파들의 행위 같은 거 저희는 용납을 못해요. 그리고
> 김정일한테 끌려 다니고 있잖아요......[21]

P씨는 반공도덕이 없어진 것, 교련이 없어진 것에 대해 심히 유감을 표한
다. 교사 출신인 P씨는 "전교조 교사들이 제가 듣기로는 그랬거든요. 북한의
작전 하나가 장기적으로 교육에 침투하고 들어온 게 맞아떨어지지 않았나 싶
어요."라고 말하면서 "그래서 교육이 그렇게 물들어 가고 있어요. 지금 현재
교육이. 애들이 뭐랄까 반공 의식이라는 게 하나도 없어요."라고 개탄하고
"미군들이 굉장히 우리나라를 많이 도와준 건데 지금 미군 물러가라고 하고
있다."고 열변을 토하기도 했다.

2) 월북가족 : 침묵하기

월북가족은 커밍아웃과 침묵하기라는 정 반대되는 방식으로 그들의 정체
성을 드러낸다. 커밍아웃한 '월북자 가족'은 대체로 유명인사지만 그들 또한
오랫동안 침묵 속에 있었다. 대표적인 경우로 작가 이문열과 김원일, 방송인

---

21 P씨는 원래는 월남가족 자녀세대 구술인터뷰 참가자였는데 이북 5도민회 핵심간부여서 조직
과 관련한 부분과 관련한 구술도 받게 되었다. 구술 하면서 "자기는 목에 칼이 들어가도
할 이야기는 한다."는 말을 되풀이하며 강조했다.

김세원과 아나운서 이지연 그리고 가장 최근에 집중적인 언론의 조명을 받은 정진석 추기경을 들 수 있다. 이들은 우선 집안에 누군가가 월북했다는 것을 어느 시점까지 전혀 몰랐거나 알게 된 경우에도 침묵한다. 직접 가족의 입을 통해 알게 된 경우도 드물다. 이들의 커밍아웃에서 가장 많이 나오는 말은 상당히 클 때까지 "몰랐다"는 말과 집안의 가까운 사람들이 "말해주지 않았다"는 사실이다. 또한 가족을 통해 들은 경우에는 부정적 수사와 덧붙여 듣게 된다. 작가 이문열과 김원일은 어머니를 통해 알게 된 경우인데 '자식과 어머니를 버린 아버지'로 각인되고 있다.[22]

정추기경은 주교일 때까지는 아버지의 월북 사실이 공적으로는 알려진 적이 없었다.[23] 한 인터넷 신문이 정 추기경 아버지의 월북 사실을 "비밀스럽게" 폭로했는데 이에 대해 추기경은 대변인을 통해 짤막하게 사실만을 확인했으며 계속 3인칭 화법으로 전하고 있다.[24] 그리고 정 추기경은 "어렸을 때는 아버지에 대한 이야기를 거의 듣지 못하고 자랐다"면서 "모친으로부터 아버지가 일본으로 간 뒤 연락이 끊겼다는 이야기만 들었다"고 말한다.[25] 정추

---

22 보수우익의 대표적 논객이 된 작가 이문열씨는 EBS TV 다큐프로그램 '시대의 초상'에 출연해 아버지의 월북이 자신이 보수의 편에 서게 된 이유임을 스스럼없이 밝히고 있다. 그는 한국전쟁 당시 월북한 아버지에 대해 "20대 후반 아버지를 관념적으로 살해했다"며 '어린 남매와 임신한 아내를 버리게 만든 사회주의에 대해 알기 위해' 사회주의 서적을 탐독한 사실을 밝히기도 했다. 김원일 또한 언론과의 한 인터뷰에서 "장남인 너는 사상에 미친 네 아비 길을 쳐다보지도 말고, 처자식 잘 건사하는 착실하고 정직한 인간이 되어야한다는 훈육을 어머니로부터 귀 따갑게 듣고 자라, 이념 문제는 가히 공포로 내 의식을 지배했던 것이다."고 말하고 있다. 『경향신문』 2007년 2월 27일.

23 대주교이던 정 추기경에게 아버지에 대해 질문하게 된 적이 있었던 기자는 그때 비서 수녀님을 통해 돌아온 대답은 "나는 아버지에 대해 아는 것이 별로 없다."였다. 『프레시안』 2006년 2월 28일.

24 서울대교구 홍보 관계자는 1일 "정 추기경께 프레시안의 보도 내용을 말씀드렸더니 '사실일 가능성이 있다'고 말했다"고 전했다. 또한 정 추기경은 이어 "어른이 되고 난 다음에 보도 내용과 유사한 이야기를 들은 적이 있다. 자세히 더 알아보고 입장을 밝히겠다"고 말했다고 서울대교구 관계자는 전했다. 『동아일보』 2006년 3월 2일.

25 『한겨레』 2006년 3월 3일.

기경은 일간지와 인터넷 신문들이 아버지의 월북에 대해 자세한 보도를 한 뒤에도 계속 침묵하다가 1주일이 지난 후에야 "서울대 화학공학과에 입학하였을 때 호적초본을 떼어 보고 아버지의 존재를 처음 확인하였고 그때 많이 고민하였다."고 털어놓고 있다.[26] 그러면서 그는 "이 문제는 그 어디에도 고백하지 않았던 것인데, 이제야 제 입을 통해 직접 말씀 드리겠습니다. 그 주장은 사실입니다."라고 말한다. 정 추기경은 그 때까지 아버지의 얼굴을 사진으로라도 본 적이 없음을 내비친다. 한 기자가 미리 스크랩을 해 가져간 사진을 내밀었을 때 신문을 통해 본 아버지의 사진이 생전 처음 제가 본 얼굴입니다."고 말하고 있다.[27]

방송인 김세원은 초등학교 시절 잠결에 어머니와 외할머니가 나누는 이야기를 몰래 듣고 아버지의 월북 사실을 알게 되지만 연좌제가 풀릴 때까지 그리고 월북 예술가들의 작품이 해금될 때까지 월북한 작곡가 김순남의 외동딸이라는 사실을 숨겨왔다.[28] 김세원은 월북한 아버지에 대한 유년시절의 기억을 떠올리면서 "잠결에 들은 아련한 이름. 월북한 '산유화' 작곡가 김순남. '아버지가 공산당이라니' 가슴이 쿵쾅거렸다."라는 표현을 하고 있다.[29] 이지연 아나운서의 경우는 월북한 오빠가 남북이산가족 상봉을 신청해 옴으로써 커밍아웃을 했다.[30] 전북 익산이라는 소도시 출신이어서 지역 내에서 알 만

---

26 『프레시안』 2006년 3월 8일 ; 『한겨레』 2006년 3월 3일.

27 '조선공산당 재건 국내공작위원회 사건'을 보도한 1933년 4월 28일자 동아일보 호외 1면 머리기사에는 핵심 인사 중 한 사람으로 정추기경의 부친 정원모의 얼굴 사진이 실려 있다. 『동아일보』 2006년 3월 2일.

28 아버지와 친분이 있었던 작곡가 장일남과 음악평론가 박용구씨를 만나면서도 아버지 이야기를 하지 않았다. 『한국일보』 1995년 4월 4일.

29 내 가슴은 쿵쾅거렸다. 아버지가 공산당이라니. 당시는 연좌제라는 것이 있어 좌익 활동을 했거나 동조한 사람의 친인척까지 공산당으로 몰려 엄청난 수모를 당하던 시대였다. 친척 중에 납치된 것이 아니라 월북한 사람이 있다는 것이 밝혀지면 모든 것이 말 그대로 「끝장나는」 사회. 어린 맘에도 나는 내가 들은 아버지의 이름, 아버지에 대한 비밀을 입 밖에 꺼내서는 안 된다고 굳게 다짐했다. 『경향신문』 1996년 8월 20일.

30 『한국일보』 2000년 7월 18일.

한 사람들은 알았지만 공식적으로 본인이 월북가족으로 밝혀지는 않았다.[31] 본인은 아주 어린 시절부터 보안대에서 파견 나온 사람이 항상 집에 파견 나와 있었기 때문에 월북한 오빠가 있다는 사실은 알고 있었다. 이씨는 2000년이 되어 오빠 실종 50년 만에 사망신고를 접수했는데 서류가 처리되기 직전 북쪽 오빠가 나타난 것이다.

월북가족 2세들의 경우 '월북'사실을 아는 과정도 다르지만 아버지나 오빠의 '월북'사실이 그들의 삶에 투영되는 방식 또한 다르다. 작가 이문열은 아내와 어린 자식을 버린 아버지의 이념에 대해 비판적일 뿐 아니라 스스로 '반공·반북 전사'를 지지한다.[32] 이씨는 부친의 일이 그의 삶에 큰 영향을 끼치고 그의 문학에 그림자를 드리운 것을 부인하지 않으며 객관적으로 사실을 드러내고 싶다고 말하지만 그의 문학적 행보는 반공, 반북이라는 프레임에서 자유롭지 않다.[33]

작가 김원일의 경우는 월북한 아버지를 그의 삶에서 분리시키지 못한다.[34] 그리고 혈연관계로서 아버지에 대해서는 무심한 반면 오히려 아버지의 이념에 대해서 지속적인 관심을 표한다. 김원일은 생애사의 일단을 보여주는 인터뷰에서 그가 왜 소설을 쓰게 되는가를 월북한 아버지를 중심에 놓고 구체적으로 풀어나간다.[35]

---

31 그녀는 83년 이산가족 찾기 방송 때 진행자였는데 그 때는 "국민적인 정서에 누가 될까봐 신청조차 못했다."고 말했다. 『세계일보』 2000년 7월 18일.

32 『한국일보』 2002년 8월 8일.

33 "의식적으로는 아버지의 삶을 객관화시켜서 하나의 사회적 현상으로서 보고자 한다."고 털어놓기도 했다. 『한겨레』 2001년 12월 21일, 『중앙일보』 2006년 12월 7일.

34 그의 부친 김종표씨는 일제 말 좌익운동을 시작, 해방공간에서 남로당의 수뇌부로 활동한 인물이다. 전쟁 중 서울의 인민군 치하에서 가족과 함께 생활하던 부친은 홀로 월북하고 그의 가족들은 고향 경남 김해로 진영으로 내려온다. 어머니는 시서에 끌려 얼마나 맞았던지 새벽에 피투성이가 되어 돌아오는 일이 많았고, 전쟁 직후에 태어난 그의 막내 아우 김원도는 잘못 이패의 영양실조로 인해 20대의 발랄한 나이에 죽음을 맞이한다. 이 아우에 대한 추억은 그에게 이상문학상을 안겨준 중편 『마음의 감옥』에 80년대의 시대상황을 배경으로 변주되고 있다. 『세계일보』 1993년 9월 11일.

나는 경상남도 소읍 장터거리에서 일정한 생업 없이 어영부영 살림을 꾸려
갔던 식구 단출한 집안의 장남으로 태어났다. 지금 따져보면, 독자였던 아버지
는 내가 태어날 때부터 낭만적이고 열정적인 코뮤니스트였다. 어머니 와의
불화까지 겹쳐 아버지는 집에 붙어 있는 날이 거의 없었고, 집안 분위 기는
늘 폐가처럼 음습하게 고즈넉했다. 아버지의 지하 암약에 따라 1948년 가족이
서울로 이주했으나 2년 뒤 전쟁을 만나 아버지는 단신 월북하고 남 은 가족은
피난을 내려와 낯선 땅 대구에 정착했다. 나만이 고향의 먼 친척 집에 맡겨져
초등학교를 가까스로 졸업했다. 초등학교를 마치고 1954년에 대구로 나가
가족과 합류했다. 그 뒤 우리 가족은 고난의 어려운 세월을 억척같던 어머니
의 힘으로 견뎌냈고, 나는 중학교 때부터 고학으로 대학을 마쳤다.

김원일은 이문열이나 김세원과 달리 보다 적극적으로 이념적 아버지에 친
화력을 보인다. 〈어둠의 혼〉을 쓸 때 변변한 이론서 한 권 제대로 읽지 못했
고 우리의 현대사와 사회과학적 지식은 거의 상식선에 머문 정도였음을 회한
을 담아 털어놓고 있다.[36] 소시민 의식에 안주하던 그가 눈을 뜬 것은 민주화
운동의 대표적 탄압 사례인 1974년 발생한 '민청학련' 사건이었다고 털어놓
는다.[37]

정진석 추기경의 경우는 혈연적 아버지와 이념적 아버지 모두에 대해 거리
두기를 한다. 그는 아버지의 월북이 종로에서 큰 사업을 하는 처가에 폐를
끼치지 않기 위한 배려라고 말하고 있다.[38] 여기에서 이념은 삭제된다. 그가

35 『한국일보』 2002년 8월 8일.

36 〈어둠의 혼〉은 좌익 아버지가 총살당한 하루 저녁을 소년의 시점으로 그려 1973년에 발표한
   단편이다. 『한국일보』 2002년 8월 8일.

37 그 때 그는 비로소 '당면 현실'을 인식하기 시작했고 정치, 경제, 사회과학 서적을 열심히
   탐독하면서 아버지의 이념적 삶에 다가간다(위 신문 인용).

38 정추기경은 아버지의 월북에 대해 "당시 외조부는 서울 수표동에서 화장 거울, 즉 경대를
   만들어 파는 재산이 넉넉한 사업가였습니다. 부친은 줄곧 처가살이를 하셨는데, 아마도 자신
   의 사회주의 경향이 처갓집에 부담을 준다고 생각하셨던 것 같습니다. 그래서 부친께서는
   광복이 되자 자진 월북하신 것으로 느껴집니다. 어릴 때부터 저는 아버지의 존재는 전혀
   모르고 자랐습니다. 가족 중 그 누구도 이에 대해 말하지 않았고, 어머니의 입에서도 한번도

왜 사제의 길로 들어서는가에 대해서도 아버지와 연관시키지 않는다. 한편 방송인 김세원은 월북한 작곡가 아버지에 대해서 무한한 그리움을 표하지만 그의 이념은 탈색시키고자 한다.[39] 아버지의 흔적을 찾아 나선 김세원 씨는 모스크바에서 본 붉은 깃발에 대해 "아버지를 기만한 깃발"이라는 생각에 화를 내며 "아버지는 자유주의자요, 이상주의자"라는 점을 역설한다. 그리고 "남에서는 좌익 음악가로 배척당하고 북에서는 부르주아 음악가로 숙청당했음"을 부각시킨다.[40] 김세원씨보다 늦게 6·15 공동 성명이 나온 뒤 오빠의 월북사실이 알려진 이지연 아나운서의 경우는 오빠가 남북이산가족상봉신청을 했다는 뉴스를 접하고 "언니가 어젯밤 '아버지 대가 끊기지 않았어요.'라며 통곡했다"고 전하고 있다. 이념보다는 혈육에 무게를 싣고 '북에서 성공한 오빠'보다는 '아버지 대가 끊기지 않음'을 부각시키고자 하는 모습을 보인다.[41] 즉 혈육에 대한 강한 유대를 보이면서 혈육의 이념에 대해서는 거리를 유지한다.

3) 기억만들기의 불균형

이북5도민회의 조직에 있는 월남가족과 커밍아웃한 월북가족은 '기억만들기'에서 엄청나게 다른 위치에 있음을 상징적으로 드러내준다. 물론 월남인들이 모두 이북5도민회에 등록되어 있는 것은 아니지만 이들은 이북5도민회와 이북 5도청이라는 공식기구를 통해 집단적으로 그들의 정체성을 공식화하고 있다. 집단 기억 만들기를 통해 실향민이라는 정체성을 구축하면서 반공과 반북이라는 이데올로기를 확대 재생산하는 구심점 역할을 한다. 이북5

아버지에 관한 이야기를 들은 적이 없습니다."라고 말한다. 『동아일보』 2006년 3월 8일.

39 『서울신문』 2003년 10월 9일.

40 『서울신문』 2003년 10월 9일.

41 『한국일보』 2000년 7월 18일.

도민회가 끊임없이 실향의 경험을 불러오는 '기억의 정치'가 발동하는 장이 될 수 있는 이유이다. 그러나 이 조직의 후계세대 육성은 쉽지 않다. 또한 혈육과 이념을 때로 분리시키고 때로는 미분리시키면서 길항관계를 유지한다.

한편 월북가족은 조직이나 단체가 없는 것은 물론이려니와 커밍아웃한 경우도 월북가족이라는 정체성을 매개로 한 모임은 없다.[42] 이들의 '슬픈가족사'에서 이념은 대체로 탈색되어 소개된다. 그러나 그들의 글이나 인터뷰에서 보듯이 이들 월북가족 사례들의 혈육과 이념의 길항관계는 복잡한 형태를 보인다. 정서적 이념적으로 철저한 반감을 드러내는 경우에서부터 정서적 반감과 이념적 친화, 반대로 강한 정서적 연대와 이념적 거리두기, 그리고 모든 면에서 철저한 거리두기 등으로 유형화된다. 작가 이문열은 정서적·이념적으로 철저한 반감을 드러내고 보수를 대변한다. 이 경우 개인적 수준에서는 모순을 덜 느끼겠지만 사회적 수준에서 모순과 길항관계를 가장 적나라하게 발화시킨다. 반면 작가 김원일은 정서적으로는 월북아버지에 대한 반감을 체화하도록 사회화되지만 성장하면서 이념적 친화를 보여준다. 방송인 김세원과 아나운서 이지연의 경우는 딸과 여동생이라는 성별 위치 때문인지는 모르지만 월북한 아버지와 월북한 오빠에 대한 강한 정서적 연대를 보이면서 이념적으로는 반감을 표하거나 일정한 거리두기를 한다. 정진석 추기경의 경우는 종교지도자라는 특성 때문일 수도 있지만 정서적으로나 이념적으로 모두 냉정한 거리두기를 한다. 월북가족으로서 이들이 보여주는 정서적 유대와 이념적 연대간의 길항관계는 월북가족이 처한 침묵과 기억의 정치의 복잡성을 드러낸 한 단면이라 할 수 있다.

---

42 남북이산가족 상봉 방송을 한 이지연 아나운서의 경우에도 방송 중 만난 월북가족 중 같은 분야의 예술가나 학자들하고도 만나자고 했지만 후속모임을 갖지 못했음을 실토하고 있다.

3. 월남가족과 월북가족 자녀: 비대칭적 기억의 정치

1) 자료수집

이 장의 사례는 부모세대가 월남했거나 월북한, 이른바 월남가족 자녀와 월북가족 자녀들이다. 자료는 심층면담을 통해 수집했으며 면담은 2007년 2월부터 2007년 8월까지 약 6개월에 걸쳐 이루어졌다. 이들 중 일부는 2006년도에 부모를 면담한 경우도 있기 때문에 실제 자료수집 기간은 2006년 1월부터 2007년 8월까지에 걸쳐 있다. 심층 면담은 부모세대와 관련해서는 월남과 월북의 동기와 그에 얽힌 이야기, 그들 세대에서 '월남'과 '월북'이 그들 일상에 개입되는 방식과 흔적, 가족관계 그리고 반공, 통일, 대북관계에 대한 그들의 입장 등의 질문에 초점을 맞췄다. 그러나 이러한 질문 외에 비교적 자유롭게 그들의 이야기를 하도록 했다. 구술내용은 녹취했다. 구술면담은 1회인 경우가 많았지만 이 경우에는 면담자를 소개한 사람을 인터뷰하거나 부모를 인터뷰하여 자료를 보완하였다. 절반 정도는 2회 이상 면담하였다. 면담 시간은 짧은 경우는 45분이었고 길게는 2시간 이상 걸린 경우도 있다.

월남가족 자녀는 부모 중 어느 한쪽만 월남한 경우도 해당되며, 자녀세대는 남쪽에 와서 태어난 경우와 전쟁 중 태어난 경우다. 월북가족 사례는 조부모, 부모, 삼촌 또는 형제자매 등 3촌 이내 혈족이 월북한 경우이다. 월남가족의 사례는 찾기도 쉽고 면담도 쉽게 이루어졌지만, 월북가족 사례는 만나기도 쉽지 않고 찾은 경우도 면담이 쉽지 않았다. 월남가족 일곱 사례 중 네 사례는 한 사례를 소개받은 뒤 그 첫 번째 사례가 다음 사례를 소개하고 다시 그 사례가 다음 사례를 소개했다. 그 외 세 사례는 개인적인 연줄망을 통해 소개받았다. 월북가족 일곱 사례는 연구자와 가까운 중개자가 소개해준 경우가 다섯 사례, 연구자가 직접 아는 경우가 두 사례다. 본 연구의 사례는 다른 월북가족 연구들이 주로 사용한 남북이산가족 상봉자 명단에서 선정한 경우는 없다. 구술자의 사회경제적 배경을 보면 월남가족에서는 한 사례만 빼면 모두 중산층 이상이며 응답자 7명 중 5명이 대졸 이상의 학력 소지자다(〈표 1〉). 월북가족 사례 또한 한 사례만 제외하면 모두 중산층 이상이며 응답자의 학력도 한 사례만 초등학교 중퇴이고 나머지는 모두 대졸 이상이다(〈표 2〉). 이는 연구자의 사회연줄망의 한계 때문이기도 하다.

자료 분석은 수차례의 독해를 통해 유형화하는 작업을 시도했다.[43]

2) 월남가족과 월북가족 사례들

월남한 〈사례 A〉가족은 할아버지와 아버지가 다른 가족은 두고 두 분만 함께 월남한 경우다. 〈A〉씨 할아버지는 이곳에 와서 재혼했으며 아버지는 월남 당시 중학생이었다. 〈A〉씨는 교육자 집안의 2녀 1남 중 장남이며 본인 도 대학에서 강사생활을 하고 있다. 〈사례 B〉는 함경북도 청진 태생이며 월 남 도중 아버지는 병사했고 어머니와 누이가 함께 월남했다. 〈B〉씨는 줄곧 판자촌과 달동네에 살았으며 겨우 중학을 졸업하고 막노동을 하며 살고 있 다. 〈B〉씨는 살아온 과정이나 월남가족으로서 어려움을 언어로 푸는데 서툴 러서 묻는 말에 "별로 할 말이 없다"면서 간단히 면담을 끝냈다. 〈사례 C〉는 부친이 평북 출생으로 인민군에 자원입대한 뒤 내려오자 바로 투항하여 잡혀 있다가 반공포로로 석방된 경우다. 북쪽에 부인과 세 딸을 두고 단신 월남했 던 부친은 여기 와서 재혼하여 3남 1녀를 두었으며 〈C〉씨 는 막내아들이다. 실향민을 위한 인터넷 사이트를 운영하고 있다. 〈사례 D〉는 부친이 남동생 들과 함께 월남했으며 뒤에 조부모들도 월남해서 합류했다. 부친이 함흥 학

---

43 이희영, 「사회학 방법론으로서의 생애사 재구성: 행위이론의 관점에서 본 이론적 의의와 방 법론적 원칙」, 『한국사회학』 39집 3호, 2005 ; Wengraf, T., "Uncovering the general from within the particular: from contingencies to typologies in the understanding of cases", *The Turn to Biographical Methods in Social Science*, New York: Routledge, 2000 참조.

생사건에 연루되어 소련군 수배를 받게 되어 남하할 수밖에 없었으며 육군에 입대하여 대령으로 제대했다. 〈D〉씨는 2남 3녀 중 장남이다. 〈사례 E〉의 경우는 양친이 모두 월남민으로 아버지는 함남, 어머니는 평안도 출신이며 남쪽에서 만나 결혼했다. 아버지는 6남매 중 막내로 단신 월남했고 어머니는 부모 형제 일가가 모두 함께 월남했다. 친가는 먹을 만큼 살아서 아들을 고등학교에 보낼 정도였고 외가는 대지주였다. 〈E〉씨 아버지는 초등학교 교장으로 정년퇴임했고 어머니는 보조교사를 하면서 아버지를 만나 결혼한 뒤 살림만 했다. 〈E〉씨는 2남 2녀 중 둘째며 소규모 회사원이다. 〈사례 F〉는 아버지와 어머니가 해방된 뒤 함께 월남한 경우다. 1945년생인 큰언니는 황해도에서 출생했지만 1947년생인 오빠는 서울에서 태어났고 〈F〉씨도 서울에서 출생했다. 〈F〉씨는 아버지 어머니 고향이 모두 황해도여서 황해도민회 청년회에서 간부로 일한다. 〈사례 G〉의 부모는 모두 일본에서 유학한 지식인이며 양가가 모두 북쪽에서 소문난 부호였다. 어머니 쪽은 일가 42명이 내려왔고 아버지 쪽은 남동생과 여동생 1명이 함께 월남했다. 〈G〉씨는 2남 3녀 중 막내며 서울에서 출생했지만 큰언니, 큰오빠는 해주에서 출생했다.

월남가족 사례는 몇 가지 상이점에도 불구하고 가장 큰 공통점의 하나는 가족 중 미국 거주자가 많다는 점이다. 월남 사례 가족 중에 미국에 부모형제 자매 등이 가 있지 않은 경우는 생활보호 대상자인 〈B〉씨 한 집 정도다. 〈A〉씨는 월남한 친척이 많지 않지만 월남한 친척 중 이모들이 미국에 거주하고 있으며, 〈C〉씨와 〈D〉씨는 형제 한 명, 〈E〉씨는 두 명, 〈F〉씨는 작은 아버지 고모 두 명은 미국, 작은 아버지 한 명은 캐나다에 산다. 〈G〉씨는 어머니와 언니 2명이 미국에 있어서 한국에는 혼자만 남아있다.

<표 1> 월남가족 구술자 기본 인적사항

사례	학력	성별	출생 년도	부모 고향	직업	월남 당시 가족배경	월남자 관계	월남년도
A	대학원	남	1965	황해도	대학 강사	지주/과수원	조부/부	1950/전쟁 중
B	중졸	남	1948	함경도	일용노동	여관업	모	1949/전쟁직전
C	대졸	남	1961	평북	자영업	지주	부	1953/반공포로석방
D	고졸	남	1953	함남	회사원	지주	부/모	1948/반탁운동
E	대학원	남	1959	함남	교수	부농	부	1951/1·4 후퇴시
F	대졸	여	1949	황해도	전직교사	지주	부/모	1947/전쟁 전
G	대학원	여	1960	평양	교수	대지주	부/모	1948/전쟁 전

　월북가족의 〈사례 가〉는 아버지가 이름난 남로당 간부였기 때문에 초등학교 때부터 사찰대상이어서 가족보다 국가기관을 통해 아버지의 정체를 알게 되었다. 〈가〉씨 집은 아버지 뿐 아니라 삼촌과 고모 그리고 외가 쪽으로 외삼촌과 이모도 월북했다. 〈가〉씨는 연좌제에 걸려 직장생활에 어려움을 겪었고 현재는 작은 식품 공장을 하고 있다. 〈사례 나〉는 아버지가 부인과 자녀를 두고 월북했으며 북한의 인민배우였다. 전쟁 중 남동생은 병사했고 어머니는 〈나〉씨가 대학 졸업반 때 재혼했다. 〈나〉씨는 자녀들을 출가시킨 후 남편과 함께 부동산중개업을 하고 있다. 〈사례 다〉는 둘째 큰아버지가 월북했으며 고향에서 빨갱이 집으로 낙인 찍혀 힘든 어린 시절을 보냈다. 고향을 떠나고 30년 동안 고향에 가지 않았다. 신원조회에 하자가 있어서 변변한 직업 갖기도 힘들 거라고 생각했고 실제로 고등학교 교사 임용이 안 되어 고전했는데 어렵사리 모교에서 대학교수가 될 수 있었다. 〈사례 라〉의 경우는 '월북가족'이라고 자인하고 싶어 하지 않는 사례다. 〈라〉씨 아버지는 남로당 지역 위원장을 지냈으며 인천 정치범 수용소에서 복역 중 1·4후퇴 때 행방불명됐다. 〈라〉씨는 대학졸업을 하고 은행에 취직을 했으며 IMF때 명예퇴직했다. 한국전쟁 후 20여년 정도 지난 뒤 아버지 사망신고를 했다. 〈사례 마〉는 오빠가 월북한 경우로 이산가족 상봉을 진행한 방송인이다. 〈사례 마〉는 기

억이 시작되는 때부터 '보안대'라고 불리는 곳에서 파견 나온 아저씨들과 함께 놀면서 자란 경험을 가지고 있다. 〈사례 바〉는 할아버지와 삼촌이 월북했다. 〈사례 바〉의 할아버지는 제주도 사람으로 일본에서 상당한 재산을 모아 해방 후에 돌아왔으며 제주 4·3 사태를 피해 전북 이리 지역에서 사업을 했으나 한국전쟁 중 인민군이 되어 포로로 잡혔으나 북쪽을 택한 경우다. 〈사례 바〉는 그러한 월북자 아들의 큰 딸이다. 〈사례 사〉는 고향 김포에서 아버지와 형제자매 등 여섯 명이 월북했으며 남쪽에 남은 가족은 아버지를 따라 나설 기회를 놓친 본인과 형수, 어머니였는데 어머니는 학살당했다.

〈표 2〉 월북가족 구술자 기본 인적사항

사례	학력	성별	출생년도	출생지	직업	월북자 당시 신분 / 직업	월북자와의 관계	월북년도
가	대졸	남	1944	전남	자영업	지주 / 남로당 간부	부	1947/ 1·4후퇴시
나	대졸	여	1949	서울	중개업	예술인 / 인민배우	부	1949
다	대학원	남	1959	전북	교수	농민 / 인민위원	백부	1951/ 1·4후퇴시
라	대졸	남	1949	경남	회사원	제철소 / 남로당 간부	부	1951/ 1·4후퇴시
마	대졸	여	1948	전북	언론인	학생	오빠	1953 (포로 북송시)
바	대학원	여	1960	제주	전직 교사	사업 / 제재소	조부	1953 (포로 북송시)
사	초등학교 중퇴	남	1938	경기도	농업	지주 / 면장	부 외 형제자매 5명	1951/ 1·4후퇴 전후

월북가족은 공통되게 미국에 살고 있는 가까운 친척이 있는 경우가 거의 없으며 해외 친척이 있는 사례는 연좌제가 풀린 후 1990년대 이후에 〈가〉씨 이민 가족이 맏을 따라 호주로 이민한 경우 정도다. 그 외는 〈사례 바〉에서 보듯이 일본에 사는 친척이 있는 경우다. 연좌제 등에 걸려 일찍이 외국으로

나간 경우가 없기 때문이다. 손자녀 세대에서는 해외 유학중이거나 해외 지사에 나가있는 경우들이 있다.

3) 월남가족: '실향'과 반공이야기의 일상화

(1) '반공전사'의 후예

월남가족 자녀들 중 〈사례 C〉, 〈사례 D〉, 〈사례 E〉, 〈사례 F〉는 정도의 차이는 있지만 모두 "북쪽에서 잘 살았고" 북쪽체제는 "절대 사람이 살 수 없어서" 내려 왔으며 "철저하게" 반공적이고 "북한 돕기에는 반대"하는 입장의 이야기를 했다. 이들은 부모들로부터 월남한 이야기를 수시로 듣고 자랐으며 부모님 세대는 "철저하게 보수, 보수라기보다─ …… 예, '반공적이다'는 것은 공통적으로 다 깔고 있고 '아마도 저희도 좀 강하죠.'"라고 말한다.

〈사례 C〉의 경우 반공 포로 출신인 아버지는 이승만 정권에 대해 절대적인 지지자여서 〈C〉씨가 대학 때 정치학과에서 배운 지식으로 비판하다가 대학 등록금도 대줄 수 없다는 말을 들었다.

> 아버님은 (정치에 별 관심이 없는 분이지만) 딱 유일하게는 반공 저기가 강하시고, 그니까─ 이승만대통령에 대한 절대적인 저기가 있죠, 애정이 있으시죠, 왜냐하면 거제도 반공포로 석방을 이승만대통령이 했으니깐. 그분에 대한─ 과거 치적이나 그 저기는─ 생각 할 필요가 없으세요, 아버님은, 무조건 당신을 구해준 사람, 은인. 그래서 제가 한번은, 정치학을─ 대학교 1학년에 들어가 하다보니까 이제, 우리나라─ 정치를 조명을 해보면 사실, 초대대통령이 이 사회의 정치구조를─ 잘못─ 물고를 잘못 튼 부분이 많이 있지 않겠냐고, 그런 얘기를 저도 이제 컸다고 머리 컸다고 아버님한테 했다가, 아버님한테─ 학교 그만두라는 얘기까지 들었죠, 그 따위, 그 따위 걸 배우려면─ 학교 다니지 마라, 등록금 안대준다. 그러셨어요.

북쪽에서 반탁 학생운동을 하다가 월남한 〈사례 D〉의 아버지는 손자들을 위해 월남배경과 가족사를 편지 형식으로 남겨놓았다. 〈D〉씨는 부모님에 대해 "이제– 철저하게 북한쪽에서 당하고 내려오신. 그니까 당하고 내려오신 분들은 재산이 있는 실향민이세요, 어르신들이, 뭐 다 있는 유산 다 뺏긴다든지 아니면 자기 혈육이 처형을 당한다 이런 저기를 당하고 내려오신 분이라, 북한쪽에 원조라든가 쌀 보내기 하는 거에 반대하고 자기도 정부차원 지원을 반대한다."고 말하고 있다.

〈사례 E〉도 비슷한 입장을 보인다. "저는 개성공단에 반대입니다. 개성공단이라는 그 자체가– 북한 쪽 사회를 변화시키고자 하는 작은 저의는 되겠지만, 제가 봤을 땐 북한주민한테도 큰 도움이 안 된다고 보고 있죠. 저도 좀 이게– 감정적인 부분이 실려서 그런지 모르겠는데"라고 말하면서 북한의 남북개발에 임하는 자세가 진실성이 없다고 본다.

〈F〉씨는 "엄마한테 귀가 딱지가 앉도록 애기를 들은 건데…엄마(친정) 댁이 잘 살았거든요. 외할아버지 댁이 잘 살아서 지금 연백, 황해도 가면은 땅이 많은가 봐요. 그 땅이 많은데, 아버지가 아마 8·15 해방되고 남북이 갈리니까 소련군이 와서 김일성 체제가 됐잖아요? 그래서 거기 생활이 안 맞죠. 47년도에 내려온 것 같아요. 이북하고 사상이 안 맞죠."라는 말로 이야기를 시작했다. 〈F〉씨는 그러면서 자기 가족이 얼마나 보수적인가를 자랑스럽게 설명하면서 그 보수성이 "피인 것 같다."는 말을 한다.

> 큰 이모랑 엄마랑 같이 모시고 다니면서 애기를 하는데, 그리고 뉴스 같은 것을 보면 분노를 잘하고 선거 때 되면 누가 되어야 된다고 그리고 이런 애기하잖아요. 그런데 우리는 생각이 다 똑같은 거에요… 그러니까 애기를 안 해도 아니까, 물어보질 않았던 거에요. 저는 어려서부터 배운 게 '북한은 이러이러한 생활을 한다.' 이런 게 있었기 때문에 '엄마, 이랬어? 저랬어?' 지금 애들 같으면 물어볼지는 모르겠지만 항상 머릿속에 들어 있는 게 있기 때문에 구체적으로 물어보지는 않은 것 같아요… 그냥, 체제, 북한 체제,

그러니까 우리는 다 경험하고 나와서 거기서는 절대 못 산다. 그렇게 얘기를 하지... 저희 집 애들은 뭐 당연히. 이념 성향은 저희랑 똑같은 거죠. 저희가 집에서 흐름이 그렇게 흘러가니까 평상시... 이념적 얘기는 안하죠... 집안의 흐름이 그렇게 흘러가니까 자기네들이 듣고 판단을 하는 거죠... 우리 세대는 거의 보수거든요? 보수인데, 친구들 자식들은 거의 많이 진보 쪽으로 찍더라 고요. 근데, 우리 애들은 어떻게 우리말을 잘 듣는지 몰라요. 그거는 피인 거 같아요.

(2) '탈'월남가족: 유동적인 정체성

월남가족 자녀 중 〈사례 A〉, 〈사례 B〉와 〈사례 G〉는 '월남가족'이라는 정 체성이 약하다. 특히 독일에서 유학한 〈사례 A〉와 프랑스에서 유학한 〈사례 G〉는 그동안 반공교육에 대한 탈세뇌를 경험했으며 가족분위기 또한 보수적 이지 않다. 반면 월남 이후 계속 달동네를 전전하며 살아온 〈사례 B〉의 경 우는 월남한 가족이라는 사실에 대해 "먹고 살기 바빠서 그런 생각 같은 것 해본 적 없다" 등으로 월남가족의 정체성을 보이지 않는다. 〈사례 A〉는 독실 한 기독교 가정에서 자랐지만 월남민들이 주축이 된 보수적 교회와는 거리를 둔 집안이었고 〈A〉씨 아버지는 진보적 색채를 지닌 대학교수다. 〈A〉씨는 월 남가족 경험과 북한에 대한 입장을 이렇게 정리한다.

옛날에 할아버지와 아버지랑 대화하신 내용이 정확히는 기억이 안 나도 대강 그때쯤부터 월남한 가족임을 알고 있었으니까 뭐 초등학교 들어오기 전부터 알고 있었죠- 아버지 같은 경우는 할머니 말씀을 자주하시고 할머니에 대한 그리움이 강하시구요... 그리고 뭐- 저 같은 경우는 완전히 서울에서 자랐으니까- 태어나고 자랐으니까 별로 뭐, 그쪽 가족에 대해서는 만나본 적도 없고 별 생각이 없었죠. 그냥 말씀하시니까 그런가보다...

〈A〉씨는 월남가족이라는 정체성에 대해 반공교육 같은 게 굉장히 강했던 시절이었기 때문에 북쪽에서 왔으니까 간첩이 아니냐는 놀림 같은 것을 받은 초등학교의 경험을 털어놓았다.

학교에서도 월남한 가족에 대한 조사도 있었고 맨날 반공 포스터 같은 거 그리고 그러면- 글쎄 뭔가- 우리 가족들이야 뭐 원래 공산당이 아니었겠지만 허허- (웃음) 북쪽에 있는 사람은 다 공산당으로 간주하는 그런 시절에 살던 사람으로서는-. 아무래도 뭐- 어렸을 때는 헷갈리죠 뭐. 전부다- 어린 마음에는- 잘 모르니까- 괜히 오해받을까봐 우리 가족이-. 그리고 실제로 아이들은 그런 게 놀림대상도 되거든요- '너희할아버지 간첩 아니냐.'라던가 이런 거 허허-. 농담으로 애들이... 저는 뭐 완전히 그냥- 서울 토박이가 갖는-. 최고의 우- 우쪽에 있고... 그렇지만 그 북쪽에 있는 식구들이 아니라 모든 북한 사람들도 우리가 포용해야 되는 같은 민족이라 생각하고... 저는 개인적으로는 사람이 이념에 의해서 뭐 서로 갈라지고 죽이고 하는 거 자체를 싫어해요. 북한에 대해서 그리고 북쪽 가족에 대해서 별 생각이 없었어요. 사실 알고 보면 우리 셋 (형제자매) 다 그렇게 크게 관심은 없는 거 같은데- 저는 아무래도 나이가 좀 들고 통일이 언젠가 이뤄질 거란 그런 생각이 들면서 뭔가- 제가 첫째로서 통일이 되었을 때 분명히 남한 식구들이 북쪽 가족을 찾는 일에 힘써야 하고- 뭔가 우리가 도울 수 있는 일이 있으면 그들이 정착하기 전까지 생활기반이 좋아지기 전까지는 뭔가 도와줄 수 있는 길이 있으면 좋을 거 같단 생각이 들어요. 아버지께서 그런 걸 당부를 하시기도 하시고-

〈사례 G〉는 '실향민'이라는 정체성을 가진 적이 없고 스스로 반미주의자라고 말한다. 〈G〉씨가 기억하는 부모의 월남 동기는 "영화를 하기 위해서였다." 〈G〉씨 부모 집은 평양에서도 알아주는 대지주였지만 〈G〉씨 아버지가 "사상적으로 좌파적"이었다고 털어놓기도 했다. 〈G〉씨 아버지는 영화감독 및 제작자였는데 일찍 세상을 떴다. 〈G〉씨 집안에서는 "월남했다"는 사실 보다는 "이북에서 대단한 부자였다"는 사실이 그녀의 어린 적 기억을 압도한다. 몇 살 때부터인지도 기억할 수 없지만, 학교 들어가기 전 아주 어려서부터 말하자면, '우리는 이북에서 대단한 명문가에 대단한 부자인데, 그게 북쪽에 있고 전쟁 때문에 그걸 잃어버렸다' 는 이야기가 그냥 일상이었다. 무언가 궁상스런 느낌을 주는 '실향민'이라는 단어도 집에서 잘 쓰지 않아서 명절이면 언론에서 사용되는 것을 보고 자기 집이 '실향민'에 들어간다는 것을 안 정도다. 〈G〉씨는 고향을 묻는 질문에는 언제나 "일단 서울" 이라고 답한다. 그러나 친해서 재미있게 자기 자신을 보여주려고 할 때 "사실 나 부모님(고향)은 평양과 해주다."라고 말한다. 고향을 한 가지만 고르라고 그러면 "서울"인데 그러나 괄호 속에라도 이북임을 넣어야할 것 같은 그런 기분을 느낀다.

"반공주의자가 아니라 반미주의자"라고 자기 정체성을 밝힌 〈G〉씨는 반미적인 성향이 강하고 냉전 이데올로기에서 벗어난 동기에 대해서는 "공부하면서 스스로 발견했다"고 털어놓는다. 프랑스 유학에서 일련의 좌파 계열 학자의 영향을 많이 받았다면서 그전에는 학교에서 배운 거에 준해서 알았는데 그것이 잘못 되었다는 것을 그때 알게 되고 "그동안 알고 있던 거에 회의가 들고 바보같이 몰랐다는데 대해 창피해 하게 되었다."고 털어놓으면서 "세뇌된 것을 탈세뇌해야 된다"고 말한다. 한국에 돌아와서 "반미"로 분류될 수 있는 사람들을 만나고 활동반경도 넓히게 된다. 〈G〉씨 자매들과 어머니는 모두 미국에 살고 있으며 〈G〉씨의 (반미적인) 활동이 언론에 보도되면 미국에 살고 있는 언니나 어머니로부터 '너무 반미적으로는 하지 마라.'는 걱정을 전화로 듣는다. 그러면 〈G〉씨는 "반미적으로 한 게 뭐 있어,"하면서 '이러다가 식구끼리 깨지면 안 되지'하는 생각이 들어 대화를 다른 데로 돌릴 때가 많다.

4) 월북가족 : 분단 현실의 일상화

(1) '빨갱이' 가족으로 살기

〈사례 가〉는 "내가 조사를 많이 받았잖아요."로 구술을 시작했다. 〈가〉씨는 초등학교 3학년 때부터 조사받으러 고향 지서로 불려 다녔다. 〈가〉씨는 "바, 밤만 되면은 총 들고 순경들이 오고 그러니까. 우리가 어려서도 방에서 오들오들 떨고 있으면, 문을, 문을... 딸깍딸깍딸깍 문고리를 이래. 그러면 또 나가야 해. 어머니가 안 계시면 누나가 항상 당하고 하다가, 누나가 시집 가고 이제 머시마 (사내아이)라고 내가..."라면서 어릴 적을 생생하게 묘사했 다. 〈가〉씨는 중·고등학교 시절 공부도 잘 했고 K대 법대를 가고 싶었지만 고시해봐야 임용도 안 될 것이고 집안 사정도 어려워 장학금을 받고 지방대 학 공대에 진학했다. 전교 수석으로 졸업하게 되자 학교에서 대학원 진학을 권유하고 그 대학 부속 전문대 교수로 발령도 해주었다. 부임하게 된 대학의 교무처장과 고등학교 3년 동안 담임하신 분이 보증을 서주었다. 석사를 마친 뒤 같은 재단이 운영하는 4년제 대학 교수가 되었지만 대학교수직에 오래 머 물지는 못했다. 간첩사건이 터진다든지 하면 한 달 전부터 조사가 나왔고 재 직하는 대학에서 데모가 나면 강의하다가 불려 나와야 되는 상황이 되풀이 되어 교수직을 그만두었다. 신원 조회가 좀 느슨한 사기업으로 옮겼는데 한 창 수출 붐이 일 때여서 기업체에서는 해외 출장이 잦았다. 차례가 올 때마다 온갖 핑계를 내면서 빠져야 하는 것이 가장 큰 고역이었다.

　대학시절 데이트를 하게 되었을 때는 만나자마자 먼저 한 말이 "자기는 결 혼도 못할 몸"이라고 상대편에게 말하는 것이었다. 상대편은 빨갱이가 뭔지 도 모를 만큼 이념의 문제와는 거리가 먼 집에서 자라 '빨갱이 가족'의 의미 도 그 고통도 모르기 때문에 그렇다고 결혼 못할 이유가 되느냐면서 데이트 를 했고 결혼도 했다. 결혼한 뒤에야 그 이유를 이해하게 되었다. 〈가〉씨 아 버지 이야기는 집안에서 철저하게 금기시되어서 〈가〉씨의 아들, 딸은 얼마 전까지도 할아버지가 바람을 피워 딴살림을 차리고 호적까지 파가버린 사람 으로 알았다. 〈가〉씨 어머니가 워낙 완강하게 입을 다물고 집안에서 입단속 을 했기 때문이다. 특히 〈가〉씨 어머니는 손자에게 해가 될까봐 그런 이야기 는 입 밖에도 내지 못하게 했다. 〈가〉씨 어머니는 〈가〉씨에게 그랬듯이 손자도 인문사회 쪽으로 진학하지 않기를 원했다. 〈가〉씨 또한 마찬가지여서 아들이 공대로 간다고 했을 때 다행이라고 생각했다. 〈가〉씨의 딸은 사회과학 계열로 갔다. 여자애여서 큰 문제가 없을 것이라 고 생각하고 막지 않았다.

남북정상회담이 열리고 〈가〉씨 아버지가 북쪽에서 사망했다는 국제 앰네스티 보고서가 나오면서 더 이상 안기부나 경찰에서 사찰이 없어졌다. 〈가〉씨 아들은 아주 최근에야 이제 "애들도 클 만큼 컸으니까" 알아도 될 것 같아서 어느 날 할아버지가 '월북한 누구'라는 이야기를 했다. 그들 나이 서른세 살과 서른다섯 살이 된 때였다. 〈가〉씨는 아버지 때문에 본인이 고초를 겪은 것은 그래도 참을 만 했지만 자녀들에게까지 짐을 주고 싶지는 않았다. 그래서 딸이 대학 다닐 때 총학생회장에 입후보하는 것을 극구 만류했다. 이유를 말하지 않고 무조건 안된다고 막는 아버지의 반대를 이해 할 수 없는 딸과의 갈등이 극심해서 부녀간에 한동안 말도 안하고 지낼 정도였다. 그런데도 〈가〉씨는 딸에게 당신 아버지에 대해 말하지 않았다. 〈가〉씨의 딸이 다니던 대학은 1990년대 초 한총련 집회의 중심에 있었고 "연일 불순세력의 배후조정설"이 신문에 오르내릴 때였다. 초등학교 3학년 때부터 경찰서에 불려 다녔고 대학 전공도 가장 비정치적인 공학을 택했음에도 박사학위조차 끝낼 수 없었던 〈가〉씨로서는 행여라도 딸이 '빨갱이 집' 자손으로 '어떤 사건'에 묶일까봐 절대로 "앞에 나서지 말라"면서 총학생회 선거기간동안 가택연금을 시키면서 막았다. 그때 그 딸은 아버지가 여자여서 험한 운동판에 나서지 못하게 막는 줄만 알았다. 딸이 출가하고 아이를 낳은 얼마 전 〈가〉씨는 딸이 시집갈 때도 하지 않았던 할아버지 이야기를 털어놓았다. "딸은 눈물만 흘렸다." 〈가〉씨는 북쪽과 관련된 발언, 또는 통일에 대해서조차 어떤 발언도 하고 싶어 하지 않는다. 명절에 임진각에 가지만 월남민들이 망향제 지내는 곳에서 멀리 떨어져 북쪽을 향해 절을 하고 돌아온다. 금강산 관광도 북한 땅 밟는 것이 "저어해서" 하지 않았다.

〈사례 다〉의 경우는 월북자가 아버지가 아닌 큰아버지인데도 '빨갱이 가족'으로서 살아가야 하는 어려움을 일찍부터 경험했다. 〈다〉씨는 둘째 큰아버지가 인민군이 되어 월북하는 과정을 실제로 본 듯이 구술했다.

그, 우리 큰집에 큰형님이지, 그분이 제… 6.25가 나자, 학도병으로 곧 바로 이제, 소년병으로 들어갔다가… 손가락에 부상을 당해가지고, 돌아왔어요. 돌아와서 이제 고창군 상이용사 회장을 하게 되었는데 빨치산들의 표적이 됐다 하더라고요. 근데 어머니 말에 의하면, 6.25 난 가을에 피난을 갔는데, 그 쪽(빨치산)에서 와서 다 죽인다 하니까, 둘째 큰아버지가 나가서 완장을 차고, (힘없는 웃음) 살아남았다고… 바로 그 둘째 큰아버지가 인제-(입을 다시고) 1·4 후퇴 때 빨치산 퇴각할 때 변산반도에서 이북으로 가는 길이 차단이 된 적이 있었어요. 무장 고창 쪽에서 차단을 해서, 그 사람들을 어디로 몰았냐면은, 지금 그… 선운사 입구에 선운사 못 가서 저수지가 있습니다. '알매'라는 데가 있어요. 우리말로는 '알미장', '알미장터' 옆 저수지, 그리로 몰아서 다… 죽인 거예요. 스스로 자살하게 하거나. 글쎄, 거기서 건진 시체가 뭐 한 2,000구 가까이 될 거예요. 2,000. 엄청나죠. 그걸 '알미장터'에 건서다 놓고, 확인하고, 찾아가라고 했대요. 우리 집안사람, 이제 형제들이 가서 다 찾은 거예요. 한 달 동안. 큰아버지, 있나, 없나. 못 찾았어요. (쓴웃음) 나와야하는데 안나오니까. 문제가 되버린 거죠. 나왔으면 문제가 될 게 없는데, 안나오니까 문제가 됐고, 그 바람에 행불 처리가 된 거죠. 그래서 북으로 넘어갔다고 그러니까 둘째 큰 집은 이제 완전히 소위 '붉은' 집안으로 찍혀가지고…

그가 첫 번째 인터뷰 때는 둘째 큰아버지가 월북했다는 증거가 있기보다는 시체가 없어서 행방불명 처리되어서 월북자가 된 것처럼 애매하게 답했다. 그러나 두 번째 인터뷰에서는 보다 정확하게 둘째 큰아버지가 월북할 수밖에 없는 정황을 이야기했다. 둘째 큰아버지가 중간에 내려온 적이 있었다는 것이다.

그전에, 중간에, 큰아버지가 한번 왔었대요, 집에. 큰어머니가 나중에 인제, 오랜 세월이 지나가서 하는 얘긴데, 왔었답니다. 근데 큰어머니가 무서우니까, 당신 여기 있으면 죽으니까 가라고 했던 거 같아요. 그러니까, 도로 들어간 거지. (입을 다시고) 그래서 결국엔 그게 마지막이 됐다고 그러는데, 에… (잠시 침묵) 게, 인제, (다시 입을 다시고) 큰아버지는 영영 돌아오지 못했고, (숨을 들이쉬고) 집안에서 인제 … 왜 중간에 왔을 때 안 잡았냐—(그랬지만) 내가 봤을 때, 그때 잡았어도 아마… 단순 부역한 사람들도 전주까지 가가지고 안 죽을 만치 맞고 오고했는데. 완장 찬 사람이 살아남겠어요. 그러니까 큰어머니가 안 잡은 거죠.

그 큰아버지한테 아들 둘이 있었는데 큰어머니가 데리고 일찌감치 고향을 떠났다. 둘이 다 베트남전에 참전했다가 돌아왔다. "학교도 제대로 못 다닌 그들이 할 일도 마땅찮으니 전쟁에나 나갔던 것 같다"고 설명했다. 고향마을에서 '물든 집'으로 찍혀 숨죽이며 살던 다른 사촌들도 일찌감치 고향을 떠나 서울에 정착했다. 이발사였던 큰집의 큰형은 서울로 올라와 봉천동 달동네에서 유지 노릇을 했다. 그리고 선거 때마다 언제나 여당 국회의원 선거운동을 했다. 〈다〉씨는 그들이 그 길을 갈 수밖에 없었다는 이야기를 했다. "살기 어려우니까. 그건 당연한 거라 봐야죠. 본래 어려운 사람들이 더군다나 도시로 몰려와 살면서… 그런 식으로라도 사회에 편입되고 싶은 거지요. 저는 그거 당연하다고 봅니다."라는 말로 왜 '물든 집'으로 찍힌 사람들이 정치적으로 보수화될 수밖에 없는가를 설명했다.

〈사례 사〉는 3남 3녀의 다섯째였는데 아버지와 둘째형, 누나 둘, 막내 동생, 큰 형님의 딸 등 6명이 모두 북쪽으로 올라간 경우다. 아버지가 면장으로 인망이 있었는데 인공 치하가 되니까 자연스럽게 면인민위원장을 맡았다가 국군이 들어오자 북쪽으로 갔고 잠깐 다시 내려와 집에 있던 가족 모두를 데리고 갔다. 그 때 마실가고 집에 없었던 〈사〉씨와 어머니, 형수만 남게 되었는데 어머니는 학살당했고 〈사〉씨는 혼자된 형수와 둘이서 살아남았다.

〈사〉씨는 그때의 이야기를 자랑일 것도 없어서 자식들한테도 말을 안했다면서 어렵사리 입을 열었다. 어머니의 학살과 아버지의 월북, 그리고 자식에게까지 뻗힌 월북가족의 아픔을 힘들어하면서 털어놓았다.

청년단이 와 가지고서는 찾다가― 없어졌다 그랬잖아요. 아버지가 이북으로 가신거에요. 그러니까, 어머닐 막 붙잡아간거야 청년단에서... 경찰이 들어오기 이전에 각 동네마다 청년단이 생겼었어요. 그래가지구 그 사람들이 ― 살림을 그냥 몽땅 다― 하다못해 다듬이돌까지도 다 가져갔어요. 아주 빈껍데기만 남기고 다 가져갔어요. 그리고 우리 어머니를 붙잡아 간거야. 갔다가 그― 면사무소 밑에 창고가― 저― 지금으로 말하면 콘테이너 박스 2개가 있었어. 창고가― 그래 거기 나는 밥을 가지고 다닌거지. 그러다가 어느날 누군가가 너― 어머니 다른데 가셨다 이제 밥 안가져와도 돼 그러더라구. 아 그런데, 밥그릇을 들고 돌아서는데, 눈물이 그냥 핑 쏟아져― 1차로다가 총살 시킨거야... 〈중략〉......

아이들은 뭐 아는지 모르는지― 그 뭐 내가― 어떻게 그걸 너 그거 아느냐고 물어본 적도 없고― 그렇지 않겠어요? 상식이지― 그거, 모르는게 좋은거지. 아는게 좋은건 아니잖아요. 입장을 바꿔놓고 한 번 생각을 해보세요. 그 입장이 되보면은 그걸 얘기하고싶지 않은거야 서로― 그리고 내 이것도 왜― 진상위원회에서 한 번 얘기를 했었기 때문에 그렇지 않을거 같으면 와서 얘기 안하지 뭐― 좋은거라고― 허기 싫은 얘기― 예를 들어서, 음― 그럼 한마디로 얘기해서 빨갱이, 빨갱이 자식인데― 그 뭘 우리 아버지 빨갱이 했다고 나서서 얘기를 할 사람이 어디있어. 예를 들어서 이북에 갈 것 같으면 내가 얘기를 할 수 있지 떳떳이. 그래 여기서 뭘 이렇게 내가 떳떳이 누구한테 얘기를 할 필요가 뭐 있느냐 이런 얘기야. 사위고 뭐고 알았으면 아는거고, 몰랐으면 모르는거지―... 〈중략〉......

우리 아들이 군인가서 최전방에 있었어. 보안대에서 자꾸 전화가 오더라구. 그래서 한번은 그냥― 스무스하게 다 들취내려 왔길래 다 드러냈고.......
또 전화 왔길래 전화해서 막 욕을 했어요. 너도 상사인 것 같으면 나이 좀 먹었겠는데― 어떻게 자꾸 그런 얘기를 하느냐 그러면 걔를 후방으로 빼라― 왜 최전방에다 놔뒀어 그럼 이북으로 넘어갈까봐 걱정되면 후방으로 빼내라

나쁜 놈의 새끼들 개는 알지도 못하는 건데— 개한테 그 무슨 상처를 줄라고 너희들이 자꾸 묻는게야, 그리구서는 수화기를 내가 탁 내려놨지 그 후로는 오지도 않아.

(2) 가족에서 '월북' 밀어내기

월북가족 중 〈사례 나〉, 〈사례 라〉, 〈사례 마〉, 〈사례 바〉는 '월북가족'으로 크게 고통을 받지 않은 경우다. 이들 중 〈사례 라〉만 빼면 모두 여자다. 〈나〉씨는 자유로운 예술가인 아버지에게 "북쪽은 참 맞지 않을 것"이라는 말로 이야기를 시작했다. 〈나〉씨는 아버지의 월북에 대해서 거의 아는 게 없다. 어머니가 아버지에 대해 별로 얘기를 해주지도 않았고 어떤 분이란 얘기도 안하고 그저 "뭐 니네 아부지는 현실적이지 않다—" 그런 이야기만 던지듯이 했다. "어떻게 해서" 아버지가 그쪽으로 가셨다는 것을 스스로 알게 되었다. 처음에는 그냥 혼자 막연하게 그러려니 생각했으며 고등학교쯤 돼서 "가셨다"고 생각했다. 〈나〉씨가 아버지에 대해 어머니한테 들은 유일한 긍정적 표현은 "그 쪽에서는 인정을 해줬다."는 말 뿐이었다. 〈나〉 씨는 어릴 때부터 주변 친구들하고는 달리 이북에 대해 이상한 나라라고 생각하지는 않았다. "거기도 사람 사는 덴데..." 여기보다는 불편하고 성격적으로 안 맞을 꺼 같고, 너무 사람들이 빡빡하고 재미없겠지만 그렇게 굶어죽을 정도는 아니고..." 라고 생각했다. 그러나 아버지가 이념적으로 맞아서 간 것이라고 인정하지 않았다.

〈나〉씨는 특별한 사찰을 받거나 불이익을 당한 적은 없으며 친구들한테도 아버지에 대해 이야기 한 적이 없었다. 누구에게도 아무 이야기도 안하고 지금까지 살고 있다. 결혼할 때 잠깐 문제될까봐 걱정했지만 시댁에는 알리지 않고 남편만 아는 것으로 끝났다. 남편이 해외출장 때 혹 연좌제에 걸리나 마음을 졸였는데 다행히 그런 일은 일어나지 않았다.

〈사례 라〉의 경우는 1.4후퇴 때 사라진 아버지가 남로당 ○○지역위원을 지낸 것은 인정하지만 아버지의 월북은 인정하고 싶어 하지 않는다. 〈라〉씨는 항일 독립운동 유공자인 할아버지에 얽힌 가족사는 길게 이야기 하지만 아버지에 대한 이야기는 말을 아꼈다. 〈라〉씨는 아버지가 1.4 후퇴 당시 인천형무소에서 정치범을 풀어줄 때 "어떻게 된 것"이라고만 했다. 월북해서 살아있을 가능성을 배제하지 않아 사망신고도 전쟁 후 20년이 지난 뒤에 했지만 아마 "돌아가셨을 것"이라는 말로 월북가족과 선을 긋고자 했다. 그러나 〈라〉씨는 취업할 때 혹 연좌제에 걸릴까봐 늘 불안하게 지냈다는 이야기를 털어놓았고 〈라〉씨 어머니는 기회만 있으면 아버지는 전쟁을 겪으면서 "그 쪽 사상을 버렸다"고 자식들을 안심시켰다. 그래서 당신이 여맹위원장 같은 것도 안했고 동네 사람들이 어머니에 대해 사상이 깨끗하다고 증언해서 당신과 자식들이 산 것이라는 말로 아버지의 정치색을 탈색시켰다.

〈사례 마〉는 자기를 투명인간이라는 말로 이야기를 시작했다. 기억이 시작되는 때부터 보안대원이 집에 와서 살아서 가족원의 일거수일투족을 감시했기 때문에 어느 것도 감출 수가 없었다. '월북한 오빠를 둔' 여동생은 대한민국에서 아무것도 감출 것이 없어야 한다는 생각을 철들면서부터 가지게 되었다. 〈사례 마〉의 집안은 어느 날 전쟁 중에 사라진 오빠가 일본에서 편지를 보내 왔다고 보안대에서 찾아온 때부터 투명유리 속의 '월북자 가족'이 되었다. 그 당시 보안대라고 불리던 군특수정보부대 아저씨들이 집에 상주하다시피 했고 〈마〉씨는 그 아저씨들과 친구하며 살았다. 보안대에서 온 아저씨는 〈사례 마〉가 어렸을 때 목마도 태워주고 같이 놀아도 주면서 "오빠가 나타나면 곧 연락하라"고 말했기 때문에 "(월북한) 오빠 오면 당연히 신고한다."고 생각하며 살았다. 작은 도시에서 '월북한 아들 있는 집'으로 소문이 있었지만 방송국에 있는 아버지 친구가 고등학교 때부터 방송반에서 활동하던 〈마〉씨를 일찌감치 눈여겨보고 입사시켰다. 실력을 인정받아 서울로 진출했다. 서울 와서는 집 대신 방송국 앞 다방에 안기부 직원이 매일 출근해 있어서 출퇴근시 그곳에 들러야 하는 수고를 했다. 다행히 방송국에는 안면

지지 않았는지 아무 이야기가 없었다.

〈사례 바〉는 제주도에서 출생했으며 할아버지가 한국전쟁이 끝나고 반공 포로 석방이 있을 때 남쪽 가족을 택하지 않고 북으로 가는 바람에 '월북자의 아들의 딸'이라는 '월북가족의 일원'으로 자랐다. 일제하에서 일본으로 건너 가 정착했던 〈바〉씨 할아버지는 1945년 해방되자마자 "빨갱이 물이 들어서" 고향 제주도로 돌아왔다. 제주시에서 버스로 한 30분 거리에 있는 고향 마을 에다가 제재소도 짓고 집도 지었지만, 제주 4.3항쟁(이하 4.3 약칭)이 나기 조금 전 "여기 있으면 죽을 것 같다"면서 가족을 이끌고 이리로 생활기반을 옮겼다.[44] 그리고 한국 전쟁이 나자 "사라졌다." 〈바〉씨 아버지는 초등학교 4학년 때 전쟁이 났다는 이야기 외에는 전쟁에 대해서는 이야기를 거의 안 하는 편이다. 다만 어느 날 당신 어머니가 자기 형제들한테 노란 손수건과 흰 손수건을 챙겨주면서 거제도 포로수용소 앞에서 "아버지가 보도록" 손수 건을 흔들도록 했던 일만은 이야기했다. 〈바〉씨 아버지는 당신 어머니가 거 제도 포로수용소에 갇혀있던 의용군들을 북송선을 태워 북으로 보낸다는 정 보를 듣고 와서 "아이들을 보면 내릴 것"이라고 아버지 형제 세 명에게 손수 건을 만들어서 흔들도록 했는데 "아버지는 못 봤는지 그냥 올라갔다."는 말 을 짧게 해 준적이 있다.

〈바〉씨는 아버지와 함께 사는 일이 얼마나 힘들었는가에 대해 세세한 예를 들어가며 털어놓았다.

> 아버지 얘기인즉슨, '앞서가지 마라, 1등은' 그러니까 친구들 다 하고 난 다음에 꼬래비로 하라는 거예요. 하다못해 머리 모양을 바꾸는 일에서도… 학교에서 머리 자율화를 했는데 아버지한테 '자율화여서 단발머리가 싫어서 잘랐다' 그랬더니 '그렇다고 하더라도 남이 한 다음에 중간가서 해야지 어디 가서 총을 쏴도 중간가면 안 죽는다, 꼬래비도 죽고 앞에 가도 죽으니까

---

44 이리는 전북 익산시의 당시 지명임.

중간하라.'고 그러는 거예요. 대학교에서 데모 이런 거 났을 때도 굉장히
부정적이었죠. '동창 중에도 데모해서 공부 안하고 하면 나중에 직장도 못
얻고 어리석은 거다.'이러면서, 그러니까 이상을 위해서 뭔가 하는 거가 너무
싫은 거예요. 당신 아버지 때문에 '그게 결국에는 가족도 힘들게 하고 자기도
직장 없어서 힘들게 되는 건데 젊은 혈기로 저렇게 하는 게 안 좋은 거다.
너도 앞에 나서지 마라.' 그러는 거예요.

〈바〉씨는 어려서부터 연좌제라는 말에 짓눌려 지냈다. 〈바〉씨 아버지는
친척 중 누군가가 연좌제에 걸려 취직도 못하고 심지어 해양대학을 수석으로
졸업하고도 외항선도 못 탄 이야기도 들어야했다. 대학갈 때는 영문과 같은
데 가서 간첩 교육 받을 수도 있다면서 국어교사 되는 것이 제일이라고 진학
지도를 했다. 뿐만 아니라 어릴 적부터 갈등적 상황에 놓이는 일이 많았다.
〈바〉씨 친할아버지가 월북한데 비해 외할아버지는 제주도 4.3때 민병대로
활동하다가 죽창에 찔려서 죽었다. 그래서 외할머니는 원호 대상자가 되었고
조금씩이지만 매달 생활비가 나왔다. 같은 마을에 살던 친할머니는 어릴 적
〈바〉씨에게 '니네 외할머니는 좋겠다.' 이런 식으로 말하고, 외할머니네 집에
가면 외할머니가 '니네 할머니는 혼자 잘난 척하고 영리한 척하고 어찌고저
찌고…' 하면서 할머니 욕하고 그랬다. 그렇지만 어릴 때는 4.3이 어떤 건지
전혀 몰랐다. 학교에서도 안 배웠고, 어른들도 얘기 안하고, 아버지한테 한
번 4.3을 물어보니까 "마을이 다 불타버렸다." 이렇게만 이야기를 하고 넘어
갔다.
　〈바〉씨는 80년대 초 학생운동이 한창일 때 장학생으로 대학생활을 시작했
으나 데모 같은 것은 "자기 머릿속이 복잡해서" 쳐다보지도 않았다. 그리고
집에 있기 싫고, 특히 아버지랑 살기 싫어서 가출했다. 대학 중에 결혼했지만
결혼생활도 순탄치 않았다. 〈바〉씨 아버지는 자식들이 머리만 커지면 당신
을 배반한다면서 더 독하게 했고 자식들은 모두 밖으로 돌았다. 〈바〉씨는
"시내에 볼일이 있어서 가도 점심도 안 드실 정도로 돈도 안 쓰고 자기 목표

를 세우면 끝까지 해내는 아버지가 정말 힘들었다."고 털어놓았다. "어제도 전화했다가 가슴이 턱 막혀서 전화 끊었어요."라고 말한다. 〈바〉씨는 자기 이상을 가지고 거기 몸으로 뛰어들 수 있는 할아버지를 아버지보다 좋아하고 그렇게 살고 싶다고 했다. 그러나 자기에게 연좌제 같은 게 적용된다면 정말 부당하다고 싸우겠지만 자기 개인 문제도 너무 복잡해서 통일이나 이런 문제에까지 관심을 가질 수는 없다고 했다.

5) 소결

한국사회는 집단적 반공 심성을 만들어 낼만큼 전쟁과 분단이 일상화된 사회였다.[45] 그러한 사회에서 월남가족 자녀들이 전쟁이야기의 일상 속에 살았다면 월북가족 자녀들은 이야기는 부재한 대신 분단현실의 일상 속에서 살아왔음을 보여준다. 또한 이들의 구술 자료는 '월남'과 '월북', '남한으로 온 자'와 '북한으로 간 자'의 가족, 다시 말하면 '여기 온 가족'과 '여기 남겨진 가족'의 이야기가 얼마나 다른지, 그리고 그들의 일상에서 전쟁과 분단의 경험이 어떻게 다른지를 보여준다. 월남가족 후예들은 전쟁을 실제 겪은 것이 아니라 "이야기"로 겪지만 이념에 대한 의견이 더 구체적이고 자신감이 넘친데 비해 월북가족은 분단의 일상화를 경험하지만 "이야기"는 극도로 절제되거나 이야기의 부재 속에 산다. 그들은 정치적 입장을 구체적으로 드러내지 않는다. 월북가족은 구술과정에서 체제 관련 발언은 절대 삼가는데 비해 월남가족 사례 들은 훨씬 자유롭게 그들의 정치적 입장을 밝힌다. 월남가족 사례들의 정치적 지형은 반공전사에서 반미주의까지 다양하다. 반면 월북가족 자녀들의 이념적 행보는 월남가족 사례들보다 훨씬 제한적이며 이념적 지형은

---

45 김영희, 「반공주의와 일상생활」, 『분단체제하 남북한의 사회변동과 민족통일의 전망』(국학연구원 학술회의 자료집), 연세대학교 국학연구원, 2007 ; 김진송, 「전쟁 삐라와 슬로건 사회-삐라는 아직도 살포되고 있다」, 『문화읽기: 삐라에서 사이버 문화까지』, 현실문화연구, 2000 ; 표인주 외, 『전쟁과 사람들: 아래로부터의 한국전쟁연구』, 한울 아카데미, 2003.

표면적으로 탈정치적이다. 정치적 · 이념적 입장은 밝히지 않거나 아니면 북한 체제에 비판적 태도를 보이고자 한다.

월남가족 사례들의 경우 이들의 이념적 지형은 이북5도민회에 소속된 사례와 아닌 사례 간에 큰 차이를 보여준다. 반공전사의 정체성이 강한 경우는 모두 이북5도민회에 속한 경우다. 이북5도민회가 그런 기능을 하고 있음을 면담자들도 인정한다. 반면 집안이 보수적이지 않고 특히 해외유학의 경험을 가진 경우는 탈냉전적 정치색을 보인다. 반면 공식적으로 침묵해야 했고 해외여행도 자유롭지 않았던 월북가족 자녀들은 냉전적 강경노선도 없지만 탈냉전적 이념에도 소극적이다. 특히 월북자녀의 사례에서는 성별의 차이가 두드러진다. 남자인 〈사례 가〉, 〈사례 다〉, 〈사례 사〉등이 모두 사회생활에서 극심한 피해를 입거나 공포에 떨었다면 여자인 〈사례 나〉, 〈사례 마〉, 〈사례 바〉는 사회생활에서 크게 고통 받거나 연좌제로 고생하지는 않는다. 〈사례 나〉는 월북자의 딸이고 〈사례 마〉는 월북자의 여동생이며 〈사례 바〉는 '월북자의 아들'의 딸이다. 이들은 오히려 월북가족의 경험을 가족이라는 테두리 안에서 극심하게 겪는다. 반면 사회에서는 직접적 피해를 받지 않은 편이다. 국가의 이데올로기 검증이 '집안의 남자' 중심으로 이루어지기 때문이다. 월북가족 여성들이 대체로 혈육의 정에는 강한 연대를 보이지만 이념에는 무심한 반응을 보이는 이유이기도 하다.

4. 맺음말

개인의 생애사나 구술사를 통해 한 사회의 핵심 구조와 과정을 드러내고자 하는 시도는 사회학 이론과 역사에 대한 현장 연구에서 모두 중요한 의미를 갖는다.[46] 이러한 과정에서 기억은 중요한 사회과학적 개념이면서 정치적 개

46　Perks, R. and T. Alistair(eds.), *The Oral History Reader*, London: Routledge, 1998; Rustin, M., "Reflections on the biographical turn in social science", in

념이 된다.[47] 이 연구의 사례들은 전쟁과 분단이 일상화된 사회에서 월남가족과 월북가족 자녀세대들이 냉전적 사고와 이념의 지형에서 어떻게 다르게 기억을 불러오고 기억을 만드는가를 보여준다. 또한 이들의 '기억 만들기' 또는 '기억 불러오기'에서 가족과 국가이데올로기 기구가 작동하는 방식도 보여준다.

월남가족과 월북가족 자녀세대들은 기억 만들기에서 여전히 불균형상태에 있으며 기억 맞추기의 고통에서도 전혀 다른 위치에 있다. 혈육의 정과 이념의 경합이나 길항은 월남가족이나 월북가족 사례들 모두에게서 보여지지만 '월남'과 '월북'을 둘러싼 정체성의 경계는 모두에게 유동적이다. 월남가족의 경우 이북 5도민회라는 단체를 통해 기억의 집단화가 강화되는 경우 이념과 혈육의 경합이 가장 모순적으로 나타난다. 이들은 가족과 이산한 '월남가족'으로 혈육의 정과 이념을 결합시키고자 하지만 북한에 대한 정치적 이해관계가 첨예한 상황에서는 이념이 '혈육의 정'을 압도한다. 이 경우 '혈육의 정'은 이념에 따라 재정의 된다. 이북5도민회에 속한 적이 없고 보다 자유로운 가족 분위기에서 사회화된 경우는 혈육의 정과 이념간의 길항관계가 심각하지 않으며 '월남가족'으로서의 정체성은 더욱 유동적이다.

한편 월북가족 자녀들은 이념의 굴레에 가족이 복속된 경험을 하면서 이념과 가족을 분리하고자한다. 필요한 경우 '혈육의 정'이 이념을 압도하는 서사를 구사한다. 특히 월북가족 자녀 중 부모세대의 이념적 정체성을 인정하면서 그러한 가족의 후예로 살아가는 고통을 감수하는 경우 이런 특성은 두드러진다. 이들은 국가로부터 '월북가족'으로 찍혀 어려운 삶을 살았고 이웃이나 지역공동체에서도 어려움을 당한 경우들인데 이념과 혈육을 분리시키기

Chamberlayne. et al (eds.), *The Turn to Biographical Methods in Social Science*. London: Routledge, 2000 ; 이희영, 「사회학 방법론으로서의 생애사 재구성: 행위이론의 관점에서 본 이론적 의의와 방법론적 원칙」, 『한국사회학』 제39집 3호, 2005.

47 테사 모리스 스즈키 지음, 김경원 옮김, 『우리안의 과거』, 휴머니스트, 2006 ; 도이야마 이치로 지음, 임성모 옮김, 『전장의 기억』, 도서출판 이산, 2002.

어려울 때 이념과 거리두기를 하거나 정치색을 탈색시키면서 혈육으로서만 월북가족 정체성을 유지하고자 한다. 1980년대 학생운동 경험 사례의 생애사를 재구성한 이희영은 해방 후 한국사회의 공적인 담론에서 배제된 역사적 사건과 체험에 대한 소통이 가족이라는 행위공간 속에서 이루어지고 있음을 보여주면서 "좌파"적 성향을 가졌던 가족이 지배적인 담론에 포획되지 않은 정치사회화의 장으로 작동한다고 지적한 바 있다.[48] 그러나 본 연구의 사례들은 가족이 지배적인 담론에 포획되지 않은 정치사회화의 장이 될 수 있는가에 의문을 제기한다. 월북가족들의 경우 집에서의 이야기 부재는 가족이 지배담론에 포획되지 않았다기보다는 지배담론에 포획된 하나의 방식이었다고 할 수 있다. 이 연구에서 보여지는 월북가족의 침묵과 기억하기의 탈정치화는 이를 반증한다.

월남가족과 월북가족들이 여전히 불균형한 기억 만들기에 놓여 있는 상황에서 자녀세대의 기억의 정치가 남북관계에서 어떤 역할을 할 수 있을 것인가 그리고 그들이 보여주는 정체성의 유동성이 어떻게 분단 정치에서 작동할 것인가는 앞으로 더 주목해야할 숙제이다. 월남가족과 월북가족 자녀들에서 보여지는 가족과 이념의 경합 또는 혈육의 정과 이데올로기의 경합은 바로 분단정치의 모순성을 드러내는 동시에 가족이 그 모순을 담보하는 방식을 드러낸다. 이는 가족이 한국사회의 지배담론의 포획에서 자유롭지 않은 정치사회화의 장임을 확인시켜준다. 가족이 '월남했음' 또는 '월북했음'이 주는 과거 역사의 기억과 이야기가 '지금 이 곳'의 다음 세대들에게 어떻게 작동하고 어떤 이념적 지형을 가져올지에 대해 보다 치밀한 읽기와 해석이 요구된다.

---

48 이희영, 「체험된 폭력과 세대간의 소통: 1980년대 학생운동 경험에 대한 생애사 재구성 연구」, 『경제와 사회』 제68호, 2005.

참고문헌

김귀옥, 『이산가족, '반공전사'도 '빨갱이'도 아닌…』, 역사비평사, 2004.

_____, 『월남민의 생활 경험과 정체성: 밑으로부터의 월남민 연구』, 서울대학교 출판부, 2002.

_____, 「아래로부터의 반공이데올로기 허물기: 정착촌 월남인의 구술사를 중심으로」, 『경제와 사회』 제43권, 1999.

김동춘, 『전쟁과 사회: 우리에게 한국전쟁은 무엇이었나?』, 돌베개, 2005.

_____, 「한국전쟁연구의 새로운 방법론 모색: 전쟁의 정치사회학적 재구성」, 『전쟁과 사람들: 아래로부터의 한국전쟁연구』, 2003.

_____, 「국가폭력과 사회계약: 분단의 정치사회학」, 『경제와 사회』 통권26호(겨울), 1997.

김영희, 「반공주의와 일상생활」, 『분단체제하 남북한의 사회변동과 민족통일의 전망』, (국학연구원 학술회의 자료), 연세대학교 국학연구원, 2007.

김재용, 「이산가족 문제의 정치성과 인도주의」, 『역사비평』 가을호, 1998.

김진송, 「전쟁 삐라와 슬로건 사회─삐라는 아직도 살포되고 있다」, 『문화읽기 : 삐라에서 사이버문화까지』, 현실문화연구, 2000.

도미야마 이치로, 『전장의 기억』, 임성모 옮김, 도서출판 이산, 2002.

박명림, 『한국 1950: 전쟁과 평화』, 나남출판, 2002.

박명선, 「북한출신 월남인의 사회경제적 배경 및 사회이동에 관한 연구」, 『여성사회연구회』, 1991.

박용재, 「『黃海民報』에 나타난 실향민의 고향 표상과 자기정체성」, 『고향의 창조와 재발견』, (제25차 한국문학 국제학술회의), 동국대학교 한국문학연구소, 2006.

염미경, 「전쟁연구와 구술사」, 『전쟁과 사람들: 아래로부터의 한국전쟁 연구』, 한울, 2003.

유임하, 『분단현실과 서사적 상상력』, 태학사, 1998.

윤택림, 『인류학자의 과거 여행』, 역사비평사, 2003.

이용기, 「이산가족 연구 어디까지 왔나」, 『역사비평』1998년 가을호, 1998.

이희영, 「사회학 방법론으로서의 생애사 재구성: 행위이론의 관점에서 본 이론적 의의와 방법론적 원칙」, 『한국사회학』 39집 3호, 2005.

_____, 「체험된 폭력과 세대간의 소통」, 『경제와 사회』 68권 겨울호, 2005b.

임순희, 「남북이산가족 문제의 현황과 과제」, 『통일문제연구』 통권 제36호, 2001.

조성미, 「월북자 가족의 생활경험과 '월북'의 의미체계」, 이화여자대학교 사회학과 석사논문, 2002.

조 은, 「분단사회의 '국민 되기'와 가족: 월남가족과 월북가족의 구술 생애이야기를 중심으로」, 『경제와 사회』 제71호, 2006.

표인주 외, 『전쟁과 사람들: 아래로부터의 한국전쟁연구』, 한울 아카데미, 2003.

테사 모릿스 스즈키, 김경원 옮김, 『우리안의 과거』, 휴머니스트, 2006.

Kwon, Tai-Hwan, *Demography of Korea: Population Change and Its Componen -ts 1925~66*, Seoul: population and Development Studies Center in Seoul National Univ. Press, 1977.

Lee Soo-jung, "Making and Unmaking the Korean National Division: Separated families in the cold war and post-cold war eras", Unpublished doctoral dissertation, University of Illinois, Urbana-Champaign, 2006.

Perks, R. and T. Alistair(eds.), *The Oral History Reader*, London: Routledge, 1998.

Richardson, L., *Qualitative Research Methods*, Newbury Park: Sage Publications, 1990.

Rustin, M., "Reflections on the biographical turn in social science", in Chamberlayne. et al (eds.), *The Turn to Biographical Methods in Social Science*, London; New York: Routledge, 2000.

Wengraf, T., "Uncovering the general from within the particular: from contingencies to typologies in the understanding of cases", *The Turn to Biographical Methods in Social Science*, London; New York: Routledge, 2000.

남북한 미디어의 탈북인/탈북탈남인 서사
: 미디어가 구성하는 분단의 현재성과 윤리

권금상

1. 들어가며

이 연구는 남북한 미디어의 탈북인/탈북탈남인 서사 분석을 통해 분단체제에서 미디어가 구성하는 분단의 현재성을 드러내고자 하는 시도이다. 한국사회에서 탈북인은 사회정치적으로 매우 특수한 담론을 형성해 왔다. 70년간 지속되어진 분단으로 남북이 대치하고 있는 현실에서 이들의 한국 입국은 그자체가 북한체제를 부정하고 한국사회의 우위를 증명하는 상징적 교환가치를 차지해왔다. 최근 일어난 임지현의 재입북 사건[1]은 한국의 모든 언론들이 대대적으로 다루는 사회적 파장으로 이어졌다. 임지현 사건이 여타 재입북자들과 달리 더 주목받는 이유는 크게 두 가지이다. 첫 번째는 남한 미디어에 등장하여 처참한 북한을 비판하는 서사를 구성해오다 재입북 후 북한미디어

를 통해 정반대로 한국사회를 고발하는 자기부정의 주인공이 되었기 때문이
다. 또 하나는 한국사회가 탈북인 지원정책을 펴고 있으므로 이들을 한국사
회에 정주해야 하는 집단으로 상정했기 때문일 것이다. 그러한 맥락에서 미
디어는 탈북인을 한국 체제승리의 증언자로서 등장시켜 왔고 탈남인들에 관
해 다루지 않아왔다고 보여진다. 임씨 사건은 개인의 단순한 귀향 문제가 아
니라 국내에서는 탈북인을 둘러싼 사회문제에 대한 논의와 함께 북한이 한국
사회를 비난하는 주요한 주제로 부각하고 있다는 점에서 분단사회의 갈등 이
슈로 되고 있다. 로이 그링커(Roy Grinker)는 "남북한 사람들이 서로를 자
기가 규정한대로만 믿을 뿐, 현재 확연히 달라진 서로의 존재들은 전혀 이해
하려하지 않는다."[2]고 하며 남한이 그리는 '북한'이나 북조선이 그리는 '남조
선'은 실제로 존재하지 않음을 비판한다.

분단 체제 속에 남북 미디어의 피사체가 된 탈북인/탈북탈남인들의 좁아진
삶의 자리는 최인훈의 소설〈광장〉을 떠올리게 한다. 분단 1세대 주인공 이명
준은 남북의 이념과 현실의 간극을 경험하고 분단이 해소된 유토피아(utopia)
를 꿈꾸며 제3의 공간인 바다로 뛰어드는 비현실적인 방법을 선택했다. 그에
반해 분단 2세대 혹은 3세대인 탈북인/탈북탈남인들은 남북분단의 경계넘기
를 수행하며 공간권력에 경합하고 저항하는 헤테로토피아(heterotopia)를
현실적으로 구성해오고 있다. 헤테로토피아라는 공간은 현실의 다른 자리들
을 반영하지만 동시에 "그것들에 저항하고, 전복시키며", "지우고, 중화하고,
순화시키는, 대항의 공간"으로 한국어로는 '반(反)공간'으로 해석된다.[3] 즉,

---

2   김병로, 『북한, 조선으로 다시 읽다. 북녘에 실재하는 감춰진 사회의 심층 분석』, 서울대학교
    출판문화원, 2016, 5쪽.

3   푸코의 『말과 사물』서문에서 등장한 용어로, 일반적으로 헤테로토피아는 의학용어로 '이소성
    (異所性)으로 번역되는데 신체부위와 기관이 비정상적인 자리에 있는 위치 이상을 가리킨다.
    그러나 건축학에서 말하는 헤테로토피아는 서로 양립불가능할 수밖에 없는 여러 공간을 실제
    의 한 장소에 겹쳐놓는데 그 원리가 있다. 또한 헤테로토피아는 언제나 그것을 주변 환경으로
    부터 고립시키는 열림과 닫힘의 체계를 갖는다. 푸코, 이상길 옮김, 『헤테로토피아』, 문학과
    지성사, 2014, 13-22쪽.

위반의 경험을 통해서 구성되는 '절대적으로 다른 것으로 이해되는 공간이다.[4] 그들이 벗어난 북한이라는 공간 뿐 아니라, 탈북인으로서 경험되는 한국이 소외와 배제의 공간으로 인식될 때 탈남을 통한 재 탈주는 헤테로토피아를 향한 이동이 된다.

임지현 사건을 계기로 재입북한 탈북탈남인 문제가 이슈(issue)화 되자 언론에서는 탈북인들의 적응 문제 관련 기사와 함께 현재 국내 거주 북한이탈주민 중 886명은 소재 불명이라고 발표했다.[5] 탈남인의 증가에 관련하여 생각해볼 불편한 진실은 최근 들어 증가하는 헬조선 탈출 이슈이다. 2006년부터 2016년 까지 십년간 한국국적을 포기하고 한국을 떠난 탈남자는 22만 3,611명이다.[6] 이렇게 보면 탈남인 증가는 탈북인만의 문제가 아니며 살아가기 어려운 한국사회에서 탈북인의 적응과 통합을 위한 미디어의 역할이 더욱 중요하다고 볼 수 있다.

1997년부터 시행해온 북한이탈주민정책의 명시적 목표는 탈북인들의 완전한 '자립'이다. 그러나 현실사회에서 탈북인은 자본주의 체제가 우월함을 입증하는 교환적 가치로 존재해왔다. 탈북인 지원을 정책적으로 실시한지 20년이 되어가지만 탈북탈남인들이 늘어가는 것은 한국의 지원정책이 탈북인들의 정착을 완전히 돕지 못하고 있음을 방증한다고 볼 수 있다. 남한을 이탈하는 탈북탈남인들의 증가는 이들을 위해 환대했던 한국사회가 닫힌 공간으로 작동했거나 혹은 그들이 살아감에 있어 최종 목적지가 아니었음을 가늠하게 한다. 이러한 배경에는 탈북인들이 한국사회에서 한국국민의 권리는 획득했으나 경제적, 문화적으로 위계화된 시민집단으로 살아가고 있다는 점을 간

---

4   박기순, 「푸코의 헤테로토피아 개념: 문학적 기원에 기초한 미학적 해석」, 『미학』 제83권 1호, 한국미학회, 2017, 134쪽.

5   『연합뉴스』 2017년 9월 19일.

6   2016년 한국인 중 국적 포기자는 한해 36,404명으로 전년대비 두 배 증가했다. 「자의로 이민가는 청년들」, 『헤럴드 경제』, 2017년 11월 7일.

과할 수 없다. 이들이 남한에서 경험하는 편견과 차별은 지역사회주민으로 느끼는 소속감에서 소외감으로 나타나는데 정착과정에서 경험한 차별의식, 상대적 박탈감, 소외감 등이 이들의 사회적 거리감에 반영되고 있다.[7] 마샬 (Marshall, 1973)은 시민권의 진화과정을 추적하며 사회적 시민권과 관련된 권리는 평등이라고 설명한 바 있다.[8] 탈북인들이 한국사회 적응에서 겪는 어려움은 개인적 특성에 따른 이주와 적응의 한계점도 있지만, 이들은 "남한사회의 미디어가 탈북인에 대한 편견을 생산한다"[9]말한다. 현실사회에서 미디어는 통일을 담론화하면서 탈북인들의 정착에 대한 긍정적인 통합메시지 대신 한국 체제의 우월성을 강조하는 대상화된 집단으로 그려 탈북인 소외를 양산하고 있기 때문이다. 남한의 미디어가 탈북인들에게 한국인들과 평등한 사회적 시민권을 부여하려는 노력보다는 차이와 이데올로기를 강조하는 틀 짓기 방식에 대해 국내 학술영역에서의 비판적 목소리는 지속되어 왔다. 한국인들이 가진 편견에는 분단이라는 환경에서 지속적으로 북한사회에 대한 부정적 이미지를 생산하고 한국인의 우월감을 강화하고 있는 미디어의 역할이 한몫하고 있었다.[10] 언론은 탈북인 관련 보도에서 북한에 대한 비판과 남한 정부에 대한 긍정적 이미지를 확산시키는 대신, 이들이 한국사회에서 겪는 현실문제에 관심을 보이지 않아왔다.[11] 탈북인을 타자화하는 언론의 프레임(frame)은 남북 간의 불신을 심화시키므로 이들의 인권과 복지를 개선하기 위한 대안 제시와 주체적 활동을 부각시키는 담론 환기의 필요성이 지적

---

7 임순희 · 윤인진 · 양진아, 『2016 북한이탈주민 경제사회통합 실태』, 북한인권정보센터, 2017, 14쪽.

8 앤서니 기든스, 김미숙 외 옮김, 『현대사회학』, 을유문화사, 2009, 302쪽.

9 영화 '북도남도 아닌'에 등장한 탈북탈남인들은 남한 미디어가 탈북인들의 정착을 어렵게 하고 있다고 주장한다.

10 장영은 · 박지훈, 「북한과 탈북자를 재현하는 텔레비전에 대한 수용자의 시선 〈이제 만나러 갑니다〉에 대한 수용자 해독을 중심으로」, 『스피치와 커뮤니케이션』 제27호, 2015, 249쪽.

11 최진봉, 「텔레비전 뉴스 콘텐츠에 나타난 탈북민의 이미지 분석」, 『한국콘텐츠학회논문지』 제16권 제3호, 2016.03, 409~411쪽.

된다.[12] 보수적 채널 정체성을 견지한 종편 방송사들은 탈북인들을 통해 한국 체제의 우월성과 북한사회에 대한 비판을 주요 내용으로 하는 구성방식을 전략화 해 왔다. 이를 통해 대중들에게 남과 북의 경계를 공고히 하고 북한과 북한사람에 대한 부정적 감각을 재생산해왔다. 그러나 탈북인들에 대한 일반인들의 부정적 인식이 일방적 편견만은 아니었다는 정황들이 드러나고 있다. 어버이연합과 관련있는 '탈북인 일당시위사건'을 통해 드러난 탈북인들의 집단적이고 보수화된 정치적 성향과 반(反)통일 행위들은 촛불정국으로 민주주의 가치를 더욱 중요시 여기게 된 일반 시민들에게 사회적 거리감을 남겼다.[13]

이 연구에서의 주요 개념인 서사(narrative)는 남북 분단사회에서 경계를 넘나든 개인들의 이야기로 금기의 경계를 넘은 사람들의 삶을 의미한다. 미디어의 재현에서 서사는 인물의 정체성과 위치를 정하는 출발선이다. 주네트(Genette)는 서사를 "사건이나 사건들을 글이나 말로 진술하는 것", "연속적인 사건에 대한 담론이나 사건들의 여러 관계를 가리키는 것"으로 정의한다.[14] 채트먼(Chatman, 1978)은 '이야기와 담론(Story and Discourse)'을 통해 모든 서사는 '누구에게 무슨 일이 일어났는가'라는 사건적 요소와 사물적 요소가 담긴 이야기(story)와 '어떻게 전달됐는가'라는 서사구조와 발편매체를 포함하는 담론(표현, discourse)으로 보았다.[15] 자신이 경험하고 알고 있는 것을 시간과 공간 경험에 기대어 구성하고 현재의 입장에서 생각을 말하는 것을 '이야기'라고 할 때 재현하고 서술하는 전달 방식은 서사를 의미있게 구축하는 매우 중요한 요소이다.

---

12 정의철, 「신문의 탈북민 재현 분석: 프레임과 정파성을 중심으로」, 『한반도 통일과 미디어&커뮤니케이션』, 2017, 19쪽.

13 김화순, 「누가 탈북자를 '알바 시위꾼'으로 만들었나?: 동원과 보호의 탈북민 정책」, 한국정치학회 세계한국학 학술대회 발표문, 2017, 4쪽.

14 Genette, Gerard, *Narrative Discourse*, translated by Jane E.Lewin, Cornell, 1980, p.25.

15 채트먼·한용환 옮김, 『이야기와 담론』, 고려원, 1991, 33쪽.

이 연구는 미디어의 탈북인/탈북탈남인 서사분석을 위해 김정은 시기에 재현된 탈북인/탈북탈남인 주제로 다룬 남북한 미디어를 대상으로 한다. 한국의 미디어는 탈북인을 주인공으로 하는 채널A 〈이제 만나러 갑니다〉의 탈북인 서사와 '탈북탈남인' 및 '재입북자'를 키워드로 다룬 기사와 영상매체를 분석한다. 북한의 미디어는 로동신문, 조선중앙TV, '우리민족끼리TV', '민족TV'의 관련 주제를 제목과 내용으로 분석하여 미디어가 그리는 분단의 현재성을 조명한다. 언론학계에서 현재까지 진행된 수많은 탈북인 연구의 흐름이 이들을 낙인화하는 재현방식에 대한 비판적 관점이 중점적으로 다루어져왔다. 이 연구는 더 나아가 남북한의 미디어에서 그려지는 탈북인과 탈북탈남인을 조명하고 비교함으로써 분단의 현재성을 드러내는 확장적 위치를 차지한다.

2. 탈북인/탈북탈남인의 개념과 호명의 분단정치

1) 탈북인(脫北人)의 개념 및 실태

북한을 떠나 한국에 입국한 사람은 탈북민, 탈북인, 새터민, 탈북자, 북한이주민 등 여러 용어로 호명된다. 공식 호칭인 '북한이탈주민'이란 "군사분계선이북지역에 주소, 직계가족, 배우자, 직장 등을 두고 있는 사람으로서 북한을 벗어난 후 외국국적을 취득하지 않은 사람"[16]이다. 70여 년 간 지속되어온 분단체제 속에서 남북 주민의 자유 이주는 양 국가에서 허용되지 않았다. 북한주민들이 한국으로 입국하게 된 것은 1990년대 중반부터 북한사회에 경제난과 식량난이 장기간에 걸쳐 지속된 '고난의 행군'이 결정적인 계기였다. 주변 사회주의 국가들의 붕괴는 북한의 정치경제에 큰 타격을 주었고 이는 북한제품의 시장 및 원료, 연료 공급지의 상실을 의미했다. 북한경제는 1990

---

16 「북한이탈주민 보호 및 정착지원에 관한 법률」 제2조 제1호.

년대 이후부터 1998년까지 연평균 -4.1%의 성장률로 급감하였다.[17] 북한당
국은 주민들에게 지급해오던 국가배급을 전면 중단했고, 그로인해 수많은 사
람들이 굶주림과 기아를 경험했다. 이 시기부터 북한주민들은 생존을 위해
국경을 넘고 개인 사유가 불허되던 사회구조에서 장마당을 중심으로 상업행
위와 밀수를 하고, 사유경작을 하였다. 국가의 통치가 느슨해진 틈새를 생존
을 위한 몸부림과 활동들로 채워가면서 주민들은 변화한 사회를 경험하고 적
극적으로 새로운 생존환경을 구성하게 되었다. 북한당국은 2002년 7.1경제
관리개선조치를 통해 시장화체제로 변화시켰다. 이를 통해 개인의 경제활동
이 시작되었다. 그러나 소상공인에서부터 권력유착을 토대로 한 신흥부유층
도 생겨 빈부격차로 인해 주민 간 갈등구조가 형성되었다.[18] 주민들의 이동을
통제하는 국경 시스템이 작동[19]하고 있지만 접경의 관료와 수비 군인들은 넘
나드는 상인 주민들의 왕래를 보장하면서 거래방식의 이해관계들이 지속되
고 있다. 북한주민들 중에는 중국의 접경지역으로 국경을 건너다니며 먹거리
를 구하거나 인신매매에 의해 중국의 농촌으로 팔려가는 현상도 증가했고 한
국이나 다른 나라의 난민으로 이주하는 현상이 확산되었다.

  1990년에 한국에 입국한 북한이탈주민의 수는 1천여 명 정도로 극소수였
다. 그들은 주로 군인이나 정치적 배경을 가진 탈북인들로서 '귀순자'로 호명
되었다. 고난의 행군 이후 입국한 탈북인들은 주로 생존형의 여성들과 가족
의 증가가 두드러진다. 그러나 〈표 1〉은 2017년 여성뿐 아니라 남성들의 입
국급감현상이 어느 해보다 두드러지고 있음을 보여주며 의미있는 지표는
2012년도부터 탈북인들의 감소이다. 한국 언론은 최근 탈북인의 감소와 재
입북 증가의 이유에 대해 한국의 언론은 김정은의 정치 전략이라고 평한다.
탈북인의 존재를 인정하고 이에 대한 반대증거를 활용하는 북한 당국의 움직

---

17 북한연구학회, 「북한경제발전전략의 지속과 변화」, 『북한의 경제』, 2006, 116쪽.

18 조한범·양문수·조대엽, 『북한의 갈등구조』, 통일연구원, 2010, 78-79쪽.

19 이금순, 『북한주민의 거주 이동: 실태 및 변화 전망』, 통일연구원, 2007, 100-103쪽.

임이 가시화된 것은 2012년 이후이다. 북한미디어의 활동 역시 재입북한 탈북탈남인을 등장시키고 있고, 2016년 해외여종업원 한국입국 사건 이후 전면적으로 언론에 드러내고 있다. 전반적으로 김정은 시기부터 재입국자들을 활용한 프로파간다가 정책적 고려 하에 이루어진 것으로 보이는데, 지도자 김정은은 집권 후 흩어진 탈북자들을 북한으로 귀환시키기 위해 재입북자들에게 벌 대신 잘 살 수 있는 조건을 만들어 주고 있다는 것이다.[20] 새 지도자의 유화적 통치는 이들이 한국사회에서 북한을 비판하는 것을 금지함과 동시에 탈북인들이 북한으로 돌아올 수 있도록 내부결속을 마련하는 이중적 전략이다. 한편 한국에 배치된 싸드(THAAD)를 둘러싼 중국과의 긴장 상태가 국경을 통제하는 요인으로 작동하고 있어 탈북민이 감소되고 있다는 분석도 있다.[21]

〈표 1〉 북한이탈주민 입국 현황표

(단위 : 명)

구분	~'98	~'01	'02	'03	'04	'05	'06	'07	'08	'09	'10	'11	'12	'13	'14	'15	'16	'17.12	합계
남	831	565	510	474	626	424	515	573	608	662	591	795	404	369	305	251	302	188	8,993
여	116	478	632	811	1,272	960	1,513	1,981	2,195	2,252	1,811	1,911	1,098	1,145	1,092	1,024	1,116	939	22,346
합계	947	1,043	1,142	1,285	1,898	1,384	2,028	2,554	2,803	2,914	2,402	2,706	1,502	1,514	1,397	1,275	1,418	1,127	31,339

출처: 통일부. 북한이탈주민통계.

북한 땅을 벗어나 초기 입국한 탈북인들은 분단체제에서 반공 이데올로기를 강화하는 표상들이었으므로 '환대의 대상'이었다. 한국정부는 북한이탈주민을 분단으로 고통받는 분단 이재민으로 규정하고 이들의 성공적인 정착을 위해 보호와 지원정책을 펴왔다. 20년간 지속된 탈북인 지원과 사회통합의 현실에서 일반주민들의 탈북인에 대한 사회적 거리감은 그들에 대한 부정적

---

20 『연합뉴스TV』 2017년 4월 5일.
21 「한반도 긴장 고조에 국경 통제 강화. 탈북민 12.7% 감소」, 『MBN』 2017년 9월 17일.

시각을 보여준다. 2014년 국가인권위원회의 조사에서 탈북민의 통일기여도
를 인정하는 응답은 부인응답보다 2.7% 높지만 이들 집단의 경제 기여도 인
정을 부인하는 응답은 1.7% 높게 나타났다.[22] 남한주민들의 탈북인에 대한
부정적 의식 중 하나는 매년 증가하는 탈북인에 대한 재정부담 가중에 대한
우려이다.[23] 2015년 통일평화연구원이 실시한 통일의식조사에 의하면 한국
으로의 탈북인 수용에 관한 의견에서 2007년 전면수용 52.0%에서 2015년
41.1%로 감소했으며 한국사회 구성원들 전반적으로 탈북인에 대해 상당한
거리감을 가지고 있다.[24] 일반인들은 탈북인들의 유입 증가를 비용 증대와
일정한 복지 재원을 빼앗는 대상으로 인식하는 것이다. 한편으로 보수 성향
을 띤 탈북인들의 정파적인 활동은 이들에 대한 사회적 거리감과 사회적 갈
등을 양산하는데 일정한 역할을 해왔다. 탈북인 정치집단의 북녘으로 삐라
뿌리기,[25] 보수정치 활동에 동원[26], 대통령 선거 시기에 특정 후보 지지선언[27]
과 집단망명선언[28] 등의 활동이 그러하다. 탈북인들의 보수화된 정파적 활동
들은 분단사회에서 생존전략으로 보아야 할 것이다. 이들이 보수적 지형을
선택하는 데는 브라운(David Brown)이 개념화한 한국사회의 수비대 민족주
의(Garrison Nationalism)[29]를 들 수 있다. 남북이 대립하는 상황에서 한국
인들의 반공 우선주의가 적대적 의식 형성의 요인으로 작용해왔기 때문이다.
북한을 벗어난 사람들이 한국사회에서 생존은 다양한 방식으로 진행되지만

22 심양섭, 「남한주민의 탈북민에 대한 인식에 관한 연구」, 『경찰학연구』 제17권 제2호, 2017,
    174-175쪽.
23 윤인진, 『북한이주민 생활과 의식, 그리고 정착지원정책』, 2009, 25쪽.
24 『2015 통일의식조사』, 2016, 257-260쪽.
25 『인민의소리』 2016년 4월 11일.
26 『헤럴드경제』 2017년 9월 12일.
27 『신데이뉴스』 2017년 5월 2일.
28 『조선일보』 2017년 5월 3일.
29 신대균, 『사회통합과 한국통일의 길 내적 장벽을 넘어서』, 한울아카데미, 2013, 26쪽.

정치적 권력과 결탁하여 집단적인 행동을 하게 되는 경향은 분단체제에서 선택한 새로운 '생존방식'이다. 이들의 선택은 김홍중이 설명하는 자기도생의 길을 찾아야 하는 실업청년세대들의 '생존(survival)전략'과 크게 다르지 않다. 이들의 생존전략은 탈북인이라는 선명한 정체성 때문에 남한 주류사회로 여겨지는 보수적 지형에 스스로 편입되는 전략을 선택하는 데서 드러난다. 북한사람이란 스스로의 정체성을 거부하는 레드 콤플렉스(red complex)는 남북이 대치되는 사회적 사실에 근거하여 생존을 향한 의지와 안전 욕망이 복합적으로 얽힌 '마음의 구성체'[30]로 작동하는 것이다.

2) 탈북탈남인(脫北脫南人)의 개념 및 실태

본 연구에서 탈북탈남인은 한국을 벗어나 제3국으로 이주한 탈북인과 북한으로 재입북한 탈북인 모두를 통칭한다. 탈북인은 북한 땅을 벗어나 한국에 입국한 동일한 특성을 갖는데 반해, 탈남탈북인은 제3국 이주자 혹은 북한으로 재입북자라는 점에서 매우 상이한 성격을 노정한다. 탈북탈남인은 제3국을 향하는 사람들, 탈북하고 다시 탈남한 이후에 북한으로 다시 돌아가는 재입북자를 포함하는데 이념적 지향성이라는 측면에서 본다면 이 두 종류의 사람들은 양극단의 이념성을 지향한다. 새로운 유토피아를 찾아 더 나은 복지국가, 성숙한 자본주의 선진국가를 향해 제3국으로 망명한 사람들과 재입북한 '주체사상의 나라에의 귀환'자들이 갖는 간극은 실로 크기 때문이다. 북한이탈주민으로 자격을 취득한 이후 북한으로 다시 돌아간 재입북자, 탈북후 한국에 들어와 대한민국국민의 자격을 취득한 이후 북한이탈주민으로서다시 제3국으로 망명을 간 경우, 탈북탈남인은 '재입북자+재이주 북한이탈주민'이기도 하다. 과거 '탈북자'라는 용어가 북한에 대한 체제 비판적인 부정

---

30 김홍중, 「서바이벌 생존주의 그리고 청년 세대: 마음의 사회학 관점에서」, 『한국사회학』 제
    49집 제1호, 2015년, 181쪽.

적 의미라면, '탈북탈남인'은 남북한 양국에 체제 비판적인 의미를 지니며 이는 분단체제에 대한 비판으로도 이어지는 미묘한 차이를 갖는다. 탈북탈남인은 분단체제를 탈북과 탈남을 통해 두 번 부정한 사람들이며, 그 부정을 몸으로 재현한 사람들이다. 탈북탈남인들이 증가하는 현실에서 탈북인을 대상으로 실시한 조사에 의하면, 북한으로 돌아가고 싶은 생각을 해본 적이 있냐는 질문에 18.5%는 '가끔, 종종, 또는 많이 한다고 응답했고, 그 안에는 적극적으로 복귀를 고려했다는 응답자가 7.3%였다. 탈북인이 제3국으로 이주하는 경우 탈남이라고 통용되지만, 귀향을 선택하여 재입북하는 경우는 탈북탈남인으로 호명되지 않고 위장망명, 재입북자 등으로 지칭된다. 그 이유는 '탈남'이라는 표현을 사용할 때 발생하는 의미는 "남한은 북한처럼 부정적 공간으로 대상화되며, 타자화의 주체에서 그 대상으로 변화"되기 때문인 것이다.[31] 이러한 호명은 탈북인이 한국을 떠나 재입북하는 것이 비합법임이 강조되며 한국에 입국 당시부터 의도를 가지고 온 위장망명자와 간첩 등의 잠재적 범법자의 의미로 자연스레 담론화된다.

한국에서 탈북인의 탈남은 공식적으로 허락되지 않는 사회적 분위기였다. 그러나 2004년 미국의 북한인권법이 제정된 이후 한국에 거주하는 탈북인들 중에는 정치적인 이유를 근거로 망명 신청 수가 증가하고 있다. 제3국으로 이민을 가는 사람들은 난민자격을 받기위해 한국에서 살던 이력을 지우고 떠난다. 대표적인 탈북탈남인들의 난민으로서 이주공간인 뉴몰든은 영국 내 한인 교포가 가장 많이 살아 '리틀코리아(little Korea)', 혹은 '서양 속 북한(the North Korea of the West)'이라 불린다.[32] 이곳의 '탈북탈남인'[33]들은

---

31 오원환, 「탈북 청년의 정체성 연구: 탈북에서 탈남까지」, 고려대학교 언론학과 박사학위논문, 2011, 190–196쪽.

32 거주 탈북자가 700여명으로 남한을 제외하고 가장 많이 거주한다, MAGAZINE, 2016, 11월호.

33 류종훈, 「탈북에 이어 한국에서 탈남한 그들을 현지에서: 탈남탈북자라 부른다, 『탈북 그후 어떤 코리안』, 성안, 2014, 26쪽.

난민 지원 제도가 잘 된 서구를 선택한다. 그러나 난민심사 과정에서 이들이 한국에 거주했던 이동 과정의 경로가 들키면 자격부여가 거부되어 또 다른 3국으로 떠도는 것이 현실이다. 한편, 국내 거주 탈북인 중에는 북으로 귀환을 공식 요청한 김련희[34]와 같은 사례도 있다. 무엇보다 북한이탈주민의 재입북이 어려운 점은 이들이 대한민국의 국민이므로 한국인 모두에게 적용되어온 국가보안법에 위배되기 때문이다.[35] 결과적으로 탈북인들 중에서 탈북탈남인이 된 사람들은 선진국으로 떠난 집단과 재입북자로 대분되며 분단현실에서 주목받는 탈북탈남인들은 귀환한 재입북자 집단일 수밖에 없다.

3. 남북한 미디어의 탈북인/탈북탈남인 서사와 재현

1) 남한 미디어의 탈북인/탈북탈남인

(1) 탈북인

종편 방송에서 탈북인이 고정적으로 등장하는 대표적 프로그램은 A채널의 〈이제 만나러 갑니다〉(이하 이만갑)[36]와 TV조선의 〈모란봉클럽〉[37]이다. 이 프로그램들은 탈북인들과 일반 패널들이 나와 북한의 삶과 경험을 통해 실상을 알리고 한국에서의 삶을 이야기하는 토크쇼 형식으로 구성되어 있다. 〈이만갑〉과 〈모란봉클럽〉의 구성은 문화적으로 이질적인 북한사회에 대한 설명

---

34 2011년 한국으로 입국한 뒤 평양에 인도적 송환해 줄 것을 6년째 요구하고 있는 탈북여성, '나는 대구에 사는 평양시민입니다'라는 제목의 자서전을 내고 '평양주민 김련희씨 출판기념회'를 열었다. 『경북일보』 2017년 9월 21일. http://www.kyongbuk.co.kr/?mod=news&act=articleView&idxno=1004909

35 이들은 북한에 가족들이 있다는 점에서 UN의 국제법상 규정된 가족결합권과 충돌하는 부분은 분명히 존재한다.

36 A채널의 〈이제 만나러 갑니다〉는 2011년 12월4일 첫 방송 이후 매주 일요일 장기적으로 방송되는 탈북인 중심의 예능프로그램이다.

37 TV조선 〈모란봉 클럽〉은 탈북자 중심의 예능프로그램으로 2015년 1월 4일 시작, 매주 토요일 방송된다.

과 탈북인들의 북한에서의 삶과 한국살이에서의 해프닝에 대한 웃음과 동정
적 내용이 혼재되어 있다. 탈북인 관련 종편 프로그램에 대한 수용자 인식
연구에 따르면, 수용자들은 탈북인 프로그램에 대해 우호적으로 인식하여 북
한사회, 북한주민, 탈북민에 대한 이해와 긍정적 태도형성에 도움이 되고 있
음을 시사한다.[38] 그러나 이 프로그램은 구조적으로 탈북인들의 증언이 남한
은 살기 좋은 나라, 북한은 사람 살 곳이 못되는 나라라는 이분법적 틀로 귀
결시킨다.[39] 사회학자 고프만(Goffnan)은 언론에서의 프레이밍(fraiming)
을 사물에 대한 관찰과 이해과정, 경험의 조직화 과정이라고 설명하며 "수용
자들이 현실을 올바르게 지각하고 파악하고 이해할 수 있도록 도와주는 해석
적 스키마"로 정의했다.[40] 종편의 탈북인 프로그램은 탈북인의 서사를 통해
이들의 북한 경험과 탈북서사를 주요 줄거리로 구성한다. 이 프로그램에서
등장인물들에게 가장 자주 묻는 질문은 북한에서 하던 일, 가족관계, 탈북이
유, 어떻게 한국에 입국했는가? 등이다. 등장인물의 서사는 태어난 곳, 살던
곳과 자신의 가족, 어떤 이유로 조국을 버리고 누구의 도움으로 어떻게 한국
에 왔는지 등을 포함한다. 이들이 말하는 대표적인 탈북 동기는 '정치적 탄압
으로 부터 벗어나 자유를 찾아온'유형이라 할 수 있다. 대표적 사례로 군대에
서 남한방송을 들은 것이 발각되어 탄압을 받고 탈북 했다는 J감독의 사례를
들 수 있다.[41] 또한 북한 고위급 인물의 사위로 알려져 있는 G씨[42]도 정치적

38 김병준 · 곽정래 · 임종섭, 「종합편성 채널의 탈북자 관련 프로그램에 대한 수용자 인식연구」,
    한국방송학회 학술대회 논문집, 2014, 11쪽.
39 김신동, 「채널A 〈이제 만나러 갑니다〉에서 말하는 북한」, 2015 한국정치커뮤니케이션학회
    가을철 정기학술대회 자료집, 2015.9. 41쪽.
40 Goffman, E., Frame analysis: an essay on the organization of experience,
    Cambridge, MA: HarvardUniversity Press, 1974.
41 J의 탈북이야기, 〈이만갑〉 2013.2.24.방송. J의 서사에 의하면 평양영화학교를 다녔던 그
    는 김일성 사망 후 입대를 하여 판문점 근처 최전방에서 군복무를 하였다. 남한 방송을 몰래
    라디오로 들었는데 들어줘고 잘이 늘어 판문점 중위가 상부에 보고를 하였고 그 일로 표적수
    사를 받게 되어 13년 징역을 선고받았다. 후송되어 가던 중 차사고가 나고 극적으로 혼자
    살아남아 한국으로 왔다.

탄압으로 인해 탈출해왔다고 한다. 자신이 '통일의 일꾼'임을 강조하는 서사 사례는 북한 권력자 집안 출신이라는 Y씨이다. 그는 2004년에 베트남에서 400명을 입국시킨 장본인으로 자칭 "집단탈북의 역사가 바로 나 자신"이라 하였다.[43] 북한의 고위층이나 엘리트 들이 탈북을 하는 경우는 강제 퇴직, 강제이주나 수감 등 사회적인 불이익과 불명예 등이 따르기 때문이라고 주장한다. '외부세계의 문화생활이 그리워 탈북' 했다는 서사도 있다. 평양국립교향악단 피아니스트 출신 K씨의 이야기는 미디어에서 여러 번 소개되었다.[44]

고난의 행군 이후 가장 많은 수를 나타내는 '생존형의 탈북인' 프레임은 한국에 입국한 대부분 서민 계층과 일반 노동자 출신에 해당된다. L씨[45]의 탈북서사는 수많은 탈북여성들이 경험한 가족 해체의 아픔과 인신매매를 당한 트라우마(trauma)를 간직하고 있다. 한국으로 가족이 정착하여 기획 탈북을 목표로 한 북한주민들 이외에 대부분은 밀수 등 생존을 위해 월경(越境)으로 접경지역을 드나들다가 중국에서 한국으로 들어올 수 있는 방법을 알게 되고 선택하게 되는 것이 일반적 이동경로이다. 〈이만갑〉에서 사회자가 "산속에서 지내며 개똥 속에서 호박씨를 꺼내먹은 D양,"라고 이야기하자 "북한에서 탈출한 순간 꿈이 이루어진 것 같아요."라고 출연자 D는 말한다. 이러한 탈북서사들은 이들이 '시혜의 대상'임을 강조하게 된다.

한편, 북한에서 자신의 활동과 지위 등 출연자가 만들어낸 자기서사가 때

---

42 그는 1993년 북한 자동차 수출품관련 수리공장을 만들기 위해 중국출장을 갔다가 의도치 않게 한 달 이상 중국에서 머무르게 되었다. 장인이 상부에 행방불명으로 보고하고 "망명의 기미가 보이면 죽여서라도 데려와야 한다"는 김정일의 명령이 있다는 이야기를 듣고 바로 한국으로 망명했다. 〈이만갑〉 2015년 1월 13일 방송.

43 Y의 탈북이야기, 〈이만갑〉 2015년 1월 13일, 2017년 9월 12일 방송.

44 K가 탈북하게 된 이유는 서양음악을 연주한 자신을 누군가 밀고한 사건이 생겼는데 그 일로 그는 시말서를 썼고 충격으로 인해 부모에게도 알리지 않고 한국으로 떠나 왔다는 것이다. 채널A 〈이만갑〉 2013년 5월 23일 160회 출연, 〈세바퀴〉 2014년 7월 19일 출연.

45 그녀는 탈북을 시도하다 실패하여 아홉 번 북송된 경험이 있고, 나중에는 탈북과정에서 인신매매꾼에 속아 자신뿐 아니라 아이도 각자 팔려가는 신세가 되었다. L의 탈북이야기. 〈이만갑〉 2012년 6월 10일 방송.

로는 남북 간에 갈등을 만들어 내기도 한다. 자신이 북에서 해온 일을 말했던 Z씨의 사례가 대표적이다. 그녀는 북한에서 김일성 일가의 역만 전문으로 하는 '1호공훈배우'[46]였다고 주장했다. 그러나 북한 미디어는 그녀의 삶과 탈북 서사가 거짓임을 증명하는 내용으로 구성된 다큐멘터리[47]를 제작하여 유튜브(youtube)에 게재하였다. 북한은 이 동영상을 통해 남한 거주 탈북인들이 북한체제를 비판하는 것에 대한 경고도 담으며 이들을 '조국을 팔아넘긴 배신자'로 규정하였다. 이 동영상에 달린 여러 댓글은 종교적 찬반과 함께 분단사회의 이념적 갈등을 적나라하게 드러낸다. 학술계를 중심으로 종편의 탈북인 프로그램에 대한 비판적 담론이 지속되어왔다. 이러한 비판 속에 종편의 탈북인 프로그램은 북한의 변화한 사회상을 드러내는 변화의 전략을 조금씩 드러낸다. 예컨대, 정치적 관점으로만 바라보던 북한사회를 문화적 관점으로 이해하고자 하는 시도 혹은 '급변한 현대적 북한사회의 일면을 보여주는 변화'[48]도 나타난다. 그럼에도 불구하고 등장인물들의 전반적 탈북서사는 '시혜의 대상' 혹은 '이념으로부터 탈주자'라는 전형적 재현 틀을 견지한다.

탈북인들을 시혜의 대상으로 전달하는 종편 프레임과 달리 대부분 언론에서 탈북인들을 다루는 이슈는 한국사회에 적응하지 못하고 사회적 갈등을 촉발시키는 일탈적 행위자라는 관점이다. 탈북인의 증가에 따라 부동산이나 보험사기, 마약판매, 성매매 등 탈북자가 연루된 사건이 잇따르고 있고 탈북자들만 노린, 탈북자에 의한 범죄 등을 탈북인 관련 주요 주제로 다룬다.[49] 그러나 이들에 대한 추적이 어려운 것은 이들이 한국에 들어오기 전의 이력과

---

46 〈이만갑〉 2013년 9월 2일.

47 「기름가마에 처 넣어야 할 추악한 마녀」, 『유튜브』 2015년 4월 5일.

48 〈모란봉클럽〉 2017년 11월 28일. 115회에서 다룬 북한의 오늘은 도시와 시방간에 양극화가 심화되지만 현재 시점에서 평양 주민들의 일상을 이루는 공간을 소개했다는 점에서 북한의 현실을 보여주는 긍정적인 시도로 볼 수 있다.

49 탈북인의 마약범죄 10% 늘었고, 보험사기 등 범죄행위가 늘어 간다는 것이다. 『해럴드뉴스』 2017년 9월 25일.

사고 등이 한국사회에 기록되지 않기 때문이라는 지적이다.[50] 이외에 탈북여성들의 범죄는 주로 지역사회를 중심으로 하여 성매매와 연관된 일탈 범죄 기사들이 보도된다.[51] 이들이 알바 시위꾼으로써 관제 데모에 동원되고 댓글 조작에 관여한 뉴스,[52] 간첩이란 편견과 의혹에 둘러싸여 보도되기도 했다. 대표적인 탈북인 간첩 의혹 사건 사례는 '서울시 공무원 간첩조작 사건'[53]을 들 수 있다. 이들에게 간첩 의혹이 사회적으로 용인될 수 있었던 것은 국정원 조작의 결과이지만, 한편으로 한국사회에 뿌리 깊은 반공 이데올로기가 토양이 되어왔기 때문이다. 이미 우리사회에서 탈북인의 존재는 매우 이중적인 집단이자 도구적 대상으로 담론화되어 왔다. 김정은 시기에 들어 국내 탈북인의 문제에 대해 집중적으로 보도된 것은 2016년 4월 발생한 해외 북한해외식당 종업원들의 집단 입국사건이었다. 통일부는 "근무 중이던 지배인과 종업원 13명이 서울에 도착했으며, 이들 종업원들은 국외에서 생활하며 북한 체제의 허구성을 알게 되어 집단 탈북을 결심했다"고 알렸다. 북한은 이에 대해 국제사회에 남한당국에 의해 납치되었음을 알리고 북송을 촉구했다. 통일부는 2017년 3월 26일에 '집단 탈북 북한식당 종업원 12명 전원 대학생 됐으며 이들의 탈북을 북한은 납치로 주장하고 있고 김정남 살해 이후 이들의 신변을 보호하기로 했다"[54]고 알렸다. 이 사건은 탈북인의 집단적인 국내 유입에 대한 북송을 요구하는 북한의 언론은 국제사회에 호소하고 있어 사회적 파장이 크고, 추이가 주목되는 사안이다.

종편TV에서 탈북인을 다루는 프로그램은 전달형식에서 일정한 전략을 보인다. 탈북인 프로그램의 구성은 무거운 남북 정치, 외교문제를 벗어나 일상

---

50 『조선일보』 2012년 11월 12일.
51 『MBC뉴스』 2017년 2월 20일.
52 『뉴시스』 2017년 8월 18일.
53 2014년 4월 25일 2심 선고공판에서 간첩혐의 무죄 선고, 2015년 10월 29일 대법원 무죄최종 확정.
54 『연합뉴스』 2017년 9월 27일.

을 공감하게 하며 대중들에게 공감을 구한다. 출연자들이 들려주는 북한사회와 삶의 경험은 시혜의 대상으로 서사화된다. 이러한 등장인물들의 탈북 서사는 열악한 북한사회를 강조하므로써 모순적 북한사회체제에 대한 비판적틀이 재생산된다. 이러한 프레임은 북한과 비교를 통해 사회문화 경제 모든분야에서 한국사회의 우위를 강조하는 기제가 된다. 그에 반해 뉴스 등의 언론에서는 탈북인들의 일탈이나 범죄사건 등을 다루고 있어 이를 통해 생산되는 메시지는 탈북인들이 잠재적 범죄자라는 집단적 이미지를 생산한다. 미디어가 생산하는 고정관념은 민족, 인종, 계급, 젠더, 종교, 세대별 문제 등 다양한 영역의 이데올로기 문제와 직결된다. 고정관념 즉, 스테레오타입(stereotype)은 "사람들의 역할을 규정하는 정형화된 이미지를 만드는 공식에 따라 구성된 관습화된 사고의 형태"[55]를 갖게 하기 때문이다. 미디어가 생산하는 이미지에 따라 '고정관념이나 편견'이 생성되는 것처럼 일정한 틀의북한사람 재현은 북한주민 전체를 시혜의 대상, 혹은 비이성적인 집단으로이미지화하는 인식의 틀로 작동할 수 있다.

(2) 탈북탈남인

탈북탈남인은 북한을 벗어나 한국에 들어왔다가 다시 한국을 떠나, 국경의경계를 벗어남과 동시에 이념으로 대치된 금기의 분단 뛰어넘기를 수행한 디아스포라(diaspora)행위자이다. 남한의 언론에서 탈북탈남인에 관한 이슈는임지현 사건이 일어났던 초기에 간첩의혹도 제기되었지만 복잡한 사생활, 부적응자라는 개인적 문제로 환원시키고 있다. 언론을 통해 탈남을 외쳐왔던탈북인 유태준[56]은 범행 후 전자발찌를 끊고 도주하여 재입북 가능성이 큰것으로 나타나 언론에서 탈북탈남인은 범죄자로 표상된다. 한국에서 공식적

---

55   그레스 배거, 이경숙 · 정영희 옮김, 『문화인(기)식론』, 커뮤니케이션북스, 2009, 196쪽.
56   『국제신문』 2017년 9월 29일.

으로 북송을 요구하며 재입북을 요청하는 김련희 사례 외에는 탈북탈남인들의 자기서사를 직접 듣기는 어렵다. 그들 대부분은 어느 날 조용히 사라지기 때문이다. 임지현 사건으로 소재 불명 탈북인의 조사결과 숫자에 대해 국내 여론은 그들 상당수가 재입북의 가능성이 많음을 시사한다.[57] 언론에서는 탈북인의 재입북을 추측하는 근거로 김정은의 탈북자에 대한 전략적 통치라고도 말한다. 김정은 집권 후 국외로 간 탈북자들을 모두 귀향시키도록 하라는 명령이 있었고, 북한 당국으로부터 북에 남은 가족들에게 직접적인 회유나 협박이 있고, 한국 내 탈북인들 사이에서도 돌아가면 불이익을 주지 않는다는 논의가 확산되었기 때문이라는 것이다. 탈북탈남인은 북한땅에 이어 한국땅을 벗어난 디아스포라이면서 동시에 언제고 돌아올지 모르는 남북의 경계인들이다. 임지현의 재입북 사건을 두고 한국사회에서는 피납, 자발적 입북, 혹은 간첩이었는지 등 다양한 추측이 생산되었다. 피납을 주장하는 이들의 설명은 이미 탈남 후 다시 돌아온 다른 탈북인들의 경험에 비추어 볼 때 자발적 입북은 아니라는 것이다. 또한 그러한 근거는 탈남 후 북한 언론에 등장해 남한을 비판하고 조국 수령에 대한 감사와 자아반성을 하고도 재탈북하거나 한국으로 재입국한 탈북탈남인들의 전례 때문이다.[58] 미디어에서 해외로 몰래 나간 탈북탈남인의 문제를 다룬 것은 "뉴몰든(New Malden)'지역의 탈남인들'[59]과 '분단의 방랑자들',[60] 영화 '북도남도 아닌'[61] 등을 들 수 있다. 남북이 대치되는 특수한 상황에서 탈북탈남인들은 범법자로 환원되지만 여러 번 탈북과 탈남의 행위자가 되는 사례와 같이 금기의 디아스포라의 경험을 가진

---

57 탈남 후 재입북 한 사람들의 전체 수는 공식적으로 집계되지 않았지만 통일부에 따르면 2012년 김정은 집권 이후 2017년 9월까지 한국을 떠난 재입북자는 225명이며 이 가운데 다시 한국으로 재입국한 사람은 5명으로 알려졌다. 『자유아시아방송』 2017년 7월 28일.

58 『헤럴드경제』 2017년 7월 17일.

59 『KBS 특별기획 '통일 한국을 그리다』 3부작, 2014년 11월 4일 방송.

60 『KBS 시사기획 창』 2017년 9월 4일.

61 최중호 감독, 『북도 남도 아닌(Why I left both two Korea)』, 2017 북한인권영화제 상영작.

이들의 사회 통합문제는 미래를 향한 또 하나의 과제임에 틀림없다.

2) 북한 미디어의 탈북인/탈북탈남인 서사와 메시지

(1) 탈북인

북한의 대표적인 당기관지인 '로동신문'에서는 탈북, 재입북등의 단어는 언급되거나 관련 주제로도 다루어지지 않고 있다. 어느 사회든 일어나는 사건 사고 소식을 북한의 당 기관지인 '로동신문'은 배제시키는 방식을 견지해 왔다. 그러한 견지에서 조국을 저버린 탈북인의 존재는 인정하지 않았으며 탈북자에 관해 공식적인 주제로 다루지 않는 전략을 취해 왔다고 볼 수 있다. 그러나 김정은 시기 이후 탈북인 문제를 맥락적으로 언급하는 변화를 보인다. '로동신문'은 2015년 12월 김련희의 북송불가사태를 한해 남북관련 주요 사건 중 한 주제로 선정한바 있다. 한국 내 탈북자의 담론은 '김련희'[62]의 사례와 같이 모종의 술수로 인해 강제 유인되었다는 프레임으로 규정한다. 북한 당국은 3만 명의 남한거주 북한주민들의 탈북을 공식적으로 인정하지 않되, 한국에 있는 탈북인들을 자진 입국이 아닌 유인 납치된 사례로 규정하는 전략을 보이는 것이다. '로동신문'에서 탈북인의 이슈가 본격적으로 언급된 것은 해외북한식당 종업원 12명의 한국입국사건이다. 한국의 언론에서는 해외파견 북한종업원 총 13명이 집단 입국했다는 뉴스가 2016년 4월 7일자로 보도된 반면 로동신문은 그로부터 22일 지난 4월 29일 부터 이슈화했다. 북한 언론은 해외식당 여종업원들의 자발적 남한 유입이 아니라 국정원에 의한 유인 납치라고 주장하며 함께 있던 해외식당 동료 종업원들과 12명 가족의 인터뷰를 통해 남한의 유인납치 행위를 규탄하였다. "남조선당국은 김련희와 12명의 녀성을 비롯한 우리 공민들을 그들의 요구대로 지체 없이 공화국의

---

62 "나는 대구에 사는 평양시민입니다."라는 제목으로 책을 출간한 김련희는 2011년 한국에 입국 하면서부터 자신은 속아서 왔다는 주장으로 북송을 요구하고 있다.

품으로 돌려보낼 것"을 주제로 이들의 무조건 송환을 요구했다.

'로동신문'에 게재된 탈북인 관련 기사를 제목으로 살펴보면 '유인랍치', '집단유인랍치', '공화국공민 소환', '녀성공민 신상공개', '남조선 인권유린', '남조선 괴뢰패당'등인데 이는 탈북자를 재구성하며 담론화 하는 시도로 보인다. 한국에 거주하는 탈북인에 대한 북한당국의 공식적 입장은 '남한에 의해 납치된 희생자'이며 '괴뢰패당의 술수에 유인된 공민'들이므로 '송환되어야 하는 공화국 공민'들이다. 탈북인들의 송환을 요구하는 북한은 김련희와 식당종업원 한국입국 두 사건을 국제사회에서 북한주민의 한국에 의한 인권침해 문제로 프레임화 하고 송환 이슈를 확대 재생산하고 있다. 탈북인 관련 보도의 주제 총 16건 중 12건이 2016년에 기사화 된 것은 사건이 일어난 시의성에 맞춰 집중적으로 게재한 대응으로 해석된다.

〈표 2〉 로동신문의 남한 내 탈북인 관련 기사

번호	제목	발행일 /면
1	남조선 당국은 유인 랍치한 공화국 공민들을 무조건 송환하여야 한다	2017.7.25/5
2	일본과 남조선 당국은 일본군 성노예범죄와 집단유인랍치 행위에 대해 사죄하여야 한다	2017.3.22/6
3	남조선 당국은 유인랍치한 우리 공민들을 지체없이 혈육의 품으로 돌려보내야 한다	2017.2.4/5
4	유인랍치된 공화국 녀성공민들의 신상공개를 남조선 당국에 요구	2016.7.14/6
5	괴뢰패당은 더 이상 내외여론을 우롱하지 말고 유인랍치한 우리 인원들을 무조건 돌려보내야 한다	2016.6.26/6
6	남조선 괴뢰패당의 집단유인랍치만행에 항의	2016.6.17/6
7	남조선당국의 집단유인랍치 만행을 규탄	2016.6.15/6
8	유인랍치범죄를 용서치 않을것이다	2016.6.14/6
9	괴뢰정보원 깡패들의 비렬한 집단유인랍치행위는 반드시 값비싼 대가를 치르게 될 것이다.	2016.6.10/6
10	남조선당국은 극악한 집단유인랍치범죄에 대해 사죄하고 공화국녀성들을 무조건 돌려보내라	2016.6.02/6

번호	제목	발행일 /면
11	치떨리는 집단유인랍치 행위를 준렬히 규탄	2016.5.29/6
12	남조선당국은 집단유인랍치해간 공화국공민들을 당장 돌려보내야한다	2016.5.26/6
13	집단유인랍치의대가를 천백배로	2016.5.05/6
14	남조선 괴뢰패당의 천인공노할 집단유인랍치만행을 폭로규탄하는 국내외기자회견 진행	2016.5.04/6
15	괴뢰패당이 집단유인랍치해간 우리 공민들을 돌려보내지 않을 경우 무자비한 대응이 개시될 것이다	2016.4.29/4
16	2015년 남조선인권유린조사통보, 김련희북송불가사태	2015.12.27/6

출차: 『로동신문』, 2012.-2017.

북한의 영상매체에서 남한에 거주하는 탈북인을 다루는 주제는 김련희 사건 이전에는 거의 없었다. 조선중앙TV는 2017년 6월 12일 '여성공민 송환문제를 하루 빨리 해결하여야 한다'는 제목의 담화 프로그램을 방송했다. 평양의 김련희 가족들을 찾아가 남편과 딸의 김련희 송환문제를 다루었다. 김련희와 해외식당 종업원들의 송환을 촉구하는 TV간담회나 인터뷰는 가족과 친구들의 호소와 눈물을 통해 이들의 한국거주는 한국에 의한 공작 납치이며, 북조선의 가족들은 피해자임을 강조한다. 이 방송프로그램의 사회자는 "김련희 녀성의 조국 송환을 거듭 재촉하는 우리의 요구에 반공화국 정탐·모략 행위를 하다가 우리에게 적발·체포된 자들의 송환문제를 연계시키면서 김련희 녀성을 저들의 불순한 목적의 이용물로 써먹으려고 책동했다"라고 한다. 같은 맥락에서 해외 식당여종업원들의 한국 입국을 유인납치사건이라고 강조하며 종업원 동료들과 가족의 인터뷰를 실시했다. 식당동료들은 본인이 경험한 한국의 국정원과 지배인의 모의 관계의혹을 제기하며 동료 12명이 그들에게 속아 한국으로 넘어갔음을 강조한다. 동료들은 지배인 포함 13명 종업원들의 한국행은 한국 기관에 의한 것임을 입증하는 유인납치의 정황을 구술한다. 특히 가족들의 인터뷰는 한국에 간 자신들의 딸, 언니, 동생이 가족과 조국을 버릴 이유가 없다는 정황에 대한 설명과 북으로 소환을 요청하는 간절한 호소를 통해 이들의 한국 유입이 비자발적임을 강조하는 내용으로 재현된다. 이를 통해 북한은 국제사회에 남한이 인권유린을 자행함을 강조하며 북의 가족에게 송환을 요구하는 이슈로 확산하고 있다.

> "식당책임자는 물욕이 강하고 녀성들과 치근거리기를 좋아했으며 거간군들과 밀려다니면서 숱한 빚을 지고 있는 놈이였습니다."(최례영) "우리동무들은 다른나라에서 비행기에 올라서야 자신들이 남조선으로 가게되였다는 것을 알았다고 합니다."(리소현) "류송영동무는 자기동생을 끔찍이 고와했습니다. 가족과 동생을 사랑하던 동무가 어떻게 그 소중한 모든 것을 버리고 남조선으로 살수 있단 말인가"(신성아)."[63]

(2) 탈북탈남인

북한에서는 한국사회의 '탈남인'은 "남조선에서 더는 살 수 없어 정든 제 고장을 버리고 해외로 나가 떠돌아다니면서 숨어 살다시피 하는 사람들을 가리키는 말"[64]로 규정한 바 있다. 북한 당국은 북한을 벗어나 남한사회에서 사는 탈북인과 재입북자들에 대해서 공식적인 언급을 하지 않는 자세를 취해왔다. 그러나 탈북을 인정하지 않던 묵시적 기조는 김정은 시기부터 내부결속을 다지는 전략적 대상으로 변화한다. 북한의 탈북탈남인은 영상매체에 직접 출연하여 자신의 행위를 대중에게 비판하고 남한을 고발하는 재현 방식을 취한다. 북한매체에 드러난 탈북탈남인들은 자신의 배신행위에 대한 반성을 하면서 남한사회에 대한 비판을 통해 북한체제의 우월성을 강조한다. 임지현은 북한 매체 '우리민족끼리TV'에 등장하여 조국을 버렸다 돌아온 배신자라는 반성과 함께 자신의 행위인 탈북, 탈남 배경의 서사를 밝혔다. "저 하나 잘

---

63 『로동신문』 2016년 5월 4일.
64 "탈남자라는 말은 8·15 해방 직후와 리승만, 박정희, 전두환 파쇼 독재, 기아 등으로 살기 힘들게 된 사람들이 몰래 해외로 빠져나가면서 생겨났다"고 말했다. 『조선중앙통신TV』 2012년 5월 10일.

먹고 잘 살겠다는 그릇된 생각과 남조선에 가면 잘 먹고 돈도 많이 벌 수 있다는 상상을 가지고 있었습니다." "돈을 벌기 위해 술집을 비롯한 여러 곳을 떠돌아 다녔지만 어느 것 하나 마음대로 되는 게 없었습니다." "뭐든 돈으로 좌우가 되는 사회에서 저같이 조국을 배신하고 도주한 여성들에게 육체적, 정신적 고통만 있었습니다"[65]라 했다. 그녀는 한국사람들의 북한사람들에 대한 편견이 만연한 문화와 북한이탈주민에 대한 기만적인 유입 정책 등이 이루어지고 있는 한국의 탈북인 정착제도에 대해 강하게 비판했다. "남조선 사람들은 내가 공화국말씨를 쓰기 때문에 동물원의 원숭이 보듯 합니다." "하나원에서 일자리를 마련해주는 것으로 알지만 현실은 일자리 구하기 어렵고 설거지 같은 허드레 일자리만 있습니다." "브로커가 거짓말을 해서 사회가 악감정을 생기게 해서 사는 게 신경질 나고 답답하고 지옥 같은 생활을 합니다."라고 한국 생활을 비판적으로 증언하며 자신의 배신행위를 용서하고 받아준 조국에 감사함을 이야기했다.

그러나 한국 언론매체에서 북한사회를 인간 이하의 삶을 사는 참혹한 나라임을 증언하다가 재입북하여 한국사회를 비난하고 북한체제의 우월성을 증언한 탈북탈남인들은 비단 임지현 뿐은 아니었다. 한국에 입국하여 9년간 살다 재입북한 손옥숙은 2016년 12월 우리민족끼리에 등장하여 한국에 들어가게 된 경위와 참담하고 냉혹한 남한 생활의 실상을 고발했다.[66] 남조선에서 시도 때도 없는 시위투쟁, 왕따 학생들의 자살문제 등을 목격할 때마다 세상 부럽없이 재능을 꽃피는 북한과 비교했다는 것이다. 한국에서 썼던 "빛이 그리워"라는 수기에 대해 '반공화국 모략책동에 가담한 행위'였다고 자아 반성하며 낳아준 어머니를 잊을 수 없듯 조국에 대한 그리움으로 돌아왔다고 말한다. 그녀는 한국에서 기독교 신앙생활을 했고 이름도 개종하였으나 북한에

65 『우리민족끼리TV』 2017년 7월 16일.
66 『우리민족끼리TV』 2016년 12월.

서는 한국의 신앙을 반공화국 책략선동도구로 비판했다.

2016년에 북한 미디어를 통해 재입북의 소회를 밝힌 탈북탈남인 들의 인터뷰는 두 차례 더 있다. 우리민족끼리 TV는 11월 5일 "조국을 떠나서 살수 없는 우리의 운명"이라는 제목으로 김만복, 김명희, 채은철 3명의 집단 발표를 했다. 그로부터 두 달 전인 9월 7일에는 "남조선괴뢰패당에 끌려 남조선에 끌려갔다 공화국 품에 안긴 우리주민들과 좌담회"라는 제목으로 조선중앙TV에서 강경숙, 김경옥, 리혁철의 집단 담화가 이루어졌다. 이들은 조국을 버린 배신자임을 스스로 비판하며 돌아온 배신자를 받아준 조국에 대한 감사함과 탈북인들이 살수 없는 차별적인 남한사회에 대한 비판이 주된 내용을 이루고 있다. 2012년 탈남하여 조선중앙TV에 공개된 김광혁 가족의 사례 역시 조국 배신행위에 대한 깊은 반성과 남한사회에 대한 환멸과 비판이 주요 탈남 서사로 이루어졌다. 그는 2008년 3월에, 부인 고정남은 2008년 9월에 중국으로 불법 월경한 후 거간꾼을 앞장세운 남한 정보기관의 꼬임과 회유로 끌려갔다고 주장했다.[67] 이 부부는 남한에서 4년간 어렵게 생활하다가 남한 사회에 환멸을 느껴 2012년 9월에 재입북했다는 것이다. 그들이 남한사회에서 겪은 경제적인 어려움은 정착금을 빼앗아가는 브로커와 유착관계로 인해 궁핍할 수밖에 없었다. 그에 의하면 탈북인들의 한국으로 유입은 한국 당국이 내세우는 지원정착금 유인책과 자신들의 자본주의 사회에 대한 잘못된 인식에서 비롯된 것이라 했다. 또한 2012년에 탈남한 박인숙은 조선중앙TV에 등장하여 "탈북자들은 남조선 사회를 저주하고 자신들을 원망하며 공화국(북한)으로 돌아가기를 간절히 소망하고 있습니다."라 말했다. 한국사회에서 살고있는 탈북인들은 남한 공작에 속아서 갔으므로 사회에 환멸을 느끼며 조국

---

67 "저희 부부는 남조선에서 그 비참한 생활을 겪고서야 비로소 우리들이 그 사람들에게 완전히 속았다는 것을 뼈저리게 느끼게 됐습니다"라며 탈남 이유를 밝혔다. 남한에 남아있는 어머니에게 "진정한 어머니 나라에 돌아왔으니" 사회주의 대가정 국가에서 어머니와 함께 살고 싶다고 했다.

으로 돌아가기를 원한다고 했다.[68] 북한매체에 등장하는 탈북탈남인들의 서사는 남한에서 한 인터뷰와 상반된 자기부정으로 구성되어있다. 그들의 남한 사회에 대한 '고발'에 의하면 오로지 돈에 의해서 인간관계와 삶의 층위가 형성되므로 인간답게 살아갈 수 없는 냉혹한 나라이다. 북한의 미디어에서 발화되는 탈북탈남인의 서사는 개인의 삶과 정체성이 지워지고 배신을 용서받아 분단체제의 승리를 외치는 증언자로 상징됨을 의미한다.

북한 미디어에서 재현하는 탈북탈남인들의 프로그램은 사회자가 이야기를 풀어가는 개인 혹은 집단이 등장하는 간담회이지만 전달방식은 총화형식을 취한다. 북한사회에서 '총화'는 "사업이나 생활의 진행과정과 그 결과를 분석하고 결속지으며 앞으로의 사업과 생활에 도움이될 경험과 교훈을 찾는 것"[69]으로 정의된다. 총화는 김일성에 의해 1962년부터 혁명가적 기풍을 위해 필요한 개념이자 제도로 일상화되었다.[70] 김정일은 부친에 이어 당조직 생활체계의 핵심기제를 당생활총화로 규정한바 있다.[71] 즉, 생활총화는 생활 속에서 태도, 습관, 충성심, 사상 등을 반성하고 교훈을 얻고자하는 정치적인 행위로써 북한주민들에게는 매우 친숙한 일상적 의례의 일환이며, 대중적 교육방식이기도 하다. 탈북탈남인들은 간담회 형식의 공개총화에서 조국을 버렸던 자신의 행위와 경험한 남한사회를 비판하여 북한체제를 선전선동 하는데 적극적으로 임한다. 〈표 3〉의 간담회 제목과 같이 북한에서 탈북, 재입

---

68 그러나 2006년 한국에 입국했던 그녀는 언론매체와의 인터뷰에서 "여긴 이렇게 자유로운 세상인데 그동안 북한의 독재 속에서 살아왔구나. 아! 참으로 민주주의 사회라는 것이 이렇게 좋구나 생각이 들었어요."라고 한국살이의 감동을 밝힌바 있다. 「탈북자 재입북」, 『세계일보』, 2012.11.9.

69 사회과학출판사, 『조선말대사전』, 사회과학출판사, 1992, 576쪽.

70 북한에서 총화란 "사업이나 생활의 진행과정과 그 결과를 분석하고 결속지으며 앞으로의 사업과 생활에 도움이 될 경험과 교훈을 찾는 것"을 말한다. 사회과학출판사, 『조선말대사전』, 사회과학출판사, 1992, 576쪽.

71 김정일, 「전당에 새로운 당생활총화제도를 세울데 대하여」, 선전선동부 책임일군협의회에서 한 연설, 1973년8월 21일 『김정일 선집 3』, 조선로동당출판사, 1999, 190쪽.

북등의 행위는 개인들의 일탈이자 동시에 국가에 대한 배신행위로 간주된다. 이들이 서사화하는 일탈행위는 오로지 남보다 더 많은 돈을 벌기 위해서 조국을 버렸다는 것이다. 북한 미디어에 등장한 탈북탈남인들은 조국을 버렸던 자신의 배신행위를 자아 비판하며 한국사회를 고발하는 서사를 통해 북한에서 새로운 방식의 '도생'과 '생존'을 모색하는 전략으로 보인다.

〈표 3〉 북한 미디어의 탈북탈남인 간담회

이름 (연령)	한국입국 시기/ 재입북 시기	제목	매체/날짜	비고
임지현 (전혜성, 25)	2014.1/2017.7	"반공화국모략선전에 리용되였던 전혜성이 밝히는 진실: 조국의 품에 다시안긴 전혜성과의 좌담회"[72] "따뜻한 품으로 돌아온 전혜성(임지현)지옥같은 남녘생활 3년 회고"[73] "반공화국 모략 방송의 산증인 전혜성"[74]	우리민족끼리TV/ 2017.7.16, 8.28 민족통신TV/ 2017.8.20	
손옥숙(50)	2007.12/2016.12	"조국의 품에 안긴 한 녀성의 고백"	우리민족끼리TV/ 2016.12.26	
김만복(63) 김영희(36) 채은철(29)	2009.10/2015.10 2010.8/2015.9 2005/2015.7	"조국을 떠나서 살수 없는 우리의 운명"[75]	우리민족끼리TV/ 2016.11.5	
강경숙(60) 김경옥(41) 리혁철(26)	2014.4/2016.3 2011.6/2015.12 2007.2/2016.4	"남조선괴뢰패당에 끌려 남조선에 끌려갔다 공화국 품에 안긴 우리주민들과 좌담회"[76]	조선중앙TV/ 2016.9.7	강경숙 재탈북
김광혁(27) 고정남(29) 아들(2)	2008.3/2012.9 2008.9/2012.9	"남조선사회에 환멸을 느끼고 공화국의 품으로 돌아온 김광혁 부부의 기자회견"	조선중앙TV/ 2012.11.8	재탈북
박인숙(71)	2006.3/2012.2	'박인숙 기자회견'[77]	조선중앙TV/ 2012.5.28	3차례재입북

---

72 1차 인터뷰 https://www.youtube.com/watch?v=5hIIEObHgDc
73 2차 인터뷰 https://www.youtube.com/watch?v=Hr9zqM8TfP0
74 3차 인터뷰 https://www.youtube.com/watch?v=R0sThb57i_A

4. 남북한 미디어의 탈북인/탈북탈남인 서사 분석 결과

　분석 결과 남북한 미디어는 탈북인/탈북탈남인의 서사 구성에 각기 일정한 프레임과 재현방식을 구성하고 있음을 확인한다. 남한 미디어는 종편의 예능 프로그램을 중심으로 탈북인들을 등장시켜 가볍고 친근한 담화 형식으로 북한사회와 북한사람을 규정하고 있다. 탈북인들의 서사에서 나타난 특징은 떠나온 곳을 부정하고 현재 몸을 담고 있는 주류사회에 인정받는 이야기들로 구성되어 있다. 이러한 서사에는 분단체제에서 남한체제의 우월성을 승인하는 상징적 교환가치의 이데올로기가 수반된다. 탈북인 프로그램의 탈북 서사는 그 안에서도 남녀 간의 차이를 나타낸다. 남성들은 자신의 탈북 서사를 북한독재 체제로부터 벗어나 '자유의 품에 안겨 이념과 안보의 수호 대상'으로 규정한다. 이에 반해 여성들은 1990년대 중반부터 2000년대 초반에 북한에 일어난 장기간의 식량난 기간의 영향으로 굶주림을 면하기 위해 목숨을 걸고 한국에 '온 불쌍한 사람', '시혜의 대상'으로 서사화된다. 이 과정에서 등장인물들은 탈북인이자 대한민국 국민의 이중적 정체성을 갖고 살면서 한국사회에서 겪는 차별이나 배제 등에 대한 경합과 저항 등 한국 정착에서 이루어지는 일상적 삶의 서사는 잘 드러내지 않는다. 북한사람이 한국이라는 공간 진입을 통해 탈북인이란 정체성이 입혀지는 순간부터 당사자에게 주어진 목소리는 현재 이곳이 바로 유토피아임을 발화하는 것이다. 그러므로 이들은 자유한국에 온 것을 행복하다고 하는 인정한 목소리를 강조하는 생존주의적 전략을 취하고 있다. 그 전략은 이들이 태어나 자라고 경험한 북한사회에 대한 부정적 서사구성으로 나타나는데, 북한의 가장 비극적이고 비참한 사회상을 강조하는 것이다. 남한의 미디어는 대중에게 전달하기 쉬운 재현방

75　https://www.youtube.com/watch?v=jqxDdg_kvno
76　https://www.youtube.com/watch?v=CF4H9MMc594
77　https://www.youtube.com/watch?v=QRP4dPhluOE

식을 통해 북한에 비해 경제적으로 우월한 사회임을 강조하는 메시지를 생산한다. 이러한 경향은 남한사람들로 하여금 현재의 북한사회를 이해하는데 왜곡과 한계로 작용한다. 그에 반해 남한의 언론은 탈북탈남인에 대한 이슈를 다룸에 있어 주로 일탈이나 범죄 사건보도로 접근해왔다. 한국사회에서 탈북인은 자유를 찾아온 주체들로서, 대한민국국민으로 인정되지만 간첩, 부적응자, 혹은 범법자등으로 이슈화된다. 또한 최근들어 증가하는 탈북탈남인의 문제는 이들이 적응하기 어려운 경제, 사회, 문화 등의 구조적 문제나, 한국사회에 자리한 편견의 문제로 성찰되기 보다는 한국을 몰래 벗어난 부적응자나 간첩 의혹 및 범죄자로 환원되어 규범 이탈자, 범법자로 미디어에서 운위된다. 특히 남한의 언론은 탈북탈남인을 다룸에 있어 이들의 한국살이의 어려움을 조명하기보다는 부적응자, 범죄자, 간첩, 세금을 쓰고 달아난 범죄자로 규정한다.

북한의 미디어는 탈북 문제를 언급하거나 3만 명이 넘는 남한 내의 북한이탈주민의 존재를 공식적으로 인정하지 않는 태도를 견지해왔다. 그러나 김련희 사건 이후 로동신문은 사설(5-6면)을 통해 김련희와 해외식당종업원 두 사건을 중점적으로 다룬다. 북한 미디어는 주민들의 자발적 탈북사실을 인정하지 않으며 남한 당국에 의해 납치된 공민들이라는 피해자 프레임으로 이들의 북송을 주장한다. 그에 반해 북한 미디어가 재입북한 탈북탈남인을 다룰 때는 주로 TV매체를 통해 간담회 방식을 취한다. 탈북탈남인의 서사는 대중을 향한 총화로써 물질에 현혹되어 조국을 버렸던 행위에 대한 반성과 남한사회에 대한 고발 내용으로 구성된다. 이들의 탈북 원인은 주로 중국에서 만난 한국의 기관이나 선교활동을 하는 종교인에 속아서 조선으로 넘어가게 되었다는 것이다. 그러나 남조선은 돈이 없는 사람들이 하루도 살 수 없는 비열한 자본주의 국가이며 극악한 범죄가 일상을 지배하는 지옥과 같은 사회임을 고발한다. 자신들이 경험한 남한사회는 병든 자본주의의 병폐가 심하고 범죄에 시달리는 일상의 삶이 지속되므로 견딜 수 없어 다시 조국으로 돌아왔다는 것이다. 특히 남한사회의 언론은 탈북인들에게 조국을 폄하하도록 이용을 한다고 주장한다. TV 간담회를 통한 전달방식은 북한지도자에게 감사함과 국가를 저버린 배신행위를 반성하는 총화 방식을 활용한다. 남한 미디어에 등장한 탈북인들은 북한에서 살았던 경험 중에 행복했던 일상을 말하지 않 듯, 북한 미디어에 등장한 탈북탈남인들은 북한보다 더 발전한 남한 사회상 을 말하지 않는다. 남북한미디어에서 재현되는 탈북인/탈북탈남인의 공통적 서사는 떠난 사회를 비판하고 현 사회의 우월성을 담보하는 내용으로 구성되 어 발화자는 시민적 주체가 아닌 신민화 된 대상으로 귀결된다.

〈표 4〉 남북한 미디어의 탈북인/탈북탈남인 서사

미디어	탈북인 서사	탈북탈남인 서사
남한	'자유를 찾아온 시혜의 대상', '남한 체제 우월성 표상', '범죄자', '잠재적 범죄자'	'부적응자', '간첩의혹자', '범법자'
북한	'남한 공권력에 의해 유인납치 희생자', '송환되어야 하는 공민'	'조국을 버렸다가 돌아온 배신자', 남한사회 경험으로 '북한 체제 우위 증언자'

5. 나가며

남북한 미디어에 그려지는 탈북인/탈북탈남인의 서사는 단순한 경계넘기 나 이주인의 일상적 이야기가 아니다. 이들의 서사는 떠나온 곳의 체제, 사회 와 그 집단을 비교 규정한다는 점에서 분단 사회의 이데올로기적 담론을 재 생산하는 중요한 위치를 차지한다. 남북한 미디어의 탈북인/탈북탈남인의 서사는 상이한 두체제의 구조 문제와 분단정치의 현재성 등 중첩인 이념 문 제로 구성되며 떠나온 곳에 대한 부정과 현 정착지의 우월성을 강조하는 서 사로 전략화 되고 있다. 남한의 미디어는 탈북인의 증가를 체제승리의 표상 화해 오면서 이중적으로 이들을 시혜화, 혹은 낙인화하며 평등한 시민권을 부여하지 않았다. 탈북탈남인 이슈에서는 탈북인 관련 정책적 강화이나 적용을 어렵게 하는 사회적 구조에 대한 성찰보다는 강제 납북의 의혹과 개인의 문제로 환원시키고자 했다. 북한의 미디어는 남한에 거주하는 탈북인을 강제 납치된 공민들로 규정했고 탈북탈남인들을 조국의 품에 안긴 주체로 규정하며 한국사회를 비난하는 주요한 주제로 이슈화하고 있다. 이렇게 구성되는 남북한 미디어의 탈북인/탈북탈남인 서사는 각 사회에서 설득력 있고 대중적인 재현방식을 취하며 자국의 주민들을 향하는 이데올로기적 메시지를 생산하고 학습시키는 사회적 교육 기제로 작동한다. 남한이 그리는 '북한'이나 북조선이 그리는 '남조선'은 분단체제의 갈등을 드러내는 방식으로 탈북인과 탈북탈남인의 서사를 활용하고 있는 것이다.

분단체제에서 남북한 미디어는 탈북인/탈북탈남인들을 고발자로 활용하는 프로파간다(propaganda)적 전략을 취하고 있고 동시에 임지현 사건과 같은 이슈를 통해 실시간 아이러니한 연결을 이어가고 있다. 이러한 남북한 미디어의 서사는 같은 민족의 동질성 찾기보다는 갈등을 생산하며 상대를 왜곡하는 윤리적 문제를 노정한다. 또한 동시에 이들에게 주어지는 사회적 호명은 경계인이나 이주자, 난민이 아니라 한국사회에서는 '잠재적 범죄자', 북한에서는 조국을 버린 '배신자'로 낙인 된다. 분단사회에서 경계넘기의 주체들에게는 이데올로기가 투과되어 체제 우월성이 식민화되는 대상들로 규정된다. 남한사회에서 '시혜의 대상'이나 '잠재적 범죄자'라는 탈북인 프레임은 한국사회에 함께 사는 탈북인에 대한 부정적 인식과 편견을 만들게 되며, 북한에서 '배신자' 낙인은 이들을 사회적으로 배제시키고 주민들에게 권위주의적 사고를 공고하게 만든다.

연구자는 탈북인/탈북탈남인에게 떠나온 곳과 삶 모두를 부정하게 하고 현재 사회의 체제 우위를 증언시키는 남북한 미디어의 재현 행태로부터 '경계 긋기'가 필요하다고 본다. 남북한 미디어의 '변화를 통한 접근'[78]으로 윤리적

---

78   김누리 외, 『변화를 통한 접근: 통일주역이 돌아본 독일 통일 15년』, 한울아카데미, 2006.

이고 지향적인 시도는 시작되어야 할 것이다. 변화의 시도로써 남북한의 미디어는 더 나은 삶의 기회를 찾아 오고가는 탈북인/탈북탈남인들에게 체제 증언자 역할 부여를 하는 미디어의 기존 재현 행태 대신 그들이 경험한 남북의 삶과 사회를 온전히 이야기하는 환대의 공간이 되길 제안한다. 남북한 미디어에서 탈북인/탈북탈남인들에게 사회정치적 신민이 아니라 시민성을 부여하는 윤리가 작동하는 날 남북 관계뿐 아니라 남북주민들의 삶도 변할 것이다. 미디어의 통합을 위한 급진적 시도는 '있는 그대로의 남북한 사회와 남북한 사람들'을 인식하지 못한 채 서로 갈등해온 심리적 분단을 거두는 시작이 될 것이다. 아울러 남북한 미디어의 실험과 실천은 통일 준비 및 이후 새로운 사회의 주인공이 될 남북한 사람들의 마음을 잇는 가교로 될 것이다. 그런 날이 열리면 남북한 미디어에서 재현된 탈북인과 탈북탈남인은 슬래쉬(/)의 '범죄 집단'이 아니라 권력통치와 이념에 도전하며 물리적 그리고 심리적 경계를 넘은 디아스포라의 행위자로 논의될 수도 있을 것이다.

참고문헌

1. 자료

『국민일보』 2012년 7월 26일.

『국제신문』 2017년 9월 29일.

『경북일보』 2017년 9월 21일.

『뉴시스』 2013년 9월 2일.

『동아일보』 2013년 1월 26일.

『선데이뉴스』 2017년 5월 2일.

『세계일보』 2012년 11월 9일.

『시사저널』 2017년 7월 24일.

『월간조선』 2016년 11월.

『연합뉴스TV』 2017년 4월 5일.

『연합뉴스』 2017년 9월 27일.

『연합뉴스』 2016년 8월 21일.

『연합뉴스』 2016년 9월 19일.

『조선일보』 2017년 5월 3일.

『조선일보』 2012년 11월 12일.

『헤럴드경제』 2017년 7월 17일.

『헤럴드경제』 2017년 9월 25일.

『KBS 특별기획』 [통일 한국을 그리다 3부작]

『MBC』 2017년 2월 20일.

『YTN』 2013년 7월 15일.

『채널A』 〈이제만나러 갑니다〉

『TV조선〈모란봉 클럽〉』

『로동신문』 2013년-2017년.

『우리민족끼리TV』, 『조선중앙통신TV』.

2. 논저

김누리 · 오성근 · 안성찬 · 배기정 · 김동훈 · 이노은, 『변화를 통한 접근: 통일 주역이

　　　　돌아본 독일 통일 15년』, 한울아카데미, 2006.

김명준 · 곽정래 · 임종섭, 『종합편성 채널의 탈북자 관련 프로그램에 대한 수용자 인식
　　　　연구』, 한국방송학회 학술대회 논문집, 2014.

김병로, 『북한, 조선으로 다시 읽다. 북녘에 실재하는 감춰진 사회의 심층 분석』,
　　　　서울대학교출판부, 2016.

김신동, 『채널A 〈이제 만나러 갑니다〉에서 말하는 북한』 2015 한국정치 커뮤니케이션
　　　　학회 가을철 정기학술대회 자료집, 『미디어의 탈북민 담론비판과 대안탐색』,
　　　　2015.

김정일, 『김정일선집 3』, 평양: 조선로동당출판사, 1994.

김화순, 「누가 탈북자를 '알바 시위꾼'으로 만들었나?: 동원과 보호의 탈북민 정책」,
　　　　한국정치학회 세계한국학 학술대회 발표문, 2017.

김홍중, 「서바이벌, 생존주의 그리고 청년 세대: 마음의 사회학 관점에서」, 『한국사회
　　　　학』 제49집 1호, 2015.

미셸 푸코, 이상길 옮김, 『헤테로토피아』, 문학과 지성사, 2014.

박기순, 「푸코의 헤테로토피아 개념: 문학적 기원에 기초한 미학적 해석」, 『미학』
　　　　제83권 1호, 한국미학회, 2017.

박명규 · 정은미 · 김병로 · 장용석 · 최규빈 · 김병조 · 강원택 · 황정미, 『2015 통일의
　　　　식조사』, 서울대학교평화통일연구원, 2016.

류종훈, 『탈북 그후 어떤 코리안』, 성안, 2014.

사회과학원, 『조선말대사전』, 평양: 사회과학출판사, 1992.

세이먼 채트먼, 한용환 옮김, 『이야기와 담론: 영화와 소설의 서사구조』, 고려원,
　　　　1991.

앤서니 기든스, 김미숙 · 김용학 · 박길성 · 송호근 · 신광영 · 유홍준 · 성정호 옮김,
　　　　『현대사회학』, 을유문화사, 2009.

오원환, 『탈북 청년의 정체성 연구 : 탈북에서 탈남까지』, 고려대학교 언론학과 박사학
　　　　위논문, 2011.

임순희 · 윤인진 · 양진아, 『2016 북한이탈주민 경제사회통합 실태』, 한국인권정보센
　　　　터, 2017.

윤인진, 『북한이주민 생활과 의식 그리고 정착지원정책』, 집문당, 2009.

이금순, 『북한주민의 거주 이동: 실태 및 변화전망』, 통일연구원, 2007.

장영은 · 박지훈, 「북한과 탈북자를 재현하는 텔레비전에 대한 수용자의 시선〈이제 만나러 갑니다〉에 대한 수용자 해독을 중심으로」, 『스피치&커뮤니케이션』, 『한국소통학보』 제27호, 한국소통학회, 2015.

정의철, 「신문의 탈북민 재현 분석: 프레임과 정파성을 중심으로」, 『한반도 통일과 미디어 &커뮤니케이션』, 통일커뮤니케이션연구회 출판기념회세미나, 2017.

조한범 · 양문수 · 조대엽, 『북한의 갈등 구조』, 통일연구원, 2010.

최진봉, 「텔레비전 뉴스 콘텐츠에 나타난 탈북민의 이미지 분석」, 『한국콘텐츠학회논문지』 제16권 제3호, 2016

크리스 바커, 이경숙 · 정영희 옮김, 『문화연구사전』, 커뮤니케이션북스, 2009.

Genette, Gerard, *Narrative Discourse*, translated by Jane E.Lewin, Cornell University Press, 1980.

Goffman.E., *Frame analysis*: an essay on the organization of experience, Cambrige, MA: HarvardUniversity Press, 1974.

남북하나재단, 『2017 북한이탈주민 통계』.

불완전한 삶에서 움트는 신군사주의

김엘리

1. 신군사주의

일반적으로 군사주의란 군사적 가치를 찬양하고 지향하는 이념을 말한다. 전쟁과 전쟁준비를 당연하다고 여기며 정상적인 사회활동으로 보는 태도이자 행위이며, 이를 지속시키는 제도이다.[1] 군사주의라는 용어는 모호하여, 학자들마다 쓰임새가 다르다. 군사주의는 군산학복합체와 같은 사회체제를 뜻하기도 하고, 상징과 이미지를 통한 문화 현상이기도 하며, 정치집단의 통치 기술이기도 하다. 신시아 인로(Cynthia Enloe)의 어법으로 풀자면, 누구든 군사적 가치를 취하고, 군사적인 해결 방식을 매우 효율적이라 생각하며, 약육강식의 세상에서 군사적태도만큼 확실한 것은 없다고 믿으면 군사화 되었다고 본다.[2] 군사주의는 사회가 특정한 방향으로 흐르는 경향성, 혹은 사람들의 행위와 사유를 특정한 방향으로 이끄는 사회적 에토스라고 말할 수 있겠다.

---

[1] 군사주의 개념에 관해서는 졸고 「군사화와 성의 정치」, 『민주법학』 제25호, 2004 참조. 군사적 가치 혹은 군사주의적 속성으로는 호전성, 물리적 폭력성, 군기, 적과 아군을 구분하는 집단 경계성과 정복 추구 등을 늘 수 있다.

[2] Cynthia Enloe, *Globalization and Militarism*, Rowman and Littlefield, 2007, pp. 3-6.

한국의 군사주의는 역사 속에서 구성되고 계승되는 과정에 있다. 피식민, 분단, 한국전쟁, 한미동맹, 남북한의 오랜 군사 대치 등의 역사 속에서 군사주의는 생성되고 지속됐다. 남한 사람들은 분단체제에서 남북한의 군사적 대치를 60여 년 동안 겪으면서 특정하게 조직된 전쟁공포나, 국민이 아닌 좌익으로 배제될 수 있다는 불안감 속에서 국민정체성을 구성해왔다. 이러한 감정은 일시적인 파동이 아니라 오랜 시간 역사적 · 정치적 혼란 속에서 만들어진 일종의 관성이다. 군사주의는 이 관성에 깊이 스며있다.

탈냉전의 시대를 열고 문민정부가 들어선 1990년대 이후 군사주의는 비판과 성찰의 대상이 되곤 했다. 비민주적 사회, 권위주의적 관료사회, 폭력적 사회, 성차별 사회를 만들었던 구성 요소로서 군사문화는 해소되어야할 사회적 걸림돌로 지목됐다. 군사주의는 단순히 정권을 쥔 집단의 통치 방식만이 아니라 우리 사회에 만연한 현상이며 규율이라는 자기반성적 논의도 성행했다. 거대담론 안에서는 재현할 수 없는 정치적 언어 부재를 지적하며, 일상적 삶에서 경험하는 군사주의를 논하기도 했다. 그럴 때마다 군사주의는 폭력과 억압의 정치를 뜻했다.

그런데 오늘날 군사주의는 전체주의적 결연함보다는 사안별로 그 결을 달리하며 때로는 즐거움을 동반한다는 점에서 그 성격을 다시 보게 된다. 군사주의가 1960~80년대는 준전시체제의 유사 군사조직을 기반으로 국민을 국가 차원에서 동원했다면, 2000년대 이후는 자유민주주의 정치체제를 훼손하지 않고 자기계발이라는 신자유주의적 통치성 안에서 작동한다. 최근 군대 이야기가 매체 미디어를 통해 즐거움과 추억 거리로 소비되고 유사군사훈련이 극기 체험으로 차용되면서 군사적 가치는 개인의 삶에 친밀하게 관여한다. 인터넷이나 SNS을 통해 홍보 동영상을 간편하게 파급할 수 있게 되자 군은 일찌감치 여자 아이돌 가수 등 연예인을 홍보대사로 삼고 군대문화와 병영생활을 매우 친밀한 것으로 만들고자 했다. 몇 년 전 배우 현빈의 해병대 입대는 그 자체가 홍보 효과를 톡톡히 냈는데, 군대를 가야 ―이왕이면 해병대를 가야— 진짜가 된다는 '진짜 사나이'의 판타지를 강화했다.

그러나 한편, 정치적으로는 유신체제의 회귀를 논할 정도로 이념 공세가 전개되는 상황들에서는 전통적 의미의 군사주의의 결이 선명히 살아나고 있다. 분단사회에서 남북이 군사적으로 대치한 정치적 상황이 여전히 우리의 삶을 조직하고 있음을 실감한다. 국외적으로도 미국이 '아시아 회귀'(Pivot to Asia) 정책을 강화하면서 아시아의 군사화가 심화되고, 일본이 재무장을 시도하여 동북아 정세도 긴장되는 현실이다. 이러한 군사적 전략은 한국에서 안보와 군사주의를 강화해야 하는 근거를 제공한다.

이제 군사주의는 단순히 막무가내식이 아니라 보다 교묘하게 작동한다. 군사주의는 여전히 분단체제하에서 항시적인 적을 상정함으로써 싸워야 할 대상이 분명하고 그 대상에 대한 적대감을 만드는, 탈냉전시대의 냉전 상황의 지속성이라는 맥락에서 발현한다. 그러나 동시에 일상의 삶에서 신자유주의와 결합하여 단순히 자기희생이 아닌 자기이익과 부합하는 방식으로 작동한다. 앞서 언급한 것처럼 반공규율사회에서 국민에 대한 훈육적 동원 차원으로 군사주의가 발현했다면, 신자유주의 통치사회에서 그것은 자기계발의 개인적 성취와 만난다. 이 글은 이러한 현상을 신(新)군사주의라고 표현한다. 신군사주의라는 말은 '군사화된 근대성'과 '군사적 성장주의'[3]를 넘어서 신자유주의 통치의 맥락에서 작동하는 군사주의를 포착하려는 시도이다.

신자유주의 통치 원리란 사회적인 것을 경제적인 것으로 치환하여 시장원리 혹은 경쟁원리로 전환하는 것과, 시장원리에 맞춰 자신의 삶을 관리하는

---

3   홍성태는 군사적 성장주의라는 용어를 통해 '일세의 군사주의를 바탕으로 정치적 목적을 위해 외형적 성장을 추구하는 박정희식 근대화 노선'을 강조한다. 군사적 성장주의는 빠른 속도로 큰 외형적 성과를 단기간에 내는 효율성을 추구하는데, 90년대 이후 성수대교나 백화점의 붕괴로 그 허점을 드러냈다(홍성태, 이병천·이광일 엮음, 「군사적 성장주의와 성수대교의 붕괴」, 『20세기 한국의 야만』 2, 일빛, 2001). 문승숙은 군사주의를 사회체제로 보고 군사화된 근대성을 개념화하는데, 국가가 자신을 반공국가로 정의하고, 국가 구성원을 충성스러운 국민으로 만들며, 징병제를 산업경제조직으로 통합했던 점을 그 특성으로 삼는다. (문승숙, 『군사주의에 갇힌 근대』, 이현정 옮김, 또하나의문화, 2007.)

자기경영의 주체를 형성하고 그 주체 형성 모델에 적응할 수 없는 개인을 사회 바깥으로 배제하는 것을 말한다.[4] 양극화된 사회와 그 속에서의 불안정한 삶은 불안감을 증대시킨다. 이 불안정성을 안전사회로 잡으려는 국가권력과 우익보수주의자들은 군사주의적 질서를 재생한다. 그래서 탈냉전과 냉전의 연속선상에 있는 한국사회에서 반공규율권력은 신자유주의에 의해 소멸하는 게 아니라, 통치 관리와 함께 상보완적으로 나타난다. 그래서 신군사주의는 시대착오적인 요소와 현시대의 특성을 함께 지닌다.

여기서 굳이 신군사주의라는 용어를 사용하는 것은 군사주의가 더 강화되었는가 약화되었는가를 가늠하려는 의도가 아니라, 지금의 군사주의가 작동하는 방식이 신자유주의의 결을 따라 유동적으로 변모한다는 점을 말하기 위해서다. 이 글은 군사주의가 단순히 폭력과 억압의 형태라든가 국민정체성 안에서만 작동하는 것이 아니라 자기이익을 확장하는 지점과 만나는 맥락을 고려하는데 있다.

2. 소비와 체험으로

한국자본주의가 그동안 추진해온 신자유주의화는 단순히 훈육이 아니라 스스로 자기를 계발하는 주체를 생산했다.[5] 여기서 자기는 주관적인 존재로 자율성을 추구하는데, 여러 선택지 사이에서 스스로 선택하며 자신의 삶을 만들어감으로써 존재의미를 찾을 뿐 아니라 그 삶의 현실과 과정을 개인의 책임이라고 여긴다. 자기를 계발하는 주체는 자신의 삶을 하나의 기업으로 여기며 자기를 기업가로 주체화한다. 개인의 선택은 자유롭고 자율적으로 보이나 실은 시장규범에 자신을 조율하고 전문가의 권위에 점차 의존하며, 모든 것은 개인의 능력 여하에 좌우된다는 담론으로 자신을 구성하게 된다.[6]

---

4   사토 요시유키, 김상운 옮김, 『신자유주의와 권력』, 후마니타스, 2014.
5   서동진, 『자유의 의지 자기계발의 의지』, 돌베개, 2009.

그러나 누구나 노력하면 성공할 수 있다는 믿음은 사회경제적 구조의 문제를 고려하지 않는 신화에 불과하다. 만약 실패했다면 자신을 잘 못 경영한 탓이다. 따라서 고용은 불안정하고 복지는 감소하고 있는 상황에서 개인의 불안감은 가중된다.

신자유주의가 표방한 자유와 작은 정부의 기치는 실제적인 안전 시스템을 제공하지 못한 채 개인에게 선택과 책임을 맡긴다. 어떤 이는 이 불안감을 개인연금과 사설 경비에 기대어 해소하려 한다. 개인의 안전한 삶은 민영화된 상품을 통해 확보되고, 개인은 공론의 장에서 사회적 실천을 행하는 시민이라기보다는 소비자로 전이한다. 자신에게 투자하고 자신을 관리하며 자신을 계발하는 행위는 특정한 제품을 선택하고 소비하는 행위와 연관된다.

심지어 병영체험마저 자신을 관리하고 계발하는 체험적 소비의 하나로 자리 잡고 있다. 남성만의 병역의무 사회에서, 군대에서 축구하는 남성의 이야기나 최전방에서 귀신 잡는 이야기는 여성들에게 지겨운 영웅담이었지만, 이제 군은 호기심과 도전을 자극하는, 그래서 한번쯤은 고개를 내밀고 둘러보는 곳이 됐다. 내친김에 군인이라는 직업을 생각해보는 여성도 꽤 많다. 군은 나의 한계를 확인해볼 수 있고 남성과의 평등성을 헤아릴 수 있는 곳이 됐다. 이 남성중심 조직에서 적응하고 살아남으면 어디서든 못할 게 없는 실험장이 된 것이다. '남자'라는 성별 자체가 취직에 유리한 '스펙'인 경쟁사회에서 여성은 "남성들과 비슷한 위치에서 평가받을 수 있"[7]다는 기대감으로 병영캠프의 극기체험을 지원한다.

여기서 눈길을 끄는 것은 군과 여성 그리고 체험적 스펙이라는 어울리지 않는 조합이다. 여성은 병역의무가 없으므로 안보교육의 대상으로 지목되지만, 최근의 연기는 색다르다. 항간에는 여성의 시청률이 높았던 「진짜 사나

6   Rose Nikolas, *Inventing Our Selves*, Cambridge University Press, pp. 151-157.
7   김민신, 「병영캠프가 취업용 스펙? 여성참가자 늘어」, 『한국일보』 2013년 8월 14일.

이」의 영향 탓이라는 이야기도 있다. 물론 예능 프로그램으로 관심이 집중되는 효과도 컸겠지만, 여성들이 군사활동에 노출되는 정도는 좀 더 과감해졌다. 군대에 갈 아들을 이해하기 위한 정도가 아니라, 자기를 계발하는 직접적 체험으로 군사활동을 인식하게 됐다.

여성의 병영체험이 성평등이라는 맥락에서 언설화된다면, 학생의 경우는 창의력을 위한 교육훈련으로서 거론된다. 인내력과 정신력, 집단성을 키우면서 리더십과 창의력을 고양하기 위해 교육기관들은 체험학습으로서 해병대 캠프를 활용한다. 교육과학기술부는 2009년 교과과정의 하나로 창의적 체험 활동을 도입했는데, 그 체험학습이 병영체험캠프에서 진행되는 경우가 많다. 한 사설 해병대캠프 업체에서 고객의 20% 정도가 기업체고 학생이 80%를 차지한다고 말할 정도로[8] 병영캠프는 교육의 과정으로 자리잡고 있다. 정의 당 정진후 국회의원이 발표한 바에 따르면, 2009년부터 최근 5년간 병영체 험캠프에 참여한 학생은 207,434명으로, 단일 연도로 보면 2009년에 비해 2012년에 4배 증가했다.[9] 이렇게 급증하는 현실 이면에는 조직적 동원과 지속적인 협력체제가 작동한다. 각 시·도 교육청은 일선 학교에 공문을 보내 학생과 교사 참가를 권유한다. 일부 시교육청은 군부대나 해병대전우회와 협 력 약정서를 맺고 군·학·관의 체제에서 병영체험 프로그램을 진행한다. 프 로그램에는 유격훈련, 행군훈련, 각개전투, 화생방, 수상훈련 등과 같은 군 사훈련이 포함돼 있다. 이러한 상황에서 2013년 7월 18일, 해병대캠프 교육 중 고교생 5명이 익사한 사건이 발생했다.

군과 군사업체들의 안보교육도 대중성을 가지기 위해 재미를 느낄 수 있는 체험적 형식을 취한다. 체험적 소비는 즐거움을 주는 한편으로 자기 이미지

---

8   박현정, 「병영체험의 이름은 '창의력 캠프'」, 『한겨레21』 제972호, 2013년 7월 29일.

9   참여한 학교는 2009년부터 최근 5년간 1,375개교에 달한다. 2009년도와 비교하면 2012년도 에 6.1배가 증가했다. 초등학교의 참여율이 가장 높은데, 학교 수는 11.7배, 학생 참여는 10.6배 늘었다(정진후 의원실 발표 자료 2013.7.31).

를 만들고 자기를 표현하는 장이다. 특정한 제품의 소비를 통해 그 제품이 갖는 상징적 의미를 자기의 이미지로 전유하는 것이다. 그래서 병영체험은 신자유주의 경쟁사회에서 스펙이 되는 '능력 입증서'가 된다. 여성뿐 아니라 유약하게 보이는 남성 회사원들도 병영캠프 프로그램을 다녀오면 강한 리더십을 습득한 사람으로 입증되고, 고교생에겐 공동체의식과 인내력, 리더십을 갖추었다는 기록이 생활기록부에 기재되면서 대입과정에 참조가 된다.

그렇게 군사활동은 특정한 군대 안에서 이루어지는 것이 아니라, 사회적으로 자기계발의 일환으로 확장된다. 사람들은 군사훈련 프로그램을 통하여 자신을 관리한다. 자기계발은 소비와 체험을 통해 몸으로 느끼는 감정을 동반한다. 병영캠프는 고통과 무서움, 낯섦에도, 이를 다하고 나면 '해냈다'는 자신에 대한 믿음을 갖게 한다. 경쟁에서 낙오하면 실패할 수 있다는 일상적 두려움과 불안을 이 '해냈다'는 자신감을 통해 순간 해소할 수 있다. 이로 인한 보람과 쾌감은 자신을 변화시키고 고양시키려는 의지를 강화한다. 무엇보다 '함께 해냈다'는 집단적 지지와 동지애는 개인화된 사회에서 느끼는 단절감을 집단성으로 극복하는 듯한 든든함도 준다.

무한경쟁 속에서 단절과 불안감을 가졌던 개인은 병영캠프를 통해 유사 공동체성을 느끼면서 위안을 받는다. 몸을 부딪치고 함께 작업하면서 협동심과 단결성에서 안정감을 느낀다. 그러나 체험적 소비는 순간의 감정이다. 체험사회는 후기 근대사회의 개인들이 주관적으로 삶의 보람과 즐거움을 찾으려는 생활양식[10]이나 불안한 삶의 조건을 심층적으로 변화시키진 않는다. 오히려 개별적 몸은 유순한 몸이 되어서 국가와 기업이 조율할 가능성을 더 열어놓을 지도 모른다.

---

10 울리 뵈트만, 박노혜 외 옮김, 「아름다운 삶의 프로젝트」, 『현대사회를 진단한다』, 논형, 2010, 92쪽.

3. 안전사회가 안보국가로

개인의 자유와 선택, 자기이익, 능력주의 등의 특징을 갖는 신자유주의는 국가 기능을 쇠퇴시키고 개인성을 강조한다는 면에서 군사주의와 대립하는 것처럼 보인다. 그러나 신자유주의는 시장경쟁을 활성화하기 위한 조건을 만들어 시장의 권력을 강화하기 위해 오히려 국가를 필요로 한다. 이 가운데 개인주의가 만연한 혼돈을 질서로 되잡기 위해 국가의 강제성이 요구된다. 데이비드 하비(David Harvey)는, 신보수주의자들이 개인적 이해관계의 혼돈을 해결하는 방법으로 군사주의를 강화하면서 내외부적으로 국가의 통합성과 안전성을 위협받는 상황을 강조한다고 말한다.[11]

박근혜 정부는 국민들의 불안감을 해소하고 창조경제를 통한 고용을 창출함으로써 국민의 생명과 재산을 보호하는 안전사회 구현을 정부 운영 과제로 제시했다. 그러나 곧 그것을 4대 사회악의 근절이라는 일탈적이고 범죄적인 차원으로 축소시켜서 그 이해를 단순화했을 뿐 아니라 안전한 사회를 수호한다는 명분으로 국가의 관료주의적 집행권을 강화시켰다.

그리고 안전사회는 안보국가로 치환된다. 국가 기능의 각 부분들이 민영화를 통해 기업으로 이전되고, 국민을 소비자로 변화시킨 상황에서, 국가의 통치성은 안보에 대한 강조에 의존한다.[12] 국가가 복지기능을 제대로 수행하지 못하자 국가의 정당성을 확보하는 수단으로 안보 언설을 강화하는 것이다. 이는 개인의 인간안보가 이루어지지 못하는 체제에서 개인의 불안감을 국가의 군사안보로 수렴하는 효과를 낸다. 개인은 안전하지 못한 삶에서 오는 불안감을 국가정책과 시스템으로 해소하는 것이 아니라 국가의 법과 군사력에 의존하여 특정한 정치성으로 환원시킨다.

미묘한 것은 탈냉전시대에 냉전의 잔여가 여전히 '감정'의 발목을 잡고 안

---

11 데이비드 하비, 최병두 옮김, 『신자유주의』, 한울, 2007, 108쪽.
12 김현미, 이화여대 리더십개발원 NGO여성활동가 리더십 교육 강의에서. 2014.4.16.

보 언설의 핵심을 이룬다는 점이다. 때로 미국의 '테러리즘과의 전쟁' 전략과 배치되어 한미동맹에 갈등이 불거진다 해도 한국은 북한과의 군사적 대척점을 붙잡고 있다. 반공주의는 일차적으로 북한을 겨냥하는 것 같지만, 내부의 적을 만들고 선별하는 정치적 도구이자 '국민'으로서, 총화단결의 긴장성을 자동적으로 유발하는 회로판으로서, 기존의 질서를 지속시키는 효과적인 언술로 작동한다.[13] 흥미로운 점은 반공주의가 보수주의자와 기독교 근본주의자의 만남에서 열정을 태우며, 민간 극우 집단 활동의 핵심을 이룬다는 점이다. 이는 헨리 지루(Henry A. Giroux)가 기술하는 미국의 상황과도 닮아 있다. 그는 신자유주의가, 미국정부가 추진하는 정치적인 의제와 맞지 않을 때 비관용과 증오를 부축이며 군사주의와 기독교 근본주의, 애국주의를 통해 권위관료주의를 키운다고 말한다. 국가는 기업, 신보수주의 비전, 기독교 근본주의와 동맹을 맺으며 국가안보를 이유로 공포문화를 조장하며 시민사회를 재조직한다는 것이다.[14]

조갑제(趙甲濟) 전 월간조선 대표는 한 기독교 목회자 모임에서 우익보수주의와 교회의 공통점을 반공주의로 지적하며 교회의 인적 자원과 물적 자원이 반공주의를 위한 힘이 되어야 한다고 강연하여 열렬한 박수를 받았다.[15] 이 강연이 반드시 매개가 되었다고 할 순 없다 해도, 이를 전후로 기독교계는 한국 보수주의 운동에 활동력이 되었다. 기독교 근본주의는 미디어법, 사학법, 차별금지법 등 법개정 운동과 퀴어축제를 열렬하게 반대하는 운동을 전개하며 보수주의 극우파로 부상한다.[16] 그런데 기독교 근본주의자들의 프레

---

13   권혁범, 『민족주의와 발전의 환상』, 솔, 2000, 137~174쪽.

14   Henry A. Giroux "Cultural Studies in Dark Times: Public Pedagogy and the Challenge of Neoliberalism," *Fast Capitalism*, pp. 2~3, pp. 6~7(http://www.uta.edu/huma/agger/fastcapitalism).

15   김시방, 『정치교회』, 교양인, 2007, 64~65쪽.

16   이승훈은 기독교 보수주의 운동의 등장을 민주화 이후 집부권력의 사리를 차지하지 못한 보수교회들의 박탈감과 피해의식, 보수와 진보세력의 갈등 틈새에 생긴 정치영역의 힘의 공

임은 십자군전쟁과 같은 것으로, 군사주의의 특성을 보여준다. 선과 악이라
는 이원화된 체제를 바탕으로 반기독교 세력, 말하자면 좌익세력을 악으로
규정하고 정복하는 영적 전쟁을 치르고 있는 것이다. 그들은 진보적 세력들
로 인해 사회혼란이 오면 공산주의에게 이로움을 주는 결과로 이어질 것이라
는 불안과 두려움을 표현하는데, 이들이 강조하는 선과 악, 적, 적대감, 공
격, 박살과 같은 언어들과 논리는 군사적 가치와 깊이 맞닿아 있다.

  이러한 기독교 보수주의자들이나 일간베스트 저장소와 같은 민간 극우 집
단들은 국정원, 검찰, 언론 못지않은 박근혜 정부의 권력장치이다. 정부가
외부의 적인 북한만이 아니라 일련의 정치적 스캔들을[17] 통해 우익과 좌익을
가르고 국민 내부의 적을 만들면서 국가주의를 행사할 때 그들은 사회적 관
리의 역할을 한다. 불안이라는 감정을 고조시키며 전쟁과 같은 위기의식을
조장하는데, 이 때의 불안감은 위험의 대상이 명확하지 않고 불확실한 상황
에서 일어나는 감정으로, 개인적인 심리현상이라기보다는 사회적으로 구성
되고 공유된 집단감정이다. 불안감은 혼란, 무질서, 분열에 대한 두려움의
다른 이름으로, 정부와 우익 보수주의자들은 이 불안감을 해소한다는 명분으
로 군사주의를 불러낸다. 반공주의는 이렇게 해서 군기를 잡으려는 군사주의
적 질서관을 재생시킨다. 여기서 군사주의는 우익 보수주의자들의 사유체계
이자 통치기술이다.

4. 군사화된 남성성의 변화와 균열

  분단사회에서 남성이 된다는 것, 여성이 된다는 것은 군대를 둘러싼 담론

백을 자신이 채울 수 있다는 우월감, 그리고 이른바 종북—진보세력에 대한 도덕적 분노에서
찾는다. 이승훈, 「사회운동과 감정: 한국기독교 보수주의 운동의 사례」, 『한국사회의 사회운
동』, 다산출판사, 2013.

17 당시 사례로 역사교과서 논란, 통진당 해산, 전교조 법외 노조화, 시민단체 강제 해산법 추진
    등을 들 수 있다.

속에서 특정한 방식으로 사유하고 행위하도록 한다. 군대에서 유격훈련 시 교관이 훈련병에게 하는 레퍼토리가 있다. '애인 있습니까?' '없습니다!' '엄마를 부르면서 힘차게 나간다 뛰어!'라는 레퍼토리는[18] 보호자—피보호자, 안보행위자—정서제공자라는 젠더 문법 안에서 반복되고, 그 반복적 수행을 통해 남성이 만들어진다. 남성 징병 제도는 남성과 여성으로 하여금 성별분업 틀에 맞추어 남성다움과 여성다움을 행하도록 한다. 문승숙은 남성의 정체성이 경제와 군사 활동의 결합 속에서 구성됐다고 분석한다. 경제적 보상으로 이어지는 병역 이행을 통해 남성은 경제권과 가장권으로서의 권한을 가진 반면, 여성은 가정주부와 어머니로서 자리매김 됐다는 것이다. 말하자면, 군사화된 근대화는 국방과 산업현장에서의 전사 같은 남성과, 모성으로서 안보국가에 기여하는 여성을 젠더화된 방식으로 분리했다.[19] 이러한 맥에서 헤게모니를 지닌 남성성은 병역의무를 한 이성애 남성으로서 경제력을 갖춘 생계부양자의 모습을 하였다.

그런데 이러한 전통적인 남성성이 변화하고 있다. IMF를 겪으면서 남성성을 받쳐준 경제력이 약화되고 군가산점제가 폐지되어 남성성을 상징적으로 보증한 보상체계도 사라지면서, 가장으로서 그리고 안보주체자로서의 남성성을 구성한 물적 조건들이 흔들리고 있다. 소비자본주의가 확산되면서 터프한 남성성은 퇴조하며, 연애와 결혼을 미루며 자기 취미활동에 충실한 '초식남'이 등장한다. 감정을 다루는 데 낯선 남성은 감정자본이 부족한 탓에 창조력을 발휘하거나 상호관계성을 기반으로 하는 일에 유연하지 못하여 앞으로 각광받기 힘든 세상이 왔다. 인간의 얼굴을 하고 눈물을 흘리는 군인의 모습은 '울지 말아야 진짜 사나이'라는 통설을 깬다.

이제 남성들도 폼생폼사의 사나이를 가장 연기하기보다 실속 있는 자기 관

---

18 엄옥순, 『군대는 여자나』, 지식산업사, 1999, 65쪽. 2014년 8월 3일자 MBC TV 프로그램 진짜 사나이의 유격훈련 장면은 이 레퍼토리를 변형해 보여주었다.

19 문승숙, 앞의 책.

리를 한다. 20대 대학생들이 데이트 비용을 누가 내는가에 예민한 것도 교환원리로 조율된 사랑의 현실을 보여준다. 표면적으로는 평등이라는 이름으로 낭만적 사랑을 퇴조시키는 것처럼 보이지만, 연애도 이익을 가늠하는 투자의 하나이다. 신자유주의 시장경제가 개인을 무한경쟁 속에 놓음으로써 지속적인 자기계발을 하고 있지 않으면 불안감을 느끼는 시대에, 징병제는 남성에게 생애 연속성의 단절을 가져온다는 원망을 듣게 됐다. 그러나 남성은 병역이라는 국민적 의무를 놓고 국가와 협상하지는 못하고, 병역의무에서 제외된 여성들을 향하여 '남성만의' 병역의무를 문제 삼는다. 병역의무가 남성으로서 당연한 의례라고 여겼던 아버지 시절과는 달리, 신세대 남성들은 군복무로 인한 생애 단절을 불평등이라는 언어로 설명한다.

그러나 군복무 기간을 억울함으로 토로하기보다 자기계발의 시간으로 변용하는 남성들이 등장했다. 몸짱 만들기, 외국어 마스터하기 등 군대생활을 알뜰하게 보낸 남성들의 이야기를 군대생활 지침서로 쓰면서 그들은 군을 새롭게 사유한다.[20] 이러한 흐름은 변모하는 군의 통치방식과도 조응한다. 군은 동아리 활동, 외국어 학습, 학점교환 등의 프로그램 등을 통해 남성들에게 이익이 되는 인적계발을 도모한다. 국방부는 지적탐구와 경력개발이 필요한 현역병들을 국가의 미래를 이끌 인적자원으로 양성하기 위해 전경련과 함께 '군 자기계발 시범사업'을 하겠다고 발표한 바도 있다.[21]

그런가하면 신자유주의 문화 논리에서 성장한 일부 남성들은 끊임없이 관리하고 경쟁하지만 생애전망이 불확실할 뿐 아니라 자신이 잉여인간으로 만들어지고 있다는 불안감을 자발적 루저의 정서로 확산시킨다. 그 중의 하나가 헤게모닉 남성성의 허구성을 인지하고 규범화된 남성성과 거리를 두는 문

---

20 이와 관련한 책은 박수왕, 정욱진, 최재민 『나는 세상의 모든 것을 군대에서 배웠다: 군대 2년을 알차게 보낸 사람들』, 다산라이프, 2010.

21 국방부, 군 인적자원개발사업 추진계획(안), 2004.11.25 ; 전국경제인연합회 보도자료, 「재계, 군과 손잡고 군 인적자원개발에 함께 나서」, 2004.10.14

화이다. '루저문화'의 사례로 꼽히는 한 만화 「예비역 깨구리 중사 캐마쵸」는 군생활의 억울함과 군가산점 폐지, 여성에 대한 분노를 드러내는 '예비역 마쵸중사"를 통해 '마쵸부대'의 비합리성, 남성의 찌질함과 한심함을 비꼰다. 표준화된 남성성과 자신이 일치 않는 현실을 웃음거리로 드러내는 루저문화에 관해 남성을 다시 정의할 수 있는 실마리로 보는 견해도 있다.[22] 반면, 자기계발 주체 모델에 상응하지 못하는 위기에 있는 일부 남성은 경쟁원리에서 오는 버거움과 외로움을 마초적 남성에토스로 풀어낸다. 상처받은 피해의식은 자본과 국가권력으로부터 오는 것임에도 그들은 상대적 박탈감을 만회하기 위해 여성, 이주자, 성적소수자, 특정지역과 같은 공격대상을 찾아 저격한다. 그중 일베는 전쟁을 하면서 정치를 하고, 전사의 정체성을 획득한다.

　남성성의 변화는 균질적으로 보였던 남성들 내부의 차이를 드러내는 것으로 나타난다. 군사화된 남성성으로 묶였던 남성들이 그 고리를 변형하거나 해체하면서 화석화된 군사주의 논의의 물꼬를 열기도 했다. 남성성과 군사주의, 신자유주의의 연계성을 인지하면서 자신의 남성성을 성찰하는 병역거부자가 그 예이다. '진짜'사나이의 허구성을 '가짜'사나이의 모습을 통해 폭로하는 그들은, 폭력적이고 위계적인 문화에 길들여지면서 남성성을 생산하는 사회시스템을 거부한다. 이들의 병역거부소견서는 폭력성과 권위-위계성에 대한 민감함이 나약한 겁쟁이로 해독되는 사회의 역설을 드러낸다.[23] 적과 아의 분리를 경쟁과 정복으로 맺지 않고, 취약한 자들의 상생적 의존성과 연결성으로 재조직하려는 그들의 존재감은 규범화된 남성성에 균열을 낸다.

22　안상욱, 「한국사회에서 '루저'의 등장과 남성성의 재구성」, 서울대학교 대학원 여성학협동과정 석사학위논문, 2011.
23　오정록 외 병역거부자의 소견서. 임재성, 『삼켜야했던 평화의 언어』, 그린비, 2011, 211-212쪽.

5. 탈군사화를 상상하는 일

전쟁준비를 하거나 군비증강을 하는 과정은 순수하게 군사영역 안에서만 일어나는 제한된 실행이 아니라 사회적으로 글로벌하게 구조화돼 있다. 오늘날의 스마트폰이 우리 손에서 사랑받기까지는 통신기술의 진화 덕이 큰데, 고기술의 발원지가 바로 컴퓨터와 관련된 군사무기의 개발이라는 역사는 상식적인 이야기다. 정보통신기술은 C4I[24]체계를 효과적으로 수행하는 네트워크 중심의 전쟁을 준비하는 바탕이 되고, 전략방위구상(SDI)과 전역미사일 방위구상(TMDI)은 군산학복합체의 고기술 진화의 산물이다.

군사활동은 경제 분야와 학계만이 아니라 문화, 영화 등에 이르기까지 다양한 분야와 유기적 관계에 있다. 이른바 군·산·학·엔터테인먼트 복합체는 백악관과 펜타곤의 정치적 관계에 있는 할리우드 영화사업에서 볼 수 있다. 탈냉전 후 미국의 자본주의가 군수산업의 재생산에 의존하는 것처럼, 문화사업은 911이후 테러와의 전쟁을 수행하는 과정에서 필요한 정보 유통 시스템을 미국정부에 제공하고, 애국심을 일으키는 호전적인 영화들을 제작한다. 또한 할리우드 영화제작에서 컴퓨터 그래픽에 의한 특수효과 기술이 빠르게 발전하자, 이를 토대로 군은 록히드마틴, 실리콘그래픽스, 웨스팅하우스와 같은 군수산업체가 참여하는 연구조직에 의존하여 21세기 전사들이 다양한 상황에 대비하는 전쟁 시뮬레이션 시스템을 제공받는다.[25] 여기에는 대학과 군, 정부, 기업, 엔터테인먼트의 네트워크가 함께 움직이고 있다.

탈냉전 이후 군이 전문성을 높이기 위해 민간인 전문가와 밀접히 결탁하고, 퇴역한 군인과 방위산업체가 양성한 민간 군사기업이 증가하여 전쟁수행에 필요한 부분에서 군사영역과 민간영역은 더 긴밀해졌다고 할 수 있다. 민

---

24 지휘(command), 통제(control), 통신(communication), 컴퓨터(computer), 정보(intelligence)의 영문 머리글자를 딴 말로, 컴퓨터와 유·무선 통신을 통해 군의 모든 전력을 유기적으로 통합하여 작전을 지휘·통제하는 시스템을 가리키는 군사용어.

25 주은우, 「문화산업과 군사주의」, 『진보평론』제14호, 2002년 겨울.

간 군사기업은 정보수집, 군수물자 보급, 군사훈련, 작전 전략 지원, 무기관리, 지뢰제거 등 전쟁과 관련된 전문적인 서비스를 제공한다. 마침 국가예산을 감축하려는 한 방법으로 국가는 일부 군사 활동을 민간군사기업에 용역을 주어 군의 민영화가 가속됐다.[26] 스트랫포와 블랙워터 등 911이후 민간군사기업의 활약은 잘 알려진 바 있다. 한국 국방부도 전투지원 업무 영역을 민간사업자들에게 아웃소싱하며, 국방관련 업무도 전문성을 높인다는 명분으로 시민과 군인이 함께 운영하는 형태로 전환하는 것을 추진하고 있다.[27]

전쟁도 사고파는 시대에 군과 시민영역은 매우 밀접해진 상황에서 신군사주의는 너무나 당연해진 나머지 어디에도 부재하거나 혹은 모든 영역에 편재하는 요물이 된다. 군사주의는 국가주의와 결합하기도 하고, 신자유주의, 식민주의, 경제발전주의, 가부장제, 젠더 등과 얽혀서 혹은 그에 기대어 등장한다. 더욱이 군사주의는 물리적 폭력과 훈육이 아니라 신자유주의적 통치성의 결을 따라 움직이면 잘 보이지 않는다. 특히 탈냉전과 냉전의 연속선상에 있는 한국사회에서 반공규율권력은 신자유주의에 의해 소멸하는 게 아니라, 통치 관리와 함께 상호보완적으로 나타난다. 신군사주의는 이러한 사회적 맥락에서 구시대의 요소와 현시대의 특성을 함께 지닌다.

기본적으로 우리와 적의 경계를 지어 우리의 동일성을 강조하는 군사주의적 속성은 타자에게 의존하면서도 타자를 부정함으로써 자기를 구성하는 논리를 바탕으로 한다. 극우보수주의자들의 반공주의나 파시즘적 경향성, 마초적 남성에토스도 이 속성으로 구성된다. 사람들의 병영체험을 문제삼는 것은 타자와의 상호연결성을 자각해야하는 윤리적 요청에 있다. 이를테면, 종이 한 장이 내 손에 들어오기까지 햇빛과 비라는 자연세계의 선물을 받으며 세

---

26 군의 민영화에 관한 자세한 내용은 피터 싱어, 유강은 옮김, 『전쟁대행주식회사』, 지식의 풍경, 2005 ; 강내희, 「탈냉전 자본주의: 전쟁도 상품이다」, 『친밀한 적』, 이후, 2010.

27 우세웅·이하수, 「민간군사기업의 실상과 활용 방안」, 『주간국방논단』 제1158호, 한국국방연구원, 2007.

불완전한 삶에서 움트는 신군사주의   221

계 각 지역의 사람들이 개입했을 그 노동의 -때로는 노동의 착취로 이루어졌을 수고로움이 담긴 종이 생산과 유통 과정을 읽을 수 있는 능력, 그리고 그 소비과정에 내가 어떻게 연루돼 있는가에 대한 사회적 성찰 같은 것이다. 수잔 손택(Susan Sontag)이 말한 '내가 타인의 고통에 연루돼 있을 수 있다' 는[28] 숙고야말로 타자와의 연결성을 감지하는 시작점이다.

더 밀고 나간다면, 주체의 구성은 타자와의 관계 속에서 구성된다. 모든 살아있는 것들은 서로 연결돼 있고, 개인은 서로 의존하지 않을 수 없는 것이 삶의 조건이자 취약성이다.[29] 따라서 자기계발이란 바짝 군기를 넣어 자기를 극복함에서 오는 게 아니라, 몸을 움직여 사람들을 만나고 다른 사람의 이야기를 경청하고, 사람들의 경험에서 삶의 지혜를 배우며 자신을 표현하는 과정에서 이루어질 수 있다. 말하자면, 적과 아의 이분화된 거리를 경쟁과 전쟁으로 정복하여 아의 공간으로 타자를 포섭하는 것이 아니라, 다양한 개인들의 이야기들이 오가는 공론장으로 바꾸는 행위에서 자기를 새롭게 구성한다.

군사주의라는 개념을 가지고 한국 사회를 이야기하는 일부 사람들은 폭력적인 사회, 권위주의적 조직, 소통부재의 사회를 논하기 위해 군사주의라는 개념을 활용하기도 한다. 이럴 때 군사주의는 특정한 정권이나 정치제체를 위한 하나의 방식과 수단으로 이해된다. 그러나 이 논의에 보다 깊숙이 발을 디디면, '군사적인 것', 군사적 가치, 군사안보를 어떻게 보느냐가 관건임을 알게 된다. 사람들의 안전한 삶은 무엇으로 보장되는가, 무엇을 통해서 성취되는가를 묻는다면, 지금 우리의 삶의 한켠을 이루는 '군사적인 것'이 사람들의 안전한 삶을 보장하고 있는가라는 점에서 군사주의에 관한 보다 깊은 정치적 공론과 사회적 숙고는 무엇이 되어야하는지 명료해진다.

또한 전통적인 남성성을 지탱하던 물적 조건이 무한 경쟁의 신자유주의 시

---

28 S. Sontag, *Regarding the Pain of Other*, 이재원 옮김, 『타인의 고통』, 이후, 2007, 154쪽.
29 J. Butler, *Precaious Life*, 양효실 옮김, 『불확실한 삶』, 경성대학교출판부, 2008, 45-84쪽.

대에 약해지면서 남성/성은 위기에 봉착하지만, 이러한 상황에 직면한 남성들이 여전히 젠더문법에 따라 움직일지 아니면 젠더질서를 새롭게 구성할 힘을 발휘할지는 두고 볼 일이다. 분명한 것은 '군사적인 것'이나 신군사주의를 사회적으로 공론화하기 위해서는 남성들의 차이와 그들의 다양한 이야기들의 결이 드러나야 한다는 점이다. 그 때 비로소 성역으로 혹은 당연하게 여겼던 '군사적인 것'이 구성되는 정치성과 남성주체 구성의 과정을 들여다보며 우리 모두의 안전한 삶에 관한 허심탄회한 논의를 진전시킬 수 있다.

　탈군사주의를 상상하는 일은 이원화된 사유와 체제로부터 탈주를 기획하는 일이다. 자기를 구성하는 패러다임을 다르게 구성하는 일도 그 중의 하나이다. 그동안 신자유주의 국가의 무능력과 군대 폭력, 사람들의 안타까운 죽음, 생명 경시 등에서 비롯된 많은 사건이 일어났다. 이 사건들을 구성하는, 여러 모순과 갈등의 사회적 요소들이 복잡하게 얽힌 사회체제 어딘가에는 군사주의가 얽혀있다. 신군사주의를 포착하는 능력은 자기계발 주체를 생산하는 메커니즘을 읽는 의지에서 시작한다. 그러면 불확실한 삶에서 오는 불안감을 국가 권력이 어떻게 조직하고 배치하는가라는 감정의 정치학이 보일 것이다.

참고문헌

1. 저서

강미연, 「탈냉전 자본주의: 전쟁도 상품이다!」, 『친밀한 적』, 이후, 2010.

권혁범, 『민족주의와 발전의 환상』, 솔, 2000.

김지방, 『정치교회』, 교양인, 2007.

박수왕·정욱진·최재민, 『나는 세상의 모든 것을 군대에서 배웠다: 군대 2년을 알차게
　　보낸 사람들』, 다산라이프, 2010.

문승숙, 이현정 옮김 『군사주의에 갇힌 근대』, 또하나의문화, 2007.

사토 요시유키, 김상운 옮김, 『신자유주의와 권력』, 후마니타스, 2014.

서동진, 『자유의 의지 자기계발의 의지』, 돌베개, 2009.

안상욱, 「한국사회에서 '루저'의 등장과 남성성의 재구성」, 서울대학교 대학원 여성학
　　협동과정 석사논문, 2011.

엄옥순, 『군대는 여자다』, 지구촌, 1999.

우테 폴크만, 박금혜 외 옮김, 「아름다운 삶의 프로젝트」, 『현대사회를 진단한다』,
　　논형, 2010.

이승훈, 「사화운동과 감정: 한국기독교 보수주의 운동의 사례」, 『한국사회의 사화운동』,
　　다산출판사, 2013.

임재성, 『삼켜야했던 평화의 언어』, 그린비, 2011.

피터 싱어, 『전쟁대행주식회사』, 유강은 옮김, 지식의 풍경, 2005.

Cynthia Enloe, *Globalization and Militarism*, Rowman and Littlefield, 2007.

Henry A. Giroux "Cultural Studies in Dark Times: Public Pedagogy and the
　　Challenge of Neoliberalism," *Fast Capitalism*.

J. Butler, *Precaious Life*, 양효실 옮김, 『불확실한 삶』, 경성대학교출판부, 2008.

Rose Nikolas, *Inventing Our Selves*, Cambridge University Press.

S. Sontag, *Regarding the Pain of Other*, 이재원 옮김, 『타인의 고통』, 이후,
　　2007.

2. 잡지

김관진, 「병영캠프가 취업용 스펙? 여성참가자 늘어」, 한국일보, 2013.

박현정, 「병영체험의 이름은 '창의력 캠프'」, 『한겨레21』 제972호, 2013.
우제웅·이혁수, 「민간군사기업의 성장과 활용 방안」, 『주간국방논단』 제1158호, 한
　　국국방연구원.
주은우, 「문화산업과 군사주의」, 『진보평론』 제14호, 2002년 겨울.

제3부

민주주의 실현과 공공성 회복의 과제

공감과 연대의 역사교육과 '과거사' 문제
: 성찰적 역사교육을 위한 시론

방지원

1. 여는 글: 더 나은 민주주의를 상상하는 힘

약 10년 간의 보수 정부 집권기 동안 우리 사회 구성원 대다수는 자신의 생활 세계 안에서 어떤 식으로든 민주주의의 후퇴를 경험했다. 민주주의 발전의 실질적 내용이라 할 인권과 평화의 기반들이 무너지고, 87년 이후 어느 정도 달성되었다고 믿었던 절차적 민주주의까지 흔들리는 것을 지켜보았다. 허약한 민주주의에 대한 교육적 진단과 처방의 핵심은 '시민을 제대로 길러내는 일'이 될 것이다.

'시민'은 민주주의의 주체이다. 그런데 '시민'은 태어나는 것이 아니라 '길러'진다. 민주공화국의 주권자가 되어 민주주의를 작동시킬 수 있는 역량, '시티즌 십(citizenship-시민성)을 갖춰야 비로소 시민이 될 수 있다.[1] 사회의 공공 영역에 위치한 학교의 역할은 개인들이 생존에 필요한 지식이나 기

---

1 정은주, 『시민교육이 희망이다 한국민주시민교육의 철학과 실천모델』, 피어나, 2017, 35쪽.

술을 가르치는데 국한되어서는 안 된다. 우리 사회의 평범한 구성원들을 주체적인 시민으로 기르는 '민주주의 학교'로 거듭나야 한다.

민주공화국 대한민국의 '시민'이란 어떤 존재이며 어떤 역량을 필요로 할까? 우리 헌법에 규정된 '민주공화국'은 공동선 및 조화와 균형에 기초한 법치국가이며, 그 구성원인 시민은 자발적인 결사와 참여를 통해 민주적인 공론의 장을 만들고 그 안에서 자신과 이웃의 삶에 영향을 미치는 사회적 행위의 결과에 대해 성찰하고 토론하는 주체, 즉 '공중(the public)이다. 역사교육이 시민 양성에 어떻게 기여할 것인가에 대한 견해나 주장은 민주주의와 교육을 보는 입장에 따라 다를 수 있다. 하지만, 현재의 삶을 기반으로 인간의 과거를 탐구하고, 좀 더 나은 미래를 상상하도록 하는 역사교육의 역할에는 대부분 동의할 것이다.

학생들은 현실 속에서 부대끼며 생활하는 존재로 역사를 만난다. 과거 사람들의 삶, 그들이 겪었던 복잡다단한 사건, 그 사건을 겪어낸 사람들의 경험과 소통하며, 자신을 둘러싼 현실 세계를 과거에 투영시켜 윤리적이거나 정책적인 교훈을 찾고, 삶의 주체로 어떻게 살 것인가라는 물음과 마주선다. 그 학생들은 바로 민주공화국의 시민이다.

따라서 역사교육이 시민교육에 기여할 바는 학생들이 '더 나은 민주주의의 미래를 상상하는 힘'을 가지도록 돕는 데 있다. 이 '상상하는 힘'에는 두 가지 요소가 필수적이다. 하나는 '나에게 더 나은 미래가 아닌, 우리에게 더 나은 미래'이고, 또 하나는 '민주주의적 가치를 현실로 더 잘 구현한 미래'이다. 민주적 공동체 구성원의 일상생활에서 인권이나 평화, 환경 등의 민주적 가치가 최대한 구현되도록 보장하고 지원하는 국가, 그 역할 수행에 대한 예민하고 비판적 감수성도 역사교육이 소홀히 할 수 없는 부분이다.

분명한 것은 학생들이 더 나은 민주주의의 미래를 상상하기 위해 소통해야 할 과거, 진지하게 탐구해야 할 역사의 최우선 순위를 '민주주의의 역사'에 두어야 한다는 점이다. 인권과 평화, 공존과 배려, 인간 존엄의 존중 등 민주적 윤리와 가치의 관점에서 근현대 역사 전반을 조망하는 가운데 국가와 시민사회, 개인의 역할을 성찰하는 기회를 충분히 주어야 한다. 민주주의의 역사를 탐구하고 그 안에서 다양한 사람들과 조우하고 이해하고 공감하면서, 현실 민주주의를 비판적으로 검토하는 문해력, 더 나은 민주주의를 상상하는 힘, 그러기 위해 사회에 참여하고 동료 시민들과 협력하고 연대하는 힘을 기를 수 있을 것이다. 공감하고 참여하고 연대하는 시민의 상(像)은 국정화 국면에서 크게 주목받은 보이텔스바흐 협의나 영국의 크릭 보고서 등이 제시하는 시민의 덕성 등과도 서로 통한다.[2]

오늘날 각국의 역사교육에서는 민주주의적 가치관의 형성과 관련하여 민주주의의 근본 가치인 인권을 비롯하여 시민권의 성장, 민주주의 정치의 원리와 제도의 발달 과정 등을 중요한 교육과정의 내용으로 취급하고 있다. 그러나 민주주의적 가치를 지향하는 역사교육 내용이 반드시 정(正)의 내용만으로 기술되는 것은 아니다. 정의 내용과 함께 부(否)의 내용도 반드시 병행되어야 교육적 효과를 높일 수 있다. 홀로코스트나 '민간인 학살' 같은 주제가 바로 여기에 해당한다.[3] 독일의 경우, 통일 이후 오늘날 교육과정에서는 적극적인 '과거청산'은 궁극적으로 민주적이고 법치국가적인 질서의 보존과 발전을 지속적인 과제로서 보는 정치적인 효과를 거둘 수 있음을 밝히고 있다.[4]

인권과 평화의 관점에서 민주주의 발전과정을 성찰적으로 탐구할 때 새롭게 주목할 부분이 '부담스러운 과거사'이다. 자발적 시민들의 연대의 힘으로

2 영국시민교육자문위원회, 『크릭보고서: 학교시민교육과 민주주의』, 민주화운동기념사업회 번역; 강정신 외, 『서울 민주시민교육 모형과 실천방안 연구』, 서울특별시교육연구정보원 교육정책연구보고서, 2012 ; 장은주 외, 『왜 그리고 어떤 민주시민교육인가 – 한국형 민주시민교육의 이론적 기초에 대한 연구』, 경기도교육연구원 교육정책연구보고서, 2014.

3 홍순권, 「과거사' 진실 규명과 역사교육 – '한국전쟁 이후 민간학살 사건'의 과거사 청산 문제를 중심으로」, 『역사연구』 제30호, 역사학연구소, 2016, 197쪽.

4 한운석, 「나치즘과 홀로코스트에 대한 독일의 역사교육」, 『독일연구』 제18호, 2009, 105쪽.

권위주의 독재 체제에 맞서 이뤄낸 민주주의 발전에는 빛과 그림자 같은 두 얼굴이 존재한다. 한쪽 얼굴은 절차적 민주주의와 인권의 진전이라는 희망적인 성취의 모습이다. 그러나 그 이면에는 극복되지 못한 반민주, 반인권, 반평화의 현실이 엄존해 있다. 억울하게 희생되고 억압 받았음에도 불구하고 자신의 존재를 알리는 목소리조차 낼 수 없었던 피해자들의 기억이 또 하나의 얼굴로 '부담스러운 과거사'로 자리 잡고 있다.

'과거사'를 적극적으로 역사교실로 끌어들이자는 제안은 국가주의적 서사를 상대화, 약화시켜 기억의 '민주화'를 도모하고, 현실에서 논쟁성 있는 역사 주제를 교실에서도 다루며, 학생들의 앎과 삶을 연계할 수 있는 역사교육이라는 전망[5] 속에서도 의미가 있다. 따라서 부담스러운 과거사는 민주주의 역사로, 현실 속의 생생한 역사로 학교 수업에서 진지하게 탐구되어야 한다. 긍정적인 민주화의 역사는 민주화 이후의 시기에 학교 역사교육에서 나름대로 자리를 잡았지만, '부담스러운 과거사'는 역사교육 내용으로서 아직은 확고한 시민권을 얻었다고 보기 어렵다.

이 글에서는 과거와 현재를 성찰하고, 더 나은 민주주의 공동체의 미래를 상상하는 시민을 기르는데 있어, '부담스러운 과거사'(이하 '과거사') 교육이 지닌 중요성과 가치를 살펴볼 것이다. 또한 '과거사' 교육의 원리를 '화해 과정에의 참여'로 보고, 이를 통해 시민의 자율적 책임감을 기를 수 있음을 논의하고자 한다. 덧붙여, 최근 시민의 역량의 떠오른 공감 능력과 관련하여 부담스러운 과거사 학습에서 '공감적 이해'의 중요성을 검토해 보겠다.

---

5   김육훈, 「'국정교과서 논란' 이후 역사교육의 방향」, 『역사와교육』 제15호, 역사교육연구소, 2017, 105–119쪽 참조.

2. 왜 지금 '과거사' 교육을 말할까?

1) '과거사'의 치유와 화해 과정에 참여하는 역사교육

'부담스러운 과거사'란, 과거 국가권력이나 헤게모니 집단, 지배집단에 의해 어떤 이데올로기적 정치적 의도로 저질러진, 소수집단, 약한 집단에 대한 의도적이고 조직적인 폭력과 그로 인해 초래된 사실들을 뜻한다. '과거사'에는 자주 '청산'이라는 표현이 따라온다. '과거사'는 지배 권력이 행한 억압과 폭력, 왜곡하고 은폐시킨 진실들에 관한 것이고, '청산'은 잘못된 것들을 교정하고 정화한다는 뜻이다. '과거사 청산'은 과거의 사실 가운데 은폐되고 왜곡된 부분의 진실을 밝히고 과거 잘못을 역사적으로 확인하고 이러한 점을 사회적으로 기억하고 역사에 기록하는 일이다. '과거사청산'은 '역사청산'이라 표현되기도 하는데[6] 최근에는 '화해'라는 표현도 함께 사용한다.[7]

과거사 청산과 화해의 과정에는 진실 규명, 피해자 구제와 명예 회복, 가해자 처리, 가해자의 반성과 피해자의 용서 그리고 화해, 국가의 조치, 역사 기술, 기념사업 등이 포함된다.[8] 즉 진실 규명부터 시작하여 그 결과를 기록으로 남기고 사회적으로 공유하는 기억문화를 만드는 것까지 모두 포함되는 것이다.[9]

1990년대 친일인명사전 편찬, 일본군 '위안부' 문제, 일제 하 강제동원 피해 문제 등 시민사회를 중심으로 제기, 전개된 한국사회의 과거사 청산은 2000년대 들어 국가적 차원의 사업으로 제도화·법제화되었다. 당시 과거사

---

6 최호근, 『제노사이드: 학살과 은폐의 역사』, 책세상, 2005, 279쪽.

7 '청산'과 '화해'는 구분해서 사용해야 할 개념이다. 어느 쪽 개념을 사용하는가에 따라 역사교육에서 '과거사' 교육의 의미까지 달라질 수 있다. 후속 연구에서 이 점을 더 깊이 다뤄보고자 한다. 이러한 중요한 지점을 지적해주신 심사자께 감사드린다.

8 프리실라 B. 헤이너, 주혜경 역(안병욱 해제), 『국가폭력과 세계의 진실위원회』, 역사비평사, 9~11쪽.

9 이지원, 「해방 70년의 사회상과 과거사 청산, 그리고 역사학」, 『역사와 현실』 제97호, 한국역사연구회, 2015.

청산의 대상은 동학농민혁명부터 일제강점기 강제동원, 일본군 '위안부', 친일반민족행위자, 제주4.3사건, 한국전쟁기 민간인 학살, 삼청교육대에서 군의문사까지 권위주의 정권 이래 행해진 인권 유린 사건 등 한국 근현대사의 전 영역에 걸쳐 있었다.[10]

해방 70년의 역사에서 2000년대 10년의 과거사 청산은 '이행기의 정의'를 구현하고 진실과 화해의 사회적 가치를 실현하는 중요한 출발점이었다. 과거사 청산은 하나의 사건이 아니라 한 사회의 가치와 지향에 대한 패러다임이다. 그러한 점에서 정권의 문제가 아니라 지속해야 할 민주사회의 의제이고 문화이다.[11]

청산 또는 화해의 핵심은 과거 국가 폭력으로 희생된 사람들과 국가의 새로운 관계 맺기로[12], 사회의 민주적 발전을 위해 반드시 필요하다. 화해의 시작 단계에서는 국가 지도자의 역할을 결정적일 수 있지만, 실질적인 화해는 아주 다양한 기구와 집단들이 담당하게 된다.[13] 정의, 법적인 절차, 국가 차원에서 이루어지는 거시적인 제도적 개혁 과정이 지속가능한 화해의 필수적 부분이지만, 화해가 많은 사람들의 삶의 일부가 되고, 그 활동이 일반 보통 시민들에게 더 가까이 다가가서 중간층 혹은 일반 대중을 위한 제도의 일부가 되어야[14] 진정한 의미가 있다.

---

10 이지원, 앞의 글, 8쪽, 11쪽. 이 글에서는 이명박 정부가 등장한 이후 10년에 걸친 국가적 차원의 과거사 청산은 국가적 의제에서 사라졌다. 과거사위원회는 2010년 12월 진실화해위원회의 활동 종료를 끝으로 모두 마감되었다. 미결된 과거사가 남아있는 상태에서 과거사 청산 활동이 중단됨에 따라 청산되어야 할 과거사는 또다시 확대 재생산되고 있음을 지적하였다.

11 이지원, 위의 글, 13쪽.

12 엘리자베스 콜, 김원중 옮김, 『과거사 청산과 역사교육—아픈 과거를 어떻게 가르칠 것인가』, 동북아역사재단, 2010, 서문 14-20쪽. 화해를 새로운 관계 맺기로 본 것은 한나 아렌트 (Hannah Arendt)의 견해이며, 엘리자베스 콜은 책에서 이 견해를 인용하였다.

13 엘리자베스 콜, 위의 책, 26-28쪽.

14 엘리자베스 콜, 위의 책, 36쪽.

역사교육도 화해의 과정에 참여할 수 있다. 참여 과정이나 방법은 대략 두 가지로 생각해 볼 수 있겠다. 하나는 역사교과서와 교육과정의 변화이다. 교과서에 '과거사' 관련 학습 내용을 제대로 서술함으로써 진실위원회나 역사위원회 같은 화해의 1단계 과정들은 물론이고, 공적인 제스처, 사실 인정, 사과, 보상의 과정을 제도화하겠다는 국가의 약속을 반영하고 구체화하는 역할을 수행할 수 있다.[15] 또 하나는 역사수업 시간에 '과거사' 문제를 다각도로 적극적으로 다룸으로써 화해와 치유의 과정이 곧 민주주의의 발전 과정임을 학생들이 인식하고, 앞으로 진행되어야 할 화해에 대한 책임감과 연대의식을 가지도록 하는 것이다. 무엇보다도 학생들이 '과거사'를 치유하고 화해하는 과정이 대단히 어렵다는 것을 알게 된다는[16] 점이 중요하다.

하지만, 화해의 과정에 역사교육이 참여한다는 것이 쉽지 않은 것이 현실이다. '과거사'가 역사교과서에 들어가기 위해서는, 일반 대중이 교과서의 수정을 용인할 수 있을 정도 수준의 화해에 먼저 도달해 있어야 한다는 역설적인 현실도 존재한다.[17] 우리 역사교육의 경험도 이를 뒷받침한다. 한국 역사교과서에서 과거사 청산의 성과로서 한국전쟁 중의 민간인 학살을 정면으로 다루기 시작한 것은 제7차 교육과정 때이다. 금성출판사의 고등학교 한국근현대사 교과서는 당시 사건을 '민간인 학살'로 규정했고, 두산출판사 교과서는 '양민학살'로 규정하여 다루었다. 이는 진실화해위원회 등의 과거사 정리로 진실규명이 이루어져 보고서들이 나오고, 또 그것들을 바탕으로 한 연구성과들이 나오면서 가능해진 일이다. 그런가하면 2013년 검정으로 발행된 고등학교 '한국사' 교과서들에서는 한국전쟁의 민간인 학살에 대한 서술에서 후퇴하는 모습도 보였다. 특히 교학사 교과서에 나타난 우파의 '과거사' 인식은 심각한 수준이었다.[18] 제주4·3사건이나, 5.18광주민주화운동 등에서 국

---

15 엘리자베스 콜, 위의 책, 40쪽.
16 엘리자베스 콜, 위의 책, 53쪽.
17 엘리자베스 콜, 위의 책, 47쪽.

가가 저지른 폭압적 가해 사실과 그에 따른 피해자 보상 문제를 분명하게 서술하는 등의 긍정적 변화를 보인 교과서도 있었지만, 전반적으로 교과서 필자들의 의지와 판단에 따라 과거사 관련 학습주제의 수와 서술 분량, 관점 등에서 많은 차이를 보였다.[19] 이 부분은 앞으로 역사교육 내용 구성의 관점에서 해결해야 할 주요 과제임에 틀림없다.

'과거사' 내용을 '사실 관계에 근거해서 정당하게' 다룰 경우, 국가 권력이 지지하는 역사 서사가 교과서에서 누려왔던 권위나 정당성이 흔들리게 된다. 과거사 내용 가운데 현재 상황으로까지 이어지는 논쟁적인 주제를 다루게 된다면[20], 학생들은 민주 국가의 위임된 권력의 정당한 역할 범위에 대한 기존의 인식이나, 국가와 개인 시민의 관계에 대한 긍정 일변도의 관점 등을 비판적으로 점검하게 될 것이다. 국가와의 갈등으로 인해 공동체의 일원이면서도 '남(=적:enemy)'으로 규정된 사람들에 대한 새로운 관점의 서사를 구성해 냄으로써, 공적인 역사에서 배제될 수밖에 없었던 개인과 집단들을 사회공동체에 긍정적인 기여를 한 행위자로 다시 보거나, 부정적으로만 묘사되었던 사람들을 나와 동등한 인간으로 재인식하는 경험을 할 수도 있다.

이 때문에, 정치권력이나 사회적 헤게모니를 쥔 세력은 '과거사'내용이 역사교과서로 들어가지 못하도록 최대한 막고 역사교육을 통제할 구실거리를 찾으려고 한다. 교육과정이나 교과서 제도의 민주적 운영을 통해 국가 권력의 정치적 개입을 막고, 역사교육의 자율성을 확보할 수 있어야 '과거사' 교

---

18 홍순권, 앞의 글, 193-194쪽.

19 이에 관해서는 방지원, 「역사 교과서는 '부담스러운 과거'를 어떻게 기억하도록 하는가?」,
     『역사와 교육』 제15호, 역사교육연구소, 2017, 133-155쪽의 교과서 비교 내용을 참고할
     수 있다.

20 예를 들어 사회 일각에는 전쟁 전후의 민간인 학살 문제를 두고 전쟁 상황이라는 역사적
     특수성을 고려해야 한다는 견해가 존재한다. 그러나 오늘날 인권 문제에 관한 한 전쟁 중이라
     하더라도, 민간인 학살에 관한 국가의 책임이 면책되지 않는다는 것이 제네바 협약 등 국제법
     의 일반 규범이며, 이러한 전쟁 중의 민간인 학살은 '반인도주의 범죄'로 다뤄지고 있다. 김학
     재, 『판문점 체제의 기원』, 후마니타스, 2015, 113쪽.

육을 통한 화해의 증진이 가능할 것이다.

그렇다면, '과거사' 교육은 학생들에게 어떤 변화를 기대하는 것일까? 역사 수업을 통해 화해의 과정에 직간접적으로 참여한다는 것은 교복 입은 민주시민인 학생들에게 어떤 경험이 되어야 할까?

2) '과거사'교육의 핵심: 시민의 자율적 책임감 기르기

불편한 상상을 하나 해 보자. 만약, 어떤 나라에서 국가 권력에 의한 대규모 살상이 일어났다면, 그 사회의 구성원들은 그 사건과 관련하여 대략 3-4가지의 입장에 서게 될 것이다. 피해자, 가해자, 방관자(목격자), 가해협력(동조)자.[21] 학생들도 이들 입장 가운데 하나에 속할 것이다. 가해자인 국가나 권력은 사건의 발생과 동시에 그것을 부인하고 증거와 기억을 덮어버리기 위해 언론 통제, 관제 선전, 홍보 등을 비롯한 갖가지 경로를 동원할 것이다. 심지어 피해자와 가해자가 뒤바뀌는 왜곡이 일어날 수도 있다. 이 때 사회구성원 간에 공유되는 문화적 매트릭스 안의 도덕과 가치 기준에 따라 가해자 쪽의 부인과 은폐 시도가 성공할 수도 실패할 수도 있다. 이는 '과거사'가 발생했던 당시에도 마찬가지였을 것이다.

역사가이면서 도덕교육 전문가인 피터 세이샤스(Perter Seixas)는 역사교육을 잘 받은 학생이라면 아픈 과거에 대해서 여섯 가지 질문을 할 수 있어야 한다고 말했다. 그 중 셋은 정치적인 것이고 - 누가 가해자인가, 누가 책임질 것인가, 책임진다는 것은 무엇을 수반하는가-, 나머지 셋은 교육적인 것이다. 과거로부터 우리가 기억해야 하는 것은 무엇인가, 과거에 살았던 사람들의 행동을 어떻게 판단할 수 있고 또 판단해야 하는가, 오늘날 우리가 직면하고 있는 도덕적 이슈를 위해 과거의 갈등을 어떻게 배울 것인가[22] 이

---

21 국가폭력과 같은 폭력적이고 비극적인 상황에 관한 입장은 더 상세하게 구분할 수도 있을 것이다. 영화 '쉰들러 리스트'의 쉰들러처럼 '의로운 구조자'도 있을 수 있다.

여섯 가지 질문은 '과거사'에 대한 탐구가 결국 '어떻게 살 것인가'라는 삶의 문제, 윤리적 문제로 직결됨을 보여주면서 동시에 '과거사' 교육의 목적을 생각하도록 한다.

홀로코스트 교육 전문가인 네덜란드 교육학자 이도 아브람(Ido Abram)은 부담스러운 과거의 교육적 효용성을 다섯 가지로 요약하였다. 첫째, 청소년을 비롯한 모든 사람들에게 예전에 일어났던 것과 비슷한 일이 오늘날에도 여전히 일어날 수 있다는 경각심을 불러일으킨다는 점이다. 제2의 홀로코스트는 누구나 그 대상이 될 수 있다. 둘째, 우리들로 하여금 다시는 가해자와 홀로코스트를 부정하는 사람의 대열에 서지 않도록 교육한다는 점이다. 희생자는 물론 방조자와 가해자 입장에 우리 자신을 이입시켜 보고, 과거의 인물들이 우리와는 전혀 다른 사람들이 아니었다는 점에서 과거사에 민감하도록 만드는 것은 물론, 아무 생각 없이 살아간다면 우리도 충분히 야만적 사건의 가해자가 될 수 있다는 사실도 깨닫게 한다. 셋째, 나치 치하에 살았던 사람들을 타인을 공격하는 사람과 살인자로 만들어갔던 기제들, 구조들, 상황들에 대한 통찰을 얻을 수 있도록 하고 '야만으로부터의 탈피(Entbarbarisierung)'를 위해 온정과 공감 능력을 기르는 것이다. 가공할 결과를 초래한 인간의 야만은 사랑과 온정의 결핍이라는 의미에서 냉혹함이요, 타인과 자신을 동일화 할 수 있는 능력의 결여, 즉 다른 상황에 처해있는 다른 사람의 입장이 되어보는 능력의 결핍을 뜻하기 때문이다. 다섯째, 자율성을 배양한다. 자율성이란 다수의 판단과 행동을 생각 없이 따르지 않고, 자신의 결정과 행동이 초래할지도 모를 결과를 성찰하면서 살아가는 것이다. 곰곰이 생각하

---

22 Perter Seixas, "History Education and Moral Judgements about the Past.", paper presented at s symposium at the University of British Columbia on "history Education and Political Reconcilitation.", 2003, November 7~9, unprinted; p.Laura Hein, Mark Selden, *Censoring History: Citizenship and Memory in Japan, Germany and the United States*, 2003, Armonk, NY; M.E.Sharpe, p.319(엘리자베스 콜, 김원중 옮김, 앞의 책, 56쪽에서 재인용).

고, 자기 주도적으로 행동하면서, 대세를 추종하는 태도를 버릴 수 있는 능력을 키워가는 것이다.[23]

　부담스러운 과거사 교육의 원칙과 교재개발에 관한 국내의 한 연구 보고서에서는 각국의 홀로코스트 교육과 평화 인권 교육, 국제기구의 권고안 등을 검토하여 5·18교육의 원칙과 방향을 제안하였는데, 이도 아브람의 주장과 많은 부분에서 겹친다. 이 보고서는 ① 역사적 사건으로서 5·18에 내재된 의미의 보편성을 깨닫게 하고, ② 학습자 스스로 현재적 연관을 발견토록 하며, ③ 시간의 흐름 속에서 사건 전개의 인과성을 이해하도록 하고, ④ 5·18의 희생이 불가피했다는 인상을 갖지 않도록 하고, ⑤ 그 유산과 부채를 함께 기억하도록 하고, ⑥ 구조 속에서 개인의 행동 반경과 책임에 대해 생각할 수 있도록 하는 것을 교육의 원리로 제시했다. 교육의 목표로는 ① 공감과 의분(義憤)의 능력 배양, ② 개인의 자율성 육성, ③ 비판적 사고 능력의 개발, ④ 개방적 정체성 확립 등을 들었다.[24]

　학생들은 역사수업 시간에 부담스러운 과거(사)의 가해자, 피해자, 방조자 등의 입장에 서 봄으로써, 그 실체적 진실을 밝히고, 인정하고, 기억하고, 피해자에 공감하며, 그들이 다시 사회의 정상적 구성원으로 돌아오도록 돕는 아주 복잡하고 긴 과정의 일부를 간접적으로나마 경험할 수 있을 것이다. 나아가 한나 아렌트(Hannah Arendt)가 말한 바, 피해자와 가해자의 '새로운 관계 맺기'에서 학생 각자가 기여할 수 있는 일을 적극적으로 찾으려 하고, 참여하려는 모습을 보인다면, 그것이 바로 화해의 과정에 참여하는 것이 될 것이다. 이는 학생들이 스스로 '과거사'의 치유와 화해의 수직적, 수평적 책임[25]을 나누어 진 역사적 주체가 됨을 뜻한다.

23　최호근, 『독일의 역사교육』, 대교, 2009, 2장 참조.
24　『부담스러운 과거사 교육의 원칙에 관한 연구 : 5월 교육에 주는 함의』, 연구책임자 최호근(공동연구원 임광호, 박상철), 454～457쪽.
25　수직적 책임은 조상(선대)의 잘못이 자식들 결과에 대해 후속 세대가 역사적 사회적 책임감을

'과거사' 교육에서 학생들에게 기대하는 것은, 삶의 모든 국면에서 각자에게 주어진 선택 가능성(가해자, 피해자, 목격자, 방관자 등)을 진지하게 받아들이는 자세이다. 부당한 억압, 부정의하고 비인간적인 상황이 눈앞에서 벌어졌을 때 나는 어떻게 행동해야 할까를 깊이 신중하게 생각하는 것이다. '과거사'에서 부정의와 비인간적 상황을 똑바로 대면하는 가운데, 오늘날 삶의 파괴와 보존 사이에서 '선택'할 수 있는 능력(=권능: empowerment)이 바로 자기 자신 안에 있다는 것을 깨달을 수 있어야 한다.[26] 이는 삶에 있어서 주체성과 자율성을 높이고 자기 자신과 타자에 대한 윤리적 책임을 무겁게 느끼기를 기대한다는 의미이기도 하다. 또한, '과거사'를 배운 학생들이 일상 속의 '악의 평범성'을 통찰하고 각성된 지성을 유지하고자 노력하기를 기대한다. 홀로코스트와 같은 역사 속 악행이 광신자나 반사회적 인격 장애자들이 아닌 국가에 순종하며 자신들의 행동을 보통의 것이라고 여기는 보통 사람들에 의해 행해졌다는 점을 분명히 인식하고, 스스로 악의 평범성에 물들지 않고자 노력했으면 하는 것이다. 한나 아렌트의 '악의 평범성'은 보통 사람들이 일상적으로 말하고 생각하고 판단하는 것이 무능해지는 것을 경계하는 개념이다. 아이히만이 히틀러의 명령에 조건 없이 복종한 것은 사유와 판단의 무능과 지성의 나태함, 이웃의 삶에 대한 무책임함, 즉 악의 평범성 때문이었다. '악의 평범성'이 확산되면 어떤 공동체에서든 인간이 가진 기본 사유의 능력을 거세당해 양심적인 판단을 하지 못하게 되고, 남의 입장에서 생각하며 살아가는 협동과 공존의 일상을 유지할 수 없다.

지금까지 말한 것처럼 '과거사' 교육을 하려면 학습내용(교과서 내용)으로서의 '과거사'는 어떻게 구성해야 할까? 분명한 것은, "그때 그런 일이 있었다."라는 식의 사건 인식을 넘어서는 데서 출발해야 한다는 점이다. '과거사'

공유한다는 의미로 사용하였다.

26 허버트 허시 저, 강성현 역, 『제노사이드와 기억의 정치-삶을 위한 죽음의 연구』, 책세상, 2009, 249-251쪽.

발생의 배경과 시대적 상황에 대한 비판적 인식을 바탕으로, 고통스러운 화해의 과정 자체를 탐구할 수 있어야 한다. 역사적 사실로 '과거사'를 탐구하고 이해할 때 교과서 해석을 충분히 상대화하며, 대안적 해석을 시도할 수 있도록 하는 교재를 구성하거나, 수업 계획 차원에서 고려해야 한다.[27] 또한 치유와 화해를 위한 노력을 방해하는 갖가지 정치적 문화적 기제들을 정확히 파악하고, 그것에 어떻게 맞서야 할지 생각해 보는 기회도 주어져야 한다. 국가의 폭력으로 발생한 심각한 인권 침해나 파괴에 개인이 부지불식중에 가담하거나, 그것을 은폐하기 위한 상징적(언어적) 폭력에 가담하게 되는 동기와 기제들을 성찰적으로 파악하거나 그러한 사례를 깊이 탐구해 볼 수 있을 것이다. 이러한 과정에서 학생들은 스스로 그러한 폭력의 가해자나 동조자가 되지 않도록 하는 데서 한 걸음 나아가, 피해자의 비극적 기억을 은폐하고 조작하려는 음모와 은밀한 시도를 경계하지 않으면 안 된다는 점을 분명히 인식하게 될 것이다. 이러한 방식으로 학습 내용과 수업을 구성하고자 할 때 스탠리 코언(Stanley Cohen)이 제시한 국가와 사회의 인권침해 행위 부인(否認) 양상의 유형은 유용한 시사점을 제공한다.[28]

---

27 이러한 수업의 이론을 '상관주의적 역사해석'에서 구하고, 제주4·3사건에 적용해 본 수업 사례를 제시한 연구를 참고할 수 있다. 곽병현·최용규, 「'역사적 금기영역'에 관한 역사수업 방안—제주도 4·3사건에 대한 '상관주의적 역사해석'을 중심으로」, 『역사교육연구』 제7호, 2008.

28 스탠리 코언 저, 조효제 역, 『잔인한 국가 외면하는 대중—왜 국가와 사회는 인권침해를 부인하는가』, 창비, 2009, 58~62쪽 참조.
인권침해의 가해자와 방관자(국가든 집단이든 개인이든)가 구사하는 부인의 내용적 측면, 즉, '어떤 것을 부인하느냐'에 속하는 방식 세 가지를 들었다. 첫 번째 '문자적(literal)' 부인이다. 엄연히 일어난 사실을 일어나지 않았다거나 진실이 아니라고 주장하는 것이다. "그가 그랬을 리가 없다", "오해에서 비롯된 것이다." 등 부인의 이유가 무엇이든(악의, 고의, 선의, 거짓말 무의식 등) 사실 자체를 시인하려 들지 않는 것이다. 두 번째 '해석적(interpretive)' 부인이다. 어떤 일이 일어났다는 사실 자체를 부정하지 않지만, 그 사건을 전혀 다른 방식으로 해석하는 것이다. "세월호가 침몰한 것은 맞지만, 구조 실패에 따른 참사가 아니라 단순 교통사고이다."라는 어법이 바로 여기에 해당한다. 해석적 부인을 시도하는 쪽에서는 "그것은 고문이 아니라 정당한 물리적 압박이다."라는 식으로 단어를 바꾸고, 완곡어법을 구사하며 기술적인 전문용어를 써서 인식적 의미를 부정하면서 사건을 다른 범주에 넣어 재배치한다.

'과거사'를 민주주의 역사의 일부로 온당하게 '기념'하는 역사교과서를 통해 형성된 '과거사에 대한 기억'은 단순한 기억에 그치지 않을 것이다. 그것은 공동체 구성원의 도덕적 판단과 행위의 준거가 되는 문화적 매트릭스를 구성하게 될 것이다. 이에 관련하여 전진성은 '문화적 기억'이라는 표현을 사용했다. 고통 속에서 사라져간 이들에 대한 진지한 관심을 가지고 진정으로 다가서기 위해서는 이들을 재현할 수 있는 나름의 형식을 끊임없이 새롭게 고민할 필요가 있다고 하면서, '문화적 기억'은 한 사회가 성숙한 자기정체성에 도달하는데 필수적임을 강조했다.[29] 요즘 민주주의 교육에 대한 관심이 고조되면서 재해석 열풍이 불고 있는 존 듀이(J.Dewey)의 개념을 빌어 말하면 역사교육에서 '과거사'에 대한 탐구와 그를 통해 형성된 기억은 민주적 공동체의 사회적 지성(social intelligence)[30]의 주요 부분이 될 것이다.

이러한 맥락에서 '과거사' 교육은 무책임한 망각과 부정(否定)의 문화에 맞서는 방법이 될 수 있다. 국가 권력의 부당한 은폐 시도를 간파하고 이를 용인하지 않는 문화적 풍토가 조성되어 있다면, 피해자에 대한 가해자의 억압과 은폐 시도가 성공하기 어렵다. 반대의 경우라면? 사회적 약자일 가능성이 높은 피해자의 경험은 철저하게 '없었던 일'로 부정되거나, 왜곡된 기억으로

세 번째 '함축적(implicatory)' 부인은 사실 자체를 부정하거나 통상적인 해석을 부정하지 않으나, 어떤 사건에 흔히 따라오는 심리적, 정치적, 도덕적 함의를 부정하거나 축소한다. 굶어 죽어가는 아이들, 인종청소로 인한 집단학살 등의 사실 자체는 인정하지만 가슴 아파하거나 시급히 조처해야 할 정치적 도덕적 사건으로 생각하지 않는다는 것이다. 비극은 일어났고, 지금도 일어나고 있다는 점을 정확히 알고 있지만 한 사람의 시민으로서 필요한 행동을 할 의무가 있다는 점을 부정한다. "나랑 무관한 일이야.", "이보다 더 심한 일도 많아.", "나 말고 다른 누군가가 감당해야 할 문제지"라고 그러한 부정을 합리화한다.

29 전진성, 「유럽에서의 홀로코스트 기억, 아우슈비츠, 노이에바헤, 유대 박물관」, 『세계의 역사 기념시설』, 민주화운동기념사업회, 도서출판 오름, 2006, 42쪽.

30 듀이에 따르면 근대 이후에 민주적 제도가 정착했음에도 불구하고 일반 시민은 여전히 민주적으로 조직화된 주체가 되지 못하고 산만하게 흩어진 무기력한 존재로 남아 있다. 시민들이 합리적으로 사고하거나 공적인 관심을 형성, 조직할 수 없게 된다. 듀이는 이런 상황을 타개하고 구성원들의 잠재력을 해방하는 방안으로써 사회적 지성을 제시했다. 존 듀이, 홍남기역, 『현대 민주주의와 정치 주체의 문제』, 씨아이알, 2010, 130-131쪽.

남게 될 것이다.[31] 망각과 부정의 문화가 민주적 공동체를 파괴할 수 있다.

3. 역사수업에서 '과거사'에 대한 공감적 이해와 연대

타인과 자신을 동일화 할 수 있는 능력, 즉 다른 상황에 처해있는 다른 사람의 입장이 되어보는 능력', 즉 공감의 능력은 '과거사' 교육을 통해 기대하는 핵심 부분이다. 타자에 대한 온정과 공감은 정의감과 책임감, 연대의 출발점이 될 수 있기 때문이다. 연대(solidarit)란 역사성을 지닌 복잡한 개념이지만, 실천적이고 윤리적 관점에서 간단히 정리하자면, 이기주의나 무관심 등과 대립되는 의미로 다른 사람과 집단, 약하고 어려운 처지의 사람과 집단을 위해 이타적인 행동을 하는 것이다.[32] 정치사회적으로 보면 공동체가 마주한 문제들을 집합적으로 해결하기 위해 가장 창조적으로 실천하는 연대의 형식이 바로 민주주의다.[33]

역사교육이 민주주의 발전과 그 주체인 시민의 양성에 적극적으로 기여해야 한다는 주장이 본격화되기 이전에도 역사교육은 시민교육의 적지 않은 부분을 실질적으로 담당했다. 학생 각자가 자기 삶의 역사성을 자각하도록 한다는 의미에서 역사의식의 함양을 역사교육의 목적으로 설정했으며, 역사해석의 주체이자 역사지식의 생산자로서 학생이 수업의 주체가 되는 학습 경험을 제공하기 위해 많은 역사교사들과 연구자들이 노력해왔다. 어떤 주장을 뒷받침하는 자료의 신빙성과 진실성을 따지고, 역사텍스트에 내재된 저자의 관점을 비판적으로 읽어내며, 그에 대한 각자의 견해를 논리적으로 표현하는 다양한 활동(글쓰기, 극화, 제작 등)이 지속적으로 강조되었다. 최근에는 민주적 의사소통을 기반으로 학생들의 주체적 역사학습을 돕는 협력적 모둠활

31 존 듀이, 앞의 책, 186 258쪽.

32 강수택, 「연대의 개념과 사상」, 『역사비평』 통권 제102호, 2013, 13쪽.

33 같은 곳, 앞의 책, 37쪽.

동, 논쟁과 토의 활동의 필요성에 대한 공감대와 실천 역시 확산되고 있다.[34]

'과거사'를 다루는 수업에서도 역사적 사실에 대한 논리적이고 비판적 인식이 중요하다. 그러나 앞서 말한 바와 같이 '과거사' 교육의 정점은 공감과 온정의 육성을 통해 자기 삶을 성찰하고 윤리성을 제고하는데 있으며, 이는 피해자에 대한 공감적 이해가 이루어졌을 때 기대할 수 있다. 따라서 공감적 이해의 문제는 민주시민을 길러내는 수업의 기반이나 원리로 적극 검토될 필요가 있다.

1) 역사수업과 공감적 이해

역사교사들은 어떤 역사적 사건의 원인이나 성격을 설명할 때 자연스럽게 감정이입적 이해를 활용한다.[35] 과거를 이해하는 인지적 통로로 '감정이입(empathy)', '감정이입적 역사이해'는 3인칭 관점에서 과거 인물의 행위를 이해하는 것이다. 역사적 사건(사실)이란 과거 행위자(개인, 세력, 집단 등)가 특정의 주어진 상황 속에서 복잡한 판단의 과정을 거쳐 선택한 '행위의 결과'이므로 그 인과관계나 의의 등을 탐구하려면 행위자의 의도와 목적, 동기, 가치관 등을 총체적으로 살펴서 '이해해야' 한다는 것이 핵심이다. 일반

---

34 역사교육에서 비판적 사고에 기반을 둔 수업의 원리와 학습의 문제를 민주시민교육의 관점에서 정리한 다음의 글을 참고할 수 있다. 김한종, 『민주사회와 시민을 위한 역사교육』, 서울대학교출판문화원, 2017, 제7장 〈비판적 사고와 역사교육〉.

35 "만적이 목숨을 걸고 난을 모의했던 이유는 무엇이었을까요? 여러분이 만적이었다고 상상해 봅시다." 등이 가장 일반적인 사례가 될 것이다. 또는 과거의 어떤 시기 특정한 상황에(주로 곤경에) 처한 인물의 처지를 상상하는 활동을 학습경험에 포함시키기도 한다. 예를 들어 수취체제의 모순이 깊은 가운데 빈부의 차가 극심해지던 조선 시대의 농부와 같은, 어떤 사회구조 속에서 살아가는 보통 사람들 또는 사회적 약자의 처지에 상상적으로 서 보도록 하는 것이다. 그런가하면, 역사적 사건이나 사실, 역사적 상황에 대한 해석의 다양성을 체험하도록 하는데 감정이입적 이해 방식이 활용되기도 한다. 각자가 처한 사회경제적, 정치적 입장에 따라 같은 상황이나 사실도 달리 받아들이며, 그에 따른 행동 또한 달라질 수 있음을 학생들이 몸소 느끼도록 하려는 것이다.

적으로 감정이입적 이해에는 과거 인물에 대한 정서적 지지나 반대, 비판 등은 포함되지 않는다고 전제한다. 그렇지만 역사수업의 실제 상황에서는 행위에 대한 인지적 이해를 거쳐, 과거 인물이 되어 역사적 상황 속에 몰입하는 1인칭 시점의 추체험이나 공감으로 자연스럽게 이어지는 경우가 대부분이다.

이러한 수업의 이면에는 인지적 이해의 경험이 정서적 요인과 결합될 때 학생 개인의 삶과 연결되기 쉽다는 교사의 경험적 판단과, 정서적 요인으로 학생의 비판적 사유를 촉진하여 역사의식 변화로까지 이끌어가고자 하는 교육적 판단이 깔려 있다.[36]

한편, 공감(sympathy)'[37]은 도덕심리학, 발달심리학, 상담학, 교육학 등 여러 학문 영역에서 사용되는 개념이다. 공감은 인간의 진화유산의 한 부분으로 타인의 관점에서 보이는 세계를 상상하는 능력, 타인에게 관심을 느끼는 능력, 타인의 감정을 공유하는 능력이라고 한다.[38] 인간이 태어나 자라면서 타인을 자신의 욕구 충족을 위한 노예나 수단으로 인지하지만, 점차 단순한 수단이 아니라 목적으로 보는 능력, 공감적 관심의 능력이 증가한다고 한다. 다른 생명체의 관점에서 상황을 파악하는 '입장 전환적 사고(positional thinking)'가 공감을 형성하는데 도움을 준다. 중요한 것은 공감이 누군가를 도와주려는 행동의 동인, 동기라는 점이다.[39] 감정이입과 유사한 입장 전환

---

36 방지원, 「역사수업 원리로서 "감정이입적 역사이해"의 재개념화 필요성과 방향의 모색」, 『역사교육연구』 제20호, 2014, 16~18쪽.

37 지금까지 역사교육에서는 'sympathy'를 '공감'으로, 'empathy'를 '감정이입'으로 번역해서 사용해 왔다. 이 글도 그 용례에 따랐다.

38 마사 누스바움, 우석영 옮김, 『공부를 넘어 교육으로』, 궁리, 2011, 76쪽.

39 L. Wispé, "The distinction between sympathy and empathy: To call forth a word is needed", Journal of Personality and Social Psychology 50, p.318(박성희 저, 『공감 — 어제와 오늘 — 』, 학지사, 2004, pp.43~44에서 재인용) 이 책에서는 'sympathy'를 '동정'으로, 'empathy'를 '공감'으로 번역하였다. 책의 내용을 인용해 옮기면서 '동정'은 '공감'으로, '공감'은 '감정이입'으로 수정하였다. "공감은 타자가 겪는 고통을 감소시켜 주어야 할 것으로 분명히 감지함을 뜻한다. 여기에는 두 가지 뜻이 담겨 있는데, 하나는 다른 사람의 정서에 민감성이 증가된다는 것이고 또 하나는 상대방의 고통을 감소시키기 위해 필요한 행동이면

적 사고가 공감과 결합했을 때 강력한 도덕적 행동의 기초가 마련된다고 보기도 한다.[40]

앞서 말했듯이, 과거 인물에 대한 공감적 이해는 역사수업의 특징적인 모습이며 수업에서 일상적으로 시도된다. '과거사'의 경우, 현재와 아주 가까운 시기에 벌어진 일이라는 점에서 과거 인물에 대한 공감적 이해가 현재에 대한 성찰적 사유로 자연스럽게 이어질 가능성이 높다. 역사 속에서 만나는 사회적 약자, 피해자에 대한 연민의 마음에서 출발하여, 오늘날의 약자들의 처지를 공감적으로 이해하며, 비극을 만드는 구조와 제도를 바로잡기 위한 연대로 이어지기를 기대할 수 있을 것이다. 문제는 과거 인물에 대해 학습자가 느꼈던 연민과 공감적 이해가 현실 속의 타자에 대한 같은 태도로 이어질 수 있겠는가라는 점이다.

이에 관해 케이트 바튼(K.C. Barton)과 린다 레브스틱(L.S. Levstik)의 감정이입적 이해에 관한 견해가 시사하는 바가 있다. 바튼과 레브스틱은 역사교육과 숙고하고 참여하는 민주주의와의 관계에 대한 주장을 전개했다.[41] 바튼과 민주사회의 공공선을 위해 기꺼이 타인과 더불어 숙고(deliberation)

무엇이든 시도해 보려는 강한 충동을 포함한다 … 감정이입은 다른 자아의 긍정적 부정적 경험을 무비판적으로 이해하려는 자기-인식적인 시도를 의미한다.…감정이입은 상상과 모방적 역량에 의존하며, 대개는 노력을 요하는 과정이다 이 둘 사이에는 미묘한 차이가 있다. 감정이입 속에서 자아는 이해를 위한 도구로 활용되며 결코 자신의 정체를 잃지 않는다.…이와는 대조적으로 공감에서는 공감하는 사람이 다른 사람에 의해서 '움직여진다'. … 내가 만일 그 사람이라면 어떨까에 대해 아는 것이 감정이입이라면, 그 다른 사람은 어떨까에 대해 아는 것이 공감이다. 감정이입에서 나는 '마치' 내가 그 사람인 것처럼 행동한다. 공감에서 나는 '그 사람'이다.…감정이입의 목적은 상대방을 '이해'하는 것이다. 공감의 목적은 상대방의 '복지'이다. …요약하자면 감정이입은 '앎'의 방식이며 공감은 '관계'의 방식이다. 그들은 과정도 다르고, 의미도 다르며, 결과도 다르다."

40 마사 누스바움, 우석영 옮김, 앞의 책, 77쪽.

41 이들은 역사교육이 민주주의에 기여하는 세 가지 방향을 제시했다. 첫째는 합리적 판단, 둘째는 인간성 개념의 확대, 세 번째는 공공선에 대한 숙고이다. K.C. Barton, L.D.Levstik, *Teaching History for Common Good*, Mahwah, NJ: Lawrence Erlbaum Association Publishers, 2004, pp.36-38.

하고 참여(paticioation)하는 시민을 양성하는 데, 역사적 인물의 행위를 인지적으로 이해하는 '관점 인식'(perspective-recognition)과, 그에 대한 정서적 반응인 '배려적 관심'(caring) 두 가지가 모두 필요하다고 주장했다. '관점 인식'[42]을 통해 과거를 풍부하게 이해하고, '배려적 관심'을 통해 아주 낯선 타인의 견해와 관점도 동등하게 존중하고 진지하게 검토하는 태도와 힘을 기를 수 있다는 것이다. 이들에 따르면 학생들은 '배려적 관심'을 통해 현재를 살아가는 자기 자신과 과거의 접점을 만든다.

이들은 현재와의 관련성 속에서 '배려적 관심'을 통해 유발되는 역사에 대한 흥미로 네 가지를 들었다. 첫째, '~에 대한 관심(caring about)'으로 역사적 사건을 공부하다가 그와 유사한 현재적 주제로 옮겨오는 등의 관심이다. 학생들은 감동받거나 분노할 수 있는 주제들, 사람들이 공포를 느낄 상황, 비인간적인 상황에 훌륭하게 대처한 인물을 다룰 때 역사를 배워야 할 필요를 느낀다. 배우고 있는 문제적 과거 상황 속에 자신이 있다고 상상하면서 당면한 딜레마를 다루는데 자기 능력을 투사하고, 스스로가 보였을 법한 반응을 상상하며 역사 속 인물들의 반응과 비교하기도 한다. 둘째, '사건의 결과 대한 (윤리적) 관심(caring that)'으로 '마땅히 그랬어야 하는 일'에 대한 관심, 즉 정의감에서 오는 흥미이다. 학생들은 역사를 배우면서 종종 강한 도덕적 반응을 보인다. 특히 과거에 저질러진 불의에 대하여 강력하게 반응

---

42 바턴과 레브스틱의 '관점 인식(perspective-recognition)'은 다섯 가지 요소로 구성된다.
(1) 다사성에 대한 감각: 다른 사람들이 어떻게 생각하고 느끼는지에 대한 감각
(2) 정상성의 공유: 타자들의 관점이 무지나 어리석음, 착각으로 인한 결과 아니라 우리들의 관점과 마찬가지로 세상에 대한 합리적인 전망임을 아는 것.
(3) 역사적 맥락화: 어떤 역사적 행위를 당시의 조건과 관점에서 파악하는 것.
(4) 관점의 다양성 인식: 과거 사람들 안에서도 관점이 다양하지 않음을 인식하는 것.
(5) 현재의 맥락화: 우리들 자신의 관점을 상대화하여 역사적 맥락 속에 위치시키는 것, 우리의 가치나 신념체계가 어디로부터 유래했는지 기원을 인식하는 것 등

"Historical Empathy as Perspective Recognition" in K.C. Barton, L.S.Levstik, *Teaching History for Common Good*, Mahwah, N.J: Lawrence Erlbaum Association Publishers, 2004, pp.215-218.

한다. 역사적 사실의 원인 탐구에만 집중했을 때 예상되는 위험은, 학생의 시선이 원인에만 쏠리게 되어, 결과적으로 피해자에게 어떤 일이 일어났는가를 공정하게 볼 수 없도록 한다는 것이다. 정의감이라는 정서적 요인은 행위 결과에 주목하도록 함으로써 역사를 좀 더 공정하게 이해하도록 돕는다. 셋째, '도움을 주려는 관심(caring for)'에서 오는 흥미이다. 학생들은 어떻게든 불의에 희생된 사람들을 지지하고 도움을 주고 싶어 한다. 과거로 들어가 불의를 바로잡고 싶다는 생각을 해 본 학생들은 현실 속에서도 다른 사람들의 더 나은 삶을 위해 돕기를 원한다. 역사 속 인물들에게 정서적 유대감을 가지게 될 경우, 그 이슈에 대해 더 알아보고 싶다는 의욕을 느낀다. 넷째는 '실천하려는 관심(caring to)에서 오는 흥미로, 배운 바를 바탕으로 자기 자신의 가치와 태도, 신념이나 행동에 변화를 가져오도록 하려는 것이다. 역사를 공부한 결과 학생들은 공공선을 신중하게 고려하려는 의지, 인간성에 대한 확장된 관점을 이끌어 낼 수 있는 숙고된 판단을 내리려는 의지를 지녀야 한다.[43] 흥미의 핵심 요소가 분노에서 윤리적 책임감으로, 도움을 주고 싶은 마음에서 실천하려는 마음으로 이동해 간다는 점에 주목한다면, 과거에 대한 공감적 이해의 결과가 자연스럽게 현실 속 타자에 대한 공감으로, 그들의 어려움에 함께 하려는 참여와 연대로 이어질 가능성을 엿볼 수 있다.

이런 점에서 '5·18'을 중심으로 공감의 역사교육의 가능성을 제안한 최근의 연구가 주목된다. 이 연구에서는 부담스러운 과거사의 '보편기억화'를 강조한다. 이를 위해 죽은 자와 살아남은 자 모두의 고통을 나누고 공감하는

---

43 "Empathy as Caring", in K.C. Barton, L.S.Levstik, *Teaching History for Common Good*, Mahwah, pp.230-241.
여기서 바튼과 레브스틱이 과거 사람들에 대한 감정적 공감에 압도당할 경우, 역사적 행위를 합리적으로 분석할 수 없으며, 타자의 관점을 엄밀하게 파악하는 '관점 인식'을 동반하지 않는 맹목적 공감이나 관심은 역사적이지도 교육적이지도 않다고 한 부분에 유의해야 한다. "Historical Empathy as Perspective Recognition", in K.C. Barton, L.S.Levstik, *Teaching History for Common Good*, Mahwah, p.240.

과정을 재구성한 공감의 역사교육을 시도하였다.[44]

'과거사' 속의 사회적 약자, 피해자들이 처한 상황 자체에 대한 실체적 이해, 얽히고설킨 동기와 선택된 행위의 결과, 비극을 빚어낸 전통과 구조에 대한 비판적 탐구가 선행되면서, 자연스럽게 인간적인 공감이 함께 했을 때, 공감적 이해의 경험이 현재의 모순된 구조 속에서 되풀이되는 인간의 비극으로 확대될 수 있을 것 같다. 연대의 자세와 능력은 기본적으로 타자, 나와 이해관계를 같이하지 않을 수도 있는 타자에게로 확대되는 공감에서 출발한다. 부담스러운 과거사 등 현재와 밀접히 관련된 주제를 학습하면서 공감적 이해를 반복적으로 경험한 학생들이, 시민사회, 공론의 장에 적극적으로 참여하고 타자에 공감하면서 연대적 실천에 나설 가능성이 높을 것이라고 조심스럽게 기대할 수도 있을 것이다.

한편, 비극적 사건의 피해자들의 슬픔에 공감하고, 그들을 잊지 않기 위한 다크 투어리즘이나 관련 체험활동에 주목하는 교사나 활동가들의 경험들 또한 '과거사'를 다루는 수업에서 공감적 요소의 중요성을 재확인하게 하고 가능성을 확장시킨다.[45] 이런 사례들을 체계적이고 심층적으로 검토하여, '과거사' 수업 원리로서 공감적 이해에 관한 논의를 풍부하게 하고, 실천 가능한 아이디어들을 축적시켜 나가야 할 것이다.

2) 과거에 대한 공감적 이해에서 현실 참여와 연대로

근래 들어 민주주의의 유지 발전에서 공감과 같은 정서적 요인의 역할을 중

---

44 김정인, 「공감의 역사교육: 5·18로의 문화적 여정」, 『역사교육연구』 제25호, 2016.

45 김난영, 「안중근 의사 기념관의 다크투어리즘 활용성에 대한 탐색적 연구」, 『평화학연구』 제15권 4호, 2014 ; 박희주, 「피해자들의 슬픔에 가만히 공감하는 시간—잊지 않기 위해 떠나는 다크투어리즘」, 『우리교육』 2016 봄. 아직까지 다크 투어리즘의 문제의식을 살린 활동은 활발하다고 보기 어렵다. 교사양성이나 연수 과정에서 이에 관한 고려가 필요할 것으로 생각된다.

시하는 견해들이 힘을 얻고 있다. 대표적으로 마사 누스바움(M. Nussbaum) 의 주장을 들 수 있다. 경제성장에 몰두한 교육이 만연한 현실을 민주주의의 '조용한 위기'로 단언하고 민주주의를 구할 방도로 '인간계발교육모델'을 제창한 그는 인문이나 예술 교육을 통한 공감 능력의 계발을 강조했다.[46] 그는 공감을 '서사적 상상력'[47]과 더불어 풍부하게 계발될 수 있는 능력의 일종으로 보았다. 예술과 인문학을 통해서 학생들은 타인의 상황을 상상하는 법을 배우는데, 그 상상력은 민주주의 성공에 근본적으로 필요한 능력[48]이라는 것이다.

인권 현실의 개선이나, 국가 폭력의 방지 등 더 나은 인간 조건을 추구하려는 생각과 의욕과 행동에는 분명 타자가 포함된다. 더 나은 인간 조건은 나 홀로의 안녕만으로는 성립될 수 없기 때문이다. 문학 작품을 읽고 예술을 감상할 때 인간은 현실의 모습, 자신과 타자와 사회의 모습을 새삼스레 바라보게 된다. 이때 현실은 결코 최상의 것이 아니라는, 그래서는 안 되며 다른 가능성이 있어야 한다는 감정을 품을 수 있다. 그런 감정은 어떤 윤리적 힘을 행사할 수 있다. 새로운 생각과 의욕 그리고 경우에 따라서는 새로운 행동의 출발점이 될 수 있다[49]는 것이 누스바움의 견해이다.

그에 따르면, 타인에 대한 공감 능력이 부족한 시민들로 가득 찬 민주주의 체제는 어쩔 수 없이 사회적 소외와 낙인의 체제를 양산한다.[50] 타인과 마음

46 마사 누스바움, 한상연 옮김, 『역량의 창조』, 돌베개, 2015, 32-63쪽 참조.

47 누스바움에 따르면, 시민들은 사실적 지식과 논리적 지식만으로는 자신을 주위의 복잡한 세계에 제대로 연결시킬 수 없다. 이 두 가지를 보완하는 것으로 서사적 상상력을 요청한다. 서사적 상상력이란 자기 자신이 다른 이의 입장에 있다면 사태가 어떠할지 생각할 줄 아는 능력, 그 사람의 이야기를 지적으로 읽을 수 있는 능력, 그러한 위치에 처한 이라면 어떨지 감정·소망·욕구를 이해하는 능력이다. 마사 누스바움 지음, 우석영 옮김, 위의 책, 163-199쪽 참조.

48 신응철, 「누스바움의 민주주의를 위한 시민교육-'이익 창출'에서 '인간 계발' 모델로」, 『철학논집』 제34집, 2013, 284쪽.

49 박민수, 「감성과 인문교육 그리고 세계시민주의-마사 누스바움에 관하여」, 『해항도시문화교섭학』 제14호, 2016, 90쪽.

을 같이 하는 능력이 부족하다보면, '혐오감', '수치심'과 같은 해로운 감정이 생겨날 수 있다. 상호 필요와 상호 의존성보다 완전한 통제의 신화를 가르치는 사회는 이런 감정을 강화시켜 줄 뿐이다.[51] 누스바움의 공감이나 연민은 민주주의의 미래가 인간의 얼굴을 한 따뜻한 공동체로 되는데 꼭 필요한 것이다.

존 듀이(J. Dewey)의 민주주의 교육론에서도 공감은 눈에 띄는 자리에 있다. 1930년대 미국 자유주의 사회의 폐해를 비판하고 민주주의 교육에서 대안을 찾고자 했던 그는 시민들의 의사소통을 통해 형성·공유되는 사회적 지성(social intelligence)에 착안했다. 그리고 사회적 지성을 활성화하는 핵심적 매개로서 공감적 의사소통 방식을 강조했다. 사회적 지성이 논증적 의사소통(토론이나 논쟁 같은) 뿐만 아니라 공감이나 미적 감수성에 기초한 정서적 의사소통을 통해서도 구성된다는 것이다. 공감은 철학적이거나 과학적인 연구 결과의 의미를 다양하게 확장시켜 사회적 지성을 풍부하고 창의적인 것으로 만들 수 있으며, 더 나아가 논증적 의사소통에서 소외되는 사람들을 사회적 지성의 형성 과정에 동참시켜 사회적 지성의 작동 범위를 넓힐 수 있다[52]고 주장했다.

종합하자면, 공감에는 특별한 힘이 있다. 연민의 감정을 출발점으로 삼아 타인의 고통을 자신의 것으로 받아들임으로써, 모든 이의 평등한 존엄을 인정하는 공동체적 연대를 유지 가능케 한다. 공감은 좀 더 나은 사회를 만드는 데 대한 자기 책임감, 공공의 문제 해결에 연대하는 행동으로 연결될 수 있다. 또한 사회 구성원들이 주체적, 자율적으로 민주적 가치를 공유하고 그에

---

50   신응철, 앞의 글, 285쪽.

51   마사 누스바움, 오병선 역, 「약자에 대한 배려 능력으로서의 공감」, 『시장법학』 10권 2호, 2008.

52   홍남기, 「듀이 '사회적 지성' 개념의 교육적 함의」, 『교육철학연구』 제35권 제1호, 한국교육철학학회, 2013, 152쪽.

따라 자신들의 민주적 역량을 키우는데 일정한 역할을 할 수 있다. 공감을 기반으로 한 소통은 시민사회 안에서 합리적이고 논증적인 소통과 비판적 사유를 촉진하는 힘으로 작용할 수도 있다.

하지만, 이 모든 기획들은 학습의 주체인 학생들에 대한 세심한 이해로부터 출발할 때라야 유의미한 결과를 기대할 수 있다. 케이트와 바튼의 주장, 여러 수업 사례들에서는 역사수업의 추체험 등이 연민이나 동정심으로 이어지고, 타인에 대한 공감으로 확장된 다음, 도덕적 책임감과 정의감에서 발원한 비판의식으로 현재를 성찰하고, 연대적 행동에 나서게 될 가능성에 기대를 걸게 한다. 하지만 신자유주의 질서가 뿌리 깊은 오늘날 현실에서 학생들이 정의감이나 비판의식으로 연대에 나설 마음을 갖지 않을 가능성이 크다는 경험적 보고에도 귀 기울여야 한다. 사회적 약자를 보고 잘못된 것을 비판하려다가, 현실적 대안이 없다는 것을 알면 "딱하지만 어쩔 수 없어!"라는 식의 외면과 절망, 투항의 역효과가 날 수도 있다는 것이다. 하지만 희망은 같은 지점에서 발견된다. 요즘 우리 학생들은 사회모순이나 구조 자체에 대해 비판적 접근했을 때보다, 피해자, 약자들이 서로 연대하여 적극적으로 문제를 해결고자 나서는 모습에서 변화의 희망을 보고, 부끄러움을 느끼고, 자신을 돌아보고, 자신을 새롭게 해석할 영감을 얻는다고 한다. 사회적 약자와의 만남에서 보고, 판단하고(분개하고), 행동하는 인식론적 성장보다, 감동하고, 영감 받고(성찰하고), 연대하는 관계적 성장을 하게끔 도와야 한다는 제언[53]을 진지하게 받아들여야 할 것이다. '과거사'를 역사학습의 내용으로 재구성하고, 적절한 학습방법을 찾고, 그들의 공감적 이해 경험이 현실에 대한 비판적 사유와 타자에 대한 공감, 연대로 이어지기를 희망한다면 이 점을 염두에 둬야 할 듯하다.

---

53 엄기호, 「아이들은 사회적 약자를 어떻게 만나는가」, 『중등우리교육』 통권211호, 2007. 92-97쪽.

4. 맺는 글

중고등학교 역사교육의 목적은 본질적으로 '건전한 시민정신의 개념을 심어주고 한 사회의 이상화된 과거와 희망찬 미래를 다음 세대에 전달하는 것'이다.[54]

앞으로 역사교육에서 시민양성에 대한 논의와 토론은 '어떤 민주주의를 발전시키려고 하는가'에 대한 정치철학적 연구나 시민의 역량에 관한 최근의 논의들, 민주주의 교육에 관한 여러 측면의 주장들을 좀 더 찬찬히 살피고, 기왕의 역사교육의 맥락 속에서 시민적 역량을 기른다는 문제를 숙고하고 정교하게 논의하여 학습 내용 선정과 학습 방법의 연구로 연결시켜 가야 한다.

특히 '과거사' 교육이 시민을 기르는 역사교육에서 차지하는 중요성을 내용 선정과 학습방법 양면에서 좀 더 적극적으로 고민했으면 한다. 이는 현대사 교육에서 민주주의의 역사를 가르치는 관점과도 관련된 문제이다. '과거사' 교육은 ① 사건의 진실된 실체를 기억하고, ② 학생들 각자가 그 목격자로서, 역사적 판단의 주체로 설 수 있도록 한다는 의미가 있다. 수업 장면으로 들어가서 무엇보다도 ③ 피해자에게 공감하고 ④화해를 위한 연대 활동에 참여하도록 하며, ⑤재발방지를 위해 미래 자신의 역할과, 자신들이 만들어 갈 사회상을 생각하며, 스스로 역사적 책임감을 가진 주체로 서도록 한다는 의미에서 성찰적 역사교육의 주요 부분이 될 수 있다.

'과거사' 교육은 미래세대에 대한 사회적 책무이며, 인간의 가치가 존중되는 미래 역사에 대한 희망이다. 역사에 대한 보편적인 가치를 공유하며 살만한 세상이라는 생각이 들게 하는 품격 있는 사회를 만드는 것, '악의 평범성'이 아니라 '선(善)의 평범성'을 위한 투자이다. 그 투자의 중심에 역사학의 역할이 있다.[55] 그 최전선에는 역사교육이 서야 하지 않을까?

---

54 엘리자베스 콜, 김원중 옮김, 앞의 책, 35쪽.
55 이지원, 앞의 글, 15쪽.

참고문헌

강수택, 「연대의 개념과 사상」, 『역사비평』 통권102호, 역사문제연구소, 2013.

김육훈, 「'국정교과서 논란' 이후 역사교육의 방향」, 『역사와교육』 제15호, 역사교육연구소, 2017.

김한종, 『민주사회와 시민을 위한 역사교육』, 서울대학교출판문화원, 2017.

민주화운동기념사업회, 『세계의 역사기념시설』, 도서출판 오름, 2006.

방지원, 「역사 교과서는 '부담스러운 과거'를 어떻게 기억하도록 하는가?」, 『역사와교육』 제15호, 역사교육연구소, 2017.

스탠리 코언 저, 조효제 역, 『잔인한 국가 외면하는 대중—왜 국가와 사회는 인권침해를 부인하는가』, 창비, 2009.

신응철, 「누스바움의 민주주의를 위한 시민교육—'이익 창출'에서 '인간 계발' 모델로」, 『철학논집』 제34집, 서강대학교 철학연구소, 2013.

엄기호, 「아이들은 사회적 약자를 어떻게 만나는가」, 『중등우리교육』 통권 제211호, 중등국어교육, 2007.

엘리자베스 콜, 김원중 옮김, 『과거사 청산과 역사교육—아픈 과거를 어떻게 가르칠 것인가』, 동북아역사재단, 2010.

이지원, 「해방 70년의 자화상과 과거사 청산, 그리고 역사학」, 『역사와 현실』 제97호, 한국역사연구회, 2015.

장은주, 『시민교육이 희망이다—한국민주시민교육의 철학과 실천모델』, 피어나, 2017.

최호근, 『제노사이드: 학살과 은폐의 역사』, 책세상, 2005.

최호근, 『독일의 역사교육』, 대교, 2009.

한운석, 「나치즘과 홀로코스트에 대한 독일의 역사교육」, 『독일연구』 제18호, 한국독일사학회, 2009.

허버트 허시 저, 강성현 역 『제노사이드와 기억의 정치—삶을 위한 죽음의 연구』, 책세상, 2009.

홍남기, 「듀이의 '사회적 지성' 내념의 교육적 함의」, 『교육철학연구』 제35권 제1호, 한국교육철학학회, 2013.

홍순권, 「'과거사' 진실 규명과 역사교육 – '한국전쟁 이후 민간학살 사건'의 과거사 청산 문제를 중심으로」, 『역사연구』 제30호, 역사학연구소, 2016.

Barton, K.C., Levstik, L.S., *Teaching History for Common Good*, Mahwah, NJ: Lawrence Erlbaum Association Publishers, 2004.

국내 비한국계 코리언들의 언어현실과 언어적 공공성

: 국내 중국 조선족의 사례를 중심으로

임경화

1. 종족계급 출현 가능성과 언어 문제

1996년 8월에 남태평양에서 조업중이던 한국의 원양어선 페스카마호에서 선상반란이 일어나 한국인 선원 7명을 포함한 11명의 선원이 살해된 사건이 발생한다. 선원으로 고용되었던 중국 조선족들이 한국인 선원들의 폭행과 협박, 열악한 노동환경을 견디다 못해 '한국 해운 사상 최악의 선상반란 사건'[1]을 일으킨 것이다. 가족들과 격리된 상태에서 저임금 고강도 육체노동에 시달리는 원양어선 선원직은 한국인들이 취업을 꺼리는 기피 직종이었다. 중국의 개혁개방 이후 그 노동시장의 인력난을 새로이 메우게 된 중국 동포들은 그 당시 이미 잦은 폭행과 장시간 노동, 임금체불 등의 부당한 처우로 고통을 받고 있었다. 그런 의미에서 이 사건은 그 갈등이 가장 비극적으로 발현되기

---

1 김형민, 「전대와 모멸은 끝내 선상반란 비극으로」, 『한겨레』 2014년 1월 18일.

국내 비한국계 코리언들의 언어현실과 언어적 공공성 **257**

는 했지만, 예견된 사건이기도 했다. 이후에도 한국 원양어선의 선원으로 고용된 외국인 노동자들이 부당한 처우에 반발하여 일으킨 이른바 '선상반란' 사건은 끊이지 않았지만, 이 사건은 중국 조선족이라는 '동포'들에 의해 발생했다는 점에서 한국사회와 중국 조선족 사회에 미친 영향은 심대했다.[2] 한국 사회는 범죄의 잔혹함에 치를 떨고 한국에서 육체노동에 종사하게 된 중국조선족 동포들에게 '(잠재적)범죄자' 이미지를 덧씌우며 차별의 강도를 높여갔고, 중국 조선족 사회는 참상의 원인이 된 한국의 자본주의 피라미드의 잔혹함에 치를 떨고 '민족'의 환상이 폭력적으로 부서지는 경험을 한다. 페스카마호 사건 피고들의 정상참작을 요구하며 수만 명에 이르는 중국 동포들이 서명한 탄원서들은 그 상황을 전하고 있다. 그 중에 변광도가 작성한 탄원서의 다음 구절은 대표적인 예일 것이다.

> 다 같은 민족으로 그동안 오래 갈라져 있다가 개혁개방의 정책 밑에 고국에 로무로 간 그들에게 어쩌면 중국 선원에게 그와 같이 희롱하며 모욕할 뿐만 아니라 소위 문명국이라는 한국 페스카마호 선장은 (생략) 짐승보다 못하게 때릴가? 치가 떨린다.(생략)
> 돈만 알고 한 동포도 모르는 짐승 같은 놈들 반드시 세계 인민의 공정한 심판을 바들 날도 멀지 않았다고 본다.
> 이번 페스카마호 선장 살인사건은 완전히 선장과 갑판장이 빚어낸 악과이며 그들의 행동은 지난날 일본 침략자와 무슨 구별이 잇엇드냐? 압박이 있는 곳에는 반항이 있다는 진리를 똑똑이 알아야 한다.[3]

2   김성동, 「엽기실록 '살육의 배' 페스카마 15호의 船上반란」, 『월간조선』 2001년 2월호, 2001.
3   인권아카이브 「페스카마호 사건 관련 사형수 전재천 관련 자료」 중 「조선족 동포들의 탄원서 모음」, 10쪽(http://www.hrarchive.org/index.php/1986/01/01/hc00014221/)

구한말의 사회적 위기와 식민지화로 인한 대규모 사회 변동 속에서 동아시아 각지로 이산한 코리언들의 많은 경우는 '일본 침략자'의 억압으로부터 민족의 해방이 도래한 후에도 '고국'으로 돌아가지 못했다. 더욱이 한반도가 남북으로 분단되어 서로 다른 체제의 두 국가가 세워지면서 코리언은 민족으로서의 범위가 국가의 범위와 일치하지 않은 상황에 놓어 버렸고, 그 사이에서 벌어진 전쟁이라는 '동족상잔'의 비극은 '한 동포'라는 환상을 상대화하는 계기가 되었다. 그런데 중국 조선족이나 구소련 고려인 같은 비한국계 코리언들을 대거 한국사회로 이끌었던 탈냉전과 글로벌리즘, 신자유주의 전환 또한 '다 같은 민족'으로 여겼던 한국인들과 해외동포가 차별/피차별 관계에 놓이면서 많은 코리언들에게는 민족을 상대화하는 계기가 되었다고 할 수 있다. 위의 중국 동포의 탄원서에서는 "한 동포도 모르"고 마치 '일본 침략자'처럼 억압하는 한국인들에 대한 절망감이 큰 만큼 중국인으로서의 정체성이 강조되어 있는 것도 주목된다. 당시에 해외동포들을 포함하는 다국적 민족공동체(multi-national ethnic community)로서의 한민족공동체의 가능성을 제시했던 백낙청도, 이 사건과 관련하여 해외동포와의 관계를 "못 가진 자에 대한 가진 자의 지배, 착취관계로 몰고가는 상당수 남한인들의 자세─ 및 자본주의 경제논리─는 한국에 대한 해외동포들의 반감과 원한을 낳고 있으며 '다국적 민족공동체'의 비극적 파탄 가능성을 키워가는 중임을 직시해야 한다"고 경고했다.[4]

하지만, 이후 국내에서 '다국적 민족공동체'의 계층화는 한층 더 심화되어 갔다. 재한 조선족의 숫자는 갈수록 늘어 국내 외국인의 거의 3분의 1을 차지하고, 재한 코리언 중에서도 비한국계 코리언 중에서도 최대의 집단이 되었지만,[5] 그들 중 상당수는 한국사회의 저임금 노동자층으로 정착해 갔고,

4 백낙청, 『흔들리는 분단체제』, 창작과비평사, 1998, 191쪽.
5 2016년 12월 31일 현재 한국에는 2,049,441명의 외국인이 체류하고 있지만, 그 중에 중국 국적자들은 거의 절반인 1,016,607명이고, 중국인 중의 652,028명이 바로 조선족들이다.

그들이 밀집해 있는 거주 지역은 주류 매체나 대중문화에서 '범죄도시'로 그려졌다. 한때 '다 같은 민족'임을 입증하는 근거였던 중국 동포들의 '우리말글'은 그들을 식별하는 표식이 되었다. 마이너리티의 정치적 갈등 연구의 전문가인 테드 거(Ted Robert Gurr)는 공동체의 정체성은 더 큰 공동체로의 통합 사업이 증가하면 약화되지만, 외부의 도전에 의한 갈등은 그것을 강화시킨다는 전제 하에 세계 각지의 마이너리티를 몇 가지 범주로 나누어 분석했다. 그 중에는 종족적 소수자 집단이 특정한 사회경제적 위치를 점하는 경우를 가리키는 개념으로 종족계급(ethnoclasses)이라는 범주가 있다. 그는 이 개념을 "일반적으로 특정한 경제적 역할을 전문으로 하는 카스트와 같은 위치를 차지하는 이민자나 노예에서 유래한 종족적 소수자"이며, "프랑스의 마그레브 출신, 미국과 영국의 유색인, 일본의 코리언들처럼, 선진산업사회에서 그들은 경제적으로 하층에 위치한다"고 정의했다.[6] 이에 따르면, 한국에서 저임금 육체노동을 담당하는 중국 조선족 동포는 이미 한국사회에서 일개의 종족계급을 형성한 것처럼 보인다.[7] 그런 의미에서 한국사회와의 갈등이 표면화된 페스카마호 사건은, 한민족공동체의 가능성 대신에 오히려 '중국 조선족'이라는 종족계급의 출현 가능성을 상징적으로 드러낸 사례라고 할 수도 있다.

물론 중국 조선족의 경우는 한국 현행 법제 상 '해외 동포'로 분류되어 종

이미 한국국적을 취득해 '조선족계 한국인'이 된 사람까지 포함하면 약 80만 명으로 추산되는데, 국내의 비한국계 코리언 중에서는 최대임은 물론 이주 노동자들 중에서도 최대라고 할 수 있다. 참조, 법무부, 『2016 출입국·외국인정책 통계연보』, 법무부 출입국·외국인정책본부 이민정보과, 2017.

6   Ted Robert Gurr, Why Minorities Rebel: A Global Analysis of Communal Mobilization and Conflict since 1945, *International Political Science Review*, 14(2), 1993.

7   박우에 따르면, 2010년 현재 국내 조선족의 41.4%가 단순노무, 17%가 서비스 종사자이다. 또한 소득 분포에서는 70%에 가까운 조선족들이 월 소득 150~200만원이다. 박우, 「조선족 사회의 분화에 관한 연구」, 『재외한인연구』 제37호, 2015.

족적 타자인 고용허가제 하의 '기타 외국인'과는 달리 가족 동반 및 직장 이동 등의 '혜택'을 부여받고 있고, 그 혜택도 점차적으로 확대되고 있다. 한데 같은 '해외 동포'라도 그 안에는 서로 거의 소통하지 않는 두 개의 판이하게 다른 계층이 존재한다. 본인이 한때 한국 국적을 가졌거나 "부모의 일방 또는 조부모의 일방이 대한민국 국적을 보유하였던 자로서 외국국적을 취득한 자", 즉 주로 구미의 한국계 동포라면 '동포비자(F-4)'를 발급받으며 외국인 등록증이 아닌 해외동포거소신고증을 지닌다. 그들은 단순노무행위를 하지 못하도록 법적으로 금지되어 있으며[8] 대개 전문직을 점한다. 반면, 방문취업 비자(H-2)를 가지고 '외국인' 등록을 해야 하는 중국 조선족이나 구소련 고려인 같은 비한국계 동포들의 대다수는 단순노무직으로 배치된다.[9] 설동훈과 스크랜트니는 이와 같은 외국국적 동포 내부의 위계 설정을 '민족성원 자격의 위계화(hierarchical nationhood)'라 명명하기도 했다.[10] 즉 국내 거주 동포들은 한국의 지배층에 준하는 대우를 받는 전문직 집단부터 인권단체들이 '현대판 노예'로 규정하는 농수산업 부문의 노동자들까지 대단히 복잡한 계층구조 속에 놓여 있는 것이다. 그것은 기본적으로 자본주의 세계체제의 위계질서 속에서 그들의 국적국 혹은 거주국이 차지하는 위치와도 겹치며, 그들이 사용하는 언어는 그 위계질서를 뒷받침한다. 즉 구미 동포들이 쓰는 영어를 정점으로 하여, 그 아래에 일본 동포들이 쓰는 일본어, 그보다 아래에

---

8 재외동포(F-4) 자격의 취업활동 제한범위 고시(법무부고시 제2015-29호, 시행 2015.2.1).

9 단, 방문취업 자격자로서 농축산업·어업(양식업 포함)·지방 소재 제조업의 동일 사업장에서 2년 이상 근속한 자나 국내 공인 국가기술자격증(기능사 이상) 취득자 등은 재외동포 비자로 체류자격 변경이 가능하다. 하지만, 방문취업에서 재외동포 체류자격으로 자격 변경 신청을 했으나 불허된 중국국적 동포가 재외동포법 제5조 제4항 중 '취득 요건'에 관한 부분이 위헌인지 여부를 묻는 헌법소원심판 청구에 대해 헌법 위반이 아니라는 2014년 4월 24일의 헌재 결정을 통해 알 수 있듯이, 재외동포를 거주국별로 차별하는 정책은 지속되고 있다. 참조, 「F-4 비자 관련 위헌 판결, 반응 엇갈려」, 『중국동포신문』, 2014년 5월 6일.

10 Dong-Hoon Seol, and John D. Skrentny, "Ethnic Return Migration and Hierarchical Nationhood: Korean Chinese Foreign Workers in South Korea," *Ethnicities*, 9(2), 2009.

구소련이나 중국 동포들이 쓰는 러시아어나 중국어가 있고, 그보다 더 아래에 동남아시아 등의 외국인 노동자들이 쓰는 베트남어, 벵골어, 타갈로그어, 우르두어 등이 존재하는 것이다.

그런데 중국 조선족들이 중국어 이외에 '우리말글'도 구사할 수 있는 이중언어 사용자라는 것은, 그들에 대한 한국 주류사회의 시선을 한층 복잡하게 만든다. 조선족들이 구사하는 '우리말글'은 한국의 언어 민족주의에 호소하며 '한 동포'라는 의식을 발동시키기도 하지만, 한국의 표준어와 다른 '연변말'은 그들을 식별하고 차별하는 표징이 되기도 한다. 이와 같은 이중언어 사용 집단으로서의 재한 조선족들의 언어현실은 국내 종족계급으로서의 조선족 형성 가능성을 언어적으로 뒷받침하며 한국의 주류사회에 공포와 혐오를 초래하는 원인이 되기도 한다. 중국 조선족 동포들의 이중적이고 경계적인 위치에 그들이 사용하는 언어가 놓여 있는 셈이다.

본고에서는 국내 거주 비한국계 코리언들 중에 최대 규모인 중국 조선족 동포들의 언어현실을 살펴보고 이와 같은 언어 현실에 개입하여 '언어적 공공성/정의'를 확보하기 위해서는 어떠한 언어사상적 상상이 요구되는지를 시론적으로 논하고자 한다.

2. 위기에 직면한 '연변말'

1) 재중 조선족의 언어현실

앞서 다국적 민족공동체로서의 한민족공동체의 가능성에 대해 언급했던 백낙청도 이 공동체가 "영어나 러시아어, 일본어 등이 모국어이고 심지어 우리말을 외국어로서도 모르는 동포가 꽤 많다는 점에서 다언어(多言語) 공동체이기도 하다"[11]는 점을 강조했다. 그런 점에서 여타 지역의 해외동포에 비

---

11   백낙청, 앞의 책, 188쪽.

해 중국 조선족은 1992년의 한중수교로 한국과 본격적인 교류를 시작하기 이전부터 "중국에 흡수 同化되지 않고 우리말과 우리글 우리 風習을 고스란히 지키고 있"는 '배달겨레'의 일부로서 주목받았다.[12] 실은 2, 3세까지 거주국에 언어적으로 동화되지 않고 모어를 지키는 해외 동포 집단은 중국 조선족이 거의 유일하다고 해도 과언이 아니다. 하지만 이러한 특징은 한국의 언어 민족주의의 관점에서 주목되거나, 문화적 동질성과 언어소통의 원활함이 생산효율성을 높인다[13]는 한국 자본주의적 관점에서 주목되었을 뿐, 그들이 자신들의 모어를 지키기 위해 어떠한 고투를 겪어 왔는지에 대한 관심으로 이어지지는 않았다. 중국 조선족의 '조선어' 즉 연변말을 그저 '한국어의 한 지역방언' 등으로 간주하고 그들의 언어적 고투의 역사를 무시하는 언어인식 또한 언어 차별의 밑거름이 되었다고 할 수 있다.

한반도를 떠나 세계 각지에 소수민족으로 자리잡은 코리언 중에서 중국의 조선족이 '우리말글'을 지킬 수 있었던 결정적인 이유는, 그들이 중국의 주류사회로부터 민족자치권을 획득할 수 있었기 때문이다. 이는 1920~30년대에 민족어 교육을 실시하며 자치권 획득에 힘썼던 연해주 고려인 사회가 결국 중앙아시아로의 강제이주 후에 주류사회에 언어적으로 동화되어 갔던 역사[14]와 대비된다. 그렇다고 해서 그 과정이 순탄했던 것은 결코 아니다. 만주지역 조선인들은 이미 항일항쟁 시기에 조선의용군 등이 중국공산당 팔로군의 중요한 우군이 되었는데, 특히 국공내전 당시 소수민족의 평등과 토지 분배를 약속했던 중국공산당을 지지하여 인민해방군에 대거 참전하는 등 중국혁명 성공과 중화인민공화국 수립에 중요한 역할을 했다. 중국정부는 다원주의적 소수민족정책을 실시하여 정부 수립 3년만인 1952년에 연변조선족자치구가

12 「朝鮮族」, 『京鄕新聞』, 1990년 9월 22일.

13 「조선족 취업문 넓혀야」, 『동아일보』 1996년 12월 8일.

14 임경희, 「'붉은 한글운동'의 기원: 소련시대 연해주 고려인 사회의 언어운동」, 『한국문화』 제73호, 서울대학교 규장각 한국학연구원, 2016.

수립되었고(55년에 '자치주'로 격하), 조선어는 공용어의 지위를 얻게 된다. 1954년에 제정된 중화인민공화국 헌법 제6조에는 "민족에 대한 차별이나 억압을 금하며 민족 간의 단결을 파괴하는 행위도 금한다. 각 민족은 자기 언어 문자를 쓰고 발전시키며, 자기 풍습과 습관을 보존하고 개혁할 자유를 가진 다"고 명시되었다. 1949년에는 중국 내 소수민족이 세운 첫 대학인 옌볜 대학(延邊大學)이 설립되어 민족문화의 육성과 계승을 뒷받침할 초-중-고-대학 민족교육체제가 완비되었고, 신문, 잡지, 방송 등의 미디어, 극장, 문학, 가요 등을 포함한 종합적 민족문화 육성 체제가 형성·발전되어 갔다. 1957년에는 자치구 내 모든 성인이 조선어를 읽고 쓸 수 있는 능력을 기본적으로 달성했다.[15]

하지만 조선어의 위기는 의외로 빨리 찾아왔다. 1957년의 반우파 투쟁과 1959년의 민족정풍운동 속에서 민족주의를 강조한다는 혐의를 받은 소수민족 지도부가 타깃이 되었고, 조선족들도 반사회주의적 '지방 민족주의자'로 비판받으면서 민족교육체제는 위축되었다. 그때까지 소학교 5학년부터 시작되었던 중국어 교육은 전면적으로 실시되어 중국어는 제1수업용어가 되었고, 조선역사와 지리 학습은 폐지되었다. 이후 1960년대 초에 온건정책으로 바뀌어 조선어 학습이 다시 중시되었지만, 1966년 문화대혁명으로 민족정책은 수난을 겪었고 조선족 사회는 황폐해졌다. 다른 소수민족 간부나 지식인들처럼 조선족 교육자, 예술가, 문인들도 숙청의 대상이 되었다. 조선족의 대표적 지도자였던 조선의용군 출신의 주덕해(朱德海, 1911-1972)는 '북조선 간첩' '지방민족주의자'로 몰려 추방당했고, 그로 인해 조선족의 발언권은 결정적으로 약화되었다. 소수민족들의 민족어 사용은 금지되거나 제한되었고, 조선족의 경우도 고급중학교에서는 조선어 학습이 폐지되었다. 조선족들 사이에서는, 머지않아 사용하지 않게 될 조선어를 배울 필요가 없다는 '조선어 무

---

15 국사편찬위원회, 『중국 한인의 역사(상)』(재외동포사총서 13), 국사편찬위원회, 2011, 248-249쪽.

용론'이 제기되기도 했다.[16] 하지만 문화대혁명이 종료된 후에는 다시 소수민족들의 민족교육체제가 부활하게 되었고 조선어는 공용어로서의 지위를 되찾게 되었다. 이때 자치주 인민정부는 유명한 '조선어문 학습사용 상벌실시규정'(1989)을 제정하여 이중언어 집행 단위나 개인의 성과에 대해 상을 주거나 처벌하는 제도도 도입된다.

이를 통해 알 수 있듯이, 중국공산당의 소수민족정책이 억압과 수용 사이에서 동요할 때마다 조선족 사회의 조선어는 심각한 영향을 받으며 부침을 겪었던 것이다. 그것은 이후 개혁개방의 흐름 속에서 더욱 혼란한 상태에 빠지게 된다. 시장화를 통한 개인의 경제적 자율성을 인정하는 탈사회주의 전환으로 중국의 산업화, 도시화가 급속히 진전되면서 조선족 사회는 더욱더 급격한 변화에 직면한다. 농업지대였던 조선족 자치주도 조선족들의 극심한 인구이동과 감소를 겪게 되는데, 조선족들의 전통적 거주지였던 동북 3성의 인구는 전체적으로 줄어든 반면, 대도시와 연해지역, 해외의 조선족 인구비율이 증가했다. 또한 1990년에 53%에 달했던 농·임·목·어업 등 1차 산업 종사자는 2010년에는 절반으로 감소한 반면, 1990년에 24%였던 서비스업 종사자는 50%로 증가했다.[17] 더욱이 '조국 지향'이 강했던 1, 2세대에서 '거주국 지향'이 강한 3, 4세대로 조선족 사회의 세대 변화도 겹쳐 조선족은 자발적으로 한족 학교를 선택하는 경향도 늘어갔다. 이로 인해 '민족 위기설'이 제기되기도 했다. 하지만 한중수교 이후 한국과의 교류가 대폭적으로 증가하면서 조선족 학교에 대한 수요도 유지되며 연변 지역의 경우는 2010년 가을부터 오히려 조선족 학교 입학생 수가 증가추세를 보이고 있다.[18] 이것은 이

---

16   박갑수, 『재외동포 교육과 한국어교육』, 역락, 2013, 169쪽.

17   박우, 앞의 글, 2015, 95~96쪽.

18   김일복, 「조선족 학교 학생 수 꾸준히 증가」, 『연변일보』 2013년 1월 14일. 이 기사에 따르면 옌볜 조선족 자치주 교육국은 2012-2013학년도 전 주의 조선족소학교 1학년 학생 수가 2816명으로 전해의 2546명보다 270명 증가했다고 발표했다. 또한 학생 수 증가의 가장 큰 이유로 양질의 이중어교육으로 국제화, 다문화시대에 부응할 수 있었기 때문이라고 분석했다.

주적인 삶을 강요당해 온 조선족들이 정체성 전략의 일환으로 고국인 한반도와 중국과의 소통과 관계에 주목하며 민족어의 유지가 중국사회에서의 생존 전략에 유리하다고 의식한 것에서 비롯되었다고 할 수 있다.[19] 실제로 이중언어 사용자는 사회적으로 직업선택에서 더욱 우세한 조건을 가지게 되었다.[20] 중국의 국제 교류와 세계 코리언의 대중국 진출의 연결고리가 되는 이중언어의 경제적 가치가 조선족들 사이에 공유되고 있는 것이다.[21]

그런데 그 조선어 자체도 극심한 변화를 겪게 된다. 본래 중국 조선족의 조선어, 즉 '연변말'은 북한 문화어의 어문규정을 따랐기 때문에 양자 사이에 많은 일치를 보였다.[22] 옌볜 대학 제1회 입학생이자 같은 대학에서 40여 년간 교편을 잡았던 조선어학자 최윤갑이 간명하게 정리하듯, "중국에서의 조선어규범화는 철자법과 발음법면에서는 조선[북한—인용자 주]과의 일치성을 기하며 어휘면에서는 차이성을 승인하면서도 공통성을 증가하는 원칙에서 진행되었다."[23] 그런데 중국의 개혁개방 이후 한중교류가 급증하고 한국 기업들이 중국에 진출하면서 한국의 언어문화가 막대한 영향력을 행사하기 시작하자, "더 나은 삶을 위해 필요성을 절감"한 조선족 사회에서는 '한국어 열풍'이 불기 시작했다.[24] 한국에서 초래된 '경제적 인센티브'는 기존의 북한 편향적인 민족의식을 한국 편향으로 바꾸어 갔던 것이다.[25] 중국의 국가 교육

---

19 정미량, 『발로 찾아 쓴 조선족 근현대 교육사』, 살림터, 2016, 277-279쪽.

20 마금선, 「연변에서의 이중언어 사용 실태와 한국어 교육」, 『세계한국어문학』 1, 2009, 63쪽.

21 김인섭, 「조선족 이중언어의 핵심가치」, 『연변일보』 2017년 10월 11일.

22 崔允甲 외, 『朝鮮语在中国,朝鮮,韩国使用上的差异之研究』, 延边人民出版社, 1994, 11-12쪽; 朴甲洙, 「중국의 조선말과 남·북한어의 비교: 『조선말소사전』을 중심으로」, 『이중언어학회지』 14, 1997; 마금선, 위의 글, 63-64쪽.

23 崔允甲 외, 위의 책, 12쪽.

24 「서울 온 延吉 중학교장 金永昌 씨 "南·北·延邊 우리말 통일 절실"」, 『京鄕新聞』 1992년 9월 4일; 「舊蘇-中國 해외동포 '우리말 배우기' 熱風」, 『동아일보』 1993년 10월 9일.

25 朴佑, 「経済的インセンティブと『道具的民族主義』」, 松田素二 외편, 『コリアン·ディアスポラと東アジア社会』, 京都大学学術出版会, 2013, 304쪽.

기관에서도 북한의 '문화어' 대신 남한의 '표준어' 어문 규정에 따른 교과과정을 도입하는 경우가 늘어났다. 중국내 한국어(조선어)과 개설 대학의 대부분은 조선어 대신 한국어를 채택하고 있다.[26] 이처럼 언어적 격변기이기도 했던 이 시기에 조선족 동포들은 자신들이 쓰는 '연변말'과 문화어, 그리고 한국어 사이의 차이를 피부로 느끼게 된다. 이러한 조선족 사회에 널리 공유된 직감에 체계적으로 대응하면서 학생들을 가르쳐야 했던 최윤갑을 비롯한 조선어 연구자들은 1994년에 『중국, 조선, 한국, 조선어 차이 연구』를 집필하여 표기, 발음, 어휘, 문법에서의 삼자의 차이를 명확히 하고자 했다. 이 저서의 「머리말」에서 최윤갑은 "우리는 이 책의 집필을 끝마치면서 조선의 분렬로 하여 결국 쓰지 말아야 할 이 책을 쓰게 되였고 중국에 사는 조선족이 이제 와서 조선 분렬의 고통을 더 맛보게 되였구나 하는 생각을 금할 수 없다"[27]고 토로했다. 여기에는 거주국의 국가정책과 국제정세의 변화에 따라 '분단된 고국'과의 관계를 재설정해야 했던 중국조선족들이 특히 절박하게 느꼈을 언어 분단의 아픔이 진솔하게 표현되어 있다.

2) 재한 조선족들의 언어 현실

하지만, 그들이 접한 한국어는 우선은 어려운 한자어나 외래어가 많아 이해하기 힘든 말이었다. 산동 대학(山東大學)에서 한국말을 가르치던 한 교수는 인터뷰에서 한국어가 "한자말과 서양말 따위 남의 말을 많이 쓰는 사람들이 유식한 양 우쭐대고 이런 사람들이 우러름을 받는 세상에서 쓰이는 말과 글"이라고까지 했다.[28] 북한과 마찬가지로 조선족의 조선어도 "어려운 한

26 「남북언어 이질화 동질성의 의미 "논리대결 득보다 실" 공감형성」, 『한겨레』 1996년 8월 8일; 김호웅, 「말어지고: '서울말' '조선말'」, 『경향신문』 1997년 10월 3일.

27 崔允甲 외, 앞의 책, 2쪽.

28 이상도, 「조선족이 보는 한자병용」, 『한겨레』 1999년 4월 2일.

자어와 외래어는 되도록 알기 쉬운 말로 바꾸어 쓰는 것을 원칙으로" 삼아 왔기에,[29] 한국 땅을 밟게 된 조선족들에게 이 차이는 무엇보다도 두드러진 것이었다. 한중수교 이전에 친척초청 방식으로 한국에 입국한 한 조선적 동포는 다음과 같이 당시의 상황을 증언하고 있다.

> 처음에 공항에서 딱 내려서 보니까 머리 노랗게 물들인 사람도 있지, 옷도 마음대로 입지, 참 생소한 거야. 이튿날에 서울 시내로 나왔는데 아 글쎄 모두 간판이고 뭐고 조선글로 썼는데 알아볼 수 있어야지, 몽땅 영어발음으로 해가지고, 거기다가 한국 사람과 대화를 하는데 말귀를 못 알아듣겠더라.[30]

2012년 국립국어원이 공개한 「재중 동포 언어 실태 조사」 보고서에 따르면, 재중 동포들이 한국말을 알아듣는 데 어려움을 느끼는 요인으로 "외래어 (외국어)를 많이 써서"를 꼽은 응답자가 무려 78.3%나 된다(두 번째로 높은 것은 "어려운 단어를 많이 써서"로 7.1%의 응답률을 보였다).[31] 이는 북한이탈주민들이 국내에서 겪는 가장 큰 어려움으로 '외래어로 인한 의사소통 문제'를 가장 많이 꼽곤 하는 것[32]과도 통한다. 앞의 조선족 교육자의 인터뷰처럼 그들에게는 한국사회의 언어현실이 언어 민족주의를 버리고 언어사대주의에 빠져 있는 것처럼 보였을 것도 충분히 추측할 수 있다. 그런데 산업화, 세계화, 정보화된 한국사회의 범람하는 외국어, 외래어, 전문용어, 어려운 한자어 등에 적응하지 못하는 조선족의 언어현실은 그대로 차별의 이유가 되고 있기도 하다. 1995년에 입국했다는 류경권의 다음 증언은 그 구체적인 예이다.

---

29 崔允甲 외, 앞의 책, 12쪽.
30 박우 · 김용선 외 편, 『우리가 만난 한국: 재한 조선족의 구술생애사』, 북코리아, 2012, 26쪽.
31 박경래 외, 『재중 동포 언어 실태 조사』, 국립국어원, 2012, 110쪽.
32 「국내 탈북자, 외래어 · 北사투리 편견 가장 힘들어해」, 『연합뉴스』, 2014년 4월 1일.

한국에 치마 있잖아요. 우리는 초매요. 초매. 그래서 당연히 못 알아들어. 중국말도 같이 쓰고, 뭐 '집에 凳子(의자) 있나?' 이래 한국어와 중국어 섞어가지고, 그래요. 그리고 제가 처음에 왔을 때 컴퓨터도 몰라요. 중국에서 계산기(计算机)라고 했는데, 이렇게 얘기하면 옆에 사람들이 다 비웃어요.[33]

구술 당시 50대였던 이 증언자는 같은 구술에서 이렇게 언급하기도 했다.

다들 언어가 통하니까 한국에 와서 쉽게 취직할 수 있다고. 사실 아니에요. 한국에 와서 표준어 써야 되는데, 중국에서 이거[연변말 — 인용자 주] 바로 표준어를 생각했는데 한국에 오면 표준어 아니에요. 억양도 북한 억양이고 그니까 그 사람들이 그 억양 자체를 싫어하는 거예요. 그래서 좀 힘들지요.[34]

즉, 연변말에 대한 차별은 비단 어휘면의 차이에 기인한 것이 아니라, 한국의 표준어와 다르고 북한식 말투에 가까운 연변말 자체에 대한 혐오에 가깝다고 할 수 있다. 2013년에 한국 TV 개그프로그램 《개그콘서트》의 〈황해〉 코너는 "한국말만 잘하면 떼돈 벌 수 있다"는 두목의 지시 아래 한국인을 상대로 보이스피싱을 하는 조선족 사기단을 희화화해서 큰 인기를 끌었다. 이사기단은 주로 영어, 외래어, IT 관련 용어 등을 몰라 상대방의 의심을 사게되고 결국 연변말투가 발각되어 번번이 실패를 한다. 시대에 앞서가는 세련된 한국어와 시대에 뒤처지는 촌스러운 연변말 사이의 낙차가 웃음을 자아내는 극의 구성은, 조선족 비하의 중심에 연변말에 대한 차별이 존재한다는 것을 잘 보여주고 있다. 대표적인 조선족 동포 사이트인 '모이자(moyiza.com)'의 토론방에도 연변말에 대한 차별을 고발하는 글이 종종 게시되곤 한다.

33 張琴, 「재외동포법 개정 이후 재한 조선족 민간단체의 활동에 관한 연구」, 한국학중앙연구원 한국학대학원 석사학위논문, 2016, 43쪽.
34 張琴, 위의 글, 42-43쪽.

(지인이 한국국적 취득을 후회하는 이유는-인용자 주)조선족은 한국국적
을 얻었어도 완전한 한국인이 될 수 없다는 걸 실감했기 때문이었다고 합니다.
례를 들어 신용카드를 만들려고 해도 은행에서 연변말을 직원에게 쓰면 신용
카드 발급을 거절당한다고 합니다. 뿐만 아니라 경찰검문에 걸려서 연변말을
쓰면 아무리 주민등록증을 보여주어도 아들 같은 경찰에게서 일단 반말부터
나온다고 합니다. 주민번호는 나왔지만, 연변조선인이 국적 개변했을 때 받는
번호는 일반한국인과 다르기 때문에 전문가들은 주민증이나 주민번호만 보면
이 사람이 연변사람인지 알 수 잇다고 합니다. 그러니 차별이 없을 수 없습니다[35]

연변말은 귀화한 조선족들에게 발급되는 특색 있는 주민번호처럼 조선족
을 식별하고 차별하는 표식임을 알 수 있다. 북한이탈주민들도 국내에서 겪
는 어려움 중 '외래어로 인한 의사소통 문제' 다음으로 꼽는 것이 "북한 사투
리에 대한 남한사회의 편견"이었는데,[36] 중국 조선족 동포들은 그보다 일찍
이 광범위하게 이 편견에 직면했던 것이다.

조선족 출신 재일 코리언인 허연화는 연변말에 대한 차별과 열등감으로 인
해 연변 이외 지역 사람들과 대화할 때 "무의식적으로 연변말의 특유한 억양
을 감추려 하고 있는 자신을 발견"했다고 고백하며, 조선족에 대한 그릇된
이미지를 확대재생산하는 한국의 대중매체를 비판했다. 또한 이 편견은 "한
국과 중국이 만난 90년대의 중국의 경제적 상황에 의한 것이 많다. 즉 같은
동포라 할지라도 재일, 재미 동포는 한국보다 발전한 나라에서 온 동경의 대
상이고 중국, 구쏘련 동포들은 한국보다 못사는 나라에서 온 사람들이기 때
문"이라고 주장했다.[37]

---

35   재미연변인, 「한국국적 얻어도 조선족은 차별당합니다.」, 2008년 12월 16일.
    http://bbs.moyiza.com/crcndebate/1181443
36   「"국내 탈북자, 외래어·北사투리 편견 가장 힘들어해"」, 『연합뉴스』, 2014년 4월 1일.
37   허연화, 「연변말이 창피한가?!」, 『흑룡강신문』, 2017년 3월 28일.

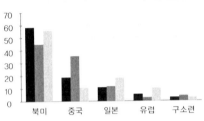

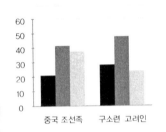

〈그림 1〉 2017 재외동포에 대한
국민인식조사(1)

〈그림 2〉 2017 재외동포에 대한 국민인식조사(2)
-비한국계 코리안의 경우

2017년에 재외동포재단이 발표한 「2017 재외동포에 대한 국민인식조사」 결과도 이러한 인식을 뒷받침하고 있다.[38] 이 조사에 따르면, 〈그림 1〉에서 알 수 있듯이 '호감을 가지고 있는 재외동포 거주 지역'을 묻는 질문에 대해서 북미(55.8%), 일본(18.5%), 중국(10.8%), 유럽(10.0%), 러시아 및 독립국가연합(2.7%) 순으로 나타나 있다. 한데, '대한민국의 국가 발전에 중요한 재외동포의 거주 지역'을 묻는 질문에 대한 응답은 북미(58.4%), 중국(18.9%), 일본(11.0%), 유럽(5.4%), 러시아 및 독립국가연합(2.8%)의 순으로 나타났고, 특히 '향후 통일과 관련하여 중요한 역할을 담당하는 재외동포의 거주 지역'을 묻는 질문에 대해서는 북미(45.0%), 중국(35.5%), 일본(11.7%), 러시아 및 독립국가연합(4.1%), 유럽(2.8%)로 나타나 중국과 일본의 순위가 역전되어 있는 것을 알 수 있다. 이것은 중국이 세계의 새로운 패자로 떠오르면서 중국 조선족 동포들의 위상과 역할도 높아진 것을 단적으로 보여준다.[39] 조선족은 우리보다 가난하지만 우리보다 강한 나라 출신의 '유의미한 타자'로 인식되고 있는 것을 알 수 있다.

38 이상준 외, 「2017 재외동포에 대한 국민인식조사」, 재외동포재단, 2017.
39 이상준 외, 위의 글, 126·130/169·178쪽.

또한, 이 조사에는 〈그림 2〉에서 알 수 있듯이, 비한국계 코리언, 즉 중국 조선족과 구소련 고려인들에 대한 인식을 묻는 항목도 별도로 설정되어 있다. 그런데 보고서에 따르면, '중국 조선족/구소련 고려인 동포에 대해 평소 어떻게 생각하는지'를 묻는 질문에 대해 '같은 민족이지만 어느 정도/매우 가깝게 느낀다'고 답변한 비율이 중국 조선족(21.1%), 구소련 고려인(28.2%), '같은 민족이지만 다소/매우 이질감을 느낀다'고 답변한 비율이 중국 조선족 (37.5%), 구소련 고려인(24%) 순으로, 중국 조선족에 대해 이질감을 느끼는 비율이 구소련 고려인에 비해 훨씬 높은 것을 알 수 있다.[40] 이것은 언어 민족주의의 측면에서 보면 상당히 의외의 결과라고 하지 않을 수 없다. 왜냐하면 이중언어로서의 조선어를 구사하지 못하는 구소련 고려인보다 조선어를 구사할 수 있는 조선족에게 더 이질감을 느낀다는 것이기 때문이다. 이것은 중국 조선족의 연변말이 코리언이라는 종족집단의 소통과 연대를 강화하는 수단으로서보다 차이와 차별의 표징으로서 기능하고 있다는 방증일 것이다. 한국사회의 이러한 연변말 차별에 대해 허연화는 다음과 같이 비판한다.

> (중국 조선족은—인용자 주)다른 민족들과 어울려 살면서도 자신의 언어를 잃지 않은 것에 대한 자부감을 갖고 있었는데 되려 '고국'에서 그렇게 소중하게 유지해온 우리말이 우리말이 아니라고 비웃음을 당한 격이다. 못사는 나라에서 온 가난한 동포, "가난하다는 건 게으른 것이고 못 배워서이다"는 한국사회의 가치관이 바탕이 되어 조선족이 쓰는 언어마저 가난해지고 천대받게 된 것이다. 사실 알고 보면 조선반도 외에서 유지된 소중한 우리말의 변이인데도 말이다.[41]

즉, 중국의 주류 언어인 중국어에 대해 차별받기도 하고 존중받기도 하며 중국사회로부터 공식적인 위치를 지켜온 조선족들의 조선어인 '연변말'이 오

---

40 이성준 외, 앞의 글, 137–149쪽.
41 허연화, 앞의 글.

히려 한국어를 쓰는 한국사회로부터 차별을 받는 완전히 새로운 상황에 직면한 것이다. 조선족들에게 외래어나 외국어의 범람 속에 언어사대주의에 빠져 있는 듯한 한국사회는, '한국어'의 동일성이라는 언어 민족주의를 강조하며 '연변말' 같은 표준어와 다른 소수자들의 '조선어'를 차별하는 언어 제국주의적인 면모도 띠고 있는 착종된 언어인식을 보이는 곳으로 인식되었을 것이다.

3. 언어 민족주의와 언어 민주주의

중국에서 민족의 자치권을 잃지 않고 민족어의 권리를 지켜온 조선족의 조선어가 정작 모국인 한국에서 차별받으며 어떠한 위치도 부여받지 못하는 현상은, "언어는 가까우면 가까울수록 차별감이 생기고 멀면 다른 언어가 될 수 있다"는 언어 환경의 법칙과 관계가 있을 것이다. 사회언어학자인 다나카 가쓰히코(田中克彦)는 이디시어가 독일에서는 '뭉개진 독일어'로 여겨져 차별을 받은 반면, 소련에서는 유대민족의 독립된 언어로서 존중되었던 현상에 대해 위와 같이 언급하며, "이디시어가 독일어로 여겨지는 한 차별이 존재하고 류큐어(琉球語)가 일본어로 여겨지는 한, 그것은 일본인의 기호에 맞는 일본어가 되지 않으면 안 된다는 것"이라고 부연했다.[42] 연변말과 한국어가 비슷하다는 것은 조선족들이 이주지역으로 한국을 선택하는 최대의 이유 중 하나이지만, 그것은 차별의 이유가 되기도 하고 동화의 이유가 되기도 한다는 것이다.

그런데 이 언어 환경의 법칙에는 서로 다른 두 개의 언어 민족주의가 뒤섞여 있는 것을 알 수 있다. 조선족이나 유대인이 자신들의 고유한 민족어로서 '조선어'나 이디시어의 권리를 주장하는 것은 언어 민족주의에 해당하며, 중국정부나 소련정부는 일정한 자치권 내지 민족문화 영위의 권리 등을 부여하

---

42 田中克彦, 『ことばと国家』, 岩波書店, 1981, 175쪽.

며 소수민족의 언어 민족주의를 인정한 것이다. 그런데 조선족의 조선어나 유대인의 이디시어를 '뭉개진 한국어'나 '뭉개진 독일어'로 간주하고 한국어나 독일어의 동일성을 강조하는 것 또한 언어 민족주의의 발현이다. 한데 후자의 경우는 지역의 토착언어를 방치하고 억제한다는 점에서 언어 제국주의의 발현이기도 하다. 적어도 독일인들의 이디시어 차별의 언어 제국주의적인 면모에 대해서는 쉽게 납득할 것이다. 그런데 이와 동일한 억압의 구조를 갖는 연변말에 대한 한국인들의 차별에 관해서는 그것이 언어 제국주의의 발로라는 점에 둔감해 보인다. 더욱이 맞춤법 통일과 표준어 제정, 사전 편찬 등의 조선어 규범화는 식민지 조선에서 일본의 언어 제국주의에 맞서 조선어의 권리를 지키기 위해 싸운 독립운동의 일환으로 추진되고 강조되기도 했다는 점은, 한국인들이 언어 민족주의의 위험성에 대해 둔감한 역사적 배경이 되었을 것이다. 하지만 조선과 조선어의 독립을 위해 희생하고 해방에 열광했던 한국인들이 민족과 국가가 일치하지 않은 해방 후의 상황 속에서 다른 국가체제 안에서 각각의 동일성을 구축해 온 복수의 '조선어들'과 그 독자적인 역사에 대해 무시하고 차별하는 것은, 언어 제국주의에 맞선 언어 민족주의 운동이 또 다른 언어 제국주의로 이어질 수 있다는 것을 보여주는 사례일 것이다.

저항적 언어 민족주의가 언어 제국주의로 전환된 예는 적지 않다. 예를 들어 주시경 같은 구한말의 선구적 언어 민족주의자들은 『파란말년전사(波蘭末年戰史)』(1899) 같은, 1795년에 러시아, 프로이센, 오스트리아 등 열강에 의해 분할된 폴란드의 비극적 망국을 서술한 번역물을 애독하면서 망국의 위험에 처한 조선에서 '국어'의 표준화 등이 얼마나 중요한가를 확신했다. 그런데 그 폴란드가 1918년에 독립한 후에는, 그때까지 러시아어나 독일어 제국주의에 저항하며 성장한 폴란드어 민족주의는 머지않아 변경의 소수자들의 언어인 우크라이나어나 벨라루스어를 탄압하는 언어 제국주의로 전환되었다. 혹은 방글라데시 독립의 원동력이 되었고 유네스코(UNESCO)가 모어의 존중과 언어 다양성 추진을 목적으로 국제 모어의 날(International Mother Language Day)을 제정하는 계기가 되었던 벵골어운동이, 독립 후에는 소수언어의 권리를 무시하는 벵골어 제국주의로 전개되어 간 것도 유사한 예일 것이다.[43]

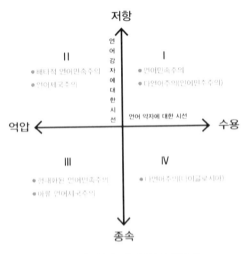

〈그림 3〉 언어 제국주의론 분류도

　언어 민족주의와 언어 제국주의의 밀접한 관계를 확인하기 위해 야마다 간토(山田寬人)가 언어 제국주의론 분류 방법으로 제시한 간단한 그래프를 활용하는 것은 유용하다. 여기에서 '언어 강자'란 사회제도적, 문화적으로 우위를 점하는 자를 말하며, 그 반대가 '언어 약자'이다. 두 축 가운데 x축은 언어 약자에 대한 시선을 가리키며 (+)방향은 수용, (-)방향은 억압을 나타낸다. y축은 언어 강자에 대한 시선을 가리키며 (+)방향은 저항, (-)방향은 종속을 의미한다. 야마다가 제시한 예로 그래프에 대해 설명하면, 예를 들어 영어를

43　藤原敬介, 「言語民主主義から言語帝国主義へ: 少数言語からみたバングラデシュの言語問題」, 『社会言語学』 2, 社会言語学刊行會, 2002, 111쪽.

모어로 하는 언어 강자가 일본에 와서 영어로 밀어붙이려고 하는 것에 대해 일본어를 모어로 하는 자가 이의를 제기하는 것을 '저항', 그에 대해 영어로 답해야 한다고 생각하는 것을 '종속'이라고 한다. 반대로 일본어 공통어를 자유롭게 구사할 수 있는 언어 강자가 방언도 공통어도 모두 동등한 가치를 지닌 언어로 인정하는 생각을 '수용', 방언을 공통어보다 열등하고 불순한 언어로 억압하는 생각을 '억압'이라고 부른다. 이 경우 방언 사용자는 언어 약자가 된다.[44] 이를 바탕으로 본고의 취지를 살려 그래프를 다시 그리면, 〈그림 3〉과 같이, 언어 강자에 대한 인식과 언어 약자에 대한 인식 여하에 따라서 언어 제국주의론에 대해서는 서로 다른 네.가지의 입장이 존재하는 것을 알 수 있다.

구체적으로 살펴보면, 언어 강자에 저항하는 언어 민족주의는 언어 약자에 대한 시선이 어떠한가에 따라 I사분면에 속할 수도 있고, II사분면에 속할 수도 있다. 즉, 언어 민족주의가 I사분면에 머물면서 언어 약자의 언어를 수용하여 적극적으로 차별을 해소하고 사회영역에 주체적으로 참여하는 언어 실천과 결합한다면 언어 민주주의로 이어질 것이다. 하지만, II사분면에 속하여 약자의 언어를 억압하는 언어 실천과 결합한다면 언어 제국주의가 되고 배타적 언어 민족주의로 추락하게 된다는 것을 알 수 있다. 이것은 한국인들의 언어인식이 언어 민족주의에서 언어 민주주의로 전환해 가지 않으면 언어 제국주의와 동일한 언어지배구조를 배태하게 된다는 것을 의미한다.

그런데, 언어강자인 영어 사용자에 대해 종속적이면서 언어약자인 연변말 사용자에 대해 차별하고 한국어의 동일성을 강요한다면, 그것은 III사분면처럼 약자를 억압함으로써 겨우 확보되는 형해화된 언어 민족주의이자 언어강자에게 저항하지 못하고 언어약자만을 괴롭히는 아류 언어제국주의(ling-uistic sub-imperialism)라고 할 만한 것이다.

---

44 ヤマダカント, 「言語帝国主義論分類試論」, 『不老町だより』1, 1996.

한편, 배타적 언어 민족주의(Ⅱ)이든 형해화된 언어 민족주의(Ⅲ)이든 언어 민족주의가 갖는 한계를 넘어서는 대안으로 일반적으로 다언어주의가 강조되고 있다. 그런데 위의 그래프에서 알 수 있듯이, 약자의 언어를 수용하면서도 강자의 언어에 대한 입장이 저항적인 Ⅰ사분면도, 종속적인 Ⅳ사분면도 다언어주의 언어인식을 드러내고 있다. 사회언어학자 이연숙은 등질적인 '국민'을 만들어 내기 위하여 하나의 언어를 모든 '국민'에게 강요하거나 그러한 방향으로 사회적 환경을 정비해 가는 '언어적 근대'의 산물인 단일언어주의를 넘으려는 시도라 할 수 있는 다언어주의의 위험성에 대해서 언급한다. 즉 복수의 언어들에 대한 평등성이 인정되지 않는다면 다언어 상태는 언어의 사회적 계층이 뚜렷이 제도화된 다이글로시아적 상황으로 후퇴해 버릴 것이라고 경고하고 있다.[45] 만약 언어의 계층화를 거부하는 언어 민주주의가 실현되지 않고 우월한 언어 아래 복수의 언어가 종속되는 다이글로시아라는 '언어적 전근대'가 심화되어 간다면, 영어의 통용 범위는 확대되면서 그 위계도 확고해질 것이다. 그에 따라 한국어의 위상은 더욱더 추락하게 되고 '비한국적 조선어들'은 언어 위계의 하위에 배치되어 차별에 놓일 것이다. 영어 등 세계적 패권 언어에 밀려 형해화된 한국어 민족주의는 Ⅲ사분면의 언어인식 아래 언어적 소수자들의 '조선어'에 대한 억압적인 동화정책 속에서나 존재 가치를 찾는 상황에 놓일 수도 있다.

언어제국주의를 정당화하는 언어 이데올로기는 언어에 문명론적 가치관을 대입하여 세계 언어를 발달한 언어와 뒤처진 언어로 가치 부여하는 주장이다. 언어제국주의는 (구조적인 압력뿐만 아니라) "화자 자신이 제국 언어의 광역 커뮤니케이션 공동체에 참여하고자 하는 간절한 바람"을 통해 보급되는 것이다.[46] 식민지기 조선의 엘리트들이 제국어인 일본어 습득을 통해 제국민

---

45 이연숙, 이재봉 외 역, 『말이라는 환영: 근대 일본의 언어 이데올로기』, 심산출판사, 2012, 260~264쪽.

46 미우라 노부타카 외, 이연숙 외 역, 『언어 제국주의란 무엇인가』, 돌베개, 2005, 61쪽.

이 되고자 했던 것은 대표적인 사례일 것이다. 하지만 제국어의 완벽한 습득을 통한 상승 지향은 제국어 구사 능력을 결여한 자들의 사회영역에서의 배제를 전제로 하는 것이다. 중요한 것은 제국어가 문명과 진보의 상징으로 여겨지는 한, 사회적 불평등에 대한 언어적 합리화가 지배층은 물론 피지배층에게도 수용되기 쉽다는 점이다. 사회학자 피에르 부르디외가 주장했듯이, 특정한 사회 공간 혹은 기관 내에서의 특정한 언어 습관에 대한 가치부여는 언어적 능력 보유의 여부에 따라 그 공간으로의 접근을 확대 혹은 제한한다. 그 언어적 역량이라는 것은 단순히 문법에 맞고 이해 가능한 문장을 구사하는 능력을 의미하는 것이 아니라, 특정한 권위를 부여받은 지배계급의 언어 습관을 말하는 것이다.[47] 연변말이 아무리 문법적으로 맞고 의사소통에 문제가 없다 하더라도 표준어가 아닌 이상 사회영역에서 배제되고 침묵을 강요당한다면, 설령 조선족 동포가 자발적인 한국어 습득을 통해 한국어 공동체의 일원으로 '평등'하게 참여한다 하더라도 그것을 언어 민주주의의 실현으로 볼 수는 없다.

언어 민주주의의 관점에서 국어교육의 과제에 대해 논한 국문학자 김종철은, 한국에서 "언어 민주주의가 모든 국민들이 문자 해독 능력을 갖추는 데서 멈추어버린 이유 중의 하나는 해방 이후 정치적 민주주의가 달성되지 못한 것을 들 수 있다"고 했다. 그는 "언어 민주주의는 언어 공동체의 주체들이 그 공동체의 주요 의제에 다양한 형식의 표현과 이해 과정을 통해 참여할 때 비로소 실현된다"고 보았다. 이와 관련하여 근대 국가의 국민 통합을 위해 표준어 제정이 불가피하지만 "지방어를 소멸시키거나 위축시키지 않는 선에서 표준어 정책이 시행되어야" 하며, "언어에서의 지방 자치, 지역 언어들과 표준어 사이의 민주적 공존 관계가 진지하게 모색되어야 한다"고 주장했다.[48] 필자는 이 주장에 공감하면서도 언어 민주주의를 '국어'의 틀 속에 가둔

---

47 Bourdieu, Pierre, *Language and Symbolic Power*, Cambridge: Polity Press, 1991, p.55.

다면 한국의 언어현실, 언어의 권력구조를 총체적으로 극복하는 대안이 될 수는 없을 것이다. 따라서 한국어 민족주의의 한계를 극복하고 언어 민주주의를 실현하기 위해서는, '국어'의 틀을 넘어선 복수의 '조선어들'의 평등성과 다원성을 인정하는 것에서 출발해야 할 것이다.

4. 비한국적 조선어들과의 공존을 위해서

식민지기에 일본의 언어 제국주의로 억압을 받았던 조선인들은 해방 후에도 국가와 민족이 일치하지 않은 상황에 놓이면서 각각의 국가에서 독자적인 '조선어'의 동일성을 구축해 왔다. 그런데 탈냉전과 글로벌리즘의 확산으로 한국사회는 중국 조선족의 연변말이나 북한의 문화어, 구소련 고려인들의 고려말 등 비한국적 조선어들이 모이고 복수의 언어 민족주의가 충돌하는 상황에 놓이게 되었다. 하지만 한국사회는 이러한 다양한 '조선어'들의 고유한 역사적 배경을 인정하고 '조선어'의 일부로서 수용하는 것이 아니라, 한국어의 하위 변종으로 규정하고 한국어로의 통합에 주력하고 있다. 더욱이 비한국적 '조선어'들은 친북적 성향의 표식일 뿐만 아니라, 계층, 계급, 그리고 사회경제적 지위를 증명하는 척도로서도 기능하고 있다. 이것은 기본적으로 언어통합이라는 이름으로 표준어를 제정하고 방언 사용자들에게 '2등 국민'이라는 이미지를 덧씌우며 방언을 억제하고 쇠퇴하게 만드는 구조와 닮아 있고 그 연장으로 볼 수도 있다. 하지만, 한국어와는 다른 고유한 '조선어' 구축의 과정을 밟아온 중국이나 구소련 '조선인' 사회의 비한국적 '조선어'들의 역사를 무시하고 열등한 하위 변종으로 차별하며 한국어로의 동화를 유도하고, 나아가 그 '조선어들'을 한국어로 바꾸려고 하는 발상[49]은 언어 제국주의에 더 가

---

48 김종철, 「국어교육과 언어 민주주의」, 『국어교육』 115권, 한국어교육학회, 2004.

49 배정애 외, 앞의 글, 284쪽; 한성우, 「중국 조선족 사회의 언어 전환」, 『한국학연구』 제32집, 인하대학교 한국학연구소, 2014, 435~436쪽.

깝다고 할 수 있다.

이러한 한국어 제국주의의 출현을 억제하고 비한국적 '조선어들'의 다양성을 인정하고 평등하게 바라보는 '조선어' 해방의 언어인식이 필요하며, 이것은 한국에서 언어적 민주주의를 실현하는 기초가 될 것이다. 허연화의 다음 문장은 본고의 주제를 압축적으로 표현하고 있다. "'우리말'이라는 것이 '표준어'만 가리키는 것이 아니라 더 넓은 범주로 의식되었으면 하는 바람이다"라고.[50]

---

50 허연화, 앞의 글.

참고자료

1. 자료

「舊蘇-中國 해외동포 '우리말 배우기' 熱風」, 『동아일보』 1993년 10월 9일.

「"국내 탈북자, 외래어·北사투리 편견 가장 힘들어해"」, 『연합뉴스』 2014년 4월 1일.

김인섭, 「조선족 이중언어의 핵심가치」, 『연변일보』 2017년 10월 11일.

김성동, 「엽기실록 '살육의 배' 페스카마 15호의 船上반란」, 『월간조선』 2001년 2월호.

김형민, 「천대와 모멸은 끝내 선상반란 비극으로」, 『한겨레』 2014년 1월 18일.

김호웅, 「멀어져가는 '서울말' '조선말'」, 『경향신문』 1997년 10월 3일.

「남북언어 이질화 동결선언 의미 "논리대결 득보다 실" 공감형성」, 『한겨레』 1996년 8월 8일.

「서울 온 延吉 중학교장 金永昌 씨 "南·北·延邊 우리말 통일 절실"」, 『京鄉新聞』 1992년 9월 4일.

이성도, 「조선족이 보는 한자병용」, 『한겨레』 1999년 4월 2일.

인권아카이브 「페스카마호 사건 관련 사형수 전재천 관련 자료」 중 「조선족 동포들의 탄원서 모음」, 10쪽(http://www.hrarchive.org/index.php/1986/01/01/hc00014221/)

「朝鮮族」, 『京鄉新聞』, 1990년 9월 22일.

「조선족 취업문 넓혀야」, 『동아일보』 1996년 12월 8일.

재미연변인, 「한국국적 얻어도 조선족은 차별당합니다.」, 2008년 12월 16일.
    http://bbs.moyiza.com/crcndebate/1181443

허연화, 「연변말이 창피한가?!」, 『흑룡강신문』, 2017년 3월 28일.

2. 논저

국사편찬위원회, 『중국 한인의 역사(상)』(재외동포사총서 13), 국사편찬위원회, 2011.

김종철, 「국어교육과 언어 민주주의」, 『국어교육』 115권, 한국어교육학회, 2004.

김비, 「재외동포법 개정 이후 재한 조선족 민간단체의 활동에 관한 연구」, 한국학중앙연구원 한국학대학원 석사학위논문, 2016.

마금산, 「연변에서의 이중언어 사용 실태와 한국어 교육」, 『세계한국어문학』 1, 2009.

미우라 노부타카 외, 이연숙 외 역, 『언어 제국주의란 무엇인가』, 돌베개, 2005.

박갑수, 『재외동포 교육과 한국어 교육』, 역락, 2013.

朴甲洙, 「중국의 조선말과 남·북한어의 비교:『조선말소사전』을 중심으로」, 『이중언어학』 14호, 1997.

박경래 외, 『재중 동포 언어 실태 조사』, 국립국어원, 2012.

박우, 「조선족 사회의 분화에 관한 연구」, 『재외한인연구』 제37집, 2015.

박우·김용선 외 편, 『우리가 만난 한국: 재한 조선족의 구술생애사』, 북코리아, 2012.

백낙청, 『흔들리는 분단체제』, 창작과비평사, 1998.

법무부, 『2016 출입국·외국인정책 통계연보』, 법무부 출입국·외국인정책본부 이민정보과, 2017.

이성준 외, 『2017 재외동포에 대한 국민인식조사』, 재외동포재단, 2017.

이연숙·이재봉 외 역, 『말이라는 환영: 근대 일본의 언어 이데올로기』, 심산출판사, 2012.

임경화, 「'붉은 한글운동'의 기원: 소련시대 연해주 고려인 사회의 언어운동」, 『한국문화』 제73집, 서울대학교 규장각 한국학연구원, 2016.

정미량, 『발로 찾아 쓴 조선족 근현대 교육사』, 살림터, 2016.

한성우, 「중국 조선족 사회의 언어 전환」, 『한국학연구』 제32집, 인하대학교 한국학연구소, 2014.

朴佑, 「経済的インセンティブと『道具的民族主義』」, 松田素二 외편, 『コリアン·ディアスポラと東アジア社会』, 京都大学学術出版会, 2013.

崔允甲 외, 『朝鮮语在中国,朝鲜,韩国使用上的差异之研究』, 延边人民出版社, 1994

藤原敬介, 「言語民主主義から言語帝国主義へ: 少数言語からみたバングラデシュの言語問題」, 『社会言語学』 2, 「社会言語学」刊行會, 2002.

田中克彦, 『ことばと国家』, 岩波書店, 1981.

ヤマダカント, 「言語帝国主義論分類試論」, 『不老町だより』 1, 1996.

Bourdieu, Pierre, *Language and Symbolic Power*, Cambridge: Polity Press, 1991.

Dong-Hoon Seol, and John D. Skrentny, "Ethnic Return Migration and Hierarchical Nationhood: Korean Chinese Foreign Workers in South Korea," *Ethnicities*, 9(2), 2009.

시민권과 시민성
: 국가, 민족, 가족을 넘어서

김동춘

1. 머리말

시민이란 국가 내에서 법적 지위와 권리를 갖고 있는 개인들을 지칭하는
개념이다. 통상 법적으로 국적을 갖고 있는 사람과 그렇지 않은 사람의 구분
이 시민권 소유여부의 일차적인 판단기준이다. 그것은 자연적 동질성을 어느
정도 전제로 하는 '민족'과도 다르며, 가족, 그리고 지역사회를 넘어서는 근
대국가의 정치 공동체의 구성원을 지칭한다. 그러나 출발부터 이 근대국가가
구성원인 모든 인민의 시민권(citizenship)의 실현단위로서 제대로 기능한
경우는 드물었다. 시민은 자본주의 내의 계급차별을 내장하면서 형성되었으
며, 마셜(T. H. Marshall)이 말한 것처럼 서구에서의 시민권(citizenship),
즉 공민권, 정치권, 사회권의 단계별 확장은 봉건주의와의 투쟁을 통해 자유
권과 재산권의 확보, 정치참여의 권리 확보, 그리고 경제적 복지와 사회적
안전을 확보하는 과정이기는 했지만,[1] 가장 이상적인 경우에도 완전히 동질
적 단위의 시민을 만들어내지는 못했고, 나라별로도 역사적 조건, 지배계급

의 전략에 따라 다양한 형태의 시민권의 양상들을 만들어냈다.[2] 탈식민지 이후 국가건설을 한 나라에서 시민권의 수준과 양상은 더욱 복잡한 양상을 지니고 있다. 각 나라에서의 계급, 인종, 종교 지역의 구획선을 따른 차별적인 지위는 이후 만성적인 정치 갈등, 학살, 테러의 원인이 되었다.

국가 내에서 공민으로서 법적인 지위를 갖고 있는 개인들 내에서도 형식적으로는 동일한 자유권과 정치권을 갖고 있다고 하더라도 각종 실정법이 집행 적용되는 과정에서 정치사회적으로는 차별받는 집단과 과도한 특혜를 받는 집단이 구분되고, 이것은 한 국가 내의 사회경제적인 지위, 계급적 차별과 중첩되기도 하고 또 구별되기도 한다. 그래서 우리가 시민권과 관련해서 관심을 갖는 내용은 한 정치공동체 구성원들의 국가 내의 법적 지위가 아니라 각 집단의 실질적 정치사회적 지위다. 그러나 어떤 특정 국가 주민들이 누리는 시민권의 성격과 질은 해당 국가의 이념과 성격, 국가가 국제정치 질서 내에서 다른 국가와 맺고 있는 관계, 즉 국가의 충분한 주권의 향유 여부에 크게 달려있다. 우선 근대국가 중에서도 해당 국가가 공화제 국가인가, 아니면 입헌 군주나 총통이 지배하는 국가인가, 제국주의 국가인가 식민지 혹은 종속국인가, 파시즘 혹은 독재국가인가 민주주의 국가인가가 시민권의 성격과 질을 판단하는 데 가장 일차적인 구분의 기준이 될 것이다. 민주주의 국가 중에서도 시장주의 원칙이 존중되는 국가인가, 아니면 '사회국가'인가의 구분이 있을 수 있다.[3] 한국의 경우 60년 동안 지속된 분단 · 정전체제가 가장

---

1 Marshall, T. H. *Citizenship and Social Class and Other Essays*, Cambridge : Cambridge University Press, 1950.

2 만은 마샬의 시민권의 단계별 확대론은 지나치게 영국 역사 중심적이고 진화론적인 설명이라고 비판한다. Michael Mann, "Ruling Class Strategies and Citizenship", *Sociology*, Vol 21, No. 3, 1987.

3 사회국가란 국가가 시장질서 안에서 '사회정의'를 진흥시킬 의무를 지니는 것을 말한다. 사회성이 전 국가를 관통하는 것을 말한다. 주택, 노동, 교육, 의료 정책에서 국가가 시장경제가 초래할 위험에 대해 보호자의 역할을 하는 국가를 말한다. 전태국, 「세계화시대 한국사회 내적 성숙의 모색」, 『한국 사회학』 제41집 1호, 2007, 21쪽.

일차적인 조건이 되고 90년대 이후 신자유주의 경제질서가 현재적인 조건으로 작용한다.

지구적인 차원의 냉전의 해체와 90년대 이후 자본과 노동의 국제적 이동, 금융시장과 상품시장의 지구화(globalization)는 주권 국가의 국내 경제에 대한 개입의 정도, 사회 구성원의 사회경제적 삶을 좌우하는 능력을 크게 잠식하였고, 이에 따라 각 나라의 공공지출을 축소하여 복지제도는 크게 훼손되고 있다. 그리고 대량의 노동 이민으로 민족적·시민적 동질성은 크게 해체되었다. 그래서 지구 차원에서 보면 유럽연합(EU)차원에서 새로운 시민권이 형성되어 가는 측면도 있으며, 대부분의 나라에서도 국가 단위의 시민권은 흔들리고 있다. 즉 지금까지 시민권의 성격과 내용은 정치 공동체의 구성원인 개인과 국가와 맺은 관계, 국가 내에서 개인의 지위와 혜택을 의미했으나, 혹은 오늘날과 같은 '기업사회'에서는 시장경제에서의 개인의 지위의 문제이기 때문에 사회경제적 지위, 혹은 위치를 말해주는 계급과 중첩되면서도 나름대로의 독자적인 구분선을 갖고 있다.[4]

'시민성'은 시민권의 세 영역, 즉 공민으로서의 권리와 유권자로서의 정치 참여의 의지를 갖고서 사회적 권리의 주창자이자 수혜자로서 연대의 가치를 존중하는 태도를 말한다.[5] 시민성은 개인의 자율성을 주창함과 동시에 정치 공동체의 구성원으로서의 책임의식과 공공성을 견지하고, 사회의 약자나 다수자들이 최저의 경제생활을 누리면서 안전하게 살 수 있는 사회를 만드는

---

4 여기서 기업사회란 효율성을 목표로 하는 기업의 조직 운영 논리가 사회 전체의 운영 논리가 되고, 공공기관이 기업조직의 모델에 따라 운영되며, 모든 조직의 대표자가 CEO의 역할을 하도록 요구되는 사회를 지칭한다. 이에 대해서는 김동춘, 「민주화이후의 한국사회」, 『1997년 이후 한국사회의 성찰』, 길, 2006 참조.

5 시민권을 보는 관점은 자유주의와 공화주의로 구분할 수 있는데, 자유주의는 개인의 사기이익 추구의 존재로 보고 독립적인 경제활동과 납세의 의무를 다하는 존재로 본다. 공화주의 관점에서는 개인을 공공영역에 참여하는 주체로서 본다. https://en.wikipedia.org/wiki/Citizenship 여기서 필자가 시민성을 강조하는 것은 자유주의관점 보다는 공화주의의 관점에서 있다는 것을 의미한다.

일에 참여하려는 의지를 말한다. 시민성은 곧 시민권의 쟁취를 위한 투쟁 과정에서 만들어지는 것이며, 그렇게 확보된 시민권을 지키고, 인간의 존엄성을 향한 보편적인 과제에 동참하려는 의지를 갖는 것을 말한다. 시민권이 그러하듯이 시민성은 개인의 자유와 자율을 전제로 해서 성립할 수 있지만, 세상에 대한 판단력과 어떤 형태이든 어느 정도의 교육과 자기성찰의 능력을 필요로 하고, 자신의 이익을 추구하는 열망을 무시하지는 않지만 그 이익을 사회 전체의 목표나 진로와 결합시키려는 태도를 말한다.[6] 시민성은 서구의 근대 부르주아의 가치인 자유주의에서 유래한다고 볼 수 있다. 그러나 실제 시민성은 자유주의 이념의 개인주의의 측면보다는 공동체 지향성을 더 강하게 포함한다. 실제로 마샬이 이야기한 서구에서의 세 단계의 시민권을 얻기 위한 투쟁이나 식민지 종속국에서의 독립 투쟁, 제3세계에서의 민주화 운동도 각 나라의 부르주아들에 의해 주도되기보다는, 빈곤 억압 차별에 신음하던 몰린 노동자나 민중에 의해 이루어진 경우가 많다.

그렇다면 한국에서는 유럽 근대사에서 나타난 근대적 시민권 쟁취 투쟁, 그리고 시민권의 투쟁의 정신적 동력인 '시민성'이 어떤 방식으로 전개되었는가? 우선 시민권의 원천적인 부인의 체제로서 조선 왕조와 일제 식민지 국가주의 전체주의 지배체제에 대항하는 집합적인 투쟁에서 그 맹아를 발견할 수 있을 것이다. 그리고 해방 후에는 민주화 운동 등 각종 사회운동에서 그 특징을 끄집어 낼 수 있을 것이다. 특히 한국에서는 조선 말기 신분제의 질곡으로부터 벗어나려는 투쟁, 이후 일본 제국주의의 억압에 대항하려는 투쟁이 그 전사(前史)를 이룬다고 생각되며, 1945년 이후에는 주로 국가의 억압에 대항하여 인민의 자유와 권리를 쟁취하기 위한 운동 과정에서 그 내용을 엿볼

---

6 여기서의 시민성은 도덕성, 예의바름, 상대방에 대한 존중, 책임감 등의 내용을 포함하는 단순히 개인적이고 윤리적인 행동이나 자세를 지칭하는 것이 아니라, 인간의 사회적 행동, 즉 타인 혹은 인간이 속해 있는 집단을 지향하는 행동을 의미한다. 시민성 자체가 어느 정도의 도덕적 함의를 포함하지만 여기서는 시민권과 결부시켜서 설명되어야할 개념이다.

수 있을 것이고, 1998년 외환위기와 신자유주의 경제 질서가 정착된 이후에는 사회경제적 차별과 비인간화에 맞서는 개인 혹은 집단 항의 속에서 우리는 시민성의 발현을 발견할 수 있다. 그러나 역시 분단/준전쟁 체제 하에서 국민으로 인정되는 사람과 배제된 사람의 구분, 그것을 넘어서기 위한 피해자들의 노력들이 먼저 검토될 필요가 있고, 신자유주의 자본주의 하에서 배제/편입의 구조와 배제된 사람들의 투쟁이 가장 중심적으로 검토되어야 할 것이다.

법적으로는 한국 국적을 갖고 있는가, 선거권과 피선거권을 갖고 있는가 그렇지 않은가가 시민권의 가장 일차적인 구분선이다. 그러나 이주노동자가 아닌 한, 보통선거권이나 주민등록증을 갖고 있다는 사실 만으로 한국 시민권자로서 만족하는 사람은 없을 것이다. 과거에도 그랬지만 오늘 자본주의 한국사회 특히 모든 사람들 소비자로 호명하는 '기업사회'로 변해 있는 한국에서 '시민'으로 대접받기 위해서는 그 이상의 것이 필요하다.[7] 일상적인 차원에서 사람들은 중산층 지위의 획득 혹은 정치, 경제, 사회적 성공을 시민의 자격증으로 본다. 그것은 "돈 없으면 법도 없고, 사람대접도 못 받는다"는 것을 몸으로 체험한 사람들의 본능적 철학이다. 경제적으로 성공한 것까지는 아니라도 하더라도, 빈곤층이나 노동자로서 대접받지 않으려는 지향은 분명히 존재한다. 한국사회에서 빈민이나 노동자는 '비시민'으로 간주되는 경향이 크다. 다른 나라도 그렇겠지만 한국에서도 형식적으로는 시민과 비시민이 구분되지만, 실질적으로는 충분한 시민, 보통시민, 준시민, 비시민이 구분된다.

비시민이 보통시민, 국가나 기업의 실질적인 구성원으로 편입되고 또 사회적으로 인정받기 위해 개인 집단 차원에서 '인정 투쟁'을 감행하는 것은 매우 주목할 만한 것이지만,[8] 그것이 곧 시민성을 바탕에 깔고 있거나 그것을 잘

7   기업사회에 대해서는 김동춘, 『1997년 이후 한국사회의 성찰』, 도서출판 길, 2006 참조.

드러내주는 것은 아니다. 시민성은 시민권을 얻기 위한 투쟁의 전제가 되기도 하고 물리적 구조화된 폭력에 대항하는 과정에서 공동체 의식과 더불어 만들어지는 것이기도 하지만, 그것이 단지 일시적인 연대의식이나 책임의식에 머물지 않고 부정의한 현실에 대한 거부와 저항을 통한 새 사회를 위한 도덕적 재건의 열망까지 포함할 때 비로소 사회적으로 형성되었다고 말 할 수 있을 것이다. 즉 시민권 인정 투쟁은 법적, 정치사회적 지위 확보의 차원에 머물러 있지만, 그것이 시민성의 내용을 갖추기 위해서는 투쟁 주체의 자기변화가 전제되어야 하고, 투쟁 속에서 어떤 새로운 도덕적 기초가 필요하다. 시민성은 국가나 기업의 노골적 배제, 인간성 부인에 맞서는 과정에서 개인차원에서 국가나 기업의 성원으로 인정받기 위한 몸부림과는 다른 차원에서 만들어 진다. 이 글에서는 시민권 인정 투쟁 과정에서 어떻게 시민성이 형성되는지를 살펴보면서 장차 한국에서 시민성 확보의 가능성을 찾아보려고 한다.

2. 한국에서의 시민과 비시민

1) 분단/준전쟁체제 하의 비시민과 시민권 인정 요구

전쟁이라는 것이 일종의 예외상태라면, 휴전체제는 '예외의 일상화'다. 한국은 지난 60년 동안 이러한 일상화된 예외상태에 처해 있다. 근대 국민국가가 수립되었고 헌법이 제정되었으나, 실제 대의정치, 법의 적용, 정치사회 갈등은 여전히 '적과 나의 투쟁의 양상을 지녀왔다'는 점에서 '전쟁정치'라 부

---

8   여기서 인정투쟁의 개념은 호네트에서 온 것이다. 악셀 호네트, 문성훈.이현재 옮김, 『인정투쟁-사회적 갈등의 도덕적 형식론』, 사월의 책, 2011. 그에 따르면 인정이란 권리의 인정과 인격성의 인정을 포함하며, 상호주관적인 관계속에서 형성된다. 인정은 박탈, 부인, 폭력행사 등 외부의 공격 속에서 자신의 것을 주장하려는 과정에서 실현되는 투쟁의 산물이다. 성숙한 인정관계가 이루어지는 사회가 곧 시민권이 보장되는 사회라 볼 수 있다.

를 수 있다.[9] 이 예외상태 혹은 이런 국가 내에서의 전쟁정치는 국민/비국민 혹은 시민/비시민의 구분에서 독특한 양상을 만들어냈다.

시민권을 국가 내에서의 개인의 법적 사회적 지위의 문제로 본다면, 우선 이 국가의 성격이 시민권의 성격을 좌우할 것이다. 군주국가에서는 '신민'(臣民)의 개념이 주로 사용되는 데 이 경우 신민은 권리의 주체가 아니라 통치의 대상, 즉 권력에 순종하고 복종해야할 존재로 간주된다. 일제의 천황제나 중일전쟁 태평양 전쟁기의 '국민'의 개념도 내용적으로는 신민에 가까운 것이었다. 이 경우 국가는 확대된 가족(家族)으로 그려지고, 개인의 독자적인 판단의 영역은 인정되지 않으며, 국민은 사상적으로 단일한 입장을 취할 것이 요구된다. 국민/비국민의 이분법은 제국주의 일본의 전체주의에서 나온 구분인데, 이것은 내지인/반도인과 같은 식민지 차별과 결합되어 국가 내 구성원을 통합/배제하는 원리로 작동했다.[10]

그런데 일제의 국민/비국민의 구분은 해방 이후 남한에서 다소 변형된 채로 그대로 지속되었다. 세계적인 차원에서 보면 파시즘과 사회주의는 상호규정하면서 형성되었다. 이것은 과거 일제의 천황제가 국가 외부는 물론 내부의 사회주의에 대한 방어의 필요 때문에 지속된 것처럼, 1945년 이후 일본의 상징천황제의 존속과 남한에서의 반공, 방공(防共)체제 역시 미·소 냉전의 필요 때문에 지속되었다고 볼 수 있기 때문이다.[11] 이승만의 일민주의는 바로 반사회주의의 필요를 집약한 한국식 파시즘이었다.[12] 즉 일

9 김동춘, 「냉전, 반공주의 질서와 한국의 전쟁정치」, 『경제와 사회』 통권 제89호, 2011.

10 '비국민적 행동'이라는 표현은 1928년 하라 법무대신의 말이었는데 이것은 천황제 일본에 대해 적극적으로 순종하라는 의미였다. 후지타 쇼조, 최종길 옮김, 『천황의 사상사적 연구』, 논형, 2007, 15쪽.

11 가라타니 고진, 송태욱 옮김, 『일본정신의 기원 - 언어, 국가, 대의제 그리고 통화』, 이매진, 2003, 123쪽. 해방 후 반공, 방공 슬로건은 바로 일제말의 것을 연장 반복한 것이다. 水野直樹, 「戰時期 朝鮮의 治安維持體制」, 『岩波講座 아시아 太平洋 戰爭 7, 支配와 暴力』, 岩波書店, 2006.

12 서중석, 『이승만의 정치 이데올로기』, 역사비평사, 2005, 114쪽.

제 식민지 말기 이래 지금까지 한반도는 거의 한 세기 동안 전쟁 상황 아래 있었다고 볼 수 있고, 전쟁 상태에 있는 국가는 그 국민들에게 법적으로는 일정한 공민권과 정치적 권리를 부여하기는 하지만, 실질적으로는 공민권까지 제약하고 완전한 정치적 복종을 요구하기도 한다.

즉 사회주의를 신봉하는 국민을 반역자, 죄인, 혹은 적으로 분류한 것이 바로 그것이다. 이러한 구별은 국가가 전쟁 상태에 있다는 판단에서 나온 것이다. 통상 전쟁체제 하에서는 실질적 '적', '적과 동조하는 사람'도 모두 적으로 분류될 가능성이 있다. 1948년 정부수립 이후 한국의 국가권력은 '적'을 무력화시키기 위해 강제 포섭, 배제와 학살의 방법을 모두 사용하였다. 처음에는 이들을 국가의 품으로 돌아오게 하는 작업을 실시하였다. 자수와 전향의 권유가 그것이었다. 조선시대, 식민지 시기 이후 가족이 법적 사회적으로 삶의 단위였던 한국에서 가족 통제, 가족 압박을 통한 '자수'와 '전향' 압박은 가장 일반적인 체제 편입의 방법이었다. 그런데 '자수'란 자신이 무슨 죄를 지었는지 의식도 하지 못하는 사람들을 '적'으로 분류한 전제 위에서 강요된 것이었다. 즉 국민의 테두리를 먼저 설정한 다음 비국민 즉 정치사회적 시민성을 박탈당할 '적'을 가족과 국가로 들어오도록 요구한 것이다. 자수는 죄를 고백한다는 의미가 담긴 것이 아니라, 국가가 자신의 행동을 알기 이전에 미리 신고한다는 의미를 갖고 있었다.[13] 그러나 한국전쟁기에는 투쟁을 포기하고 가족과 국가의 품으로 들어오겠다고 자수 전향 선언한 사람조차도 계속 준시민으로 분류하여 감시 감독하다가 전쟁발발직후 학살을 하기도 했다. 국민보도연맹원 대량학살 사건이 그것이다.

이후 냉전, 분단 체제 하의 한국에서는 국민/시민의 범위에 포함되는 집단 혹은 개인과 배제된 사람의 구분이 존재했다. 보통선거권이 수립된 민주공화국 대한민국에서 형식적 정치적 시민권은 부여받았으나, 실제 공민의 역할을

---

13 노용석, 『민간인 학살을 통해 본 지역민의 국가인식과 국가권력의 형성 – 경상북도 청도지역의 사례를 중심으로』, 영남대학교 문화인류학과 박사학위논문, 2004, 144쪽.

할 기회를 박탈당하고, 국가, 직장, 지역사회, 이웃, 심지어 가족의 관계에서 배제된 사람들은 바로 '빨갱이 가족', 간첩이었다. 여순사건 당시의 입산자, 한국전쟁기의 피학살자, 제주 4.3 사건 당시의 입산자와 도피자, 전쟁 후의 월북자들과 그 가족들은 국가나 가족, 이웃으로부터 배제된 존재 즉 '산송장', 혹은 '사회적 문둥병자'였다. 이들은 단순한 비국민/비시민이 아니라, 근대 이전의 천민에 가까운 존재였다. 한편 그 정도는 아니었지만 군사정권 시절 반체제 활동가, 좌익으로 분류되었던 민주화운동가, 그리고 광주 5.18 민주화 운동 당시 '폭도'로 지목되었던 사람들도 사건 당시는 물론 그 이후 한동안은 비시민이나 거의 짐승과 같은 존재로 취급을 당했다.[14]

이들은 선거권, 피선거권은 갖고 있었으나, 공직 취임, 취업, 승진 등에서 불이익을 당했으며 해외여행 등 여권발급에서 제한을 받았다. 그리고 사회적으로는 이웃의 냉대와 차별을 받는 등 정상적 사회관계로부터 배제되거나 심지어는 결혼관계도 파탄상태에 이르렀기 때문에 국가 내의 비국민, 비시민의 처지에 있었다. 반공주의 이데올로기와 국가보안법, 정치범 중 형기를 만료한 사람들을 재판을 거치지 않은 채 또다시 구금한 사회안전법 등은 사상적으로 국가에 충성을 보이지 않는다는 이유로 이들에게 공민권을 박탈한 법적 근거가 되었으며,[15] 공식적으로 1980년까지 존재했던 전근대의 유물 '연좌제' 역시 이들을 국가 밖으로 배제한 장치였다. 연좌제는 특정 가족 혹은 친족까지를 국가 밖의 존재, 즉 준시민화 시키는 조치이며, 근대 사회에 존재하는 전근대의 유물이다. 따라서 연좌제는 좌익 관련 가족, 빨갱이 가족으로 지목

---

14 "앞으로 우리 도민은 네발로 기어 다녀야 한다. 어찌 사람처럼 두 발로 걸어 다닐 수 있을 것인가. 우리는 짐승이다. 공수부대는 우리 모두를 짐승처럼 끌고 다니면서 때리고 찌르고 쏘았다" 천주교 김성용 신부의 호소문, 한국현대사사료연구원 편, 『5.18 민중항쟁 사료전집』, 풀빛, 1990, 106쪽.

15 1975년 제정된 사회안전법 상의 보안처분 규정은 일제 식민지 하 치안유지법을 위반한 사상범에 대한 보안처분제도를 본딴 것이었다. 새법의 위험성으로 이들의 공민권을 제한한 것은 일신의 사유에 대한 침해, 죄형법정주의를 위반한 것이었다.

된 사람들을 배제하는 제도적 정치였다. 사실상 1894년 갑오개혁 당시에 폐지된[16] 이러한 관습법이 현대 한국사회에서 살아난 이유는 바로 반공주의에 기인한 것인데, 연좌제가 시행됨으로써 당사는 물론 그것을 알고 있는 친척이나 주변사람들도 위축시키는 효과를 발휘하였다. 즉 일반 국민들로 하여금 부당한 일을 당해도 항의를 자제하도록 하고 국가에 대한 충성을 유도하는 사회적 처벌의 전시효과로 작동한 것이다.

간첩, '폭도', '월북자 가족', '좌익 가족', 간첩으로 분류된 비시민 혹은 준시민들은 우선 시민의 지위를 얻기 위해 국가에 충성하는 행동을 했다.[17] 한국전쟁기부터 자진 군 입대, 집권 보수 정치세력 일방적 지지, 관변단체 및 반공단체에 들어가기, 반정부 운동과의 의도적 거리두기 등이 그것이다. 이것은 한국 내 비시민/준시민들의 개인, 가족 차원의 인정 노력이었다고 볼 수 있다. 이 중 일부는 교육을 통한 계층 상승, 사회경제적으로 상층의 지위를 획득함으로써 공민권과 정치적 시민권을 획득하기도 했다. 이렇게 자신의 과거를 부인하고, 정치사회적 천민화의 경험을 잊은 상태에서 혹은 잊은 대가로 사회경제적으로 성공을 거둔 사람들은 이후에는 대한민국의 '충성스러운' 국민으로 행동하였다.

근대 국가인 한국에서 국가 내의 비국민/비시민의 존재, 실정법 상 죄인은 아니나 정치사회적으로는 죄인인 존재가 있다는 말은 국민/시민의 지위를 갖는 일반인들도 충분히 공민권을 누릴 수 없었다는 것을 동시에 말해 준다. 즉 국민이나 시민으로 인정받는 대다수의 사람들 역시 국가로부터 인정을 받는다는 조건에서 국가 심지어는 정권과 일체화되기를 요구받거나 행정의 집행에 복종하기를 요구받았다. 일제 말의 사상 선도, 치안유지를 위해 만들어

---

16 갑오개혁 당시 6월 칙령으로 '범인 이외에 연좌시키는 법은 일절 행하지 마라'(罪人自己外緣 坐之律 一切勿施事)는 조항이 신설되었다.

17 여기서 비시민이란 공민권, 정치적 시민권이 완전히 박탈된 재소자, 구금자, 비상시 예비검속 대상자, 해외여행 불가능자 등을 지칭하며 준시민이란 형식적 공민권과 정치적 시민권은 있으나 연좌제 등에 의해 각종 차별을 받는 사람을 지칭한다.

진 조직인 방공협회(防共協會)와 같은 민간 조직이 이승만 정권 시기에는 국민회의 형태로 부활하였다. 그래서 모든 국민은 이승만 노선에 찬성하는가 반대하는가에 따라 구분되어, 찬성하는 사람은 충성스러운 '자유세계'의 '백성'이고, 반대하는 사람은 '적'으로 의심받았다. 여기서 국가는 가족의 확대판으로, 대통령은 아버지와 같은 존재로 그려지고, 당은 국가와 거의 동일시되는 당(黨), 정(政), 사(社)가 일체화된 모습을 보여주었다.[18] 박정희 정권 시기에는 말단 행정조직인 통, 반, 리의 조직이, 그리고 새마을운동 등 관변단체들이 지역이나 직장에서 온 국민을 감시와 통제 하에 두는 역할을 수행하였다. 그래서 80년대까지 한국의 모든 주민들은 일상적으로 국가와 이웃의 감시와 통제 대상으로 존재했다

1960년 4·19 학생 혁명은 이승만 정권 하에서 형식상으로는 부여되어 있으나 실제로는 박탈된 공민권과 정치적 시민권을 되찾자는 시도였다. 학생들이 요구한 것은 바로 국민의 공민권과 정치적 주권 즉 시민권의 보장이었다. 이후 6,70년대 민주화 운동 특히 유신체제 하의 민주화 운동, 80년 광주 5.18 민주화운동, 87년 6월 항쟁, 그리고 2000년대 이후 미군 장갑차에 치여 죽은 두 소녀를 기억하자는 촛불시위, 미국과의 쇠고기 협상 반대를 주장하는 촛불시위 모두 주권국가의 국민으로서의 지위를 갖자는 시민권 주장 운동이었으며, 모두 반공주의 안보지상주의 지배질서 하에서 자행된 국가폭력, 국민주권 제약으로 사실상 박탈되거나 제한을 받았던 공민권과 정치적 시민권을 다시 찾자는 운동이었다.

그러나 비국민/비시민, 준국민/준시민으로 분류되어온 국가 밖의 존재들은 '빨갱이'의 낙인 때문에 감히 자신의 권리를 주장하지 못하였다. 이들은 자신을 완전히 부인한 이승만 정권에 공개적으로 대항할 수 없었다. 1960년 4.19혁명 직후의 정치적 공간, 1987년 민주화 이후 이들 중 일부는 집단적

---

18 서중석, 앞의 책, 163쪽. 여기서 낡은 자유당을 잇은 이승만 정부를 사는 관제 노동조합인 대한노총을 의미했다.

시민권과 시민성 **293**

인정투쟁, 즉 자신의 부모를 불법으로 살해한 국가기관의 책임자를 처벌하고 피해인 자신들을 국민으로 인정해달라고 요구하였다. 이후 87년 이후에도 이들은 국가 내의 비국민인 폭도 혹은 간첩의 누명을 벗겨 달라고 요구했다. '폭도'로 지목되어왔던 제주 4·3 사건 피해자나 광주 5·18 민주화 운동 가담자들의 과거사 진상규명 요구와 명예회복, 보상 요구는 일종의 '현대판 노예'들의 시민권 인정 투쟁이었다고 볼 수 있다. 민가협의 과거 인권 침해 진상규명과 피해자 명예회복 활동, 의문사 가족들의 진상규명 요구, 삼청교육대 피해자들의 명예회복과 보상 요구, 한국전쟁 당시 민간인 피학살자들의 진상규명과 명예회복 요구 등도 그것이다. 그리고 광주 5·18 관련 여러 특별법, 민주화운동보상법, 제주4·3특별법, 의문사법, 진실화해를위한과거사정리기본법 등은 이들 한국 내 비국민/비시민의 지위 하에 있었던 '정치적 노예'들의 인정투쟁, 시민권 되찾기 운동의 결과 만들어진 것이다. 그것은 법적 시민권 회복이 아니라 정치사회적 시민권 회복 운동이었고, 한국의 국민으로서 인정을 해달라는 요구였다.

결국 주권을 제대로 향유할 수 있는 국민, 혹은 시민으로서 인정받기 위한 4·19 이후의 사회운동들은 우리사회의 민주화 운동의 궤도 속에 있지만, 실제 비국민/비국민, 준시민으로서 가장 심각한 배제와 차별을 당해온 국가 내부의 피해자들은 대체로 사회적 성공, 국가에 충성을 보임으로써 개인, 가족차원에서 국민의 대접을 받으려고 필사적으로 노력을 해 왔다. 저항을 통한 시민권 인정투쟁과 충성을 통한 인정 노력이 사실상 평행선을 그리면서 왔지만 객관적으로는 분단/준전쟁 체제가 가져온 실정법과 정치 사회의 괴리, 법과 사회의 괴리를 메우려는 두 흐름이었다고 평가할 수 있을 것이다.

2) 신자유주의 자본주의 하의 '준시민'과 '비시민'

분단과 정전, 압축 성장의 길을 걸은 한국은 서구 200여년 역사, 다른 시간대의 역사적 사건이 동시에 진행되는 경험을 해 왔다. 즉 한국의 경제성장, 자본주의 발전은 남북한의 분단과 군사적 긴장 속에서도 지속되었다. 그리고 87년 이후 이제 전자는 후자의 규정력을 압도하거나 대체하기 시작했다. 그럼에도 불구하고 한반도를 규정하는 분단/준전쟁체제와 극우반공주의는 자본주의 발전이 초래하는 새로운 차별화와 갈등, 즉 자본과 노동의 대립을 규율하는 토대로 작동하였다. 노동문제 특히 대규모 사업장의 파업은 언제나 '공안' 사안이었고, 국정원을 비롯한 '관계 기관'이 총동원되었다.

물론 과거 초기 자본주의화 과정의 유럽이나 1945년 이후 자본주의 산업화의 길을 겪은 모든 나라들에게 노동자의 권리는 제대로 보장되지 않았다. 노동 3권의 부인, 사용자의 노골적인 탈법과 국가의 노동탄압은 개발독재 시절 노동현장을 특징짓는 현상이었다. 서구에서의 사회적 시민권의 인정, 복지국가의 형성은 바로 노동조합 운동, 파업, 노동자 경영참가, 공동결정 제도, 노동자 정당의 결성과 정치참여 등 노동자들의 집합적인 투쟁의 결실이었다. 그것은 정치적으로는 시민이나 일터에서는 노예 혹은 상품으로서 존재했던 노동자들이 작업장에서도 시민으로서 인정받기 위한 투쟁이었다.

그러나 공민권, 정치적 시민권이 극히 형식적으로만 부여된 조건 위에서 진행된 자본주의 산업화는 노동자들에 대한 전근대적이고 준신분적 차별을 가하는 상황을 만들어 냈다. 유교적 사농공상의 논리, 관존민비, 노동천시의 사상이 자본주의적인 노동탄압과 결합되었다. 70년대 이후 일터에서 노동자들은 계급적 차별과 더불어 전근대시절의 준신분차별, 가부장주의, 전제주의적 통제를 겪어야 했다.[19] 물론 이들 대다수는 앞의 분단/전쟁체제의 피해자들처럼 천대받는 지위에서 탈출하기 위해서는 개인적으로 '성공'을 향해 몸부

---

19 구해근 지음, 신광영 옮김, 『한국 노동계급의 형성』, 창작과 비평사, 99~109쪽.

림쳤다. 그것은 교육을 통해서 노동자의 지위에서 벗어나는 것이었다. 그러나 가족주의와 전통주의, 발전주의의 이데올로기에서 벗어난 일부 노동자들은 집단적 저항을 통해 노동자로서의 정체성을 발견하기 시작했다. 1987년 노동자 대투쟁은 바로 개인적 지위 향상이 아닌 집단적인 지위 인정 시위였다. 당시 나타난 구호인 '두발 자유화', '사무직과 생산직 승진 차별 철폐', '노동조합 결성 보장'의 요구는 생산직 노동자들이 회사와 국가의 당당한 성원으로 인정해달라는 요구였다. 그 결과 일부 대기업 사업장에서 그들은 노조를 결성하고 단체교섭을 하고 사내복지의 수혜자가 됨으로써 '회사 내 시민'으로 편입되었다. 그러나 대기업은 이들을 포섭하는데 필요한 비용을 주변 노동자 집단에게 전가하였다. 90년대 이후 광범위한 비정규직 노동자, 실업자, 그리고 외국인 노동자의 등장이 그것이다.

신자유주의 시대의 자본주의는 공식부문 종사자보다 불완전 고용상태에 있는 노동자들, 실업자의 비중을 크게 증대시켰다. 90년대 이후 한국에서 표준적이고 전형적이지 않는 노동의 범주에 속하는 사람들이 광범위하게 형성되었다. 시간제, 임시직, 파견직, 자기 고용 등이 그에 속하는데 한국에는 ILO가 제시한 비정규직의 범주 이상이 비정규직이 존재한다.[20] 사내 하청, 특수고용직 등이 포함된다. 이들 역시 고용관계가 비표준적이고 비전형적이다. 이들은 대체로 실업보험, 사회적 안전망, 그리고 노조설립의 기회를 갖지 못하고 있다. 정상적 고용관계 밖의 존재는 우선 고용 계약서가 없고 월급 봉투가 없는 알바생, 임시직들이다. 이들은 체불임금, 산업재해 등 문제가 생겨도 그것을 입증할 수 있는 자료가 없다. 공식적으로 고용 밖의 존재이고, 그 고용관계를 인정하지 않으려하기 때문이다. 심지어는 수년 동안을 일해도 월급이 통장으로 입금되지 않거나 월급이라는 표현도 없이 수수료라는 명목으로 지급되기도 한다. 고용관계를 부인함으로써 이들이 노동자로서 어떤 지

---

20 한국 비정규직의 범위와 형성에 대해서는 김유선, 「노동시장의 구조변화와 비정규직」, 최장집 편, 『위기의 노동 – 한국민주주의의 취약한 사회경제적 기반』, 후마니타스, 2005.

위도 갖지 못했다는 것을 법적으로 인정받기 위한 고용주의 전략이다. 이들 중 약 3 퍼센트만이 노조에 가입해 있고, 그 비율은 거의 늘어나지 않는다. 그들의 존재조건 자체가 노조를 결성하기가 대단히 어렵게 되어 있기 때문이다. 그래서 이들은 단체교섭을 할 수 있는 노동자의 지위를 갖지 못하고 있다. 이들은 세금을 내지 않거나 극히 제한적으로만 내기 때문에 국가의 의무를 거의 갖지 않는다. 책임이 없으니 의무도 없고 은행 대출도 받기 어렵다.

결국 비정규 노동자들의 상당수는 '비공식' 노동자들이며 여기서 비공식이라는 것은 결국 시민권의 기본 조건인 국가와의 맺은 관계가 초점이다.[21] 즉 비정규직 노동자들은 국가의 공식 경제 노동 통계, 그리고 그 이유 때문에 각종 사회복지 혜택에서 배제되어 있다는 말인데, 고용관계가 없거나 매우 불안정하기 때문에 국가나 회사와의 안정적 관계를 맺지 못하고 있다. 자본주의 하에서 비정규직 노동자는 유목민과 같은 존재다. 그들은 공적인 관계에서는 노출되지 않고 가시화되지도 않는다. 학교 건물에서 청소하는 '아줌마'들이 일종의 투명인간처럼 받아들여지듯이 그들은 실재로 일을 하는 존재이지만 존재하지 않는 인간으로 취급된다.[22] 이들은 오직 일한 대가로 시급이나 일당을 받는 경제적 주체로만 존재하지만, 기업과 안정적인 계약관계가 없고 공식 통계에는 잘 잡히지 않기 때문에 사회정치영역에서는 존재를 인정받지 못하고 있다. 노동법상 이들은 해고제한 규정의 적용을 받지 않기 때문에 사용자의 부당해고로부터 보호받을 수 없다.[23] 그래서 이들은 회사 밖의 존재이고, 법 밖의 존재이고, 결국은 국가의 밖 혹은 변경에 위치해 있다. 난민 정도는 아니지만, 거의 준난민과 같은 처지에 있다. 오늘날 이들은 준시민의 지위에 있다고 볼 수 있다. 기업 내에서 이들은 더 철저하게 상품화, 즉 비인간화된 처지에 있다. 안정된 고용관계에 있는 사람들도 이러한 범주

---

21 마이클 데닝, 앞의 글, 147쪽.

22 은수미, 『날아야 노동─폭폭 숨겨진 나의 당신의 권리』, 부키, 2012.

23 은수미, 위의 책, 121쪽.

로 떨어질 가능성을 언제나 안고 있고, 이들 역시 과거에는 안정된 고용을 향유하던 사람들이 많이 포함되어 있다.

한편 외국인 노동자들, 중국 동포, 탈북자 등 한국에서 노동허가가 아닌 고용허가를 받아서 합법적으로 체류하는 노동자들은 고용관계에는 있지만, 사회적 차별에 노출되어 있고, 각종 사회보험에서 배제되어 있기 때문에 한 국사회 내의 '비시민' 혹은 준시민이다. 대다수 불법 체류 외국인 노동자들은 고용관계에 있다고 하더라도 여권을 사용자에게 압류당해 있거나 불법이라 는 신분 때문에 사실상 시민의 자격을 획득하지 못하고 있다. 그래서 이들에 게는 어떠한 불리한 대우, 폭력이 가해져도 항변할 수 있는 힘이 없다. 그래 서 이들은 고용관계의 변경에 속해 있기 때문에 계급관계에서도 배제되어 있다.[24]

오늘날의 신자유주의 자본주의 아래서 착취 받는 것보다 더 참담한 일은 '착취 받지 못한다는 것'이다. 오늘날 임금 없는 삶, 노동시장에 참여하지 못 하는 삶, 노동시장에서 안정된 위치가 없는 존재는 임금을 착취당하는 삶보 다 더 비참하다.[25] 그래서 재산도 소유하지 못하고 있으며 실업상태에 있는 사람들은 비시민이다. 그들은 소비할 능력이 없으므로 백화점이 에서도 '고 객'의 대우도 받지 못한다. 거꾸로 자본주의 하에서 가장 확실한 시민, 최상 의 시민은 설사 고용관계 밖에 있더라도 생계의 어려움을 겪지 않을 수 있는 재산 소유자들이다. 그들은 지역사회, 주식시장, 금융기관, 언론, 사법부나 행정부 등 모든 사회경제 정부 영역에서 특별히 관리해야할 VIP, 최고의 시 민으로 대접을 받고 있다.

전통사회, 호적제도가 존재하던 기간에 우리는 가족의 구성원이 됨으로써

---

24 케빈 그레이는 이들을 '계급아래의 계급'이라고 불렀다. 케빈그레이, 「계급이하의 계급으로서 한국의 이주 노동자」, 최장집편, 『위기의 노동— 한국민주주의의 취약한 사회경제적 기반』, 후마니타스, 2005.

25 마이클 데닝, 「임금없는 삶」, 『뉴레프트 리뷰』, 도서출판 길, 2013.

국가의 구성원(국적 취득)이 되었다. 공민 혹은 시민으로서의 자격은 호주를 중심으로 하는 특정한 가족에 소속되어 있다는 사실, 반역자, 부랑자, 불법 이민자가 아니라는 사실을 통해 입증되어야 했다. 물론 호주제가 철폐된 지금도 가족은 시민권의 중요한 기초인 것은 틀림없다. 그러나 농촌 공동체, 가족의 붕괴, 가족의 교육 복지 기능의 후퇴로 인해 그것은 점점 더 유효하지는 않게 되었다. 가족은 이제 정체성의 형성, 생계의 터전으로서의 역할을 상실하기 시작했다. 지금은 안정적인 노동관계에 들어가 있으며 임금과 사내 복지의 혜택을 누릴 수 있다는 사실이 시민권의 실질적 법적 기반이 된다. 물론 고용관계에 들어가지 않는다고 하더라도, 생계를 유지할 정도로 자신과 가족이 충분한 재산을 갖고 있을 경우, 재산소유와 가족관계는 시민권의 자원 혹은 자격부여의 기반이 될 수 있지 않지만, 이 모두가 결여되어 있을 경우 사회로부터 배제되고, 그것은 곧 국가 밖으로 내몰리는 처지가 된다.

이들 비시민, 준시민인 고용관계 밖과 변경에 있는 사람들의 체제 편입의 노력 역시 기업의 안정적인 종업원, 대한민국의 충성스러운 국민이 되려는 몸부림으로 나타났다. 특히 신자유주의 시대 이들 변경지대 노동자들의 인정투쟁은 시장과 경쟁에서 승리하기 위한 것, 정규직 직장을 갖고 중산층의 삶을 사는 것이다. 일부 비정규 노동자들이 기업의 불법파견과 대법원 판결 결정 불이행에 저항을 하기도 하지만, 대다수의 비정규 노동자들은 실낱같은 정규직화의 줄을 타기 위해 충성하거나 부당한 대우에 대해 침묵하면서 따르고 있다. 실업청년들은 '자기착취'를 통해 스스로 상품가치를 높이는 방향으로 자신의 존재를 인정받기 위한 투쟁을 하고 있다. 그리고 재산소유, 시장에서의 지위 여부에서 준시민으로 내몰리는 사람들이 때로는 소비자로서 '진상고객'이 되기도 하는데, 이는 기업사회에서 상실된 시민권을 다른 방식으로 만회하고자하는 비뚤어진 권리 주장이다. 시장은 자율적 시민을 만들어내는 것이 아니라 자율적 소비자만을 만들어내는 경향이 있다.[26]

분단/전쟁상태에서의 비국민/비시민들이 국민으로 인정받기 위해 국가에 충성을 바친 것처럼 지구화로 인한 각종 이주 노동자, 신자유주의 경쟁체제 하에서 비시민, 준시민은 재산소유자, 성공한 사람, 기업의 안정적인 피고용자가 되기 위해 몸부림친다. 이들에게 시민권 확보란 곧 국가의 국민으로 인정을 받는 것, 기업에서 안정적인 자리를 갖는 것이다. 그러나 민주화와 더불어 전자의 경우 어느 정도 실현되었으나 후자의 경우는 성격이 다르다. 금융시장의 지구화 국면에서 국내 자본은 이들에게 시민권을 보장해줄 여력이 거의 없다. 대자본과 중소자본의 수직 위계구조 하에서 제일 바닥에 처한 변경지대의 노동자들에게 시민과 중산층이 될 기회는 더욱 희박하다. 그래서 이들은 '잉여'가 되지 않기 위해 몸부림치다가 자살의 길을 택하기도 하지만,[27] 위험한 사업장에서 아무런 보호 장치 없이 일하다가 목숨을 잃기도 한다.

그러나 이들 중 극소수의 노동자들은 '노동자성'을 인정받기 위해 투쟁을 한다. 기륭전자 노동자, 현재자동차 비정규직 노동자, 이마트 노동자들의 투쟁이 그것이다. 90년대 이후 불법체류로 몰릴 수밖에 없는 자신의 처지를 고발해온 이주노동자들의 지속적인 항의가 바로 그것이다. 그리고 사실상의 노동자이면서도 자영업자로 분류되어 있기 때문에 노동자로서의 지위를 인정해달라고 요구한 특수고용직 노동자들의 투쟁도 여기에 속할 것이다.

3. 시민권과 시민성

일제 하 한국에서의 정치적 권리는 항일 독립운동 세력이 투쟁을 통해 주장했던 것이기는 하나 강대국에 의한 해방, UN 후원 하의 단독정부 수립에 의해 주어진 측면이 크다. 1948년 보통선거권이 일거에 전면적으로 도입됨과 동시에 1953년의 헌법에는 이익균점권과 같은 경제민주화 사회적 시민권

---

26 Michael Walzer, "The Civil Society Argument", Chantal Mouffe, ed, *Dimensons of Radical Democracy*", London: Verso, 1992, pp.89-90.

27 한병철, 『피로사회』, 문학과 지성사, 2012 참조.

보장 조항이 헌법에 포함되기도 한 것처럼 한국에서는 마샬의 시민권의 3단계 즉 공민권, 정치권, 사회권의 순차적으로 확립된 것도 아니다. 그리고 터너(Turner)에 말하는 것처럼 신자유주의 이후 복지국가의 시민권의 침식과 같은 현상이 발생했지만,[28] 한국에서는 이 시점에 오히려 IMF 외환위기를 맞아 4대 보험 완성, 국민기초생활보호법 제정등과 같이 복지제도의 확대가 이루어진 시점이기도 하다. 그리고 오늘의 법적 평등의 원칙에도 다수의 노동자들은 전근대적인 차별을 당하는가 하면 700여만명을 넘어서는 비정규직 노동자, 이주 노동자의 70 퍼센트 이상은 4대 보험의 혜택에서 제외되어 있기 때문에 사회적 시민권을 누리지 못하고 있다.

한국전쟁에서 과거 권위주의 시기이건 신자유주의 시기이건 전 과정에서 정치사회적으로 혹은 경제적으로 준시민/비시민을 범주화하고 배제하는 과정은 대단히 폭력적이었다. 과거 권위주의 시기에는 주로 물리적 폭력이, 민주화 이후의 시기에는 시장의 경쟁에서 탈락한 사람들에 대한 차별과 배제가 주로 진행되었다. 앞의 시기의 비시민들은 고문과 구타 등의 로 물리적 상처를 안게 되었다면, 이후의 시기에는 사회적 배제와 고립으로 주로 정신적 고통을 겪고 있다. 그러나 전자의 경우에도 사회와 이웃의 냉대와 멸시, 낙인 등의 문화적 폭력이 수반되었다. 전자의 경우 주로 '빨갱이'의 낙인이, 후자의 경우 '무능력한 자'라는 낙인이 따라다닌다. 전자의 경우 저항하는 사람에 대해서는 학살을 통한 제거, 혹은 장기간 구금 혹은 강제 전향을 통한 국민편입의 작업이 수행되었고, 후자에 대해서는 해고나 직장에서의 퇴출, 노동시장에서 퇴출이라는 시장의 처벌의 방법이 사용되었다. 그런데 부당한 차별과 배제에 대해 항의한 경우 쌍용차 정리해고 노동자 용산 철거민들에 대한 이명박 정부의 태도처럼 테러세력으로 취급되거나 폭력적 진압의 대상이 된다.[29]

28 Bryan Turner, "The Erosion of Citizenship", British Journal of Sociology, Vol. 52, No.2, 2001, pp.189-209.

29 「MB 정부에게 우리는 국민, 아니 시민도 아니었습니다」, 『민족21』, 2009년 9월호.

비시민에 대한 배제는 낙인과 그것에 기초한 사회진입의 차단의 방식으로 진행된다. 사회적 낙인은 취업, 승진, 이웃의 조력을 받을 수 있는 자격의 박탈을 의미한다. 낙인은 처음에는 권력과 언론에 의해 주도되지만, 일정한 기간이 지나면 사회 구성원들이 특정 세력에 대한 낙인을 실천한다. 예를 들어 쌍용차 해고, 무급휴직 노동자들이 재취업을 하려해도 강성노조의 소문 때문에 인근 어떤 기업에서도 이들을 고용하지 않았는데, 이는 노조활동의 낙인이 지역사회에서 이들을 배제한 사례다. 법적으로 사용자의 부당노동행위, 비정규직의 불법 사용을 처벌할 수 있지만, 검찰과 사법부가 기업 편향적인 태도를 취하는 경향이 있기 때문에 이들은 국가나 기업으로부터 고통을 인정받지 못하게 된다.

준시민, 비시민에 대한 차별과 배제작업이 한국에서 이렇듯 폭력적인 양상을 지닌 일차적인 이유는 과거에는 전쟁 상황, 전제주의 지배제체가 구성원들에게 정치적 충성과 사상적 단일성을 요구하였기 때문이며, 그것은 결국 한국의 근대국가가 사실상 일제 식민지 파시즘과 단절하지 못했기 때문이다. 그래서 일본 제국주의 권력이 모든 국민을 천황제에 충성하는 국민과 '불온한 국민'으로 구분하였듯이, 대한민국도 반공국민과 '불온한 국민'으로 구분하였다. 그래서 식민지 이후 현재까지 국가 내의 국민은 공민, 즉 권리의 주체가 아니라 통치의 대상으로서의 성격이 더 강하게 유지되고 있다. 그러나 신자유주의 자본주의 하에서 노동자 혹은 비정규직 노동자 일반, 이주노동자들에 대한 차별과 배제가 폭력적인 양상을 지니는 이유는 대기업을 정점으로 하는 수직적인 기업 서열 구조 하에서 하청, 재하청의 관계를 맺고 있는 중소기업, 영세 기업은 퇴출의 위험에 일상적으로 노출되어 있기 때문이다. 즉 기업이 시장질서에서 처한 만성적 위기가 기업에 고용된 노동자들에게 회사가 하는 모든 일에 대해 무조건적인 동의나 복종을 요구하게 된다. 전쟁과 시장이 닮은꼴이듯이, 군사주의와 시장주의도 공통점을 갖고 있다. 전쟁 혹은 시장 모두 국가나 기업 조직의 생존이라는 절박한 요구 앞에서 인간을 도구화하는 경향이 있다. 특히 군사주의나 가부장주의, 전제주의의 문화에서 벗어나지 못한 기업조직이 시장에서 생존의 위기로 내몰릴 경우 그 구성원에 대한 가공할 한만 압박과 폭력행사가 여과 없이 실행될 수 있다.

서발턴(Subaltern)의 개념에서 주로 거론되는 것처럼,[30] 국가 내의 준시민 혹은 비시민은 대부분의 경우 정치 공동체 내에서 자신의 처지에 대해 어떤 주장이나 요구도 꺼내지 못한다. 이들은 처음에는 저항할 수 없는 엄청난 물리적인 억압과 탄압 때문에 말을 꺼내지 않지만, 실제로는 자신과 가족의 생존을 위해 스스로 말을 자제하거나 항의할 것을 포기하기 때문이다. 이들이 권력에 맞서서 자신도 법 앞에 평등한 인간이며, 주권자라는 것을 내세울 경우 자신과 가족이 현재 누리고 있는 조그마한 삶의 기회도 완전히 상실할 수도 있다. 그리고 때때로 이들 중 일부는 폭력에 굴복했던 체험, 폭력 앞에서 가족과 동료들을 지켜주지 못했던 경험에서 오는 수치심 때문에 자신의 모습을 드러내기를 거부하기도 하고, 상당수는 스스로 패배를 내면화하고 있어서 자신의 요구나 권리 자체를 포기하기도 한다. 그래서 이들은 국가 내에서 정치적으로는 시민이며 경제활동의 중요한 주체로 살고 있지만, 실제 정치사회적 존재감은 거의 없다. 1971년 광주대단지 사건, 1980년대 철거민들의 투쟁, 1987년 전후나 1997년 외환위기 이후 이들 중 일부는 집단적 항의에 나섰지만 그 지속성은 약했다. 이들 대다수는 여전히 심각한 부정의, 부당한 대우, 노예화에 대해 침묵, 방관하고 있다. 지속되는 폭력의 경험과 상처, 일상에서 진행 중인 폭력은 그들에게 사회적 주체로서 행동할 수 있는 기회와 의지를 박탈했다.

그러나 정치공동체 내에서 준시민, 비시민의 처지를 도저히 받아들이지 못

---

30 서발턴은 그람시가 원래 사용했던 개념으로 국가, 민족, 계급 등 거대담론에서 배제되어 그 존재가 인정되지 않는 집단, 즉 종속민을 지칭한다. 강옥초, 「그람시와 서발턴 개념」, 『역사교육』 82, 역사교육연구회, 2002. 그들은 구조적으로 권력에 침묵이 차단되어 있으며, 스스로의 언어를 가질 수 없는 존재다.

하는 일부 사람들에 의해 시민권 쟁취 투쟁은 지속된다. 극도로 부정의하고 부도덕한 폭력이 자신과 주변에 가해졌을 때, 법적 평등과 사회적 차별 간의 괴리가 노골화되었을 때, 단순히 국가나 기업의 성원으로 편입해 주기를 요구하는 단계를 넘어서서 인간의 존엄성을 인정받고 자신이 살고 있는 공동체를 지키려는 투쟁에 나서는 사람도 있다. 이들의 경우는 개인 가족이 국가나 기업의 구성원으로 인정받기를 원하는 대다수의 사람들과 전혀 다른 주체화의 길, 즉 가족을 넘어서는 확대된 자아 획득의 길을 걸었다. 이것을 나는 '절대 시민성'의 형성이라고 본다. 이 경우 시민성은 같은 처지에 있는 이웃과 동료에 대한 책임의식, 고통 받는 이웃과 자신의 완전한 일체화, 그리고 너 나아가 공공성의 실천을 지향한다. 이 경우의 시민성은 단지 국가 내의 당당한 국민, 기업에서 인정받는 노동자가 되고자하는 데서 머물지 않을뿐더러 그것을 부인하는 정도로까지 나아간다. 즉 폭력에 저항하는 것은 인간으로서의 존재를 인정받기 위한 투쟁이지만, 한 걸음 더 나아가면 그러한 폭력을 행사하는 국가를 넘어서는 새 정치 공동체의 대안의 맹아까지 보여준다.[31]

이러한 절대 시민성은 폭력을 가한 국가 대신에 정의와 인간성 실현을 그 정신으로 삼는 새 국가 혹은 정치공동체를 지향한다. 광주 5.18 민주화운동 당시 공수부대의 폭력을 목격한 주변계급에 속한 청년들이나 여성들이 폭력에 맞섬으로써 새로운 주체로 등장한 것이 대표적인 사례였다.[32] 그들은 가

---

31 여기서 '절대'의 개념은 최정운이 광주 5.18 민주화운동 당시 시민군과 광주 시민들 사이에 형성된 절대 공동체서에 따른 것이다. 최정운, 『5월의 사회과학』, 풀빛, 1999. 그가 말하는 절대공공체란 '폭력에 대한 공포와 자신에 대한 수치를 이성과 용기로 그곡하고 목숨을 걸고 싸우는 시민들이 만나 서로가 진정한 인간임을 이성있는 시민임을 축하하고 결합한 공동체'를 지칭한다. 최정운, 앞의 책, 140쪽.

32 "불의를 보고 나만 살겠다는 것은 인간의 도리가 아니다"라는 생각들이 시민군으로 나선 청년들의 동기였다. ; 강은숙, 「저항집단의 생애사를 통해 본 사회적 트라우마티즘의 형성과정—5.18 시민군 기동타격대의 상처받은 5월 정신」, 성공회대학교 사회학과 석사논문, 2011. "광주항쟁은 여성을 주체적 인간으로 각성시켰다"는 지적이 그것이다. 정현애, 「광주항쟁과 여성, 역사의 주체로 서다」, 『동아시아와 근대의 폭력1』, 동아시아평화인권한국위원회, 삼인, 2001, 213-228쪽.

공할만한 폭력에 저항할 경우 자신과 가족의 목숨이 위태롭다는 것을 알고 있었지만, 그렇지 하지 않을 경우 자신의 인간성이 부인된다는 것을 알고 있었기 때문에 저항 행동에 나섰다. 군사독재 하에서 민주화 운동에 나섰던 자식을 잃은 민가협 어머니, 아버지들은 처음에는 자식의 억울한 죽음을 밝혀달라고 순수하게 자식을 사랑하는 절실한 마음에서 국가에 대해 청원하고 호소하는 활동에 나섰지만, 점차 자기 자식 뿐 아니라 남의 자식들도 그런 일을 겪었다는 것을 깨달은 다음에는 민주화 운동 과정에서 희생된 모든 사람들의 아버지가 어머니가 되기도 했다. 전태일의 어머니 이소선 여사의 경우가 대표적이다. 이들 모두 모성과 부성에서 출발했으나 인간을 개, 돼지 취급하는 체제 하에서 인간성, 인륜성을 실현하기 위해 행동하였으며, 가족과 이웃을 죽음으로 이른 체제를 거부하는 태도가 그들을 행동하게 만든 이유였다.[33] 결국 이들을 계속 투쟁하게 만든 동력은 자지 자신 혹은 가족만이 국가의 성원으로 인정받자는 것이 아니었다. 이들은 개인차원에서 단순한 권리의 주체임을 넘어서, 공동체에 책임을 가진 주체임을 자각하였고, 정의와 공감의 정신이 살아있는 공동체 건설의 주역임을 주장한 것이다.

87년 전후, 그리고 90년대 초반까지 노동자들의 임금인상과 노조설립 투쟁은 시민권 화보를 위한 투쟁이었지만, 기업별 노조가 안정적으로 보장되고 단체교섭이 제도화된 사업장의 노동자들은 점차 기업 내 시민으로 만족하였으며, 노동시장의 양극화 과정에서 차별, 배제된 노동자들의 항의를 점차 외면하기 시작했다. 이 경우 시민권 화보 투쟁이 기업 내의 시민이 되는 것으로 머물러, 과거와 현재의 같은 처지에 있는 노동자들에 대한 연대의식 즉 시민성 즉 공공성으로 발전하지 못한 경우라 할 수 있다. 그러나 일부 정규직 노

---

33 이소선은 아들의 유언을 실천하기 위해 행동에 나섰다. 전태일은 "어떤 물질이나 유혹에도 다협하지 마세요"라고 말했다. 이소선은 돈 다발을 들고 온 중앙정보부 요원의 유혹 앞에서 이 돈을 받으면 어떻게 되는가를 묻는 딸에게 "너 오빠의 뼈와 살을 팔아 우리가 편안히 먹고 사는 거냐"라고 답했다. 여기서 그녀가 왜 행동하게 되었는지가 설명된다. 오도엽 씀, 『사람도록 그매운 사람들아』, 후마니타스, 2008, 89쪽.

동자들의 연대 투쟁, 불법 비정규직 파견에 항의하고 동료 모든 사람들의 정규직화를 요구하는 현대자동차 비정규직 노조의 최병승 씨의 투쟁, 한진중공업 투쟁 동료의 죽음을 외면할 수 없어서 끝까지 투쟁하고 있는 김진숙의 행동은 단순히 개인 차원에서 회사의 인정을 받는 것을 거부하고 동료 노동자들, 전체 노동자들과 자신을 완전하게 일체화시키고 연대를 지향하며, 노동자 전체의 인간성 실현을 요구하는 투쟁에 나섰다.[34]

국가폭력에 맞서서 양심의 자유를 확보하거나 양심을 지키기 위한 투쟁은 사실상 헌법 정신을 수호하기 위한 투쟁이었고, 바로 그런 이유 때문에 이들의 행동은 반체제 운동이 아니라 실제로는 시민성을 보여준 것이었다. 87년 이전까지 한국에서는 정치적 입장을 표명할 자유가 없었다. 사상범으로 수감된 사람들이 폭력적 전향공작에 맞서서 전향을 거부한 것은 자신이 사회주의자였기 때문이 아니라, 강용주가 강조하듯이 정치권력의 사악한 의도에 의해 조작된 사건을 인정할 수 없었기 때문이다.[35] 전향거부, 준법서약서 작성을 거부한 양심수들의 저항은 자신의 정치적 입장을 주장하기 위한 것이라기보다는 양심의 자유, 인간의 존엄성을 지키기 위한 행동 결국 시민성 확보를 위한 투쟁의 성격을 갖고 있다. 그들에게 비전향이라는 것은 사회주의 이념의 고수가 아니라 부당한 국가폭력에 대한 항의의 성격을 갖는 것이었다.[36] 그래서 한국에서는 시민성을 인정받기 위해서도 강용주가 강조하는 것처럼 목숨을 걸어야 했고 지금은 해고와 가난의 고통을 감내해야 한다. 고문을 고발하고 폭로하는 일, 폭력에 강의하는 일, 일상의 사회경제영역에서 준신분

---

34 김진숙은 투쟁의 이유를 "노예가 품었던 인간의 꿈"이라고 표현하였다. 김진숙, 『소금꽃나무』, 후마니타스, 2007, 121쪽 참조.

35 강용주, 「나의 양심 지키기」, 『동아시아와 근대의 폭력1』, 동아시아평화인권한국위원회, 삼인, 2001, 259쪽.

36 강용주는 "비전향이라는 것은 평생을 갇혀 있는 일이고 죽어서야 끝나는 일이다... 나의 존엄, 자기 결정권, 양심의 자루를 종이 한 장에 포기할 수 없었기 때문에 내가 나인 채로 세상에 돌아가고 싶은 간절한 바람 때문에 전향하지 않았다"고 말한다. 강용주, 「최연소 비전향 장기수, 그의 마르지 않는 눈물」, 『진실의 힘』 12호, 2012.8.

적인 차별에 저항하는 일이 바로 그것이다. 그러나 이 집단적 인정투쟁의 정신에 시민성의 내용이 들어있다.

그러나 앞의 절대 시민성을 보여주는 예들은 당사자들의 입장에서는 도저히 피할 수 없는 상황에서 충분히 합당한 동기에서 행동했을지 모르나, 권력의 폭압과 돈의 유혹이 실재하는 사회에서 모든 사람들이 그들처럼 행동할 수는 없다. 부도덕한 폭력과 인간성을 완전히 부인하는 상황이 이들 투사들을 만들어 냈다. 이런 점에서 절대 시민성은 극단적 폭력이 자행되는 상황에서, 인간으로서 인정을 받는 일을 자신의 존재를 찾는 일로 생각하면서 죽음을 넘어서는 용기를 발휘할 수 있는 소수에게서 예외적으로 나타난다.

1987년 민주화 이후에는 법과 제도의 실행과정의 모순, 자기 조직이 저지르는 불법과 비윤리적 처사를 그냥 받아들일 수 없다고 느낀 나머지 위험을 각오하고 행동하게 된 사람들에게서 이와 유사한 형태의 시민성이 발견된다. 처벌이나 해고를 각오하고 자기가 속한 정부나 기업의 비리를 비판했던 내부 고발자들이 가장 대표적이다. 이들은 해고, 즉 자신과 가족을 사회적 고립상태나 굶주림으로 내몰 수도 있는 고통을 예상하면서도 직업윤리, 인간으로서의 양심, 부당한 처우를 당한 동료에 대한 책임의식 등의 이유로 조직의 비리를 고발하고, 그 이유 때문에 고통을 겪었다. 조직이나 상관의 부당 한 명령에 대해 불복종했던 시민들, 풀뿌리 시민사회 조직을 비롯하여 시민사회운동을 조직해서 대중을 참여시키는 작업을 한 사람들, 양심적 병역거부자들, 사회적 기부를 비롯해서 여러 개인차원의 의로운 행동을 한 사람들에게서 이러한 시민성의 맹아를 엿볼 수 있다.

즉 시민성은 반정부 시위 등 단순한 분노나 대중 시위에서 출발하기도 하지만, 그와 전혀 다른 논리구조를 갖고 있다. 시민권은 박탈감, 부당함에 대한 분노, 개인과 가족을 지키려는 동기에서 출발하지만, 시민성은 그 이상의 것, 즉 주체의식과 책임감, 공공성, 이웃과 공동체에 대한 애정이 없이는 작동하지 않는다. 이 경우 시민성은 국가와 법, 가족과 이해관계의 범주를 벗어난다. 시민성을 실천한 사람들은 평소 민주화 운동에 대해 관심을 가졌거나 사회비판 의식을 갖지 않았던 경우가 대부분이고 사회비판의식을 함양할 수 있는 체계적인 학습이나 의식화의 경험을 갖지 않았던 경우가 더 많다. 이들을 움직인 동기는 불의를 보고 외면할 수 없었던 심정, 인간의 도리를 다해야 한다는 생각들. 가족과 이웃에 대한 연민과 책임의식이 더 많았다. 한국사회에서 공식적으로 이들은 폭도요 빨갱이요 불온한 사람들이었는데 주관적으로 이들은 "사랑은 사람들의 편안한 집이요 정의는 사람들이 가야할 바른 길이다"(仁人之安宅也, 義人之正路也)라는 맹자의 말을 실천하였다.

4. 한국에서 시민성의 전망 : 가족, 국가, 그리고 시민성

1) 가족을 넘어서

서구의 시민은 개인을 단위로 한다. 한국에서도 법, 형식적으로는 개인이 단위다. 그러나 사실적 차원에서 독립된 개인이 아니라 사람이 특정 사회관계 속의 존재일 경우에만 그의 인간으로서의 존재가 확인될 수 있다. 헤겔의 인륜성의 개념 역시 원자론적 세계관에 기초한 홉스적 개인이 아니라, 관계 속의 윤리성을 지칭한다.[37] 한국에서는 전통적으로도 그러했지만 근대이후에도 개인은 권리나 의무의 주체로서도 설정되어 있지 않다. 서구 근대사회의 법과 사회의 주역인 개인은 주로 법 앞에서 권리의 주체인데, 한국의 근대 시민적 주체는 자유평등을 전제로 하되 '관계 속의 역할의 주체'의 측면을 이어받고 있다.[38] 그러나 이러한 근대적 주체로서 거듭난 사람들은 위로는 식

---

37 악셀 호네트, 앞의 책, 42-133쪽.

38 조선시대의 개인은 가족 속에 존재하며, 이 가족은 국가나 사회 속에서 그것과 연관없이 존재하는 소우주와 같은 존재가 되었다. 이것이 바로 단재가 유교의 윤리도덕이 공을 무시하고 사를 앞세웠다고 비판을 한 내용이다. 박영은, "한국에서 근대적 공개념의 형성과 성격", 고 박영은 교수 유고집 『현대와 탈현대를 넘어서-한국적 현대성의 이론적 모색』, 역사비평사, 2004, 293쪽; 「도덕」, 『단재신채호전집』, 단재신채호선생기념사업회, 1977, 136-138쪽.

민지 권력의 탄압을, 아래로는 가족, 연고집단의 압박을 견뎌내기가 어려웠다. 그래서 정치공동체나 사회에 대한 책임의식과 공공성을 자각한 사람들에는 언제나 탄압과 수난이 예비되어 있었다.

한국사회에서 통상 관계의 원형은 주로 혈연으로 연결된 가족과 친족이었고, 이후에는 그것의 확대된 형태인 연고집단 내의 관계를 의미했다. 그래서 이 경우 권리의 담론 제기되지 않았던 것은 아니지만, 그것은 개인이 시민권 획득을 내용으로 하는 측면보다는 가족을 유지 보존하는 것, 그리고 그것을 얻지 못할 경우에는 가족 관계에 진입하는 것, 가족에서의 역할을 통해 사회나 국가의 성원으로 인정받으려는 열망으로 주로 표현된다. 따라서 국가와 가족구성원에게 사랑받고 인정받으려면 시민성과 공공성의 덕목을 포기하거나 아예 그것을 의식하지 않고 살아야만 했다. 서구에서도 그렇겠지만 압도적 다수 한국인들의 행위의 동력은 바로 가족의 복리였고, 공공성과 충돌할 경우에도 그것을 우선시 하였다.

노동자들의 노동조건 향상, 임금인상 투쟁은 물론 경제적 결핍, 사회적 차별에 바탕을 깔고 있지만, 그 내용은 국가나 사회 내의 평등한 구성원 특히 중산층 비노동자층과 동등하거나 유사한 정도의 기회와 삶을 누릴 수 있는 자격을 달라는 의미를 깔고 있다.

국가나 기업의 보통 성원이 되기를 열망했던 지금까지의 시민권 확보 투쟁 역시 개인보다는 가족을 단위로 하고 있다. '폭도'의 누명을 벗기 위한 노력과 투쟁, 자식 교육을 통한 지위추구 모두 가족을 단위로 하고 있다. 촛불시위당시 유모차를 끌고 나왔던 여성들의 경우 자녀와 가족의 먹거리 문제를 중심으로 권력과 한미관계에 대한 비판의식에 도달했다는 점에서 가족애가 행동의 근거가 된 점도 있다. 바로 이 점 때문에 가족애은 행동의 출발점이 된다. 그런데 가족중심의 국민편입투쟁/시민권 확보 인정 투쟁은 이기적 성격을 갖고 있고, 일정한 지위를 얻은 다음에는 오히려 과거 그들을 탄압하고 차별했던 바로 그 국가와 기업의 성원으로서 행동할 여지가 있다. 이들은 국가나 기업의 가족 이데올로기에도 순응하는 경향이 있다. 이처럼 국가나 기업의 성원이 되기를 열망하는 시민권 투쟁은 제한적으로는 기존 질서의 변혁과 시민권 확대에 기여하기도 하지만, 동시에 큰 한계를 갖고 있다.

과거에는 대기업이 삼성가족, 대우가족처럼 사원들을 가족과 같은 울타리 속의 존재로 설명했다. 그러나 가족 이데올로기의 실상은 그들의 노동자성을 부인하는 것, 무노조의 신화 위에 존재했고, 그들이 노동자성을 주장하는 순간 무자비한 탄압이 수반되었다. 즉 가족의 유비는 부모와 자식의 가부장적 관계, 명령과 복종의 관계였다. 작은 기업들도 모두가 가족임을 강조하였는데, 그들은 실제 가족처럼 끝까지 책임져주는 관계가 아니라 단지 복종을 유도하기 위한 이데올로기로만 사용하였다. 그러나 그나마도 가족을 강조할 때는 최소한의 보호라는 것도 있었고, 대다수의 사원들이 정규직이라는 전제도 있었다. 이제는 더 이상 그들이 가족이라는 허구적인 틀을 사용하지 않고 사용할 수가 없게 되었다. 기업이 구성원 누구에게도 책임져주거나 그 품어줄 수 없게 되었기 때문에 그럴지 모른다. 그런데 신자유주의 자본주의 하에서 이제는 대통령도 기업의 총수도, 조직의 우두머리도 구성원들에게 가족, 가부장, 혹은 어머니의 이미지를 내세우지 않는다. 가족해체 시대 우리는 모두가 경쟁하는 개인, 혹은 소비자 개인으로 호명되고 있다.

그러나 오늘의 노동자들, 특히 가족관계로부터 단절되어 있고, 재산도 없는 실업자나 불안전 취업자, 노령자들은 고립과 사사화(私事化)의 길을 택하고 있다. 이들 국가나 가족, 이웃으로부터 인정받지 못한 존재는 더 이상 개인적이든 집단적이든 인정투쟁을 하지 않는다. 이들에게는 돌아갈 가족이 없고 국가는 이들에게까지 손이 미치지 않는다. 이들은 자신이 원해도 안정적 고용관계에 들어갈 수가 없다. 이들은 자신이 원해도 안정적인 가족관계를 맺을 수도 없다. 경제적 이유로 결혼을 하지 않거나 결혼을 포기한 상태이고, 부모의 도움이나 자식의 도움을 받을 수도 없다. 이들은 가족 관계로부터 '자유로운' 존재다. 그러나 그 자유는 사실 강요된 것이고, 자유를 지탱할 수 있는 물질적인 기반이 없다. 그래서 개인주의를 적극 표방하지는 않지만, 사회 구성원들은 개인으로 고립되어 가고 있다.

그래서 시민권 인정 투쟁이 '절대 시민성'의 단계로 나아가게 될 경우 그것은 남과 나를 일체화시키고, 공동체를 절대적 단위로 보기 때문에 가족 중심적인 태도와 배치되거나 그것을 초월하는 경우가 많다. 심지어 이 경우 가족은 절대 시민성을 추구하는 구성원의 적이 되는 경우가 많다. 절대 시민성 정도는 아니라고 하더라도, 시민성의 발현은 인륜성 추구라는 도덕적 지향을 갖고 있기 때문에 가족중심주의를 넘어설 수밖에 없다.

2) 국가를 넘어서

광주 5.18 민주화 운동 당시 계엄군이 물러간 광주 시민들은 애국가를 부르고 태극기를 흔들었다. 그들에게 공부수대와의 싸움은 애국이었고, 시민군은 국가의 권위를 행사했다.[39] 2008년 촛불시위 당시 시위대는 '대한민국은 민주공화국'이라는 헌법의 조항을 외쳤다. 시민성이 가장 전형적으로 발휘된 집단행동에서 시위대는 스스로 '국가의 주인'임을 선포했다. 2008년의 촛불시위는 시민권 주장의 가장 대표적인 행동이었다.[40] 이 촛불시위에 가담한 다수의 네티즌은 정권에 대한 분노에서 촉발되었으며, 정당이나 시민단체, 지식인 등 어떤 집단의 영향과 무관하게 자발적이고 자율적으로 행동했다는 점에서 이들은 과거 한국의 정치적 민주화 운동이나 집단적 저항의 주체들과 나름대로의 공통성을 갖고는 있고, 국민주권, 국민으로서의 존재를 과시하려 한 점에서 과거의 사회운동과 나름대로 연속성을 갖고 있다.

그러나 촛불 행동은 아고라 등 인터넷 매체를 매개로 해서 권력에 저항했

---

39 최심운, 앞의 책, 143쪽.

40 지병식, 「촛불시 시민권에 관한 실천」, 『이름은 빛을 이길 수 없습니다 : 2008년 촛불의 기록』, 참여대 참여사회연구소, 한겨레출판, 2008.

다는 점에서 전혀 새로운 형태의 주체형성의 가능성을 보여주었다. 촛불 항쟁에는 10대 청소녀/년들이 가장 적극적으로 나섰다는 점에서 특징적이다. 이들이 주장했던 주권, 민주주의, 탄핵, 민주공화국의 개념은 과거 시민권 확보를 향한 저항주체들의 행위 근거인 가족, 국가, 민족 공동체를 지킨다는 것과는 다소 거리를 두고 있다. 이들을 움직인 동력은 이명박 정부에 대한 분노에서 출발한 것이기는 했지만 '먹거리'라는 자신의 건강과 생명과 관련된 것에 대한 위협과 두려움이 크게 작용했다.[41] 그러나 이들을 행동하게 만든 동력은 과거보다는 국가, 민족 등 집단에의 소속을 열망하기 보다는 개인의 자율성과 결정권에 훨씬 무게가 두어져 있었다. 따라서 촛불행동에서의 시민권 투쟁이 이후의 어떤 시민성으로 발전해 갈 수 있을 것인지가 한국사회의 변화와 관련해서는 가장 큰 쟁점이 아닐 수 없다.

촛불행동의 주역의 상당수가 여성이었고, 행동의 방식이 문화제의 방식으로 진행되었다는 점에서 그것은 새 주체의 등장을 예고하고 있다. 바로 이런 이유 때문에 '관계속의 주체', 혹은 가족 연고 집단 내에서 인정받기 위한 노력을 넘어서서 지역사회나 공동체를 지키고 그것을 인간다운 삶이 숨 쉬는 곳으로 만들기 위한 노력을 집약하고 있는 시민성 모색이 점점 더 중요해 지고 있다. 특히 서구의 근대 자유주의의 시민권 혹은 시민성의 개념은 민족이라는 정서적 공동체와 국가라는 법적인 제약 속에 있다. 그 동안의 시민권 투쟁은 밑으로는 가족이라는 혈연성을 매개로 발현되었고, 위로는 국가, 민족이라는 정치 공동체의 경계를 넘어설 수 없었다. 헤겔은 개인은 오직 국가의 일원일 때만 객관성과 진리의 인륜성을 지닌다고 말했다.[42] 비시민이었던 사람들이 시민으로 인정받는 일, 더 배제된 사람들이 국가의 당당한 성원이 되거나 더 나아가 유공자까지가 되고 시장질서에서 성공한 사람이 되는 일은

---

41 김연수, 「2008년 촛불항쟁 담론 연구 – 인터넷 응집주체와 진보적 지식인의 담론을 중심으로」, 성공회대학교 사회학과 석사학위논문, 2010, 49쪽.

42 G.W.F 헤겔, 임석진 옮김, 『법철학』, 한길사, 2008, 442쪽.

객관적으로는 국가가 좀 더 민주화되는 일이고, 자본주의의 기반이 더 튼튼하게 되는 측면이 있지만, 그것은 90년대 이후 한국의 민주화가 보여주는 것처럼 객관적으로는 사회경제적 시민권의 침식과 동시에 진행될 수도 있고, 더 나아가 피해자의 파편화와 체제포섭, 소비자 주권의 확대라는 이름으로 시민성을 굴절시키는 대가로 얻어지는 것일 수도 있다. 비시민/준시민의 시민됨, 혹은 국가나 시장에서 피해자인 사람들의 편입과 인정을 위한 개인적 집단적 노력은 정의와 형평, 법의 지배의 원칙을 훼손하면서 얻어 질수도 있다.

그래서 우리는 공공재로서의 시민성, 공동체를 지향하는 '관계재'로서의 시민성, 그리고 자신의 계급적 처지에 눈을 뜨고 이들 핍박받는 동료들과 한 몸이 되어 사회정의를 실현하려는 민중 투쟁으로서의 시민성에 대해 주목할 필요가 있다. 역사를 통해 보면 한국의 근대 이행기의 지식인들은 반드시 서구적 개인주의와 권리 의식에 기초한 시민성을 추구하지 않았으며, 공공성 추구를 통해 국가와 민족을 넘어서는 보편적 인간 해방의 이상을 지향하였다. 광주 5.18 민주화 운동 당시 총을 들었던 시민군, 이들을 물심양면으로 지원했던 여성들은 지역사회를 지키고, 억울하게 죽은 사람들의 고통을 외면할 수 없었던 정의감과 책임의식 때문에 행동했다.[43] 그들은 '애국자'임을 표방하였으나 그 정서 속에는 지역사회를 지켜야한다는 생각이 깔려 있었고, 정의실현에 대한 열망이 있었다. 그들은 한국에서 교육을 많이 받아 세련된 '시민'이 될 자격을 갖춘 사람들, 국가 내에서 특별한 시민이 될 수도 있었던 지식인, 남성들이 이미 도피한 공간에 새로운 주체로서 들어왔다. 철탑에 올라간 노동자들은 자기 자신만이 정규직 노동자로 인정받기 위해 투쟁하는 것이 아니다. 부정의와 부당함이 그들을 행동하게 만든 동력이고, 그들의 행동에는 시민성의 가치가 숨 쉬고 있다.

---

43 광주전남여성단체연합, 『광주, 여성―그녀들의 가슴에 묻어둔 5.18 이야기』, 후마니타스, 2012 참조.

21세기 우리가 지향하는 시민권은 국가 내 구성원들의 권리 보장을 넘어설 수밖에 없다. 19세기 이후 유럽의 시민권 확대의 역사를 보면 제국주의 모국에서 보장된 시민권은 자국 내의 계급투쟁의 산물이기도 하지만 식민지 주민의 희생을 기초로 했다. 법과 권리는 오직 국가 내에서만 작동하는 원리라 볼 수 있기 때문에 제국주의의 시민들이 누리는 권리는 주권을 누릴 수 없었던 식민지, 종속국의 비시민의 희생 위에 가능했다. 따라서 지역차원, 지구차원의 보편적 시민권 확보의 전망이 없는 한 나라만의 시민권은 흔들릴 수밖에 없다. 그래서 지구정치 차원에서 보면 주권, 시민권, 계급관계는 서로 얽혀 있다.[44] 과거부터 그러했지만 제국주의와 전쟁으로 얼룩진 국제사회에서 정의는 개별 국가 내에서만 충분히 실현될 수 없고, 평화질서가 수립되지 않는다면 한 나라 내의 시민의 생존권도 보장되지 않는다. 그리고 이런 시민권을 확보하기 위해서는 국가 내 법적 권리 주체로서의 '시민'의 한계를 넘어서서 생산 재생산 영역에서 집합적 실천을 감행하는 주체인 '시민', 더 나아가 국제사회에서 정의실현에 나서는 '시민'의 상을 모색해야 한다. 이들 탈국가적 시민이 추구하는 시민성은 평화와 정의, 계급차별의 극복의 가치를 표방하는 국제적 노력에서 구체화될 것이다. 시민권의 확보 투쟁이 집단화되고 조직화 경우 그것 자체가 사회정의 수립의 일환이라고 볼 수 있다. 이 경우 시민성은 일차적으로는 망가진 사회와 국가의 도덕적 재건을 지향하지만, 국가와 민족이라는 기존 단위의 제한성을 반드시 넘어설 수밖에 없다.

한편 한반도가 당면한 남북한의 평화와 통일 문제도 이 점에서 그 동안 통일운동 세력이 추구해 온 것처럼 민족적 정체성의 확인, 대미 주권의 확보 차원에 접근하기 보다는 남북한 주민들의 사회적 시민권 확보, 남한 사회 내 배제된 사람들의 시민성 확보의 전망 속에서 접근할 필요가 있다. 남북한의 평화와 통일은 한반도 내에서는 이념적 분열 극복과 시민권이 충분히 보장된

---

44 Giddens, Anthony. 1987, *Nation-State and Violence*. Berkeley: University of California Press 참조.

새로운 민족국가의 수립을 통해 국가와 국민 간에 새로운 관계맺음을 성취하는 측면이 있을 것이고, 남북한을 아우르는 코리안들이 피해자 의식, 콤플렉스에서 벗어나 세계의 시민으로 발돋움할 수 있는 계기가 될 것이다.

탈국가주의의 관점에서 볼 때, 일본과 한국을 포함한 동북아시아의 경우에는 지역특수적인 시민권/시민성의 모색이 필요하다. 그것은 청산되지 않는 과거사로 인해 국가, 민족의 정치사회 단위가 과도하게 사람들의 사고와 의식을 지배하는 현실을 극복하는 문제다. 그리고 계속되는 갈등과 전쟁 위험, 핵 위험으로 인해, 이곳에 사는 주민 모두가 자신의 생명권을 박탈당할 위험성이다. 특히 경계에 선 사람으로서는 재일한국인들이 있다. 그들은 일본 제국의 '신민'이었는데, 샌프란시스코 조약과 남북의 전쟁과 분단으로 일본에서도 시민으로 인정받지 못했으며, 분단된 남북한 두 국가의 어느 한편의 시민도 되지 못한 변경인이 되었다. 재일한국인은 동아시아 시민성의 과거와 현재의 모순을 체현하고 있는 존재들이다. 일본의 식민지 과거사의 청산과 남북한의 통일이 이들의 아직 찾지 못한 시민성을 갖게 해 줄 과거사 극복의 정치적 과제라면, 동아시아 평화의 실현은 이들에게 새로운 시민성을 보장해 줄 수 있는 미래지향적 과제다.[45] 한 국가에 소속될 것을 강요당하지 않을 수 있는 권리, 하나의 언어나 생활 공동체를 택할 것을 요구받지 않을 수 있는 권리, 자신이 지금 살고 있는 곳에서 시민으로서 자격을 유지하면서 살 자격이 필요하다. 그것은 일본의 과거사 반성으로 해결될 문제만이 아니다. 남북한의 평화와 통일, 동아시아 집단 평화 질서의 정착이 국가의 경계를 넘어서는 시민권, 시민성 확보를 위해 필요하다.

---

45 재일한국인들의 시민권 보장은 남북한 관계, 남북한 각각과 일본의 관계, 일본 내에서의 일본 국가와의 관계 등이 얽혀 있는 매우 복잡한 사안이다. 재일한국인들의 처지는 동아시아 시민권과 시민성 문제의 복합성을 보여주는 가장 좋은 사례다. 이들의 처지가 어떻게 구조화되어 있으며 이들에 대한 시민권 보장이 어떻게 가능한가에 대해서는 서경식, 임성모, 이규수 옮김, 『난민과 국민 사이』, 돌베개, 2006 참조.

5. 맺음말

시민권은 국가와 개인의 관계, 특히 법적인 지위를 말해준다. 냉전과 신자유주의는 특정 부류의 사람들을 국가로부터 배제하거나 국가의 변경에 서게 만들었다. 이들 배제된 사람들과 변경인들은 국가로부터 인정을 받기 위해 개인적으로 노력했고, 부분적으로 목표를 성취했다. 그러나 일부는 적극적인 인정투쟁을 감행했으며, 폭력적 탄압이나 부인에 맞섰던 일부 사람들은 그 투쟁과정에서 '절대 시민성'을 보여주기도 했다. 시민성을 개인성, 개인의 자유와 평등을 전제로 하지만, 개인을 경제적 이익을 추구하는 원자론적으로 고립된 존재로 봐서는 안 될 것이다. 시민성의 내용인 공공성은 사의 개체적 단순집합이 아니라 사들의 관계적 복합체이다.[46] 시민권 쟁취 투쟁을 통해 시민성은 형성되지만, 시민권 투쟁은 가족과 국가의 틀 내로 머무는 경우가 많다. 시민성 역시 통상적으로는 국가의 법적 체계 안에 머물러 있지만, 그 궁극적인 실현은 가족, 민족, 국가의 단위를 넘어설 수밖에 없다.

1945년 이전까지 항일독립 투쟁이 곧 시민권 보장 투쟁이었고, 그 목표는 국민이 주권자가 되는 민족국가의 수립으로 집약되었다. 1948년 통일된 국민국가 수립이 좌절된 이후 적어도 1987년까지도 어느 정도는 민족의 가치가 시민성과 공존하거나 그 중요한 내용을 형성하였다. 국가주권, 민족적 독립과 통일이 없이 인간으로서의 존엄이 부인되는 점이 많기 때문이다. 그러나 신자유주의 경제 질서는 새로운 불평등과 차별을 만들어냈으며, 오늘날 시민권은 곧 형식상으로만 보장된 공민권의 완전한 보장과 더불어 사회적 시민권의 확보 문제로 집약된다. 그러나 지구화된 자본주의 질서와 가족 관계의 변화는 이제 한 나라 내에서, 가족을 단위로 하는 사회적 시민권 보장을 어렵게 만들고 있다. 그래서 오늘날 시민권의 문제는 가족과 국가의 틀을 넘어서야 한다.

---

46 박영은, 앞의 글, 301쪽.

그리고 21세의 시민성 역시 보편적 인민주권의 사상으로 발전되어야 할 시점에 놓였다. 오늘날 국가주의, 자국중심주의 민족주의는 사적 이해, 자유주의와 모순되지 않으며 시민권, 자유 민주주의의 가치에 대한 희생 위에 존재할 가능성이 크기 때문이다. 그것은 공동체, 평화와 정의의 가치를 중심이 두는 것이 되어야 한다.

참고문헌

1. 자료

단채신채호선생기념사업회 편, 「도덕」, 『단채신채호전집』, 1977.

강용주, 「나의 양심 지키기」, 『동아시아와 근대의 폭력 1』, 동아시아평화인권한국위원회 편, 삼인, 2001.

강용주, 「최연소 비전향 장기수, 그의 마르지 않은 눈물」, 『진실의 힘』 12호, 2012.8.

정현애, 「광주항쟁과 여성, 역사의 주체로 서다」, 『동아시아와 근대의 폭력 1』, 동아시아평화인권한국위원회 편, 삼인, 2001.

차병직, 「촛불과 시민권에 관한 성찰」, 참여연대 참여사회연구소, 『어둠은 빛을 이길 수 없습니다 : 2008년 촛불의 기록』, 한겨레출판, 2008.

「MB정부에게 우린 국민, 아니 사람도 아니었습니다」, 『민족21』 2009년 9월호.

2. 단행본

가라타니 고진, 송태욱 역, 『일본정신의 기원 – 언어, 국가, 대의제, 그리고 통화』, 이매진, 2003.

광주전남여성단체연합, 『광주, 여성 – 그녀들의 가슴에 묻어둔 5·18 이야기』, 후마니타스, 2012.

구해근 저, 신광영 역, 『한국 노동계급의 형성』, 창작과비평사, 2002.

김동춘, 『1997년 이후 한국사회의 성찰』, 길, 2006.

김진숙, 『소금꽃나무』, 후마니타스, 2007.

서경식, 임성모·이규수 역, 『난민과 국민 사이』, 돌베개, 2006.

서중석, 『이승만의 정치 이데올로기』, 역사비평사, 2005.

악셀 호네트 저, 문성훈·이현재 역, 『인정투쟁 – 사회적 갈등의 도덕적 형식론』, 사월의책, 2011.

오도엽, 『지겹도록 고마운 사람들아』, 후마니타스, 2008.

은수미, 『날아라 노동 – 꼭꼭 숨겨진 나와 당신의 권리』, 부키, 2012.

최정운, 『5월의 사회과학』, 풀빛, 2009.

한국현대사사료연구원 편, 『5·18민중항쟁사료전집』, 풀빛, 1990.

한병철, 『피로사회』, 문학과지성사, 2012.

후지카 쇼조 저, 최종길 역, 『전향의 사상사적 연구』, 논형, 2007.

G.W.F. 헤겔, 임석진 옮김, 『법철학』, 한길사, 2008.

Giddens, Anthony, *Nation-state and Violence*, Berkeley: University of California Press, 1987.

Marshall, T. H, *Citizenship and Social Class and Other Essays*, Cambridge: Cambridge University Press, 1950.

3. 논문

강옥초, 「그람시와 서발턴 개념」, 역사교육연구회 『역사교육』 제82호, 2002.

강은숙, 「저항집단의 생애사를 통해 본 사회적 트라우마티즘의 형성과정 – 5·18 시민군 기동타격대의 상처받은 5월 정신」, 성공회대학교 사회학과 석사논문, 2011.

김동춘, 「냉전, 반공주의 질서와 한국의 전쟁정치」, 『경제와사회』 통권 제89호, 2011 년 봄.

김연수, 「2008년 촛불항쟁 담론 연구 – 인터넷 응집주체와 진보적 지식인의 담론을 중심으로」, 성공회대학교 사회학과 석사논문, 2010.

김유선, 최장집 편, 「노동시장의 구조변화와 비정규직」, 『위기의 노동 – 한국 민주주의 의 취약한 사회경제적 기반』, 후마니타스, 2005.

노용석, 「민간인 학살을 통해 본 지역민의 국가인식과 국가권력의 형성– 경상북도 청도지역의 사례를 중심으로」, 영남대학교 문화인류학과 박사학위논문, 2004.12.

마이클 데닝, 「임금없는 삶」, 『뉴레프트 리뷰』, 도서출판 길, 2013.4.

박영은, 「한국에서 근대적 공개념의 형성과 성격」, 『현대와 탈현대를 넘어서 – 한국적 현대성의 이론적 모색』, 고 박영은 교수 유고집, 역사비평사, 2004.

전태국, 「세계화시대 한국사회 내적 성숙의 모색」, 『한국사회학』 제41집 1호, 2007.

케빈 그레이, 최장집 편, 「계급 이하의 계급으로서 한국 이주노동자」, 『위기의 노동 – 한국 민주주의의 취약한 사회경제적 기반』, 후마니타스, 2005.

水野直樹, "戰時期 朝鮮의 治安維持體制", 『岩波講座 아시아 太平洋 戰爭 7, 支配와 暴力』, 岩波書店, 2006.

Bryan Turner, "The Erosion of Citizenship", British Journal of Sociology, Vol.52 No.2, 2001.

Michael Mann, "Ruling Class Strategies and Citizenship", Sociology Vol.21 No.3, 1987.

Michael Walzer "The Civil Society Argument", Chantal Mouffe ed. *Dimensions of Radical Democracy*, London: Verso, 1992.

'국'권을 넘어 '인'권으로

류은숙

1. 들어가며

미국의 교육운동가 파커 J. 파머는 우연히 어떤 국가의 시민으로 태어났다고 해서 당연히 갖게 된 시민권의 소유자를 "저절로 된 시민"이라 칭했다. 탄생의 우연성에 기초한 시민 됨은 자랑스러워할 게 없고, 우연한 시민권의 선물을 받지 못한 사람들에게도 열려 있는 인권과 정의를 추구하는 시민으로 다시 태어나야 자긍심을 가질 만하다는 것이 그의 외침이다.

"저절로 된 시민", 즉 탄생의 우연성에 기초한 권리주장은 낡은 것이다. 낡았다는 것은 우리의 실천을 바꿀만한 근거가 되는 가치가 되기에 바람직하지 않다는 것이다. 물론, 모든 사람은 특정 정체성과 소속을 가질 수밖에 없다. 그걸 부인하거나 죄다 없애자는 말이 아니다. 다만 가질 수밖에 없는 그것이 폐쇄적이고 차별적일 필요는 없다는 것이다. 정체성과 소속은 그것으로 사람 사이를 단속하고 위계를 가르기 보다는 좀 더 개방적이고 좀 더 평등한 것이 될 수 있다.

그런데 국가와 국민간의 관계에 한정된 권리관은 이 우연성을 권리의 토대로 삼는다. 특정한 정치체에 속하는 특정한 국민적 시민으로 존재하는 한에서만 권리를 갖게 된다는 의식은 각종 귀속의식으로도 확장된다. "저절로 된 시민" 의식은 귀속의식(국가, 민족, 고향, 가족, 모교 등에 대한)을 사랑하는 데서 유래하는 차별감정과도 연결된다. 동일 집단에 소속된 자신과 타인을 자랑스러워하는 만큼 타 집단과 타인에 대한 차별을 당연시하게 된다. 이런 권리관은 비국민에게만 차갑고 배타적인 게 아니다. 한정되고 부족한 국가의 관심과 자원을 겨냥하여 국민 내에서도 끊임없이 위계를 가른다. 국민다운 국민과 그렇지 못한 국민, 그런 분류에도 셈하지 않는 그렇고 그런 사람들로 구별은 냉정해져간다. 이런 배제와 경쟁 속에서 내 밑에 누가 있으면 안심하고, 내 위에 대한 비판은 정치적 행동이 아닌 도덕적 비아냥에 머무른다.

"저절로 된 시민"은 그 정치체가 내부적으로 아무리 불평등하더라도 법적으로는 동등한 시민이다. 법적으로 동등한 시민이지만 사회는 위계화되어 있고 '권'이 부재한 사람들이 존재하는 게 현실이다. '권'이 부재하더라도 시민권자임을 자부하는 사람들은 자신과의 구별을 위해 타인(들)을 인류에서 배제하거나 열등한 인간들로 전환하는데 몰두할 수 있다. '권'이 부재한 저절로 된 시민들은 국가와의 동일시를 통해 국가에 집착하거나 타자를 배제하는데서 자기의 권리부재를 대리만족하려 한다. 지배세력은 배제와 혐오의 대상에게로 분노의 배출구를 돌림으로써 자신들의 부패와 불의와 무능을 은폐할 수 있다. 이것이 오늘날 세계 곳곳에서 벌어지고 있는 우익선동 정치와 배제의 정치의 현상이다.

특히, 분단 상황에 놓여있는 한국에서는 귀속을 전제로 하는 경계짓기와 보편적 인권의 문제가 심화된다. 서구의 근대시민국가가 보편적인 법적 평등을 빌미로 내부의 불평등을 무마해왔다면, 한국의 경우, 그것에 덧붙여 분단 위기가 작동한다. 불평등과 '권'의 부재에 대한 불만을 사회적 약자를 희생양 삼아 해소하려 드는 것이 일반적 경향이라면, 한국의 경우 그 약자를 찍어내는 기준에 '북'이란 존재가 첨가돼 작동해왔다. '종북 게이'라는 혐오표현의 등장에서 첨예하게 드러났듯이 기존의 배제의 논리에 덧붙여서 '북'이 동원된다. 국가와 민족을 중심으로 한 귀속 전제의 권리관은 국가주의의 동원에 방해가 되는 내부자에 대한 색깔론으로 물들어왔다. 또한 이미 '우리'에 포함돼 있지만 내·외부의 경계를 흐린다고 생각되는 이들을 철저하게 외부자 취급해왔다. 결혼이주민과 그 자녀 등에 대한 배제가 대표적 예이다. 이런 문제를 흔히 '소수자'의 문제라 하는데, 소수자의 문제가 '부분적'인 문제임을 말하는 것은 아니다. 소수자가 그 사회에서 받는 대접의 문제는 그 사회의 모순을 드러내는 '전체적' 문제이다. 부분의 문제가 아닌 전체의 문제로 삼는데서 권리 언어의 감수성이 드러난다.

권리의 토대를 어디에 두는가, 누구와의 관계에서 권리를 논하는가, 무엇을 위해 권리를 추구하는가를 물어야 한다. 권리는 그냥 좋거나 그냥 지켜야 한다고 당위적으로 말할 게 아니라 특정 맥락 안에서 처한 위치와 사용자의 정체를 밝히는 노동을 필요로 한다. 권리의 토대를 출생, 혈통, 계약 등에 두는 것과 인간의 존엄성에 두는 것, 국가와의 관계에서만이 아니라 다각도에서 사람 사이의 관계를 보는 것, 저절로 주어진 사회가 아니라 상호적으로 구성하는 사회를 구상하는 것이 권리를 맥락적으로 사고하는 것일 게다. 각종 소속에 대한 순혈주의에 매이고 자원의 배분에만 몰두하는 정치체가 아니라 공통 운명에 대한 자각 속에서 정치적 목적과 실현을 공유하는 공동체, 그리고 다양한 약자를 포함하는 정치공동체를 지향해야 인권을 누릴 수 있는 공동체를 꿈꿀 수 있을 것이다.

2. 권리에 대한 생각들

일단 권리란 단어가 한국 사회에서 어떻게 소통되고 있는지를 살펴보고 싶다. 권리란 단어가 풍기는 기운은 참 다양하다. 인권활동가라 칭하는 나는 치열한 생존권 투쟁의 자리에서 또 그것에 반대하는 사람들에 맞닥뜨려서,

참여자가 상이한 인권교육의 장소에서 다양한 권리의 목소리와 해석을 접해 왔다. 권리에 대한 생각과 태도가 참 다르다는 것을 실감해왔다. 그것은 냉소 · 냉담 · 배제의 언어이기도 했고 환대 · 포함 · 공감의 언어 때론 시혜의 언어이기도 했다. 숱한 이견과 갈등 속에서도 권리가 모종의 공통 가치를 구현하는 공동의 언어로 작동될 가능성이 있는지 고민이 된다. 아래에서는 내가 권리 내지 인권이란 단어에 대해 느껴온 문제의식들을 꼽아본다.

민권? 인권?

내가 인권이란 단어를 처음 접한 것은 1990년대 초였다. 대학을 졸업할 무렵에 '인권운동'이란 걸 해보지 않겠느냐는 제안을 받았을 때가 처음이었다. 소위 고등교육을 받았다고 하지만, 긴 세월의 교육 과정에서 인권이란 말을 접하거나 배워본 적이 없었다. '천부인권'이란 말을 간혹 스치듯 접하기는 했을 것이다. 하지만 그 말은 선언적 수사 말고 별 의미가 없었다. 오늘날에도 좌우이념을 안 가리고 인권에 대한 찬반을 떠나 수사적으로 동원되는 데서 천부인권이란 언어는 효용이 다한 것 같다. 1980년대 민주화운동 속에서 내가 인권의 유사어로 접했던 단어는 '민권 운동' 혹은 '민권 운동가'란 거였다. 민주화운동으로 고초를 겪는 분들 중에서 일부를 칭하는 말이 '민권 운동가'였다. 그렇게 지칭된 분들이 해온 일로 '민권 운동'의 정체를 추측해본다면, 민주화운동으로 구속되거나 고문 등의 박해를 당하는 이들을 지원하는 운동을 말했다. 민권운동가는 민주투사 가운데서도 그런 역할을 주로 하는 분들을 일컬었다. 주로 종교인 · 법조인이 그 대상이었고 피박해자의 유족이나 가족들로 확장돼 쓰이기도 했다.

인권운동이란 걸 시작했지만 인권에 대한 개념조차 없었던 나는 '민권'이란 말을 이런 식으로 이해했다. 그것은 국가와 국민간의 관계에서 국민의 대접을 제대로 받지 못하는 사람들의 권리를 되찾자는 것이다. 되찾자는 것이니 원래 있던 당연한 권리를 회복하자는 것이다. 여기서 '민권'은 '인권'과는 달랐다. 민권은 어디까지나 대한민국이란 국가와의 관계 속에서 명목상이나마 '국민'이란 지위에 있는 사람의 권리를 말하는 것이고, 인권은 '사람이라면 누구나'라는 보편성에 근거하여 사람에 아무런 단서도 달지 않는 것이다. 당시 한국사회는 한국인 외의 다른 사람을 떠올릴 여유(?)가 없었던 것 같다. 또한 국민된 권리를 핍박당했다고 일컬어지는 사람들에서도 소위 '민주투사'와 '민중'으로 호명된 사람들 사이에는 어떤 선이 느껴졌다.

민권 아래 인권?

다른 한편으론 인권이라 할 때는 사람대접을 받지 못하는 '사람 이하의 사람의 권리'라는 인식의 자취도 있었던 것 같다. 간혹 인권이란 말이 쓰이는 경우 공권력이 빈민구제의 차원과 마찬가지의 취지에서 (법무부 인권과의 업무 등으로) 무료 법률상담이나 지원을 해준다거나 (각종 르뽀 등에서) 식모, 버스 차장, 저임금 노동자의 취약한 처지를 폭로할 때 인권 문제라고 표제를 붙이는 식이었다. 인간 이하의 처우와 박해가 벌어질 때만 호출되는 극한의 언어가 인권이었다. 이것은 미국식 인권논의 중에서 자기네 시민의 권리는 시민권으로, 타국의 열악한(=열등한) 상황에서 벌어지는 문제는 인권문제로 구분하여 이중 잣대로 다루는 경향과 닮았다. 보통 국민의 당연한 권리와 견주어 국민 되지 못한 저급한 계층의 문제를 다룰 때만 호출하는 점에서 그렇다.

우리도 국민이고 우리도 인간이다

한국사회에서 통용돼 온 빈약한 인권의 언어에 살을 붙이게 된 것은 자신들의 문제를 인권문제라고 명명하고 등장하기 시작한 사람들의 행진이었다.

1990년대에 여성, 이주노동자, 성소수자, 청소년, 장애 운동 등이 인권을 앞세우고 스스로를 가시화하기 시작했다. 성희롱·가정폭력 등의 문제를 집안 문제, 사적인 문제가 아닌 공적문제이자 인권 문제로 만든 여성 운동이 침묵돼온 갖은 문제들을 끄집어냈다. 이주노동자들이 명동성당에서 쇠사슬을 두르고 '우리도 인간입니다. 때리지 마세요. 욕하지 마세요. 우리에게도 인권이 있습니다.'라고 외치거나 성소수자가 '나는 동성애자다'라고 공개적으로 존재를 밝히거나 중고생들이 '우리에게도 행복을 추구할 권리가 있다'며 강제야간 학습과 두발규제에 저항했다. 또 중증장애인들이 골방에서 나와 장애인 야학 등을 통해 자신들의 권리를 자각하고 조직화하기 시작했다(이런 흐름이 2000년대 이동권 투쟁으로 가시화된다). 학술적인 인권 담론과 정부의 대응은 훨씬 나중에야 본격적으로 인권을 언급하기 시작했다.

이런 운동은 인권의 보편성을 무기로 저항을 본격화한 신호였다. '국민'과 '인간'의 범주에 들어가지 못하는 사람, '전체 국민'이란 이름으로 배제돼온 사람이 누구인가를 질문하면서 인권의 보편성을 통해 한국사회(국가이건 국가권력에 저항해온 민주화운동이건)가 주창해온 '전체'가 보편적이지 않음을 폭로했다.

국제적 보편 규범으로서의 인권

1990년대 한국사회와 인권과의 획기적인 만남은 또 있다. 국제인권체제와의 만남이다. 오랜 세월 남북한은 유엔 공동 가입을 추진했으나 분리가입으로 귀결됐다. 대한민국 정부는 유엔의 뒤늦은 회원국이 되면서 주요국제인권조약을 비준하게 됐다. 또한 1993년 인권을 화두로 한 비엔나 세계인권대회가 열렸다. 전 세계적으로 정부대표만이 아니라 민간단체들도 대거 참가하여 대회를 치렀다. 정부 간 회의가 열릴 때 민간단체(NGOs)가 나란히 대안회의를 여는 전통이 이때 시작됐다. 한국의 인권단체들은 이 대회에서 인권의 세례를 듬뿍 받아 왔다. 국제인권체제와의 만남은 인권의 언어를 풍부히 하고 인권단체들의 연대체를 강화하는 등 긍정적인 면이 많았다. 인권단체들은 그간 주장하고 요구해왔던 것들에 '국제적 보편 규범'이라는 근거를 달 수 있게 됐다. 국제인권체제와의 만남에선 한계와 가능성이 동시에 등장했다.

한계라고 할 것은 국제인권체제를 한국의 위상과 민주주의의 강화라는 측면에 국한돼 사고하는 경향이다. 가령 정부 대표단은 세계무대에서 한국의 민주주의 향상을 홍보했다. 당시 외무장관은 비엔나에서의 연설문에서 "나는 한국에서 인권이 드디어 성숙에 이르렀다고 알릴 수 있게 된 것을 큰 기쁨으로 생각합니다. 나는 진실, 자유, 그리고 민주주의가 마침내 승리했다고 자랑스럽게 말할 수 있는 국가와 국민을 대표해서 여러분 앞에 서 있습니다."라고 했다. 군부독재정권을 몰아내고 문민정부가 도래한 당시 상황에서 다소 고무된 자화자찬이었다. 일부 언론에서는 국제인권규범을 수용하고 지킴으로써 한국이 국가다운 국가가 될 수 있다고 여겼다. 범 세계주의 같은 게 아니라 국가다운 국가를 생각하는 데서 나아가지는 못한 것 같다. 국제기준에 걸 맞는 국가다운 국가가 되는 것은 어디까지나 국민 된 자에게 해당하는 것이지, 그 국가가 비국민을 품으려는 시도나 관할권(해외파견기업 등)내에서 해야 하는 인권 의무에 대해서는 침묵했다. 국제인권체제를 일국 정부 대 인권으로 보는 시각의 단순 확장으로 여기는 것, 주권국가들 간의 연합장치로만 바라보는 시각의 한계는 국가의 권력에 의존하는 국내에서의 권리관과 마찬가지로 국제인권체제에서도 국제적인 법적·정치적 제도를 실현할 수 있는 강력한 국가들의 권력에 의존하게 된다.

가능성이라 할 것은 국가를 초월해 인권의 보편성을 생산하고 확장하는 새로운 정치시스템에 대한 상상, 그것에 공동참여자이자 기여자여야 한다는 생각으로 나아간 것이었다. 한국의 문제를 알리고 연대를 구하는 것에 머무는 것이 아니라 우리와 같은 고통을 겪는 타자의 권리에 관심을 갖게 됐다는 것, 적극적으로 연대활동을 벌이게 됐다는 것(동티모르 독립운동과의 연대, 아르

헨티나 오월광장 어머니회 초청 사업, 한국의 국가보안법과 유사한 법들을 갖고 있는 아시아 국가들 NGOs간의 연대 구축 등)이 그 사례이다.

일상에 등장한 인권

인권은 오랫동안 비참한 자들의 최후의 언어이거나 운동가들의 전유어거나 전문가들의 용어였다. 그랬던 인권이 비로소 일상에 침투하게 된 계기는 2001년 '국가인권위원회'의 설립일 것 같다. 서울 시청 한복판에 있는 건물에 국가인권위원회의 간판이 걸렸다. 일반 시민들이 인권을 일상어로 만나게 됐다. 아무런 문제의식 없이 쓰던 '살색 크레파스'의 '살색' 표현이 인권감수성의 문제라 지적됐다. 채용 시 이력서에서 요구하는 사항들에 인권침해의 소지가 제기됐고 일부 기업들이 자발적으로 이력서 규정을 고쳤다. 이런 식으로 한국 사회가 그때껏 고민하지 않았던 문제들이 '그런 것까지 인권문제야?'라고 반문할 정도의 사안들이 인권문제로 쏟아졌다. 국가인권위의 결정과 권고는 파란과 논란을 불러일으키곤 했다. 가령 국가인권위가 인권의 이름으로 국군의 이라크 파병을 반대하는 의견을 표명했다. 정부의 결정에 반하는 의견표명이라는 데서 큰 논란이 있었다. 한국사회를 오랫동안 지배해온 색깔론과 이념갈등이 '인권'을 둘러싸고도 반복됐다.

한편으론 감옥, 군대, 학교, 병원 등과 사회복지, 교육, 정신보건 등 여러 장소와 분야에서 인권교육이 의무화되고 인권교육이 실행됐다. 사회 여러 분야의 종사자들이 인권을 업무와 떼놓고 생각할 수 없게 됐다. 한편에선 당연히 해야 할 일이라는 긍정과 기대가 커졌고 다른 한편에선 권리 요구에 대한 피로감 호소와 도대체 인권이 뭔지 모르겠다는 난감함이 표출됐다.

3. 공통의 언어로서의 인권

권리의 언어 내지 인권의 언어가 늘어나면서 문제점들이 나타났다. 인권에서 '인'을 빼고 '권리'에서의 힘만을 취하고 싶은 경향, 권리의 관계성에 대한 사유의 부족, 공유하는 권리로서가 아닌 사적/사유의 권리로서의 권리관, 구별을 위한 자격을 중시하고 그 자격을 소속 중심으로 삼는 경향 등이다. 그럼 권리가 이와 반대의 경향으로 소통되려면 어떤 권리를 말해야 하는가?

인권이란?

인권은 '고립적'으로 '갖는' 권리가 아니라 사람과 사람 '사이'에서 맺는 '관계'로 구축되는 것이다. 권리란 타인과의 관계에서 무엇을 할 수 있고 없는지를 정하는 제도적으로 정의된 규칙들이다.

'人(인)', '사람'은 무엇인가? 이에 대한 답은 확정적이지 않다. 오랜 역사에서 인간 사회는 어떤 인간에 대해서 '비'인간 혹은 '덜'인간이란 이유로 구별하고 배제해왔다. 특정 범주의 인간에 대해 '비'인간 혹은 '덜'인간이란 꼬리표를 붙이고 차별과 폭력으로 대하는 집단적 습관에 도전하는 것이 인권이다.

인권에는 흔히 '사람이라는 이유만으로'라는 조건 아닌 조건이 붙는다. '사람이라는 이유만으로'가 의미하는 바는 '생물학적으로 인간이니까'식의 의미가 아니다. 합리적 행위능력을 능동적으로 실천할 수 있는 사람에게만 인격성을 부여하겠다(즉, 특정 조건을 충족해야만 인간으로서 존중하겠다)는 것도 아니다. 그 어떤 사람에 대해서도 존중을 표함으로써, 즉 인간의 격을 낮추는 무례한 취급을 하지 않음으로써, 인간의 존엄성을 존중하겠다는 의지의 표현이다. 또한 누구에게나 존중을 표현하는 방식으로 행동할 의무가 있음을 말한다.

특정 범주의 사람에 대해 인간성을 드러내놓고 거부하는 것은 갖은 인권침해의 온상이 되어왔다. 그런 침해는 간혹 불의한 법과 정책의 이름으로 뒷받침될 수도 있다. 이에 인권은 법적 권리에 그칠 수 없다. 인권은 법적 권리의 정당성을 따지는 잣대의 역할을 한다. '사람이라는 이유만으로 마땅히 받아야 할 존중이 있다'라는 '옳음'에 근거한 도덕적 권리는 법적 권리를 개선하고 추동하는 동력이 된다.

권리의 성격

각 사람에게는 저마다의 욕구와 이익이 있다. 각자의 그때그때의 지나가는 욕구는 충족될 수도 안 될 수도 있다. 그것의 충족 여부에 따라 이익이냐 손해냐를 계산하는 방식도 다양하다. 반면 권리는 사람다운 존중을 받을 공통된 지위, 그리고 사람 사이에 자유롭고 평등한 관계를 지키는 것이다.

가령 '나는 샴페인을 마시고 싶다'는 욕구는 '모든 사람의 안전하게 마실 물에 접근할 권리'와 같지 않다. '내 집 값이 떨어질 테니 특수학교 설립은 안 된다'는 손해의 주장은 '학령기의 모든 아동이 평등하게 기본적 교육을 받을 권리'에 대한 침해의 근거가 될 수 없다.

인권은 모든 사람의 평등한 자유를 보편적으로 보장하는 권리들을 말하는데 여기서 자유롭다는 것은 각자의 욕구와 본능에 따라 '맘대로' 하는 것이 아니다. 인간이 자유롭다는 것은 그런 욕구와 본능에 휘둘리지 않고 가치를 판단해 행위할 수 있다는 것이다. 자유는 근본적으로 관계의 어휘다. 사람들은 좋은 관계 속에서, 타인과의 행복한 공존 속에서 비로소 진정한 자유를 느끼는 것이다.

한 구성원의 자유를 확정하는 것은 다른 이의 권리의 범위를 필연적으로 확정하게 된다. 그러므로 자유는 관계적 성격을 갖는다. 따라서 권리 확정은 항상, 그로 인해 설정되는 관계가 기본권 주체들의 근본적인 관계를 훼손하는 것이어서는 안 된다. 가령 1인칭 관점에서 뭔가가 좌절됐다고 해서 자유권이 제한됐다고 곧바로 말할 수는 없다. 내가 아무 때나 어디서나 큰소리로 버스킹(길거리 라이브 공연)을 할 수 없다고 해서 자유가 제한됐다고 말할 수는 없다. 그것은 자유의 관계적 성격을 철저히 무시하는 것이다.

또 어떤 사람에게 실제의 역량과 자원이 없다고 해서 자유를 제한할 수는 없다. 가령 장애로 인해 스스로는 이동할 수 없는 경우라도 이동의 자유를 제한할 수는 없다. 이런 경우 휠체어와 편의시설 제공으로 이동의 권리가 보장될 수 있다. 권리를 인정한다는 것은 권리 제약·박탈을 사적인 문제(개인적 장애)가 아닌 우리 '사이'에 존재하는 '공적'인 문제(나에게도 '관계된'문제, 편의시설의 문제)로 재인식, 재수용하는 것이다.

권리주장의 의의

장애인이 이동할 때마다 주변 사람에게 호의를 요청해야 하는 것(들어서 옮겨달라는 식)과 편의증진법에 따라 설치된 편의시설을 이용해 스스로 이동할 수 있는 것(권리에 따른 자력화)은 다르다. 이런 편의시설을 누릴 권리는 장애인뿐만 아니라 일시적·장기적으로 이동에 취약한 모든 시민의 보편적 권리이다.

권리주장은 '이기적'인 것, '권리보다는 의무를 알라'는 식의 오해와 압력이 많다. 이것은 권리의 '관계성'에 대한 몰인식이자, 권리주장은 자유의 전체 체계를 강화한다는 것을 무시하는 것이다. 가령 부당해고의 위협에 맞선 권리 주장이 쟁취하는 것은 개인의 고용 안정만이 아니라 그런 위협을 진 사회적으로 제지하는 효과를 낳는다. 부당함을 강요하는 체계에 맞서 권리를 주장하고 누리는 것은 전체 구성원의 자유를 강화한다.

우리는 타인의 고통에서 나의 고통의 잠재성(나에게도 닥칠 수 있는 일)을 본다. 즉, 타인에게 일어난 권리침해가 나의 권리침해와 연관돼 있다는 깨달

음이다. 가령, 소위 '섬 노예 사건'을 생각해보자. 민주공화국에서 '노예'라는 단어를 쓴다는 것 자체가 문제가 있다. 이 사건은 지적장애가 있다고 해서 임금도 제대로 안주고 학대한 것이다. 이런 인간의 고통이 '나에게는 안 닥칠 일'이 아니라고 여기기는 쉽다. 그런데, 나는 민주공화국의 시민으로 '평등한 자유'를 누릴 권리를 갖는다. 이 권리는 대한민국이란 정치공동체내에서 그 누구도 '노예 같은 처지'에 빠져서는 안 된다는 걸 전제한다. 소위 '섬노예 사건'은 그런 기본 원칙을 깨뜨린 사건이다. 그럼, 나의 '평등한 자유'의 토대가 깨진 것이다. '있을 수 있는 일'이란 태도는 착취당한 지적장애인의 권리에 대한 존중이 결여된 것이다. 타인에게 자의적인 간섭을 할 수 있는 권력을 허용하는 게 아니라 그런 권력에 맞서는 것이 정당한 자유인의 의무이다.

특수한 권리와 인권의 차이

'관계성'을 무시한 자의적인 권력과 간섭이 '권리'의 이름으로 오남용되는 게 현실이다. 사실상 특권이자 권력인 것에 '권리'라는 이름을 붙이는 건, 권리가 가진 힘을 이용하려는 의도에서다. 이런 권리는 타인을 배제하고 구별할수록 돋보이고 힘이 세진다. 실정법이 강자 위주로 만들어지고 집행될 때, 법적 권리란 이름으로 약자의 권리를 압박하기도 한다. 반면 보편적 인권은 배제를 배제하려는 것이다. 인권은 '사람에 대해 옳은 것'이란 도덕적 권리로 (간혹 부당하게 작동하는) 현실의 법을 압박한다.

이에 'Rights Talk'와 '인권 주장'의 차이를 감별하는 노동이 요구된다. 'Rights Talk'는 미국 하버드대의 한 사회학과 교수가 쓴 책 제목이다. '입만 열면 권리타령'이라 번역할 수 있는데, 이건 권리를 권리의 관계성에서 사유하고 실천하는 게 아니라, '내 것 챙기기'에 몰두하는 태도를 비판하는 게 이 책의 요지이기 때문이다. Rights Talk에 몰두하는 이들은 극단적인 개인주의 언어를 애용하고, '이기냐 지냐'의 권리 대결과 승패에 몰두한다. 정치적으로 논의할 일을 '법원에서 보자'는 식으로 하거나, '이건 내 권리인데, 당신이 뭔데?'식으로 타자를 무시하며, 내 권리는 '절대적'이니까 타협불가능이란 태도를 취한다.

권리의 맥락에 대한 인식 기술이 부족하면, 각종 권리를 따다 붙이기만 하면 자기 권리가 되는 줄 안다. 어떤 맥락 안에서 어떤 위치에 있는 사람이 무슨 권리를 말하는 가를 따져볼 줄 알아야 한다.

4. 대결/배제 위주의 권리

그럼 우리는 권리언어를 맥락에 맞게 소통하고 있는가? 앞서 살펴본 것처럼, 민간에서나 국가기구에서나 인권을 자주 언급하게 됐고, 사회의 온갖 문제들이 인권의 문제로 읽히고 해석되는 일이 많아졌다. 바람직한 변화도 많았지만 '권리'를 둘러싼 미묘하고 불순한 의도도 자주 목격됐다. 개념어로 쓰일 때와 일상어로 출몰할 때의 언어는 아주 다르다. 권리의 공존과 존중을 이해할 수 있는 제도와 경험이 부족한 사회에서 권리는 이중어로서 다양한 파편을 만들게 됐다. 일상으로 침투한 권리의 언어는 안보이고 무시되던 문제를 인권의 눈으로 들여다보게 됐다는 점에서 긍정적이다. 반면 그림자를 동반한 것도 사실이다. 자기비판과 맥락의식 속에서 습득해야 할 권리 언어가 자기이익과 동류의식 속에서만 배타적으로 쓰일 때 폐해는 크다. 여기서는 권리 언어 확산의 긍정적인 면이 아닌 부정적인 면에 대해 주로 다루려고 한다. 대표적인 것이 혐오표현을 표현의 자유/권리로 주장하는 흐름 등이다.

과거에 '이건 인권 문제야'라고 할 때면 일단 숙연함과 존중을 보였다면, '그것만 권리냐? 내 문제도 권리문제다' 식의 맞불대결이 잦아졌다. 그것도 안정된 권력을 쥔 쪽에서 자기의 기득권에 대한 도전을 권리의 맞불작전으로 대응하는 일이 잦아졌다. 아마 권리라는 언어의 힘을 알았기에 자기들이 적극적인 사용자가 되려 하는 것일 게다. 권리는 타자(국가를 포함)에게 뭔가를 하도록 요구할 정당성을 갖는 힘이다. 그런 힘을 이미 강자인 쪽이 빼앗아가려는 일이 흔해졌다. 노동권에 맞서 자본가의 영업권이나 대항권이니란 신조어를 대형로펌이 만들어내고 법원에서 그걸 인정해주는 식이다. 국가권력이나 고위공직자가 권리의 이름으로 시민/시민단체를 고소고발(명예훼손 등)하거나 대립할만한 집단을 부추겨서 맞소송을 하도록 부추기는(집회가 잦은 지역의 상인회를 움직여 손배소송을 걸게 하는 등) 식으로 권력을 표현하는데 권리 언어가 동원됐다.

한편 정반대편에서도 이상한 일이 벌어지고 있다. 권리란 목소리를 갖지 못하거나 무시당한 이들의 '정치적 주체화'를 도모하는 것이다. 이것은 '약자의 권리주장은 무조건'이라는 것과는 다르다. 그런데 '사회적 약자=권리'라는 묘한 등식이 주장되곤 한다. 취약한 처지와 위치가 인권문제와 밀접한 것은 사실이지만, 그것이 권리의 정당성을 입증하는 것은 아니다. 당국과 자본의 탄압을 받는 노조활동가가 한편에선 이주노동자 추방운동을 한다거나 반인권적인 조치나 정책을 우리 편의 안전(권)의 이름으로 요구하기도 한다. 어떤 권리 옹호에 찬동하다가 그것이 이주자를 포함한다고 하면 냉담하게 돌아서서 반대하기도 한다.

또 사회적 사실로서의 약자가 기존의 권력구조와 권력자의 이념에 자신을 동일시하는 경우가 있다. 실제의 자기와 자기 동료들에게 무력감을 느끼기에 권력자를 닮고 싶어 하고 권력자처럼 생각하고 행동하는 것이다.

최근 들어 가장 큰 문제는 혐오표현이 표현의 자유란 권리중의 권리를 내세우는 행태다. '내가 싫다는데', '나에게도 표현의 자유가 있다구' 식으로 특정 개인이나 집단을 향한 혐오표현을 권리의 이름으로 맞불 놓는 움직임이 커졌다. 권리를 통해 '할 말'을 할 수 있는 게 아니고 '할 말 못할 말'을 다할 수 있다고 여기고 그걸 거침없이 표현과 행동으로 옮기게 됐다.

나열하자면 끝이 없을 것이다. 한국 사회에서 오남용되는 권리 언어의 문제점을 몇 가지로 추려보면,

1) 국가와 국민간의 관계에서는 중요시하는 인권을 비국민과의 관계에서는 거추장스러워하는 시각이다.

2) 기득권내지 특권이라 할 것들에 권리의 테두리를 두름으로써 그것과 피차별자/피박해자들의 정당한 인권요구를 같은 것(같지 않음에도)으로 상정하고 대립시키는 경향이다.

3) 권리 언어를 기득권의 주장에 따다 붙일 때는 강력한 권리로 해석하는 반면, 비국민 내지 국민 내에서 배제당하는 사람들의 주장에 붙일 때는 권리가 아닌 시혜의 문제로 구별/오해하는 경향이다.

4) 전 국민에 호소하는 방식의 정치는 '전체 국민'이라는 이름으로 차이를 무시하고 배제하는 경향이 있다. 일반 국민의 정서에 미치지 못한다는 이유로, 전 국민의 동의를 얻기에 미흡하다는 이유로, 기본적 인권이 무시되는 경향이 있다. '전체'로 일컬어진 것이 사실상 다수를 표방한 권력자(들)의 것 또는 전체를 자임하는 부분의 소리라는 것이 무시된다. 전체나 일부, 개인 대 전체사회라는 식의 잘못된 대립구도로 권리 논의를 몰아간다. 권리 언어는 전체의 이름으로 억눌린 부분, 다수의 이름으로 길들여지지 않는 요구에 열려있음을 요구한다.

5) 극히 일부의 문제이지만, 소위 '권리 갑질'이란 말이 등장할 정도의 문제현상이 있다. '상처받았다'는 말로 모든 복잡한 상황을 정리하려는 경향, '나(우리)는 약자이니 나에게 모든 것을 맞춰라' 식의 경향이 비판과 연대를 마비시킨다. 누구나 차별의 가해자도 피해자도 될 가능성이 있기에 어느 맥락에서나 자기비판 의식이 권리에는 중요하다. 자기비판 의식이 결여된 권리 언어의 사용은 (아무리 사회적 약자라 할지라도) 타자의 권리를 억압하면서 내집단의 권리 우위를 주장하는 패턴의 답습이란 비판을 피할 수 없다.

6) '보통'을 자임하는 사람들의 불만이 고조되고 있다. 여기서 '보통'이란 전형적인 피차별 집단에 속하지 않는다고 자임하면서도 자신들이 되려 불이익(또는 역차별)을 받고 있다고 여기는 경우를 말한다. 이들의 불만은 '왜 우

리는 왜 안 챙겨?'란 것이다. '여성 등의 소수자, 취약자, 외국인 말고 소위 보통인 사람들의 삶도 힘들고 불안하다. 그런데 권리 논의는 왜 다른 사람들 얘기만 하고 우리는 돌보지 않느냐'는 반감의 표출이다. 자신들이 잠재적 가해자로 치부될 뿐 아니라 과도한 책임을 지고 있다고 억울해한다. 문제는 자신들이 '당연하다'고 여기고 누려온 것에 대한 자성은 없고, 구조적으로 더 힘든 상황에 처해있는 이들의 차별 문제를 '역차별'이란 말로 억압한다는 것이다. 삶의 고통과 경제적 불안이 악화되고 있는 가운데 이것을 '공동의 문제'로 여기는 접근과 '고통간의 위계'를 나누려는 접근은 다르다. 어떤 소수자나 이방인이 자기보다 최저이면 '소위 최저(로 분류되는) 한국인들'은 최저가 아닐 수 있다는 착시가 아닐까?

한편으론 공정과열사회도 혐오를 상승시킨다. 자연적 불평등(태생, 가족배경)과 재능과 성취의 불평등이 맞물려 있다는 증거들 속에서 각종 시험으로 능력을 줄 세우는 것이 한국사회에서 유일한 공정 제도인양 오인되고 있다. 보편적인 노동권보다는 시험 안본(못 본) 사람과의 격차 보장을 권리로 주장하는 양상이 나타나고 있다. 전형적인 차별 말고 능력에 따른 차별은 괜찮다는 것이 줄 세우기, 그로 인한 소속 형태에 따른 차별을 정당화하고 있다.

인권을 침해하는 것, 타인에게 부당하게 대하는 것이 나쁘다는 건 누구나 안다. 만약 그런 경우 죄책감을 느낄 수 있다. 죄책감을 갖지 않으려면 손쉬운 방법은 타인이 나쁜 것이라고 판단하는 것이다. 판단할 근거는 과학적이든 사실이든 편향됐든 간에 얼마든지 만들 수 있다.

권리는 공유되는 것이고 관계적인 것인데, 왜 이런 괴리감이 생기는 것일까? 그리고 사회적 불평등에 대한 반감이 왜 반-권리 의식과 약자를 향한 혐오표현으로 표출돼야만 하는 것일까? 억울하니까 보복해야겠다는 표출로서의 권리언어 말고 더 많이 더 깊게 포함하는 권리, 서로에 대해 상호보장해주는 권리를 왜 상상하지 못하는 것일까? 인권운동은 이런 물음 앞에서 규범과 당위로서의 설명이 닿지 못하는 난관에 맞닥뜨려 있다.

보통사람들이 만들어내는 나쁜 타인에 대한 감정과 판단에 맞선 끊임없는 원칙(추상적인 인권의 보편성에 머무는 것이 아닌, 권리 언어를 구체적인 생활의 언어로 구현할 수 있는 역량배양과 그에 부응하는 제도 혁신의 프로그램을 갖춘)의 이야기, 양질의 이야기로 혐오표현을 포위하기, 비판 정신과 섬세한 감수성의 훈련과 실천 밖에는 없을 것이다.

5. 어떤 감수성의 공동체?

'중국 동포 환영', '동포는 사절합니다.' 식당 등의 구인광고에서 흔히 볼 수 있는 문구다. 서로 다른 업종이 아니라 같은 업종 내에서 환영과 거절이 동시에 표현된다. 짐작컨대, 환영 문구의 경우 한국인을 구하기 힘든 열악한 조건이기에 대놓고 중국 동포를 찾는 것이고, '동포 사절'은 사장 나름의 어떤 편견과 경험이 작동한 것이라 본다. 가령 사장들이 노동인권단체 등에 흔히 털어놓는 말은 '드세서 다루기 힘들다(고분고분하지 않다)', '자주 옮긴다. 한 푼이라도 더 준다면 바로 옮기더라.', '왠지 찜찜하다' 같은 것이다.

인종주의라 하면 백인에 의한 비백인 차별만을 떠올리는 경향이 있다. 하지만 인간의 어떤 고유한 특질을 문제 삼아 위계를 나누려는 것은 어떤 식이든 인종주의라 할 수 있다. 한국민의 인종주의적 특수주의는 인권의 보편성과 대립한다. 적과 아의 구분이 분명할수록 단단한 일체를 이룰 수 있다. 한국사회는 북을 오랜 적으로 취급해왔고 북과 관계된 모든 것은 병적 공포의 대상이 돼왔다.

한국사회에서 통용된 권리 언어는 공유보다는 사유의 의미로서가 크다. 권리 언어를 통한 사회경제적 자원의 분배를 둘러싼 갈등이 첨예할 뿐 아니라 민족문제, 대북(대남)정책 등 이념적 갈등에서 특정 세력의 '전체'를 자임한 권리가 타자의 침묵을 강요하는 식으로 작동해왔다. 인권은 자연적인 게 아니라 인위적인 것이다. 서로 공동으로 형성한 세계 속에서 서로에 대해 부여하고 보증해주는 권리들만큼이 한국사회의 인권일 것이다.

한국 사회가 어떤 타인/이방인을 품은 후에 '자 이제, 다음번 이방인 들어오세요' 식으로 움직이지는 않을 것이다. 지금 여기서 누가 어떤 대접을 받느냐가 앞에 온 이방인이건 뒤에 온 이방인이건, 또 서로 연결된 우리의 운명을 좌우한다. 현재적 내용에 미래의 이방인에 대한 대접이 잠재돼 있다. 통일된 나라의 시민은 현재적인 것에 의해 조건 지워질 것이다.

소속 없음/소속불안이 더욱 소속을 권리 자격으로 치부하게 만든다. 인간으로만 남을 때의 멍에를 누구보다도 잘 아는 사람들이 늘어가고 있다. 불안한 처지에서 갖지 못한 것(누리지 못하는 것)만을 강조하고 서로 빼앗기에 몰두함으로써, 당면한 문제를 개인적 문제가 아닌 보편적 문제, 곧 같이 풀어야 할 문제로 만드는 데 실패하고 있다. 혐오와 차별 그 자체가 심각한 고통을 유발하지만, 근본적으로는 목소리를 낼 권리, 정치에 참여하고 그것을 통해 자신의 삶을 통제할 근본적 권리를 침해한다는 문제가 있다.

'국'권과 '인'권의 차이는 인권에서 오랜 난제였다. 잘 알려져 있는 아렌트의 역설이 그것이다. "인권은 양도할 수도 없고 누구도 소외될 수 없다고 추정되지만, 주권 국가의 시민이 아닌 사람들이 나타날 때면 항상 인권은 강요할 수 없는 것이라는 사실"로 집약되는 역설이다. 인권을 믿는다고 고백한 사람들이 인간이라는 사실 외에는 모든 다른 자질과 특수한 관계들을 잃어버린 사람들과 마주치는 순간, 인권개념은 파괴되기 때문이다. 아렌트의 역설에서 '국'의 의미는 우선적으로 국가에 소속된 시민권을 말하지만, 문제시된 같은 패턴을 확장하면 '소속 있는' 또는 '귀속의식'으로 바꿔 말할 수 있다. 국가 중심적 인권은 다른 말로 하면 소속 중심적 권리관이다. 국가 소속, 어떤 집단에 소속돼 있는가가 권리자격과 지위와 직결되고 소속 밖에서는 시혜를 구할 뿐인 게 인권이 당면하는 문제이다.

국가 중심적 인권에 비판적이라는 것이 국가가 필요 없다는 말은 전혀 아니다. 인권은 국가를 필요로 한다. 무능한 국가, 폭력국가가 인권침해의 온

상이라는 것을 온 세계가 증명하고 있다.

권리언어로 의사소통이 가능한 사회, 권리에 열려있는 사회. 그 어떤 이방인과 조우하더라도 그 언어의 개방성을 공유할 수 있어야 한다. 누군가 새로이 나타나서 말을 할 때 우리 공동체에서는 너의 말할 권리와 참여에 혈통 등의 자격이 필요하지 않다는 게 필요하다. "피압제자들의 해방은 그들 자신에 의해 쟁취될 수 있을 뿐"(발리바르)이라는 원칙이 구현될 수 있는 사회의 토대는 타인/이방인의 존재와 말, 참여를 통해 공동의 세계를 구성하려는 행위에 달려 있다.

'민족'을 향해 뜨거워지는 것이 아니라 오히려 차가워지는 게 필요할지도 모른다. '뜨거운' 무례함보단 '차가운' 정중함이 필요한 감수성이 아닐까. 민족이란 혈연적 자연성이 자동적으로 결합시켜 줄 것이란 생각은 환상이 아닐까. 바로 지금 당면한 이방인에 대한 상생과 환대의 문제, 인종차별주의의 극복은 혈연민족주의를 벗어난 탈분단 극복의 길일 것이다. 보편적 인권 실천이 묶어내는 연대, 새롭게 나날이 만들어내는 또 다른 차원의 귀속의식이 오히려 탈분단을 가능케 할지 모른다. 혈통에 근거한 '자연적'인 공동체가 아니라 '인위적'인, 즉, 우리들이 참여자로서 만드는 공동의 정치체의 구성원으로서 서로 간에 느끼는 동료의식, 차이에 대한 존중이 오히려 필요할 것이다.

"떠돌이 개는 길들이지 않는 마을로 온다."

내 사무실에 걸려 있는 그림의 제목이다. 화가의 의도가 뭔지 모르겠지만, 내 나름대로 이 말을 해석해본다. 우리 모든 사람은 떠돌이 개와 같다. 우리 모두는 개인이고 싶다. 계산불가능한 독특성을 가진 존재이자 대체 불가능한 존재이고 싶다. 그렇다고 친밀한 관계를 거부하는 것도 아니고 마을 없이 살 수도 없다. 특정 가치관을 강요하거나 속박하거나 자기편에 맞춰 길들이려 하지 않는 마을 속에서 살아가고 싶다. 끼리끼리가 아니라 이질적인 존재들끼리 상호의존 관계를 끊을 수 없는, 공동으로 당면한 문제들에 대한 책임을 공유하는, 그런 마을이 요구된다.

논문 출처

- 도지인의 「전후 이승만정부의 북한 인권문제 제기와 반공주의, 1953-1959」은 『통일인문학』 제73집, 건국대학교 인문학연구원, 2018년 3월에 실린 글이다.
- 정진아의 「유신체제 국가주의, 반공주의 교육의 내면」은 같은 제목으로 『통일인문학』 제73집, 건국대학교 인문학연구원, 2018년 3월에 실린 글이다.
- 전영선의 「적대 이미지와 기억의 공공화」는 『문화와 정치』 제5권 3호, 한양대학교 평화연구소, 2018 에 게재된 「'적대'의 이미지와 기억으로 본 북한」을 수정, 보충한 것이다.
- 조은의 「전쟁과 분단의 일상화와 기억의 정치」는 한국학술진흥재단의 연구비 지원 (KRF-2005-079-BS0063)을 받았으며 2007년 비판사회학대회와 한성대 전쟁과 평화 연구소 콜로키움에서 「전쟁과 분단의 일상화와 '기억만들기' 불균형」이라는 제목으로 발표한 논문을 수정 보완한 것이다.
- 권금상의 「남북한 미디어의 탈북인/탈북탈남인 서사」는 2014년 정부(교육부)의 재원으로 한국연구재단의 지원을 받아 수행된 연구이다(NRF-2017S1A3A2065782).
- 임경화의 「국내 비한국계 코리언들의 언어현실과 언어적 공공성」은 같은 제목으로 『통일인문학』 제73집, 건국대학교 인문학연구원, 2018년 3월에 실린 논문을 수정, 보완한 것이다.

저자 소개

- 도지인은 건국대학교 통일인문학연구단 HK연구교수이다. 2010년 북한대학원대학교 박사과정 10기로 입학해 2013년 "*Reversing Friends and Enemies: The American Factor in the Sino-Soviet Split and North Korean Crisis Mobilization, 1962-1968*"이라는 논문으로 박사학위를 받았다. 논문으로 「1960년대 한국의 중립국 및 공산권 정책 수정에 대한 논의」 한국과 국제정치 제 33권 4호, "Loss Aversion and Risk Taking in North Korean Strategy, 1967-1968" *Asian Perspective* 제 40권 3호 등이 있다.

- 정진아는 건국대 통일인문학연구단 HK교수 및 대학원 통일인문학과 교수이다. 연세대 사학과에서 박사학위를 받았다. 한국역사연구회 편집위원, 역사문제연구소 연구위원을 맡고 있다. 해방 후 코리언들이 만들어가고자 한 국가, 사회, 개인들의 모습에 관심이 많다. 저서로는 『문화분단』(공저), 『분단생태계와 통일의 교량자들』(공저), 『역사학의 시선으로 읽는 한국전쟁』(공저) 등이 있다.

- 전영선은 건국대 통일인문학연구단 HK연구교수이다. 고전문학의 현대적 전승과 남북한의 변용 연구로 문학박사 학위를 받았다. 북한 사회문화, 북한 문화예술, 남북예술의 소통과 교류협력을 주제로 연구를 진행하고 있다. 주요 저서로는 『NK POP : 북한의 전자음악과 대중음악』, 『북한의 체육정책과 체육문화 : 위성은 우주로, 축구는 세계로』, 『북한에서 여자로 산다는 것』, 『김정은 리더십 연구』, 『글과 사진으로 보는 북한의 사회와 문화』, 『영상으로 보는 북한의 일상』 등이 있다.

- 조은은 동국대 명예교수이다. 서울대 영문학과를 졸업하고 미국 하와이 대학교에서 박사 학위를 받았다. 한국여성학회장, '공동육아와 공동체교육' 이사장, 대안문화단체 '또 하나의 문화' 이사장 등을 지냈다. 저서로는 『성 해방과 성 정치』(공저), 『침묵으로 지은 집』, 『동아시아의 전쟁과 사회』(공저), 『도시빈민의 삶과 공간』(공저), 『사당동 더하기 25』 등이 있다. 동국대 사회학과 교수로 재직하며 여러 실험적인 글을 발표했다.

- 권금상은 충남대학교 교육사회학으로 박사학위를 한 후 충남여성정책개발원에서 다문화 정책 연구위원을 했다. 북한대학원대학교 북한사회문화언론으로 박사학위를 수여한 후 동대학원 SSK남북한마음통합연구단에서 연구교수를 역임했다. 현재 서울시건강가정지원센터에서 일하고 있다. 주요저서는 『10가지 질문 다문화사회의 이해』(공저), 『분단된 마음의 시도』(공저), 『분단된 마음잇기』(공저) 등이 있으며 남북통합을 위해 북한여성과 가족에 관심을 가지고 연구하고 있다.

- 김엘리는 명지대학교 방목기초교육대학 객원교수이다. 이화여자대학교에서 여성학 박사 학위를 받았다. 관심분야는 감정정치, 남성성의 변화, 평화운동, 여성군인의 주체 구성이다. 주요논문으로 「여성의 군 참여논쟁」, 「여성군인의 능력 있는 자기 계발과 군인 되기」 등이 있고, 공저로는 『그런 남자는 없다』, 『페미니즘, 리더십을 디자인하다』, 『통일연구의 현재와 미래』 등이 있다. 또한 『군사주의는 어떻게 패션이 되었을까』(공역), 『여성, 총 앞에 서다』를 번역했다.

- 방지원은 경북대학교 역사교육과 교수이다. 『역사교육의 계열화 연구』로 박사학위를 받았으며, 연구 관심분야는 초, 중, 고등학교 역사교육과정과 교과서, 역사교사교육과 양성 등이다. 최근에는 역사교육과 시민교육의 연계 문제를 고민하며 공부하고 있다. 주요 논문으로는 「'국민적 정체성' 형성을 위한 교육과정에서 '주체적 민주시민'을 기르는 교육과정으로」, 「중고등학생들의 현대사 인식과 역사교육」, 「공감과 연대의 역사교육과 '과거사' 문제」 등이 있다.

- 임경화는 중앙대 접경인문학연구단 연구교수이다. 일본 도쿄대학 인문사회계연구과 문학 박사이며, 전공은 코리언디아스포라 비교연구와 일본사회운동사 연구이다. 저서는 『1905 년 러시아혁명과 동아시아 3국의 반응』(공저), 역서로는 『나는 사회주의자다』, 『나의 1960 년대』가 있다.

- 김동춘은 성공회대 사회과학부 교수 및 다른백년연구원 원장이다. 『역사비평』과 『경제와 사회』 편집위원, 참여연대 정책위원장, 참여사회연구소 소장, '진실, 화해를 위한 과거사 정리위원회' 상임위원을 역임했으며, 『황해문화』 편집자문위원을 맡고 있다. 2006년 제 20회 단재상을, 2016년 제15회 송건호 언론상을 수상했다. 저서로는 『전쟁과 사회』, 『편견을 넘어 평등으로』, 『이것은 기억과의 전쟁이다』, 『대한민국은 왜?』, 『사회학자 시대에 응답하다』 등이 있다.

- 류은숙은 1992년부터 현재까지 인권운동사랑방을 거쳐 인권연구소 '창'의 활동가로 일해 왔으며, 두 단체의 창립 멤버다. 지은 책으로 『인권을 외치다』, 『사람인 까닭에』, 『다른 게 틀린 건 아니잖아?』, 『심야인권식당』 등이 있다.